Margot Steinel (Hrsg.)

Erfolgreiches Verpflegungsmanagement

Praxisorientierte Methoden für Einsteiger und Profis

Margot Steinel (Hrsg.)

Erfolgreiches Verpflegungsmanagement

**Praxisorientierte Methoden
für Einsteiger und Profis**

mit Beiträgen von
Dagmar Kelm
Anja Müller
Annegret Reiprich
Margot Steinel

Verlag Neuer Merkur GmbH

Bibliografische Informationen Der Deutschen Bibliothek
Die Deutsche Bibliothek verzeichnet diese Publikation in der Deutschen Nationalbibliografie; detaillierte bibliografische
Daten sind im Internet über http://dnb.ddb.de abrufbar.

© 2008 Verlag Neuer Merkur GmbH
Verlagsort: Postfach 60 06 62, D-81206 München

Margot Steinel (Hrsg.)
Erfolgreiches Verpflegungsmanagement – Praxiorientierte Methoden für Einsteiger und Profis

1. Auflage 2008 – ISBN 978-3-937346-45-8

Titelgestaltung: Dagmar Papic
Umschlagfoto: istockphoto
Layout: Peter Hänssler

Druck: Kessler Druck + Medien, Bobingen

Inhaltsangabe

Vorwort

Die Gemeinschaftsverpflegung ist besser als ihr Ruf. Das wissen alle, die als Expertinnen und Experten in dieser Branche arbeiten.

Dennoch stehen Betriebe der Gemeinschaftsverpflegung derzeit vor enormen Herausforderungen. Einerseits müssen sie ständig gegen ein schlechtes Image ankämpfen, dass dieses Essen prinzipiell nicht schmecke und ungesund sei. Diese Vorurteile machen es schwierig, die Qualität der Leistungen darzustellen. Der Gast muss die Qualität selbst erleben.

Andererseits steigen die Qualitätsanforderungen an die Gemeinschaftsverpflegung. Sie soll so gesund sein, dass sie die Ernährungsfehler der sonstigen Ernährung ausgleicht und auf individuelle Verzehrgewohnheiten sowie Unverträglichkeiten Rücksicht nimmt. Sie soll dem Gast ein Erlebnis vermitteln und möglichst per Front-Cooking vor seinen Augen frisch zubereitet werden. Obendrein muss diese Kost dem Gast nicht nur schmecken, sondern umfassenden Genuss vermitteln. Die Gemeinschaftsverpflegungseinrichtungen müssen sich auf diese gestiegenen Anforderungen einstellen.

Hinzu kommt das Problem, dass die Leistungen der Gemeinschaftsverpflegung zu möglichst niedrigen Kosten erstellt werden sollen. Die Zahlungsbereitschaft der Verpflegungsteilnehmer steigt nicht immer mit der steigenden Erwartung an die Leistung. Da öffentliche Subventionen weniger werden, wird es immer schwieriger, eine angemessene Qualität zu angemessenen Preisen anzubieten.

Das vorliegende Buch möchte Methoden aufzeigen, mit denen diese Herausforderungen gemeistert werden können. Es wendet sich an Fach- und Führungskräfte in Gemeinschaftverpflegungseinrichtungen sowie an Studierende, die sich auf ein solches Berufsfeld vorbereiten. Ich wünsche allen Leserinnen und Lesern viel Erfolg beim Umsetzen der dargelegten Inhalte und dass die Tischgäste sagen: „... hätt ich gar nicht gedacht, dass Gemeinschaftsverpflegung so gut sein kann".

Bernburg, am Welttag der Hauswirtschaft 2008
Prof. Dr. Margot Steinel

1 Außer-Haus-Verpflegung und Gemeinschaftsverpflegung

Autorin:
Margot Steinel

Essen und Trinken gehören zu den Grundbedürfnissen des Menschen. Jeder Mensch muss an jedem Tag mehrmals Mahlzeiten einnehmen. Durch zunehmende außerhäusliche Zeitverwendung nimmt die Bedeutung der Außer-Haus-Verpflegung in unserer Gesellschaft ständig zu. War es noch vor 30 Jahren etwas Besonderes außer Haus zu essen; heute ist es für viele Bevölkerungsteile tägliche Selbstverständlichkeit. Ziel dieses Kapitels ist es, Verpflegungsdienstleistungen als Leistung und als Markt zu charakterisieren.

1.1 Außer-Haus-Verpflegung

Verpflegung kann prinzipiell innerhalb oder außerhalb des Privathaushalts stattfinden. Bei der Differenzierung zwischen Inner-Haus-Verpflegung und Außer-Haus-Verpflegung bieten sich zwei verschiedene Kriterien an. Soll man danach unterscheiden, wo der Verzehr stattfindet oder danach, wo die Speisen zubereitet wurden? Die beiden Orte sind nicht immer identisch. Einerseits können Speisen im eigenen Privathaushalt zubereitet, aber außerhalb des Privathaushalts verzehrt werden. Das ist zum Beispiel bei Broten der Fall, die mit in die Schule, an den Arbeitsplatz oder auf die Reise genommen werden. Andererseits können außer Haus zubereitete Speisen auch innerhalb des Privathaushalts verzehrt werden. Das ist zum Beispiel bei Bringediensten der Fall.

Abbildung 1.1 zeigt Beispiele für die verschiedenen Varianten von Zubereitungsorten und Verzehrsorten.

Abb. 1.1
Zubereitungsorte und Verzehrsorte von Verpflegungsdienstleistungen

Merkmale		Ort des Verzehrs	
		zu Hause	**außer Haus**
Ort der Zubereitung	**zu Hause**	z. B. Frühstück zu Hause	z. B. Pausenbrote am Arbeitsplatz
	außer Haus	z. B. Essen auf Rädern	z. B. Mittagsmenü in der Kantine

Im Rahmen einer ernährungswissenschaftlichen Studie *Ernährungsverhalten außer Haus* definiert Binder (2000, S. 13 f.) Außer-Haus-Verzehr als alle Lebensmittel und Speisen, die außerhalb der eigenen Wohnung verzehrt werden und die nicht von zu Hause für den Verzehr außerhalb mitgebracht werden. Dazu gehören auch Einladungen durch Freunde oder Verwandte in deren privaten Haushalten. Bei Lieferungen von Bringediensten unterscheidet Binder (2000, S. 13 f.) nach dem Verzehrsort. Lieferungen in den eigenen Haushalt (z. B. *Essen auf Rädern*) zählt sie ernährungswissenschaftlich nicht zum Außer-Haus-Verzehr. Lieferungen an andere Orte als den eigenen Haushalt (also z. B. an den Arbeitsplatz) werden von Binder (2000, S. 13 f.) dem Außer-Haus-Verzehr zugeordnet.

Paulus (1988, S. 229) hingegen ordnet *Essen auf Rädern* der Außer-Haus-Verpflegung zu.

Lickteig (2005, S. 10) definiert Außer-Haus-Verpflegung als solche Verpflegung, bei der sowohl die Zubereitung als auch der Konsum außerhalb des eigenen Privathaushalts stattfindet.

Auch Ward/Martens (2000, S. 4) bezeichnen die bei einer Feier im Freundeskreis eingenommenen Speisen als Außer-Haus-Verpflegung, da sie außerhalb des eigenen Privathaushalts verzehrt werden.

Im Gegensatz zu der skizzierten ernährungswissenschaftlichen Definition wird in diesem Buch eine betriebswirtschaftliche Definition von Außer-Haus-Verpflegung angewandt.

> **Unter Außer-Haus-Verpflegung wird in diesem Buch eine Verpflegungsdienstleistung verstanden, die außerhalb des (eigenen oder fremden) Privathaushalts zubereitet wurde. Der tatsächliche Ort des Verzehrs ist für die Definition irrelevant.**

1.2 Gründe für die Inanspruchnahme von Außer-Haus-Verpflegung

Die Gründe für die Inanspruchnahme von Außer-Haus-Verpflegung sind vielfältig.

Ward/Martens (2000, S. V) nennen als Gründe für den Außer-Haus-Verzehr: Genussgründe, Freizeitgründe und Notwendigkeiten. Edwards (2000, S. 226) erweitert die Gründe auf folgende drei: Vergnügen, Beruf und Notwendigkeit.

Vergnügen

Außer-Haus-Verpflegung ist mit einem sozialen Anlass verbunden. Neben einem Anlass zum Feiern kann auch Bequemlichkeit, nicht selbst kochen zu müssen, eine wesentliche Rolle spielen. Die Tätigkeit der Speisenzubereitung (einschließlich der vor- und nachgelagerten Prozesse wie Planen, Einkaufen, Geschirrspülen) wird an die Verpflegungseinrichtung fremd vergeben. Dadurch entsteht mehr Freizeit und Erholung für die zu verpflegende Person. Der Freizeitcharakter kann sogar die Versorgung mit Speisen überwiegen. Beispielsweise stehen bei einem Ritteressen das Erlebnis der ritterlichen Umgebung und der Spaß mit den ritterlichen Tischmanieren im Vordergrund. In einem Dunkelrestaurant geht es um das Erlebnis, im Dunkeln zu essen. Essen außer Haus kann des Weiteren Ausdruck von Status, von Kultur, von Traditionen oder von Stimmungen sein.

Beruf

Die klassischen Geschäftsessen werden in der deutschsprachigen hauswirtschaftlichen Literatur bisher ausgeblendet. Sie sind eine Gelegenheit, einem Geschäftspartner ein persönlich angenehmes Erlebnis zu offerieren und damit die Einstellung zu der einladenden Person oder zum einladenden Betrieb positiv zu beeinflussen. Das gemeinsame Essen hat immer etwas persönlich Verbindendes, das auch die geschäftlichen Verbindungen verbessern kann.

Notwendigkeiten

Die Notwendigkeit zur Außer-Haus-Verpflegung ist immer dann gegeben, wenn die Möglichkeit der eigenen Zubereitung fehlt. Gründe hierfür können sein:

- fehlende technische Möglichkeit: wenn keine Küche zur Verfügung steht, z. B. wegen der Entfernung des Arbeitsplatzes vom Wohnort,

- fehlende zeitliche Möglichkeit: im Erwerbsarbeitsprozess der arbeitsteiligen Gesellschaft sind die Mittagspausen meist so kurz, dass die eigene Mittagszubereitung zeitlich nicht möglich ist,
- fehlende persönliche Möglichkeit: Krankheit, Behinderung, Alter oder auch fehlende Kochkenntnisse können persönlich die eigene Zubereitung einer Mahlzeit unmöglich machen.

Edwards (2000, S. 226) geht davon aus, dass die Konsumenten, die eine Außer-Haus-Verpflegung wegen einer Notwendigkeit in Anspruch nehmen, diese Einrichtungen nicht wählen würden, wenn sie eine Wahl hätten. Das muss nicht in jedem Fall zutreffen. Ein Imbissstand neben einer Betriebskantine erhöht die Wahlmöglichkeiten der Konsumenten. Dennoch entscheiden sich die meisten Konsumenten weiterhin für die Betriebskantine.

1.3 Formen der Außer-Haus-Verpflegung

Abbildung 1.2 zeigt die einfachste Gliederung der Außer-Haus-Verpflegung in Gemeinschaftsverpflegung und Individualverpflegung.

Gemeinschaftsverpflegung ist nach Lickteig (2005, S. 11) die Verpflegung definierter Personengruppen in besonderen Lebenssituationen. Sie ist dadurch charakterisiert, dass sie nur einem bestimmten Personenkreis von Berechtigten (Hilfsbedürftige oder Unterstützungswürdige) zugänglich und i. d. R.

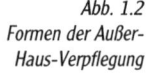

Abb. 1.2
Formen der Außer-Haus-Verpflegung

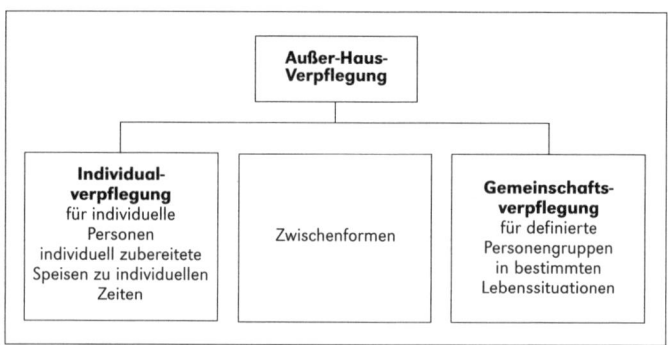

wohlfahrtsorientiert ist. Außerdem wechselt in einer Gemeinschaftsverpflegungseinrichtung das überwiegende Speisenangebot von Tag zu Tag.

Nach Paulus (1988, S. 230) wird die Gemeinschaftsverpflegung in folgende Bereiche gegliedert:

- Verpflegung im Bildungs- und Ausbildungsbereich (Schulen, Kinderbetreuungseinrichtungen, Hochschulen, Schullandheime, Jugendherbergen, Fort- und Weiterbildungsstätten),
- Anstaltsverpflegung (Krankenhäuser, Kur- und Erholungseinrichtungen, Behinderteneinrichtungen, Kinderheime, Altenheime, Mahlzeitendienste, Justizvollzugsanstalten, Bundeswehr),
- Betriebsverpflegung (Kantinen, Betriebsrestaurants).

Die klassische Definition von Gemeinschaftsverpflegung, dass eine Gruppe von Personen an einem gemeinsamen Ort zur gleichen Zeit eine gemeinsame Mahlzeit einnimmt, tritt in den Hintergrund. Denn im Zuge der Individualisierung werden auch in der Gemeinschaftsverpflegung die Leistungen an unterschiedlichen Orten, zu unterschiedlichen Zeiten und als unterschiedliche Menüs angeboten.

Gründe für die Inanspruchnahme von Gemeinschaftsverpflegungseinrichtungen sind meist Notwendigkeiten.

Anlässe des Vergnügens, Freizeit- und Erholungsgründe sowie berufliche Gründe führen meist zur Individualverpflegung.

Individualverpflegung findet nach Paulus (1988, S. 229) in Einrichtungen der Gastronomie statt, die der Allgemeinheit zugänglich sind und die auf Gewinnbasis arbeiten. Die Individualität erstreckt sich auf die Art der Speisen und auf den Zeitpunkt der Mahlzeiteneinnahme. Dies ist beispielsweise dann gegeben, wenn eine kleinere Personengruppe gemeinsam in ein Restaurant geht und dort individuelle Speisen à la carte bestellt. Diese Speisen werden dann in der Küche individuell auf Bestellung zubereitet. Meistens ist es in der Individualverpflegung so, dass das Speisenangebot über einen längeren Zeitraum gleich bleibt. Der Tischgast kann also eine bestimmte Speise an jedem beliebigen Tag ordern.

Zwischenformen sind solche Verpflegungssituationen, die sowohl Merkmale der Individualverpflegung als auch der Gemeinschaftsverpflegung zeigen:

- Betriebskantinen, in denen während einer relativ langen Öffnungszeit täglich eine breite Auswahl von Menülinien angeboten wird und manchmal einzelne Speisen in Form von Front Cooking auf individuelle Bestellung eines einzelnen Kunden zubereitet werden. Bober (2001) nennt Betriebskantinen konsequent Betriebsrestaurants. Die gesamte Gemeinschaftsverpflegungsbranche nennt er Gemeinschaftsgastronomie, um die Nähe zur Individualverpflegung hervorzuheben.
- Andererseits gibt es Formen der Individualverpflegung, die gar nicht so individuell sind. Bei der Flugverpflegung ist es so, dass eine Gruppe von Personen zur gleichen Zeit eine gemeinsame Mahlzeit einnimmt. Dennoch bleibt der Speisenplan über einen längeren Zeitraum gleich: auf einer bestimmten Fluglinie wird täglich das gleiche Menü angeboten. Auch die Verpflegung in einem Franchise-Restaurant ist nicht besonders individuell, da eigentlich jeder Gast nahezu das gleiche isst.

> **Das vorliegende Buch beschränkt sich auf das Management in Gemeinschaftsverpflegungsbetrieben.**

1.4 Formen der Gemeinschaftsverpflegung

Paulus (1988, S. 230) unterscheidet drei Gruppen von Gemeinschaftsverpflegungseinrichtungen. Die erste Gruppe sind die Einrichtungen, die eine **Verpflegung im Bildungs- und Ausbildungsbereich** anbieten. Diese Verpflegung unterscheidet sich in der Dauer der Inanspruchnahme. In Kindertagesstätten, Schulen und Hochschulen wird die Verpflegung meist über einen Zeitraum von mehreren Jahren regelmäßig in Anspruch genommen. In Schullandheimen, Jugendherbergen oder in Fort- und Weiterbildungseinrichtungen wird die Verpflegungseinrichtung von einer Person meist nur über einige Tage oder Wochen in Anspruch genommen.

Die Anstaltsverpflegung (besser: **Verpflegung in sozialen Einrichtungen**) ist dadurch charakterisiert, dass es sich zumeist um eine Vollverpflegung handelt und die Inanspruchnahme der Verpflegungseinrichtung sich aus dem Aufenthalt in der Einrichtung ableitet. Der Aufenthalt in dieser Einrichtung ist entweder langfristig (Altenhilfeeinrichtung, Kinderheim, Behinderteneinrichtung, Bundeswehr, Justizvollzugsanstalt) über mehrere Jahre oder nur über einen überschaubaren Zeitraum von einigen Tagen oder Wochen wie in Krankenhäusern oder Kureinrichtungen.

Bei einem Mahlzeitendienst wird eine Teilverpflegung (meist das Mittagessen) in die Wohnung des Verpflegungsteilnehmers gebracht. In diesem Fall ist die Inanspruchnahme der Verpflegung freiwillig. Da solche *Essen auf Rädern* meist in sozialen Einrichtungen hergestellt werden, werden sie systematisch der Anstaltsverpflegung zugeordnet.

Die dritte Gruppe der Gemeinschaftsverpflegung ist die **Betriebsverpflegung**, die in Kantinen oder Betriebsrestaurants stattfindet. In der Betriebsverpflegung ist die Teilnahme an der Verpflegung zumeist freiwillig.

1.5 Nutzer der Gemeinschaftsverpflegung

Gemeinschaftsverpflegungseinrichtungen sind nur einem bestimmten Personenkreis zugänglich, da die Erstellung der Leistungen zumeist direkt (z. B. Zuschuss in Euro pro Gast) oder indirekt (z. B. zur Verfügung stellen der Räume) subventioniert ist.

Klassischerweise handelt es sich bei diesem Personenkreis um **Hilfsbedürftige** wie Obdachlose, Patientinnen und Patienten eines Krankenhauses, Bewohnerinnen und Bewohner von Altenhilfeeinrichtungen, pflegebedürftige Bezieher von *Essen auf Rädern*, Behinderte oder Inhaftierte.

Für diesen Personenkreis wird die Verpflegungsdienstleistung aus dem Wohlfahrtsgedanken heraus erbracht.

Eine andere Gruppe von Nutzern sind solche, die zwar nicht hilfsbedürftig sind, die aber dennoch unterstützt werden sollen (**Unterstützungswürdige**), beispielsweise Arbeitnehmer/-innen bei der Nutzung der Betriebskantine, Soldaten bei der Nutzung der Truppenverpflegung, Kindergarten- oder Schulkinder bei der Nutzung von Kindergarten- oder Schulverpflegung, Studierende bei der Nutzung von Mensen, jugendliche Reisende bei der Nutzung von Jugendherbergen.

Bei der Entscheidung darüber, wer unterstützungswürdig ist, handelt es sich um eine politische Entscheidung, die der Gesetzgeber oder der Träger der Einrichtung trifft.

In den letzten Jahren zeichnet sich eine Tendenz ab, die Subventionierung von Gemeinschaftsverpflegungseinrichtungen zu reduzieren. Häufig werden nur noch die Kosten für die Bereitstellung von Räumen und ggf. auch Geräten subventioniert. Alle anderen Kosten muss der Verpflegungsteilnehmer meist selbst übernehmen. In Pflegeheimen beispielsweise müssen die Bewohnerinnen und Bewohner die Kosten für Unterkunft und Verpflegung selbst tragen. Lediglich die Kosten für die Küche und die darin befindlichen Geräte (sogenannte Investitionskosten) werden zumeist noch von der öffentlichen Hand gefördert.

Gemeinschaftsverpflegungseinrichtungen geben ihre Leistungen i. d. R. nur an die genannten Gruppen Hilfsbedürftiger oder Unterstützungswürdiger ab. Das ist ein wesentlicher Unterschied zu der Individualverpflegung, die ihre Leistungen meist an jeden Nutzer abgibt, der sie bezahlen kann. In begrenztem Umfang gibt die Gemeinschaftsverpflegung ihre Leistungen auch an andere Nutzer, sogenannte Fremdesser ab. Das geschieht jedoch nur, um die Möglichkeit der Verpflegung der Hilfsbedürftigen oder Unterstützungswürdigen durch die Erwirtschaftung von Deckungsbeiträgen zu sichern. Die ausschließliche Versorgung dieser Nutzergruppe ist nie Ziel einer Gemeinschaftsverpflegungseinrichtung.

Die Nutzer der Gemeinschaftsverpflegungseinrichtung sind hinsichtlich der **Freiwilligkeit der Inanspruchnahme** zu differenzieren in Unfreiwillige (Captive Consumer) und Freiwillige (Non-Captive Consumer; Daily Commuter) (vgl. Abb. 1.3).

Abb. 1.3
Arten von Nutzern in
Gemeinschafts-
verpflegungs-
einrichtungen

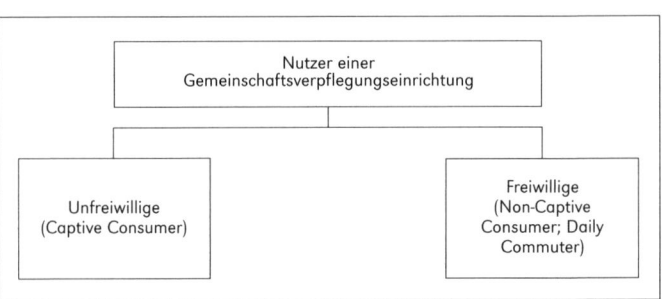

Der Begriff **Captive Consumer** kommt aus dem Englischen und meint einen Gefangenen, der keine andere Wahl hat, als die Verpflegungsdienstleistung in Anspruch zu nehmen. Am stärksten ist diese Unfreiwilligkeit bei Inhaftierten, die der Verpflegung lediglich durch Hungerstreik entkommen können. In abgeschwächter Form trifft diese Unfreiwilligkeit bei Bewohnerinnen und Bewohnern von Behinderteneinrichtungen, psychiatrischen Einrichtungen und Altenpflegeheimen, Kinderheimen, Internaten, Krankenhäusern oder Rehabilitationskliniken zu. Solche Kundinnen und Kunden sind tendenziell schwerer zufriedenzustellen, da die Unfreiwilligkeit als unangenehm empfunden wird. Dies gilt vor allem dann, wenn keine Auswahlmenüs angeboten werden. Die fehlende Ausweichmöglichkeit kann von der Kundin bzw. dem Kunden subjektiv auch als Abhängigkeit empfunden werden. Das kann z. B. in Behinderteneinrichtungen oder in Altenpflegeheimen dazu führen, dass die Bewohnerinnen und Bewohner sich nicht trauen, sich zu beschweren. Auch bei Nachfragen über die Zufriedenheit wird möglicherweise positiver geantwortet, um vermeintlich das Wohlwollen der Betreuenden nicht zu verspielen. Daraus ergibt sich, dass von Captive Consumern ein Feedback über die Zufriedenheit mit der Leistung nur sehr schwer zu bekommen ist. Da auch die Anzahl der Gäste bei verminderter Qualität gleich bleibt, besteht die Gefahr, dass Unzufriedenheit bei den Gästen gar nicht wahrgenommen wird. Qualitätsmanagement ist in solchen Einrichtungen besonders wichtig und auch schwierig.

Gäste, die frei über die Inanspruchnahme der Verpflegungseinrichtung entscheiden können, werden **Non-Captive Consumer** oder Daily Commuter (Pendler) genannt. Sie kommen aus freiem Entschluss in die Einrichtung und signalisieren mit ihrem Besuch ein Mindestmaß an Zufriedenheit mit der Leistung. Die Planung der Verpflegungsteilnehmerzahlen ist in solchen Einrichtungen schwieriger als in Einrichtungen mit Captive Consumern.

1.6 Umfang und Dauer der Versorgung

In einer Gemeinschaftsverpflegungseinrichtung wird je nach **Umfang** entweder Vollverpflegung oder Teilverpflegung angeboten. Vollverpflegung umfasst alle Mahlzeiten eines Tages. Der Verpflegungsteilnehmer isst ausschließlich das, was ihm die Einrichtung anbietet. Die Möglichkeit der persönlichen Ergänzung ist gar nicht oder nur in begrenztem Umfang gegeben durch Speisen und Lebensmittel, die der Verpflegungsteilnehmer in einem Kiosk zukauft oder sich von Verwandten oder Bekannten mitbringen lässt.

Teilverpflegung umfasst meistens nur das Mittagessen, das etwa ein Drittel der Energiezufuhr eines Tages ausmachen sollte (vgl. Kapitel 2.2.3.1 Ernährungsphysiologische Anforderungen).

Die **Dauer der Inanspruchnahme** hat Auswirkungen auf die geforderte Abwechslung.

Bei Einrichtungen, die nur einmalig in Anspruch genommen werden, ist keine Abwechslung notwendig. Das wird am Beispiel Flugverpflegung deutlich. Dort gibt es über einen längeren Zeitraum bei einem bestimmten Auslandsflug immer die gleichen Speisen.

Krankenhäuser haben eine durchschnittliche Verweildauer im Krankenhaus von 8,6 Tagen (Statistisches Bundesamt 2007a, S.14). Hier kann sich der Speisenplan alle 14 Tage wiederholen. Eine Ausnahme bilden psychiatrische Krankenhäuser, in denen wesentlich längere Verweildauern vorkommen.

Die Betriebsverpflegung oder Studentenverpflegung hat etwa 245 Verpflegungstage pro Jahr (das sind die Betriebstage eines Betriebs ohne Schichtarbeit). Hier hat der Verpflegungsteilnehmer in der Regel noch am Wochenende die Möglichkeit, sich anders zu verpflegen.

Am schwierigsten sind solche Verpflegungssituationen, in denen die Verpflegungsteilnehmer 365 Tage im Jahr auf die Einrichtung angewiesen sind: Justizvollzugsanstalten, Altenpflegeeinrichtungen, Behinderteneinrichtungen, Kinderheime, psychiatrische Langzeitkrankenhäuser. Hier sind die Anforderungen an die Abwechslung am größten.

1.7 Zielorientierung des Betriebs

Betriebe können entweder wohlfahrtsorientiert oder gewinnorientiert ausgerichtet sein. Entsprechend ist das Management dieser Betriebe unterschiedlich.

Ein **wohlfahrtsorientierter Betrieb** misst seinen Erfolg an der Bedarfsdeckung der bedürftigen (oder unterstützungswürdigen) Menschen, für deren Unterstützung er gegründet wurde. Der Betrieb ist dann erfolgreich, wenn es gelungen ist, den Bedarf zu decken. Wirtschaftlichkeit definiert der wohlfahrtsorientierte Betrieb in der Regel als Minimierung der Kosten, während die Art der zu erbringenden Leistung fix bleibt. Träger von wohlfahrtsorientierten Betrieben sind Gebietskörperschaften (Kommunen, Landkreise, Länder, der Bund) oder Organisationen ohne Erwerbszweck (z. B. Verbände der freien Wohlfahrtspflege). Es können öffentlich-rechtliche (z. B. Körperschaft öffentlichen Rechts, Anstalt öffentlichen Rechts) oder privatrechtliche (GmbH, Verein, AG, Stiftung) Rechtsformen angewandt werden. Die Preise in wohlfahrtsorientierten Betrieben werden zumeist kostendeckend gestaltet. Falls der Betrieb (direkt oder indirekt) subventioniert wird, sind auch Preise möglich, die unter den Kosten liegen.

Erschwerend ist bei vielen öffentlichen Betrieben zu berücksichtigen, dass hier aufgrund der Tarifbindung an den öffentlichen Tarif relativ hohe Personalkosten entstehen. Viele Betriebe versuchen, die Tarifbindung durch Auslagerung der Prozesse an Fremdbetriebe zu umgehen (vgl. Kapitel 4).

In einem **gewinnorientierten Betrieb** ist das Management anders. Das Erfolgsziel eines gewinnorientierten Betriebs ist natürlich der Gewinn. Der Betrieb ist dann erfolgreich, wenn es (kurzfristig, mittelfristig oder langfristig) möglich ist, Gewinne zu erwirtschaften. Träger von gewinnorientierten Betrieben sind Einzelunternehmungen in privatrechtlicher Rechtsform.

Die Preise berücksichtigen in einem gewinnorientierten Betrieb neben den Kosten auch noch einen Gewinnzuschlag.

Für das Personal gilt hier nicht die Bindung an den öffentlichen Tarif. Es kann der Tarifverband der übergeordneten Institution (z. B. IG Metall für Betriebskantinen in der metallverarbeitenden Industrie) oder der Tarifverband *Nahrung – Genuss – Gaststätten* relevant sein. In manchen rechtlichen Konstellationen ist es auch möglich, einen sogenannten *Haustarif* anzuwenden, der vom Flächentarifvertrag des entsprechenden Tarifverbandes abweicht.

Der Unterschied zwischen wohlfahrtsorientierten und gewinnorientierten Betrieben wird am deutlichsten, wenn es um die Motivation für die Gründung oder den Beibehalt eines Betriebs geht. Während der wohlfahrtorientierte Träger auch solche Betriebe beibehält, mit denen langfristig keine Gewinne zu erzielen sind (z. B. eine Suppenküche für Obdachlose), wird der gewinnorientierte Unternehmer sich aus solchen Geschäftsfeldern zurückziehen.

Die Differenzierung von wohlfahrtsorientierten und gewinnorientierten Betrieben ist in der Literatur nicht unumstritten. Manche Autoren bezeichnen diese Unterscheidung als nicht mehr zeitgemäß, da doch jeder Betrieb die Bedarfe seiner Kunden decken und somit die Kunden zufrieden stellen muss. Allerdings ist die Motivation unterschiedlich. Ein wohlfahrtsorientierter Betrieb deckt die Bedarfe aufgrund einer übergeordneten Ideologie bzw. wegen eines Wohlfahrtsauftrags. Ein gewinnorientierter Betrieb stellt die Kunden zufrieden, damit sie wiederkommen.

1.8 Charakterisierung des Gemeinschaftsverpflegungsmarktes

Der Gemeinschaftsverpflegungsmarkt in Deutschland kann nach den Betreibern und nach den Bewirtschaftern charakterisiert werden.

Bei jeder Betrachtungsweise besteht die Problematik, dass es keine umfassende Statistik über die Gemeinschaftsverpflegungsbetriebe in Deutschland gibt. Die Informationen können nur bruchstückhaft aus Sekundärstatistiken zusammengetragen werden, wobei unterschiedliche Bezugszeitpunkte, unterschiedliche Mengenbezüge und unterschiedliche Definitionen die Zusammenführung der Statistik erschweren. Schätzungen überwiegen in der Statistik. Heinrichsdobler (2003, S. 3) schätzt die Anzahl der täglich in Großküchen (Gemeinschaftsverpflegung und Individualverpflegung) verpflegten Personen auf 23 Mio. Alle folgenden Statistiken beziehen sich ausschließlich auf die Gemeinschaftsverpflegung.

1.8.1 Marktsegmente nach Betreibern

Betreiber sind jene Institutionen, in denen Menschen verpflegt werden. Abbildung 1.4 zeigt die Struktur der Gemeinschaftsverpflegung nach Betreibern in Anlehnung an die Klassifikation von Paulus (1988, S. 230). Die größte Anzahl der Betriebe

Art des Betreibers	Anzahl der	
	Einrichtungen	Plätze u. VT[1]
Bildungs- und Ausbildungsbereich		
Tageseinrichtungen für Kinder[2]	48.017	2.550.399
Ganztagsschulen[3]	8.226	1.302.921
Jugendherbergen[4]	544	74.569
Mensen[5]	708	198.955
Soziale Einrichtungen		
Krankenhäuser[6]	2.100	511.000
Vorsorge- oder Rehabilitationseinrichtungen[7]	1.270	174.479
Stationäre Behinderteneinrichtungen[8]	5.947	185.566
Pflegeheime[9]	9.743	713.195
Stationäre Einrichtungen der Familienhilfe[10]	860	34.653
Kinderheime[11]	1.349	22.154
Justizvollzugsanstalten[12]	199	79.687
Essen auf Rädern[13]	k.A.	k.A.
Betriebsverpflegung		
Betriebsverpflegung[14]	10.997	6.100.000

1 VT = Verpflegungsteilnehmer
2 Tageseinrichtungen für Kinder bis zum Schuleintritt; Anzahl der Einrichtungen: Stand 2002; Quelle: Statistisches Bundesamt 2004, S. 6, Anzahl der Plätze: Stand 31.12.2002; Quelle: Forschungsverbund DJI/Universität Dortmund (2005, S. 112, 128). Unklar ist, in welchem Anteil der Einrichtungen eine Verpflegung angeboten wird.
3 Stand: 2005; Quelle: Sekretariat der Ständigen Konferenz der Kultusminister der Länder in der Bundesrepublik Deutschland: (2007 S. 10 und S. 1*)
4 Stand: 2006; Quelle: Deutsches Jugendherbergswerk (o. J., S. 24)
5 Stand: 2005; Quelle: Deutsches Studentenwerk (2006, S. 35); als Anzahl ist die Anzahl der Tischplätze angegeben; Mehrfachnutzungen der Plätze sind möglich.
6 Stand: 2006; Quelle: Statistisches Bundesamt (2007b)
7 Stand: 2005; Quelle: Statistisches Bundesamt (2007c)
8 Stationäre Einrichtungen für psychisch Kranke und Menschen mit Behinderung. Stand: 31.12.2004; Quelle: Bundesarbeitsgemeinschaft der Freien Wohlfahrtspflege (2006, S. 43)
9 Stand: 15.12.2003 (zugelassene Pflegeheime) Quelle: Statistisches Bundesamt (2006, S. 207)
10 Stand: 2004; Quelle: Bundesarbeitsgemeinschaft der Freien Wohlfahrtspflege (2006, S. 35)
11 Einrichtungen zur stationären Heimerziehung von Kindern und Jugendlichen. Anzahl der Einrichtungen: Quelle: Statistisches Bundesamt (2004, S. 6); Anzahl der Plätze: Stand: 2004; Quelle: Statistisches Bundesamt (2006, S. 217)
12 Stand: 30.11.2005: Quelle: Statistisches Bundesamt (2007d)
13 zu Essen auf Rädern ist keine Statistik verfügbar
14 Anzahl der Betriebe: Quelle: Vazari (2004 S. 24); Anzahl der Essenteilnehmer: Quelle: Sattler, (2007 S. 12)

Abb. 1.4
Marktsegmente der Gemeinschaftsverpflegung nach Betreibern (Zusammenstellung in Anlehnung an Pfau 2004)

liegt bei den Tageseinrichtungen für Kinder (Kinderkrippen, Kindergärten, Horte) vor. Es ist jedoch nicht statistisch erfasst, in wie vielen dieser Einrichtungen auch eine Verpflegungsdienstleistung angeboten wird. Bei den stationären Einrichtungen sind es die Krankenhäuser und Pflegeheime, die täglich die meisten Essen produzieren. Für *Essen auf Rädern* ist keine Statistik bekannt.

Die Betriebsverpflegung stellt wahrscheinlich das größte Marktsegment dar. Die Anzahl der Betriebe bezieht sich nur auf solche Betriebe, die mindestens 100 Beschäftigte haben.

1.8.2 Marktsegmente nach Bewirtschaftern

Bewirtschafter sind jene Betriebe, die die Verpflegungsdienstleistungen erstellen. Dies kann der Betreiber selbst sein (Eigenbewirtschaftung), oder die Bewirtschaftung ist an ein anderes Unternehmen fremdvergeben (Fremdbewirtschaftung). Über die eigenbewirtschafteten Betriebe gab es lange Zeit gar keine Statistik. Erstmals im Jahr 2006 führte das Redaktionsteam der Zeitschrift *gv-praxis* eine Umfrage bei 13 großen eigenregiegeführten (einschließlich Rechtsform GmbH) Verpflegungsbetrieben durch, die weder vollständig noch repräsentativ ist. Diese 13 Betriebe verkösten an 224 Standorten täglich ca. 200.000 Verpflegungsteilnehmer (Schmid/Petry 2006).

Über die fremdbewirtschafteten Betriebe erarbeitet das Redaktionsteam der Zeitschrift *gv-praxis* seit vielen Jahren jährlich eine Marktanalyse (Kabel/Schmid 2007). Es handelt sich jedoch nicht um eine statistische Vollerhebung, sondern um Selbstauskünfte der vom Redaktionsteam angeschriebenen Unternehmen (für einige Unternehmen wurden die Daten geschätzt). Das Redaktionsteam geht davon aus, dass dies die 45 größten Unternehmen auf dem deutschen Markt sind.

Marktführer (die fünf Unternehmen mit dem meisten Umsatz) sind nach dieser Analyse die Firmen *Compass Group Deutschland GmbH, Aramark Holdings GmbH & Co. KG, Dussmann AG & Co KGaA, Sodexho Catering & Services GmbH* sowie die *Schubert Unternehmensgruppe.*

Als *neue Märkte* werden die Sparten Eventcatering, Stadiongastronomie, Automatenservice sowie Messehallenbewirtschaftung bezeichnet.

Die Anzahl der Verpflegungsteilnehmer wird in dieser Marktanalyse nicht ausgewiesen. Der Gesamtumsatz der 45 befragten Unternehmen lag im Jahr 2006 bei 2,987 Mrd. € (Kabel/Schmid 2007). Das könnten bei einem Durchschnittsbon von 3 € etwa 4 Mio. Verpflegungsteilnehmer pro Tag sein (eigene Schätzung).

Abbildung 1.5 zeigt die Anzahl der Verträge (also der bewirtschafteten Betriebe) und die Umsätze der 45 größten Cateringunternehmen Deutschlands. Ein Vergleich mit Abbildung 1.4 zeigt große Unterschiede. Während Abbildung 1.4 alle Gemeinschaftsverpflegungseinrichtungen ausweist, zeigt Abbildung 1.5 nur die von den 45 größten Cateringunternehmen bewirtschafteten Gemeinschaftsverpflegungsbetriebe.

Marktsegment	Anzahl Verträge	Umsatz in Mio. €
Betriebsverpflegung	3.119	1.521,0
Kliniken/Krankenhäuser	818	705,9
Seniorenheime	881	421,0
Schulen/Mensen/Kindertageseinrichtungen	787	127,3
neue Märkte	180	211,8
Summe	5.785	2.987,0

Abb. 1.5
Anzahl der Verträge sowie Umsatz 2006 der 45 größten Cateringunternehmen Deutschlands (nach Kabel/Schmid 2007)

1.9 Begriffsklärung

Die im Folgenden erläuterten Begriffe werden teilweise in der Umgangssprache anders verwendet als in der Fachsprache. Aus diesem Grund erfolgt hier eine Definition. Abbildung 1.6 stellt die Definitionen anhand eines Beispiels grafisch dar.

Lebensmittel sind nach Lebensmittel-, Bedarfsgegenstände- und Futtermittelgesetzbuch LFBG sowie EU-Verordnung 178/2002 *alle Stoffe oder Erzeugnisse, die dazu bestimmt sind [...], dass sie in verarbeitetem oder unverarbeitetem Zustand von Menschen aufgenommen werden.*

Speisen sind in Anlehnung an DGH (1992, S. 44) verzehrfertige rohe, gegarte oder anders zubereitete Lebensmittel oder Kombinationen von Lebensmitteln.

Ein **Rezept** ist nach DGH (1992, S. 66) eine Anleitung, nach der Lebensmittel zu Speisen für den menschlichen Verzehr zubereitet werden. Es besteht aus:

a) der Aufzählung der Zutaten nach Art und Menge,
b) einer Arbeitsanweisung für das Vorbereiten, Garen und Aufbereiten,
c) den Merkmalen für die Bewertung des Ergebnisses.

Ein **Gericht** ist nach DGH (1992, S. 44) eine Zusammenstellung verschiedenartiger, sich ergänzender Speisen in getrennter oder gemischter Form. Die Speisen eines Gerichts werden üblicherweise gleichzeitig verzehrt (z. B. Leberragout mit Kartoffelpüree). Es kann sich um Vorgericht (umgangssprachlich: Vorspeise), Hauptgericht oder Nachgericht (umgangssprachlich: Nachspeise) handeln.

Ein **Menü** ist in Anlehnung an DGH (1992, S. 44) eine Kombination mehrerer Speisen und/oder Gerichte, die in einer aufeinander abgestimmten Reihenfolge (z. B. in der Reihenfolge Vorgericht – Hauptgericht – Nachgericht) verzehrt werden. Beispiele für Menüs sind Frühstücks-, Vormittags-, Mittags-, Nachmittags-, Vesper-, Abend- und Spätmenü.

Eine **Mahlzeit** ist in Anlehnung an Karg (1985, S. 20) die Zeit, zu der ein Mahl eingenommen wird. Beispiele für Mahlzeiten sind Frühstücks-, Vormittags-, Mittags-, Nachmittags-, Vesper-, Abend- sowie Spätmahlzeit.

Ein **Speisenplan** ist eine Zusammenstellung der Menüs, Gerichte und Speisen, die zu den Mahlzeiten angeboten werden. Es gibt Tages-, Wochen- und Mehrwochenpläne. Der Speisenplan einer Gemeinschaftsverpflegungseinrichtung unterscheidet sich von einer Speisenkarte eines Restaurants. Auf einer **Speisenkarte** wird das Angebot ohne zeitlichen Bezug dargestellt, denn jede Speise der Speisenkarte wird an jedem Tag angeboten.

Abb. 1.6
Begriffsdefinitionen in
der Gemeinschafts-
verpflegung

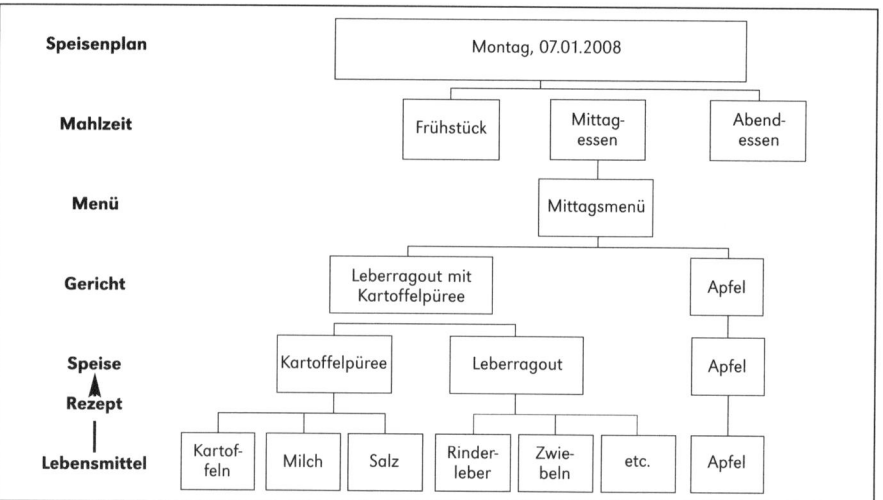

2 Ziele des Verpflegungsbetriebs

Autorinnen:
Margot Steinel
Annegret Reiprich

Was ist zu tun, um die Qualität der Verpflegungsleistung zu verbessern? Sicher bietet diese Frage ausreichend Diskussionsstoff, um mehrere Dienstberatungen zu füllen. Es gibt viele Aspekte und Antworten. Betriebe, die mit Zielen und Zielsystemen arbeiten und deren oberstes Ziel in einem Leitbild formuliert ist, finden oft schneller und effektiver eine Antwort oder Lösung.

- Ziele helfen planen:
  Zum Beispiel plant die Küchenleitung jeden Freitag Zeit ein, um an der Umsetzung des Qualitätsmanagementsystems zu arbeiten, denn diese Aufgabe ist in den Zielen festgeschrieben.
- Ziele helfen entscheiden:
  Stehen Alternativen zur Verfügung, wird die Möglichkeit gewählt, die dem vorgegebenen Ziel entspricht oder ihm am nächsten kommt. Die neue Küchenleiterin in einem Altenpflegeheim steht z. B. im Frühjahr vor der Aufgabe, eine *Aktionswoche* durchzuführen. Zur Wahl stehen eine *Italienische Woche* und eine *Erdbeer-Spargel-Woche.* Die Entscheidung fällt zu Gunsten der *Erdbeer-Spargel-Woche* aus, denn als Ziel ist formuliert, dass das Haus saisonale und traditionelle Kost bietet.
- Ziele helfen führen:
  In einer Mensa werden z. B. die Studierenden am Ende eines jeden Semesters gebeten, die Qualität der Verpflegungsdienstleistung zu bewerten. An der letzten Befragung nahmen nur 10 % der Studierenden teil. Davon waren nur 35 % mit der Qualität zufrieden. Ziel ist es nun, die Teilnahme an der nächsten Befragung zu erhöhen und die Zufriedenheit zu steigern. Alle Mitarbeiterinnen und Mitarbeiter der Mensa kennen das Ziel und wissen, worauf es in der täglichen Arbeit ankommt.
- Ziele helfen, sich selbst und andere einzuschätzen:
  Der Vergleich der erreichten Ziele mit den gesteckten Zielen hilft bei der eigenen Einschätzung sowie bei der Einschätzung von Mitarbeiterinnen und Mitarbeitern. Welche Ziele wurden erreicht, welche Ziele nicht und warum konnten diese nicht erfüllt werden? Daraus kann dann die

weitere Vorgehensweise (Veränderung der Strategie zum Erreichen der Ziele, Veränderung der Ziele usw.) abgeleitet werden. (vgl. Bottler 1982, S. 66 ff.)

Das Leitbild ist das oberste Ziel eines Betriebs. Die Aussagen, die im Leitbild getroffen werden, sind für den gesamten Betrieb, also für jeden Bereich, für jede Abteilung gültig. Aus diesem Grund sind sie sehr allgemein formuliert. Diese allgemeinen Aussagen des Leitbilds müssen für jeden Bereich einzeln in Form von Zielen konkreter formuliert werden.

Geht es beispielsweise in dem Leitbild einer Schule darum, dass sich die Schülerinnen und Schüler wohlfühlen sollen, dann sollte sich jeder Bereich, auch die Schulküche, folgende Fragen stellen: *Wie können wir das erreichen?* und *Was müssen wir dafür tun?* Daraus ergeben sich konkrete Ziele, z. B. *unser Geschirr ist farbenfroh, die Wände des Speiseraums werden mit Bildern geschmückt, dabei werden Alter und Interessen unserer Gäste (Schülerinnen und Schüler) berücksichtigt ....*

In einem anderen Beispiel steht die Küchenleitung einer Pflegeeinrichtung vor der Frage, ob das leicht angeschlagene Geschirr weiterhin benutzt werden kann oder auszutauschen ist. In den Zielen des Verpflegungsbetriebs ist zu finden, dass *das Geschirr frei von schadhaften Stellen ist.* Mit diesem Ziel wird ein kleiner Teil der Aussage aus dem Leitbild, ... *die Würde des Menschen liegt uns am Herzen ...* beschrieben.

2.1 Leitbild – das oberste Ziel

Das Leitbild beschreibt die obersten Ziele des Trägers (Trägerleitbild) oder der Einrichtung (Einrichtungsleitbild). In einigen Einrichtungen spricht man synonym anstelle von Leitbild auch von Leitsätzen.

Mit dem Leitbild wird eine gemeinsame Wertvorstellung niedergeschrieben. Leitbilder sind nicht etwas von und für die Chefetage. Leitbilder sind von und für alle Mitarbeiterinnen und Mitarbeiter und sollten entsprechend *gelebt* werden.

Idealerweise sollten sich ausgewählte Mitarbeiterinnen und Mitarbeiter aus jedem Bereich zusammenfinden und das Leitbild formulieren. Die Leitung sollte dabei nicht federführend, jedoch richtungsweisend sein.

In einem Leitbild werden beispielsweise Fragen nach der Identität, der Herkunft, den angebotenen Leistungen und der großen gemeinsamen Aufgabe einer Einrichtung beantwortet.

Diese Aussagen stärken nicht nur das Selbstbewusstsein eines Unternehmens auf dem Markt gegenüber den Kundinnen und Kunden sowie Mitwettbewerbern, sondern unterstreichen die Wichtigkeit jeder im Unternehmen tätigen Person, unabhängig davon, welche Stellung sie hat und welche Aufgabe sie erfüllt. Mit dem Leitbild können festgelegte Wege konsequent verfolgt werden, die auf die Erfüllung der Ziele gerichtet sind. Die Einrichtung hat dadurch die Möglichkeit, geschlossen und harmonisch zusammenzuarbeiten.

Das Leitbild (Abb. 2.1) ist ein Trägerleitbild der Diakonie Riesa-Großenhain gGmbH, auf dessen Grundlage jede Einrichtung dieses Trägers Einrichtungsleitbilder entwickeln kann.

In Abbildung 2.2 ist ein Leitbild eines diakonischen Altenpflegeheims dargestellt, das auf Grundlage des Trägerleitbilds (vgl. Abbildung 2.1) entwickelt worden ist. Die hervorgehobenen Anfangsbuchstaben der Absätze im Leitbild ergeben den Leitsatz: *DIENEND in Verantwortung, damit Leben gelingt.* Solche oder ähnliche gestalterische Mittel können eingesetzt werden, um die Kernaussagen des Leitbilds zu unterstreichen.

Nur die Existenz eines Leitbilds allein genügt nicht, um die Qualität der angebotenen Leistungen zu steigern und damit die Stellung der Einrichtung am Markt zu verbessern. Das Leitbild muss vielmehr bestimmte Anforderungen erfüllen, um zu sichtbaren Erfolgen zu führen. Es ist wenig sinnvoll, ein Leitbild zu entwickeln, welches der Realität fern ist, weil irreale Wunschvorstellungen und Schönfärberei die Leitbilderstellung stark beeinflusst haben. Das Leitbild muss so formuliert werden, dass die Einrichtung in ihrer Weiterentwicklung nicht eingeengt wird und nicht an Flexibilität verliert.

Häufig erstellt ein Betrieb nicht ausschließlich Verpflegungsdienstleistungen. Zum Beispiel werden an einer Hochschule hauptsächlich Bildungsleistungen erbracht, die Mensa ist jedoch ein Teil der Hochschule, auch wenn der Träger das Studentenwerk ist. Die Mensa sollte sich im Leitbild der Hochschule wiederfinden. Die Küche in einer stationären Pflege - einrichtung ist neben Pflege ein wichtiger Bereich des Hauses und sollte sich aus diesem Grund auch mit dem Leitbild identifizieren. Diese zwei Beispiele zeigen, dass es häufig kein

Unser Leitbild

Wir orientieren uns an den Grundwerten, die in der Bibel stehen.
Das heißt für uns:
- Wir orientieren uns an den Erfahrungen, die Menschen aus ihrem Vertrauen in Gott in ihrem Lebensalltag machten und machen.
- Wir orientieren unser Handeln an christlichen Grundwerten und Erfahrungen.
- Wir widmen dem Menschen unsere Aufmerksamkeit.
- Wir streben nach Glaubwürdigkeit in Wort und Tat.

Wir achten die Würde jedes Menschen.
Das heißt für uns:
- Wir nehmen jeden Menschen, unabhängig von seiner Glaubenszugehörigkeit, von seinem Alter und Geschlecht sowie von seinem Rang und Namen, vorbehaltlos an.
- Wir akzeptieren, dass jeder Mensch aus seinen Erfahrungen heraus weiß, was er will und was er braucht.

Wir leisten Hilfe zur Selbsthilfe. Wir verschaffen uns und anderen Gehör.
Das heißt für uns:
- Wir bestärken und unterstützen Menschen, ein selbstverantwortetes Leben zu führen.
- Wir sind bestrebt, Ausgrenzungen jeder Art zu verhindern.

Wir begegnen neuen Herausforderungen kreativ und innovativ.
Das heißt für uns:
- Wir nehmen die diakonische Tradition bewusst als eine lebendige wahr und führen diese durch unser Tun fort.
- Wir sind offen für Neues und Anderes.

Wir sind eine Dienstgemeinschaft von Frauen und Männern.
Das heißt für uns:
- Wir haben gemeinsame Ziele und unterstützen einander.
- Haupt- und ehrenamtliche Mitarbeiter verfolgen gemeinsame Absichten in ihren unterschiedlichen Tätigkeitsfeldern.
- Wir lassen unterschiedliche Meinungen zu, bearbeiten Konflikte ehrlich und respektvoll.

Wir setzen uns ein für das Leben in der einen Welt.
Das heißt für uns:
- Wir tun alles in unseren Möglichkeiten stehende, diese Welt zu bewahren und den Frieden zu erhalten.
- Wir sind mit all den anderen solidarisch, die dieses Anliegen unterstützen und verfolgen.
- Wir unterstützen Projekte, die dort helfen, wo Not herrscht.

In Verantwortung zu diesem Leitbild verstehen sich die Rechte und Pflichten eines jeden Mitarbeiters –

Damit Leben gelingt.

Abb. 2.1
Trägerleitbild der Diakonie Riesa-Großenhain gGmbH (o. J.)

Leitbild ausschließlich für den Verpflegungsbereich gibt. Erstellt ein Betrieb jedoch ausschließlich Verpflegungsdienstleistungen, z. B. eine bundesweite Cateringfirma, so wird selbstverständlich ein Leitbild entwickelt, das sich ausschließlich auf die Verpflegung bezieht. Wird beispielsweise ein

SeniorenHaus *Albert Schweitzer*

Unser Leitbild

Das SeniorenHaus *Albert Schweitzer* ist eine Einrichtung der Diakonie Riesa-Großenhain gemeinnützige GmbH.
Die Mitarbeiter des SeniorenHauses sind dem diakonischen Auftrag verpflichtet, gemäß den Worten von Jesus Christus:
Ein Beispiel habe ich euch gegeben, dass ihr tut, wie ich euch getan habe (Joh. 13, 15 aus *Die Fußwaschung*).

In unserer Einrichtung haben wir das Ziel, älteren Menschen ein neues eigenes Zuhause zu schaffen, in dem sie fürsorglich betreut werden und sich wohl fühlen können. Wir sind bestrebt, dass Selbständigkeit und Eigenverantwortung der BewohnerInnen wiedererlangt, erhalten und gefördert werden.

Entsprechend der christlichen Werte achten und bewahren wir die Würde und Einzigartigkeit des Menschen, besonders in der Zeit des Altwerdens, Krankseins oder Sterbens. Wir bieten Seelsorge und ermöglichen Begleitung durch Angehörige und Betreuer.

Neue Erkenntnisse und Leistungen der modernen Medizin bejahen wir, sofern diese dem Menschen dienen. Die uns anvertrauten Menschen pflegen wir fachgerecht, in dem wir uns dafür einsetzen, die Ursachen ihrer Pflegebedürftigkeit zu erkennen und diese nach Möglichkeit zu mindern.

Ein Anliegen ist es uns, den Anspruch auf qualitativ gute Arbeit, verbunden mit menschlicher Zuwendung, mit dem auf wirtschaftliche Betriebsführung zu vereinbaren. Dabei berücksichtigen wir die uns gegebenen und gebotenen Möglichkeiten.

Nach konstruktiver Zusammenarbeit streben wir mit Medizinern und Therapeuten, mit Kirchengemeinden, Wohlfahrtsverbänden und kommunalen Einrichtungen sowie Angehörigen und Betreuern.
Wir vertreten unsere Einrichtung in der Öffentlichkeit als Partner unserer BewohnerInnen.

Dienstgemeinschaft ist die Form unserer gemeinsamen Arbeit, in der jeder Mitverantwortung trägt und im Rahmen unseres Auftrages Eigeninitiative entwickelt. In der Arbeit miteinander sind wir offen und respektieren einander. Durch Aus-, Fort- und Weiterbildung sichern wir unsere Fachlichkeit.

In Verantwortung zu diesem Leitbild verstehen sich die Rechte und Pflichten eines jeden Mitarbeiters –

Damit Leben gelingt.

Betriebsrestaurant durch eine Cateringfirma betrieben, so sollten sich die Leitbilder der Cateringfirma (Bewirtschafter) und des Betriebs, für die die Cateringfirma Leistungen erbringt (Betreiber), nicht widersprechen.

Insbesondere für reine Verpflegungsbetriebe, die ein eigenes verpflegungsspezifisches Leitbild erstellen, aber auch für Küchen, die Teil einer Einrichtung oder eines Betriebs sind (z. B. Altenheimküche, Betriebsrestaurant, Mensa, Schulküche

*Abb. 2.2
Einrichtungsleitbild einer diakonischen Altenpflegeeinrichtung
(Diakonie Riesa-Großenhain gGmbH
SeniorenHaus „Albert Schweitzer" 2006)*

usw.), sind im Folgenden einige Fragen aufgeführt, die bei der Erstellung eines Leitbildes unbedingt diskutiert werden sollten:

- Wer sind wir?
- Wo kommen wir her? – Was sind unsere Wurzeln?
- Was können wir?
- Wo liegt unsere Kompetenz?
- Was haben wir geleistet und was leisten wir heute?
- Welche Leistungen bieten wir an?
- Was sind unsere ideellen Ziele?
- Mit welchen Mitteln wollen wir diese Ziele erreichen?
- Worauf beruht unser Erfolg?
- Was unterscheidet uns von unseren Wettbewerbern?
- Welche Eigenschaften sollten wir beibehalten?
- Welche Eigenschaften sollten wir verändern?
- Welche Eigenschaften sollten wir neu entwickeln?
- Welche Kernaussagen sind in unseren Informationsmaterialien getroffen? Wie präsentiert sich unsere Einrichtung nach außen? (vgl. Büse 1995, S. 23).

2.2 Ziele

Beim Formulieren von Zielen sind folgende Dimensionen zu beachten.

- Welche Personen/Personengruppen beeinflussen das Ziel? (vgl. Kapitel 2.2.1 Anspruchsgruppen)
- Auf welche Teilleistung/Teilleistungen bezieht sich das Ziel? (vgl. 2.2.2 Teilleistungen)
- Auf welchen Aspekt bezieht sich das Ziel? (vgl. 2.2.3 Teilanforderungen)

2.2.1 Anspruchsgruppen

Nach Rho/Bottler (2002) sind für die Formulierung von Qualitätsanforderungen folgende Anspruchsgruppen zu unterscheiden. Da sind zunächst die Kundinnen und Kunden im engeren Sinn. Das sind jene Personen oder Organisationen, die ein Produkt empfangen. Als Kundinnen und Kunden im weiteren Sinn können solche Personen oder Organisationen verstanden werden, die zwar keine Produkte empfangen, aber dennoch ein Interesse daran haben, von welcher Beschaffenheit die erstellten Produkte sind oder welchen Erfolg der Betrieb erwirtschaftet. Diese beiden Gruppen zusammen bezeichnet man als Anspruchgruppen, Interessenträger oder Stakeholder.

Der Begriff Stakeholder (deutsch: Interessenvertreter) kommt aus der betriebswirtschaftlichen Literatur, wo sich in den letzten zehn Jahren ein Wandel vom sogenannten Shareholder-Value (Shareholder heißt: Aktionär) zum Stakeholder-Value vollzogen hat. Beides sind Methoden, mit denen der Wert eines Unternehmens gemessen wird. Mit dem Sharehol-der-Value wird ausschließlich der Wert aus der Sicht der Kapitalgeber (also vor allem der Aktionäre) betrachtet. Man hat inzwischen erkannt, dass diese rein kapitalorientierte Betrachtung zu einseitig ist. Das Stakeholder-Konzept geht davon aus, dass der Wert des Unternehmens daran gemessen werden kann, inwiefern es ihm gelingt, die Anforderungen der Anspruchsgruppen zu erfüllen. Das Stakeholder-Konzept ist eine Ergänzung zum Shareholder-Konzept. (vgl. Theuvsen 2001).

Abbildung 2.3 zeigt exemplarisch mögliche Anspruchsgruppen in einem Gemeinschaftsverpflegungsbetrieb.

Mögliche Anspruchsgruppen eines Gemeinschaftsverpflegungsbetriebs

- Träger/Betreiber
- Bewirtschafter
- Führungskräfte
- Mitarbeiterinnen und Mitarbeiter
- Verpflegungsteilnehmer
- Lieferanten
- Fremdkapitalgeber
- Gesetzgeber
- Wissenschaftlerinnen und Wissenschaftler
- Verbände
- Angehörige
- Aufsichtsbehörde
- Heimbeirat
- Sponsoren
- Gleichstellungsbeauftragte
- Gesellschaft
- Staat

Abb. 2.3
Mögliche Anspruchs-gruppen eines Gemein-schaftsverpflegungsbe-triebs (nach Rho/Bottler 2002)

Die Anspruchsgruppen an Gemeinschaftsverpflegungsein-
richtungen lassen sich nach Rho/Bottler (2002) nach ihrem
Machtpotenzial zur Durchsetzung ihrer Interessen und dem
Willen zur Machtausübung differenzieren:

- Ein relativ geringes Machtpotenzial und gering ausgeprägten Willen zur Machtausübung haben Fachverbände, wissenschaftliche Gruppierungen, Sponsoren oder auch Angehörige von Verpflegungsteilnehmern.
- Stärker ausgeprägt ist der Wille zur Machtausübung bei
Betriebsräten, dem Heimbeirat oder auch der Gleichstel-
lungsbeauftragten.
- Über ein hohes Machtpotenzial verfügen der Gesetzgeber
und die aufsichtsführenden Institutionen wie Lebensmit -
telüberwachung oder Heimaufsichtsbehörde.
- Als strategische Anspruchsgruppen sind solche zu be -
trachten, die zusätzlich zu einem hohen Machtpotenzial
auch noch über einen ausgeprägten Willen zur Machtausübung verfügen. Das ist auf jeden Fall der Träger des Betriebs und das Betriebsmanagement. Dazu gehören auch
die Mitarbeiterinnen und Mitarbeiter, die Verpflegungsteilnehmer, die Lieferanten und ggf. auch die Fremdkapitalgeber.

Im Folgenden werden die möglichen Interessen der einzelnen
Anspruchsgruppen in Anlehnung an Rho/Bottler (2002) ideal-
typisch (und damit verkürzt) umrissen.

Der **Träger eines Gemeinschaftsverpflegungsbetriebs** ist
zunächst an der Verwirklichung der im Leitbild festgelegten
Ziele interessiert. Sofern es sich um einen wohlfahrtsorientierten Betrieb handelt (z. B. Einrichtungen der Verbände der frei-
en Wohlfahrtspflege), liegt das Wohlfahrtsziel in seinem Interesse. Außerdem ist der Träger in der Regel am Erhalt des Be -
triebs interessiert, wozu wiederum die langfristige Erhaltung
der Liquidität notwendig ist. Ein gewinnorientierter Träger ist
in der Regel am Gewinn und an der Wertsteigerung seines Be -
triebs interessiert. In beiden Fällen spielt auch das Image des
Betriebs eine wesentliche Rolle für den Träger.

Im Falle der Fremdvergabe kommt zum Betreiber noch eine
weitere Interessengruppe, der **Bewirtschafter**, hinzu. Das ist
jener Betrieb, der die Aktivitäten zur Erstellung der Verpfle -

gungsdienstleistung in der Küche ausführt (im Falle der Eigenbewirtschaftung sind Betreiber und Bewirtschafter identisch). Dieser Betrieb ist ebenfalls an der Verwirklichung seiner Betriebsziele interessiert. Beispielsweise sind gewinnorientierte Caterer u. a. an der Erwirtschaftung eines Gewinns, am Erhalt des Bewirtschaftungsvertrags und an der Stabilisierung bzw. der Verbesserung des eigenen Images und der eigenen Marktposition interessiert.

Auch die **Führungskräfte** sind an dem Erreichen der Betriebsziele interessiert. Sie streben das vom Träger vorgegebene Wohlfahrtsziel, eine Zufriedenheit der Mitarbeiterinnen und Mitarbeiter und der Verpflegungsteilnehmer sowie die Bestandssicherung und die Konkurrenzfähigkeit des Betriebs an. Letztlich wollen die Führungskräfte natürlich den Erfolg ihrer Arbeit sehen.

Die **Mitarbeiterinnen und Mitarbeiter** arbeiten in dem Betrieb meistens deshalb, weil sie dafür bezahlt werden. Sie streben also eine adäquate Bezahlung sowie den Erhalt des eigenen Arbeitsplatzes an. Daneben spielen das Arbeitsergebnis, die Gerechtigkeit am Arbeitsplatz, das Betriebsklima sowie die Anerkennung ihrer Person und ihrer Leistungen eine wichtige Rolle. Außerdem wünschen sie sich die Vereinbarkeit von Beruf und Familie sowie die Einhaltung der vertraglichen Regelungen und die Möglichkeiten zur Weiterbildung sowie zu beruflichem Aufstieg.

Die **Verpflegungsteilnehmer** sind die Kundinnen und Kunden im engeren Sinn. Sie wünschen sich wohlschmeckende, gesunde und abwechslungsreiche Speisen zu niedrigen Preisen. Ihren individuellen Verzehrgewohnheiten und ihren zeitlichen Restriktionen soll möglichst entsprochen werden.

Die **Lieferanten** haben ein Interesse an langfristigem, verlässlichem Absatz zu (aus der Sicht des Lieferanten) günstigen Konditionen sowie an der Liquidität des Betriebs zur Zahlung der Rechnungen des Lieferanten.

Die **Fremdkapitalgeber** (die Shareholder) haben ein Interesse an Sicherheit und Verzinsung ihrer Kapitalanlage sowie am Zuwachs des Vermögens.

Der **Gesetzgeber** hat ein Interesse an der Einhaltung der Gesetze und Verordnungen (z. B. Hygienevorschriften, Arbeitsschutzvorschriften). Außerdem ist er als potenzieller Finanzgeber an der Finanzierbarkeit der Leistungen interessiert (z. B.

Unterkunft und Verpflegung von pflegebedürftigen Sozialhilfe-empfängern in stationären Pflegeeinrichtungen).

Wissenschaftlerinnen und Wissenschaftler sind daran interessiert, dass ihre wissenschaftlichen Erkenntnisse (z. B. die Referenzwerte für die Nährstoffzufuhr) umgesetzt werden und dass sie bei der künftigen wissenschaftlichen Arbeit unterstützt werden (z. B. bei der Datenerhebung in Betrieben).

Verbände mit unmittelbaren Interessen an einem Gemein-schaftsverpflegungsbetrieb sind die Fachverbände, die Berufs - verbände, die Arbeitnehmer- und Arbeitgeberverbände. Außerdem tragen auch die gesellschaftlichen Verbände wie Um - weltverbände, Eine-Welt-, Familien-, Frauen- oder Behinder-tenverbände Anforderungen an die Gemeinschaftsverpfle-gungsbetriebe heran. Alle diese Verbände erwarten, dass der Gemeinschaftsverpflegungsbetrieb gesamtgesellschaftlich verantwortlich handelt (z. B. umweltfreundliche Produkte kauft, den gerechten Handel fördert usw.).

Die **Angehörigen** der Verpflegungsteilnehmer haben ebenfalls Anforderungen an den Gemeinschaftsverpflegungsbe - trieb, sofern es sich um hilfsbedürftige Verpflegungsteilneh-mer handelt. Sie erwarten vom Gemeinschaftsverpflegungs-betrieb Versorgungssicherheit, die Deckung der Bedarfe der Verpflegungsteilnehmer und eine Leistungsgerechtigkeit der Entgelte. Außerdem wünschen sie sich Zufriedenheit bei den Verpflegungsteilnehmern und Entlastung von ihren eigenen Versorgungsaufgaben.

Die **Aufsichtsbehörden** sind an einer reibungslosen Zu - sammenarbeit und an der Sicherstellung des eigenen Anse-hens interessiert.

Die **Sponsoren** wollen vor allem das eigene Prestige und ihren Bekanntheitsgrad erhöhen.

Die **Gleichstellungsbeauftragte** ist an der Gleichstellung der Frauen in allen Belangen und an einer Erhöhung der Sen - sibilität für frauenrelevante Fragestellungen in der Gesellschaft interessiert.

Die **Gesellschaft** fordert Gerechtigkeit, die Förderung des Gemeinwohls, die Erhaltung von Werten und Moral sowie z. B. konkret die Schaffung und Erhaltung von Arbeitsplätzen.

Der **Staat** hat die Anforderung, dass seine Gesetze und Ver - ordnungen eingehalten, Steuern und Sozialleistungen bezahlt, Arbeitsplätze bereitgestellt werden und das demokratische

Staatswesen gefördert wird. Außerdem ist er im Sinne des Subsidiaritätsprinzips an Entlastung durch nichtstaatliche Träger interessiert.

2.2.2 Teilleistungen

Eine Verpflegungsdienstleistung besteht aus einer Reihe von Teilleistungen, für die jeweils spezifische Teilanforderungen von den Anspruchsgruppen gestellt werden (vgl. Abb. 2.4).

Materielle Teilleistungen	Informationelle Teilleistungen
• Zubereitung und Bereitstellung von Speisen	• Information über das Speisenangebot
• Ermöglichung der Auswahl und Bestellung	• Information über das Auswahl- und Bestellverfahren
• Portionierung, Verteilung und Ausgabe	• Information über das Ausgabe- und Verteilsystem
• Abrechnung	• Information über die Preise und das Abrechnungssystem
• Bereitstellung eines Raums zur Speiseneinnahme	• Information über den Speisesaal
• Geschirrrücknahme	• Information über die Geschirrrücknahme

Abb. 2.4
Teilleistungen der Verpflegungsdienstleistung (in Anlehnung an Bober 2001)

Diese Teilleistungen können zunächst in materielle Teilleistungen und informationelle Teilleistungen gegliedert werden. Die materiellen Teilleistungen sind in Anlehnung an Bober (2001, S. 44) die Zubereitung und Bereitstellung der Speisen; die Auswahl und Bestellung durch den Verpflegungsteilnehmer; die Portionierung, Verteilung zum Ort des Verzehrs und Ausgabe der Speisen an den Verpflegungsteilnehmer; die Abrechnung; die Bereitstellung eines Raums zur Speiseneinnahme und die Rücknahme des verschmutzten Geschirrs. Die informationellen Teilleistungen informieren den Verpflegungsteilnehmer (oder seine Vertreter, z. B. bei einer Schulverpflegung die Eltern) über die angebotenen Speisen, über das Auswahl- und Bestellverfahren, das Ausgabe- und Verteilsystem, die Preise und das Abrechnungssystem, den Speisesaal und die Geschirrrücknahme. Manche der informationellen Teilleistungen müssen nur einmalig bei Erstbenutzern der Verpflegungseinrichtung erbracht werden (z. B. über das Geschirrrücknahmesystem). Andere Informationen (z. B. über das Speisenangebot) müssen täglich neu erstellt werden.

2.2.3 Teilanforderungen

In Anlehnung an Bottler/Rho (2001) können folgende Gruppen von Teilanforderungen an Verpflegungsdienstleistungen unterschieden werden:

- ernährungsphysiologische Anforderungen,
- sensorische Anforderungen,
- hygienische Anforderungen,
- Anforderungen an die nutzerbezogene Handhabbarkeit,
- ökologische Anforderungen,
- sozio-kulturelle Anforderungen,
- politisch-rechtliche Anforderungen,
- ökonomische Anforderungen,
- Anforderungen an die Annehmlichkeit des Umfelds,
- Anforderungen an die Verlässlichkeit,
- Anforderungen an die Abwechslung,
- Anforderungen an die Flexibilität,
- Anforderungen an die Leistungskompetenz,
- Anforderungen an das Einfühlungsvermögen.

Diese Teilanforderungen beziehen sich auf einzelne oder mehrere Teilleistungen. Die Teilanforderungen der verschiedenen Anspruchsgruppen können unterschiedlich sein. Abbildung 2.5 zeigt die sich daraus ergebende Dreidimensionalität der Qualitätsanforderungen.

Abb. 2.5
Mehrdimensionalität der
Qualitätsanforderungen
an Verpflegungsdienst -
leistungen

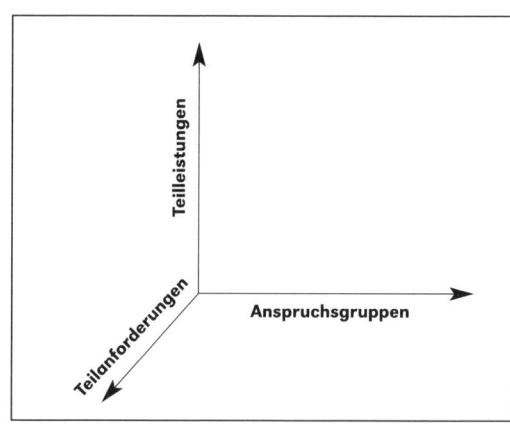

2.2.3.1 Ernährungsphysiologische Anforderungen

Die ernährungsphysiologische Anforderung lautet, dass die Gemeinschaftsverpflegung dem Verpflegungsteilnehmer alle Nährstoffe in der Menge liefern soll, wie er sie benötigt.

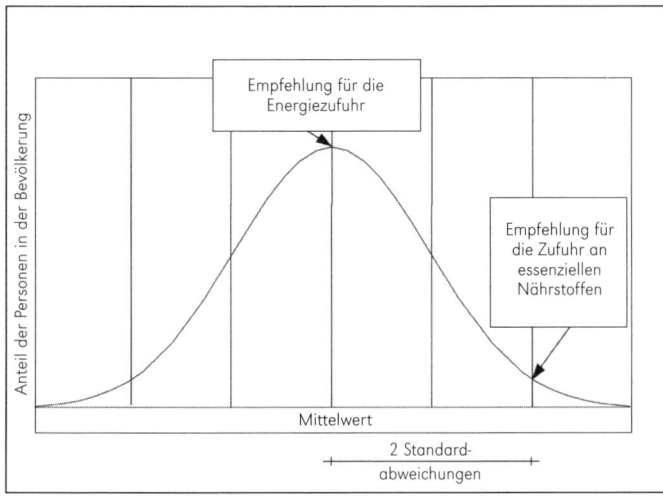

Abb. 2.6
Verteilung des Nährstoff-
bedarfs in der Bevölke-
rung und Empfehlungen
für die Nährstoffzufuhr
(nach Wolfram/Wöll
1988)

Hierzu ist zunächst zu bestimmen, in welcher Menge der Verpflegungsteilnehmer Nährstoffe benötigt. Diese Menge wird als Bedarf bezeichnet. Dieser Bedarf ist individuell verschieden, kann nur mit aufwändigen Untersuchungsmethoden bestimmt werden und ist deshalb in den meisten Fällen unbekannt. Die von der Deutschen Gesellschaft für Ernährung publizierten Referenzwerte für die Nährstoffzufuhr (DGE 2000a) sind Empfehlungen für eine Nährstoffzufuhr, die mit großer Wahrscheinlichkeit den individuellen Bedarf deckt.

Abbildung 2.6 zeigt die Verteilung des Nährstoffbedarfs in der Bevölkerung (Wolfram/Wöll 1988). Es wird dabei angenommen, dass der Nährstoffbedarf in der Bevölkerung normalverteilt ist. Der durchschnittliche Bedarf ist dadurch gekennzeichnet, dass 50 % der Bevölkerung einen niedrigeren und 50 % der Bevölkerung einen höheren Bedarf haben. Der Durchschnittsbedarf wird von den Ernährungswissenschaftlern als Empfehlung für die Energiezufuhr verwendet, denn hier wird eine Überversorgung als genauso gefährlich eingestuft wie eine Unterversorgung. Bei allen anderen essenziellen Nährstoffen, bei denen eine Unterversorgung weit gefährlicher ist als (im verzehrsüblichen Rahmen) eine Überversorgung, wird der Gruppenbedarf als Ausgangsgröße für die Empfehlung verwendet. Der Gruppenbedarf errechnet sich aus dem Mittelwert in der Bevölkerung plus zwei Standardabweichungen. Damit haben 97,5 % der Bevölkerung einen Bedarf, der niedriger liegt als dieser Gruppenbedarf. Ein Speisenplan, der die Nährstoffe in der Höhe des Gruppenbedarfs enthält, deckt somit bei 97,5 % der Verpflegungsteilnehmer den Bedarf.

Da die Verpflegungsteilnehmer in der Gemeinschaftsverpflegung meistens recht inhomogen sind, gelten für sie unterschiedliche Empfehlungen. Wie soll dieses Problem gelöst werden? Soll ein Durchschnitt über die Empfehlungen gebildet werden? Eine solche Durchschnittsbildung hätte zur Folge, dass die Personengruppen mit dem höheren Bedarf nicht ausreichend versorgt werden. Um diese Gefahr zu vermeiden, hat sich der Nährstoffgehalt in der Gemeinschaftsverpflegung immer nach der Personengruppe mit der strengsten Empfehlung zu richten. Abbildung 2.7 zeigt, wie die speziell für die Gemeinschaftsverpflegung entwickelten Referenzwerte dies sicherstellen.

Abb. 2.7
DGE-Referenzwerte für die Nährstoffzufuhr für Personengruppen und für die Gemeinschaftsverpflegung

Nährstoff	Referenzwerte für die Nährstoffzufuhr einzelner Personengruppen (DGE 2000a)						Referenzwerte Krankenhaus (DGE 2000b)
	19 – 24 Jahre		25 – 50 Jahre		51 – 65 Jahre		
	Männer	Frauen	Männer	Frauen	Männer	Frauen	
Energie (kcal)	3000	2400	2900	2300	2500	2000	2150
Eisen (mg)	10	15	10	15	10	10	15
Thiamin (mg)	1,3	1,0	1,2	1,0	1,1	1,0	1,2
Riboflavin (mg)	1,5	1,2	1,4	1,2	1,3	1,2	1,4

Allerdings bringt dieses Vorgehen den Nachteil, dass einzelne Verpflegungsteilnehmer (vor allem Männer) zu wenig Energie bekommen, also nicht satt werden. Diese Personen müssen dieses Defizit entweder mit zusätzlichen Komponenten (z. B. Vorsuppe, Dessert) oder mit den anderen Mahlzeiten ausgleichen. Andererseits erhalten jene Personengruppen mit niedrigerem Energiebedarf (vor allem Frauen) nicht ausreichend von den essenziellen Nährstoffen, wenn sie nur entsprechend ihrem Energiebedarf essen und Tellerreste übrig lassen. Abbildung 2.8 zeigt die Methode der maximalen Nährstoffdichte zur Bestimmung des wünschenswerten Nährstoffge-

Nährstoff	empfohlene Nährstoffdichte in den Referenzwerten für die Nährstoffzufuhr (DGE 2000a)						maximal empfohlene Nährstoff- dichte	Nährstoffge- halt bei maxi- mal empfoh- lener Nähr- stoffdichte
	19 – 24 Jahre		25 – 50 Jahre		51 – 65 Jahre			
	Männer	Frauen	Männer	Frauen	Männer	Frauen		
Energie [kcal]	3000	2400	2900	2300	2500	2000	3000	3000
Eisen [mg/1000 kcal]	3,33	6,25	3,45	6,52	4,00	5,00	6,52	19,56
Thiamin [mg/1000 kcal]	0,43	0,42	0,41	0,43	0,44	0,50	0,50	1,50
Riboflavin [mg/1000 kcal]	0,50	0,50	0,48	0,53	0,52	0,55	0,55	1,65

Abb. 2.8
Bestimmung des emp-
fohlenen Nährstoffgehalts
mit der Methode der
maximalen Nährstoff-
dichte

halts in der Gemeinschaftsverpflegung. Hier wird bei der Energie von der maximal geforderten absoluten Menge, bei den
anderen Nährstoffen von der maximal geforderten Nährstoffdichte ausgegangen. Dadurch wird gewährleistet, dass auf jeden Fall jeder Verpflegungsteilnehmer mit der angebotenen
Verpflegung satt wird. Für jene Verpflegungsteilnehmer mit geringerer Energieempfehlung wird angenommen, dass sie nur
so viel von der angebotenen Verpflegung verzehren, wie es ihrer Energieempfehlung entspricht (Frauen über 51 Jahre beispielsweise nur zwei Drittel der angebotenen Portion). Die
Zusammenstellung der Gesamtportion gewährleistet dann,
dass auch in dem verzehrten Portionsteil so viele essenzielle
Nährstoffe enthalten sind, wie es der Empfehlung für die Personengruppe entspricht.

Neben der Energie- und Nährstoffempfehlung für den ganzen Tag ist noch zu klären, wie die Verteilung auf die verschiedenen Mahlzeiten aussehen soll. Am wichtigsten ist dabei die
Verteilung der Energiezufuhr, damit die kontinuierliche Sätti-
gung des Verpflegungsteilnehmers sichergestellt ist. Peinelt
(2001, S. 27) empfiehlt hierzu:

- 20 – 25 % der Energiezufuhrempfehlung zum 1. Frühstück,
- 10 – 15 % der Energiezufuhrempfehlung zum 2. Frühstück,
- 30 – 35 % der Energiezufuhrempfehlung zum Mittagessen,
- 10 – 15 % der Energiezufuhrempfehlung zum Nachmittag,

- 20 – 25 % der Energiezufuhrempfehlung zum Abendessen.

Abweichend von der oben erläuterten Methode der maximalen Nährstoffdichte schlägt Peinelt (2001, S. 28) vor, für jene Nährstoffe, deren Bedarfsdeckung in der Bevölkerung als ungenügend einzuschätzen ist, beim Mittagessen einen erhöhten Anteil der Tageszufuhrempfehlung zu decken:

- 50 % der Tageszufuhrempfehlung für Ballaststoffe zum Mittagessen,
- 50 % der Tageszufuhrempfehlung für Magnesium zum Mittagessen,
- 50 % der Tageszufuhrempfehlung für Zink zum Mittagessen,
- 50 % der Tageszufuhrempfehlung für Eisen zum Mittagessen,
- 75 % der Tageszufuhrempfehlung für Vitamin A zum Mittagessen,
- 50 % der Tageszufuhrempfehlung für Vitamin E zum Mittagessen,
- 50 % der Tageszufuhrempfehlung für Vitamin B6 zum Mittagessen,
- 75 % der Tageszufuhrempfehlung für Vitamin C zum Mittagessen.

Nach Aussagen von Peinelt (2001, S. 28) haben Modellrechnungen gezeigt, dass diese Deckungsbeiträge erreichbar sind und keine Extremwerte darstellen.

2.2.3.2 Sensorische Anforderungen

Die sensorischen Anforderungen wollen sicherstellen, dass die Speisen angenehme Sinneseindrücke vermitteln. Damit ist auch der Genusswert einer Speise gemeint. Hierbei sind objektive sensorische Anforderungen und subjektiv individuelle sensorische Anforderungen zu unterscheiden (vgl. Abb. 2.9). Objektive sensorische Merkmale sind solche Merkmale, die mit standardisierten Messmethoden durch Experten oder auch durch Verpflegungsteilnehmer gemessen werden können.

Die objektiv sensorischen Anforderungen können sehr detailliert beschrieben werden. Ungeeignet sind unpräzise Aus-

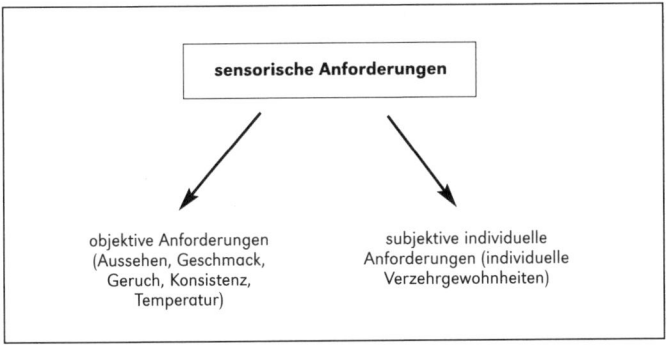

Abb. 2.9
Sensorische
Anforderungen

sagen wie beispielsweise: *Der Blumenkohl muss schmecken.*
Eine präzise Formulierung der Anforderung sollte sich auf alle
objektiv sensorischen Aspekte Aussehen, Geschmack, Geruch, Konsistenz sowie Temperatur erstrecken und kann beispielsweise folgendermaßen lauten: *Der Blumenkohl soll eine
helle, keinesfalls gräuliche Farbe aufweisen und in gleichmäßi-
ge Röschen geteilt sein. Er soll gut gewürzt, aber nicht zu salzig sein. Er soll gut kaubar, aber nicht zu weich sein. Er soll
angenehm riechen und beim Verzehr noch heiß genug sein.*

Zur Messung der objektiven sensorischen Qualität von Lebensmitteln gibt es ausreichend Literatur – nicht jedoch zu
solchen Messungen in der Gemeinschaftsverpflegung. Timm
(2002) entwickelte beispielsweise ein Schema zur Beurteilung
der objektiven sensorischen Qualität durch die Verpflegungsteilnehmer in einem Tagungshaus. Dieses Schema kann als
Anregung zur Entwicklung betriebsspezifischer Schemen dienen (vgl. Kapitel 9.4.4 Sensorische Prüfung).

Die objektiven sensorischen Anforderungen erstrecken sich
auf die Merkmale Aussehen, Geschmack, Geruch, Konsistenz
sowie Temperatur der Speisen. Dies wird im Folgenden ausgeführt.

Das Auge isst mit, sagt eine alte Volksweisheit. Das Auge
bewertet die Farben, die Form und den Frischegrad der angebotenen Speisen.

Die Farbe wird beispielsweise mit folgenden Adjektiven beschrieben: blass, dunkel, farblos, fleckig, glänzend, hell, matt,
stumpf, trübe, ungleichmäßig, unnatürlich, verfärbt, wässrig.

Bei der Speisenplanung ist darauf zu achten, dass die Farben der miteinander kombinierten Speisen ein abwechslungs-
reiches Bild ergeben. Bei Nutzern mit Seheinschränkungen ist

besonders auf eine kontrastreiche farbliche Gestaltung zu achten. Das Geschirr sollte eine wesentlich andere Farbe haben als die Speise selbst. Kaffee ist beispielsweise eher in einer weißen als in einer braunen Tasse anzubieten; Milch dagegen eher in einer dunklen Tasse.

Die Form kann mit folgenden Adjektiven beschrieben werden: beschädigt, eingedrückt, gebrochen, geplatzt, glatt, kantig, prall, rund, runzelig, zerfallen.

Auch bei der Darreichung der Speisen spielt die Optik eine wichtige Rolle. Ein liebevoll dekorierter Teller mit abwechslungsreichen Farben der Speisen regt den Appetit an.

Geruch und Geschmack einer Speise sind wichtig, um das Verdauungssystem in Gang zu setzen. Während der Geschmack ausschließlich mit der Zunge wahrgenommen wird (nur die vier Grundgeschmacksarten süß, sauer, bitter und salzig), wird der Geruch mit der Nase wahrgenommen. Der Geruch kann beispielsweise mit folgenden Adjektiven beschrieben werden: abgerundet, alt, aromatisch, beißig, erdig, faulig, fischig, flach, frisch, fruchtig, gärig, harmonisch, hefig, heuig, kräuterartig, modrig, muffig, ranzig, rauchig, schimmelig, seifig, würzig.

Das Aroma einer Speise ist eine Kombination aus dem Grundgeschmack und dem Geruch. Einige Aromastoffe werden erst beim Kauen freigesetzt und gelangen über den Nasen-Rachenraum ins Riechzentrum.

Die Konsistenz ist die Textur der Speise. Sie wird über das Druck- und Berührungsempfinden beim mundgerechten Zerkleinern und beim Kauen wahrgenommen. Das Gehör spielt ebenfalls eine Rolle. Geräusche, die beim Kauen entstehen, sind z. B. knusprig und knackig.

Die Textur kann beispielsweise mit folgenden Adjektiven beschrieben werden: cremig, bissfest, breiig, brüchig, elastisch, faserig, fein, fest, fettig, feucht, glatt, grießig, grob, gummiartig, holzig, klumpig, körnig, matschig, mehlig, mürbe, ölig, porig, rau, saftig, sandig, schleimig, strohig, teigig, trocken, wässrig, weich, zäh, zart.

Die optimale Verzehrtemperatur liegt bei durchschnittlich 63 °C. Sie variiert von Speise zu Speise und von Person zu Person.

Die sensorische Qualität wird aber nicht nur durch die objektive sensorische Komponente bestimmt. Die individuellen Verzehrgewohnheiten spielen ebenfalls eine wichtige Rolle.

Die individuellen Verzehrgewohnheiten sind dadurch gekennzeichnet, dass der Verpflegungsteilnehmer bestimmte Speisen bevorzugt (also gerne mag) oder ablehnt (also gar nicht mag). Diese Bevorzugung oder Ablehnung kann sich auf einzelne Speisen (z. B. Eisbein) oder auf Speisengruppen (z. B. Fleischspeisen) beziehen.

Bei individueller Ablehnung einer Speise ist diese Ablehnung unabhängig von den objektiven sensorischen Merkmalen der Speise. Auch ein Eisbein mit hervorragenden objektiven sensorischen Merkmalen, das nach allen Regeln der Kunst zubereitet wurde, kann einen Verpflegungsteilnehmer, der kein Eisbein mag, nicht überzeugen.

2.2.3.3 Hygienische Anforderungen

Die hygienischen Anforderungen besagen, dass der Verpfle-gungsteilnehmer bei der Inanspruchnahme der Verpflegungs-dienstleistung keinen krankmachenden Einflüssen unterworfen sein darf. Dies bezieht sich nicht nur auf die Zubereitung und Bereitstellung der Speisen, sondern auch auf die Portionierung, Verteilung und Ausgabe, den Abrechnungsvorgang, die Inanspruchnahme des Speisesaals und die Geschirrrückgabe.

Näheres dazu ist der Fachliteratur zu entnehmen.

2.2.3.4 Anforderungen an die nutzerbezogene Handhabbarkeit

Die Anforderungen an die nutzerbezogene Handhabbarkeit erstrecken sich auf folgende Teilleistungen.

Die bereitgestellten Speisen sollen so beschaffen sein, dass der Nutzer sie selbst mundgerecht machen kann. Hier sind vor allem Einschränkungen im Kauvermögen oder in der Motorik der Verpflegungsteilnehmer zu beachten.

Das Auswahl- und Bestellsystem muss so gestaltet sein, dass es vom Nutzer selbständig gehandhabt werden kann. Gleiches gilt für das Portionier-, Verteil- und Ausgabesystem sowie das Abrechnungssystem. Auch hier sind die motorischen Möglichkeiten der Verpflegungsteilnehmer zu beachten. Das betrifft nicht nur körperbehinderte Verpflegungsteilneh-mer, sondern alle Personen, die mit Teller, Tablett, Geldbörse und zugleich möglicherweise einer mitgebrachte Tasche jong-lieren müssen. Stufen im Speisesaal erschweren die Handhab-barkeit, wenn gleichzeitig das Tablett getragen und ein Sitz-

platz ausgewählt werden muss. Auch bei der Geschirrrücknahme ist auf die Handhabbarkeit für den Nutzer zu achten.

Die Informationen müssen so gestaltet sein, dass sie von
den Verpflegungsteilnehmern verstanden werden können. Dabei ist auf eine ausreichend große Schrift und eine angemessene Sprache zu achten (z. B. *Nudeln* statt *Pasta* in einer
Altenhilfeeinrichtung). Für Personen, die die Landessprache
(noch) nicht lesen können, sind bildliche Symbole zu verwenden (vgl. Kapitel 3.1.1 Information des Verpflegungsteilnehmers).

2.2.3.5 Ökologische Anforderungen

Die ökologischen Anforderungen erfordern eine möglichst geringe Umweltbelastung durch die Verpflegungsdienstleistung.
Dies betrifft den Verbrauch von Ressourcen (z. B. Energieträ-
ger und Frischwasser) und die Erzeugung von umweltschädi-
genden Faktoren wie z. B. Lärm, Staub, Abgase, Abwärme,
Abwasser und Abfälle.

Dies gilt sowohl für die Produktion in der Gemeinschaftsverpflegung selbst als auch für die vorgelagerten Prozesse
(z. B. Verwendung von Lebensmitteln aus ökologischem Anbau
sowie von regionalen Lebensmitteln mit niedrigem Transportaufwand).

2.2.3.6 Sozio-kulturelle Anforderungen

Die sozio-kulturellen Anforderungen besagen, dass die Verpflegungsdienstleistung den sozialen Gegebenheiten und der
Kultur der Verpflegungsteilnehmer entsprechen muss.

Das betrifft vor allem die Verzehrgewohnheiten der Verpflegungsteilnehmer, sofern sie nicht individueller Art, sondern in
ihrer Kultur vorherrschend sind.

Verzehrgewohnheiten sind die Art der Zusammenstellung
der Ernährung aus Speisen in bestimmter Häufigkeit, Menge
und Kombination. Sie sind gekennzeichnet durch:

- die Struktur der Mahlzeiten, die während eines Tages eingehalten werden (z. B. fünf Mahlzeiten am Tag),
- die Struktur der Menüs, die zu den Mahlzeiten eingenommen werden (z. B. mittags ein warmes Menü, am Abend
  ein kaltes Menü mit Brot),

- die Mindest- und Höchsthäufigkeiten von bestimmten Speisen pro Woche (z. B. Reis als stärkereiche Beilage darf höchstens innerhalb von drei Tagen wiederholt werden, gegrilltes Hähnchen innerhalb von drei Wochen),
- die Mindest- und Höchsthäufigkeiten von Speisen aus bestimmten Speisengruppen pro Woche (z. B. Eintopfspeisen maximal einmal pro Woche oder Fleischspeisen mindestens dreimal pro Woche),
- die Mindest- und Höchstgrenzen für die Speisenmengen (die Speisenmengen dürfen nicht zu sehr von der üblichen Portionsmenge abweichen),
- die Kombination von Speisen zu Hauptgerichten (z. B. Eisbein wird kombiniert mit Sauerkraut),
- bestimmte Speisen zu bestimmten Tagen (z. B. Gänsebraten zu Weihnachten, Krapfen zu Fasching, gefärbte Eier zu Ostern) bzw. aufwändigere Menüs an Sonn- und Feiertagen.

Diese Verzehrgewohnheiten werden von der sozio-kulturellen Umgebung des Verpflegungsteilnehmers beeinflusst. Wesentliche charakterisierende Faktoren sind hierbei die regionale Herkunft, das Alter und die Religionszugehörigkeit des Verpflegungsteilnehmers.

Bei den regionalbezogenen Verzehrgewohnheiten ist die Region des Verpflegungsdienstleistungsbetriebs von der regionalen Herkunft des Verpflegungsteilnehmers zu unterscheiden. In den stationären Altenhilfeeinrichtungen befindet sich beispielsweise ein relativ großer Anteil von Migranten, die nach wie vor schlesische, türkische oder russische Küche bevorzugen. Der Anteil der Migranten in den sozialen Einrichtungen wird in Zukunft noch weiter steigen.

Das Alter der Verpflegungsteilnehmer spielt ebenfalls eine sehr wichtige Rolle bei der Bestimmung der Verzehrgewohnheiten. Ältere Menschen bevorzugen eher traditionelle Gerich - te und Hausmannskost. Jüngere Verpflegungsteilnehmer sind moderneren Gerichten und solchen aus anderen Ländern (so - genanntes *Ethnic Food*) aufgeschlossener.

Schließlich spielt die Religionszugehörigkeit der Verpflegungsteilnehmer eine wichtige Rolle. Islamische, christliche und jüdische Gesetze beschränken die Auswahl der zu verwendenden Lebensmittel (z. B. Vermeiden von Schweinefleisch bei Juden und Muslimen), die Kombination von Lebensmitteln (z. B. strenge Trennung von Fleisch und Milch in der jüdischen Küche) und die Speisenmenge (Aschermittwoch und Karfreitag als strenge Fastenstage bei Katholiken) (Conrad 2005). Besonders bei Verpflegungsteilnehmern der älteren Generation ist die Orientierung an religiösen Gesetzen stärker ausgeprägt als bei der jüngeren Generation. Deshalb spielen diese *Speisegesetze* insbesondere in Altenhilfeeinrichtungen eine wichtige Rolle.

2.2.3.7 Politisch-rechtliche Anforderungen

Die rechtlichen Anforderungen bestehen im Wesentlichen darin, die vorhandenen Gesetze und Verordnungen einzuhalten. Dies gilt nicht nur für die lebensmittelrechtlichen Vorschriften (z. B. Lebensmittel-, Bedarfsgegenstände- und Futtermittelgesetzbuch), die vor allem den Schutz vor Gesundheitsgefährdung zum Ziel haben, sondern auch für solche Vorschriften, die den Arbeitsschutz (z. B. Arbeitsschutzgesetz), den Schutz der Verpflegungsteilnehmer (z. B. Heimgesetz, Pflege-Qualitätssicherungsgesetz) oder den Umweltschutz (z. B. Abfallwirtschaftsgesetz; Gesetz zur Vermeidung, Verwertung und Beseitigung von Abfällen) zum Ziel haben.

Neben diesen rechtlichen Anforderungen sind noch weitere politische Anforderungen zu berücksichtigen, die keinen juristischen Charakter haben. Dazu gehört beispielsweise die Bevorzugung von Produkten aus sogenanntem fairem Handel und die Vermeidung von Produkten aus Ländern oder von Firmen, die aus politischen Gründen boykottiert werden.

2.2.3.8 Ökonomische Anforderungen

Die ökonomischen Anforderungen sind aus der Sicht der verschiedenen Anspruchsgruppen unterschiedlich zu betrachten.

Der **Verpflegungsteilnehmer** stellt die Anforderung, dass der Preis für die Verpflegungsleistung in einem möglichst günstigen Verhältnis zu der gebotenen Leistung steht.

Für den Fall, dass eine andere Person als der Verpflegungsteilnehmer für die Entgelte aufkommt (Angehörige, Sozialleistungsträger), sind auch deren ökonomische Anforderungen zu berücksichtigen. Bei **Sozialleistungsträgern** ist tendenziell die Anforderung an niedrige Entgelte stärker ausgeprägt als bei den Verpflegungsteilnehmern selbst. Das kommt beispielsweise dann zum Tragen, wenn der Sozialhilfeträger für die Kosten für Unterkunft und Verpflegung in einem Pflegeheim aufkommen muss.

Die ökonomischen Ziele des **Trägers** unterscheiden sich je nachdem, ob es sich um einen wohlfahrtsorientierten oder gewinnorientierten Träger handelt. Bei ersteren beeinflusst außerdem die Rechtsform die ökonomischen Ziele.

- Bei (wohlfahrtsorientierten) öffentlichen Trägern ist aufgrund der dort vorherrschenden Kameralistik zu unterscheiden zwischen den Investitionen und dem laufenden Betrieb. Da Investitionen zumeist von übergeordneten Institutionen finanziert werden, ist der Wille zur Einsparung beim Träger nicht immer stark ausgeprägt. Vielmehr ist zu beobachten, dass die Träger versuchen, zum Investitionszeitpunkt möglichst viele Fördermittel zu bekommen. Beim laufenden Betrieb sind öffentliche Träger daran interessiert, mit den zur Verfügung stehenden Mitteln auszukommen (ausgeglichener Haushalt). Weitere Einsparungen werden zumeist nicht angestrebt, da eingesparte Mittel nicht ins nächste Jahr übertragen werden können und eine Kürzung der Mittelzuweisungen im nächsten Jahr droht. Die Kameralistik unterstützt somit nicht die Wirtschaftlichkeit (Bräunig 2006).
- Wohlfahrtsorientierte Träger privatrechtlicher Rechtsform haben ökonomische Ziele auf verschiedenen Ebenen. In erster Linie ist der Erhalt des Betriebs anzustreben, weil nur dadurch das Wohlfahrtsziel erreicht werden kann. Hierfür ist eine ausreichende Liquidität notwendig, denn im Gegensatz zu den öffentlichen Trägern sind privatrechtliche Träger insolvenzfähig. Im Zweifelsfall hat das Liquiditätsziel Vorrang vor anderen ökonomischen Zielen: *Liquidität vor Rentabilität*. Eine Gewinnerzielungsabsicht haben wohlfahrtsorientierte Betriebe nicht. Auf Rechnungsebene der Buchhaltung streben sie an, dass keine Verluste entstehen, also die Erträge mindestens so hoch sind wie die Aufwendungen. Auf der Rechnungsebene der Kosten- und Erlösrechnung streben sie an, dass ein ausgeglichenes Betriebsergebnis entsteht, also die Erlöse mindestens so hoch sind wie die Kosten.

- Gewinnorientierte Träger sind immer privatrechtlicher Rechtsform und somit immer insolvenzfähig. Ihr vorrangiges ökonomisches Ziel ist deshalb die Erhaltung des Betriebs durch eine Sicherstellung der Liquidität. Allerdings ist eine Einstellung des Betriebs an einer einzelnen Betriebsstelle für einen gewinnorientierten Träger nicht unbedingt negativ: aus nicht lukrativen Geschäftsfeldern zieht sich der gewinnorientierte Träger zurück und überlässt es den Nutzern selbst, für ihre Bedarfsdeckung zu sorgen. Auf Rechnungsebene der Buchhaltung streben diese Betriebe Gewinne an, die dann entstehen, wenn die Erträge höher sind als die Aufwendungen. Auf Ebene der Kosten- und Erlösrechnung streben diese Träger positive Betriebsergebnisse an, die dann entstehen, wenn die Erlöse höher sind als die Kosten.

Die **Mitarbeiterinnen und Mitarbeiter** des Verpflegungsbetriebs haben das Ziel, für ihre Arbeit möglichst hoch entlohnt zu werden und ihren Arbeitsplatz zu behalten.

2.2.3.9 Anforderungen an die Annehmlichkeit des Umfelds

Die Anforderungen an die Annehmlichkeit des Umfelds betreffen vor allem den Ausgabebereich und den Speisesaal. In einem öden, schmucklosen Speisesaal in tristen Farben schmeckt das beste Menü nicht. Ein angenehmes Umfeld baut Stress ab, regt den Appetit an und kann Freude und Genuss beim Essen vermitteln.

2.2.3.10 Anforderungen an die Verlässlichkeit

Verlässlichkeit ist für alle Beteiligten von großer Bedeutung und betrifft alle Teilleistungen (vgl. Abb. 2.10).

Zum einen müssen die Beteiligten gegenseitig verlässlich sein. Beispiele:

Der Träger muss sich auf die verlässliche Bewirtschaftung des Bewirtschafters verlassen können. Der Bewirtschafter muss sich darauf verlassen können, dass er die zugesagten Ressourcen und das zugesagte Honorar vom Träger bekommt.

Für den Verpflegungsteilnehmer wird vor allem eine verlässliche Versorgung mit Verpflegung gefordert. Je mehr der Verpflegungsteilnehmer auf die Verpflegung angewiesen ist, desto wichtiger ist es, auch bei Unglücksfällen oder Katastrophen

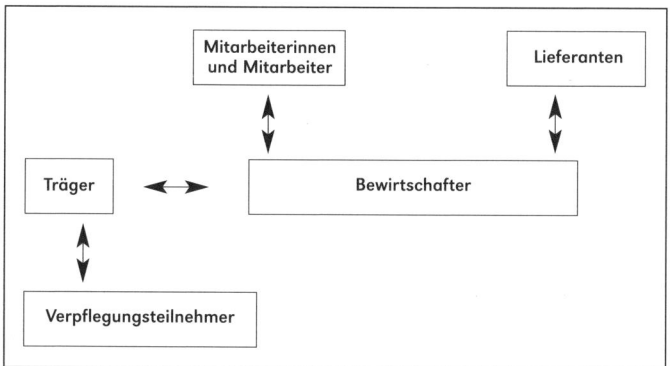

Abb. 2.10
Kette der Anforderungen
an die Verlässlichkeit in
einem Verpflegungs-
betrieb

die Verpflegung sicherzustellen. In einem Krankenhaus ist das beispielsweise noch wichtiger als in einer Betriebskantine. Die Anforderung des Verpflegungsteilnehmers an die Verlässlich - keit betrifft nicht nur die materiellen Leistungen, sondern auch die informationellen. Der bekanntgegebene Speisenplan muss eingehalten werden, die Angaben über Nährwerte, Inhaltsstoffe und Zusatzstoffe sowie die Bezeichnung *aus biologischem Anbau* müssen verlässlich sein. Zu den Angaben zu Nährwerten, Zusatzstoffen, Allergenen und der Verwendung von biologisch erzeugten Produkten sowie gentechnisch veränderten Lebensmitteln hat der Gesetzgeber Gesetze und Verordnungen erlassen (Nährwertkennzeichnungs-Verordnung, Zusatzstoff-Zulassungsverordnung, Lebensmittel-Kennzeichnungsverordnung, EG-Öko-Verordnung, Neuartige Lebensmittel- und Lebensmittelzutaten-Verordnung) (vgl. Kapitel 3.1.1 Infor - mation des Verpflegungsteilnehmers).

2.2.3.11 Anforderungen an die Abwechslung

Die Anforderungen an die Abwechslung werden vor allem von den Mitarbeiterinnen und Mitarbeitern sowie den Verpflegungsteilnehmern gestellt. Die Mitarbeiterinnen und Mitarbei - ter wollen einen abwechslungsreichen Arbeitsplatz. Dies kann z. B. durch Rotation im Zuständigkeitsbereich erreicht werden. Die Verpflegungsteilnehmer wollen die Abwechslung vor allem bei den zubereiteten und bereitgestellten Speisen.

Die Abwechslung ist bei der Speisenplanung und bei den verwendeten Rezepturen zu berücksichtigen. Abwechslungs - reiche Menüs wirken appetitanregend und verhindern Ge -

schmackersermüdung. Aus der Sensorik ist bekannt, dass die Attraktivität und der Essreiz einer Speise auch von der Unterschiedlichkeit der verwendeten Lebensmittel abhängen. Ein Produkt, das zweimal unmittelbar hintereinander angeboten wird, wird beim zweiten Mal weit weniger ausgewählt.

Abwechslung ist vor allem dann wichtig,

- wenn der Verpflegungsteilnehmer über einen langen Zeit - raum von der Einrichtung verpflegt wird,
- wenn der Verpflegungsteilnehmer ausschließlich von der Einrichtung verpflegt wird und keine andere Ausweichmöglichkeit hat,
- wenn der Alltag des Verpflegungsteilnehmers relativ eintönig ist und das Essen eine wichtige Abwechslung in diesem Alltag darstellt.

Eine wichtige Kennzahl für die Abwechslung bei einer Verpflegung ist der Speisenplanwiederholrhythmus. Er liegt meist zwischen zwei und zwölf Wochen.

Auch bei dem Ausgabesystem ist Abwechslung wünschenswert. Das wird erreicht durch eine Kombination aus Fremdbedienungs- und Selbstbedienungsausgabe. Auch Front-Cooking stellt eine willkommene Abwechslung im Ausgabebereich eines Verpflegungsbetriebs dar.

2.2.3.12 Anforderungen an die Flexibilität

Flexibilität wird stets von allen Beteiligten im gegenseitigen Umgang gefordert (vgl. Abbildung 2.11).

Abb. 2.11
Anforderungen an die
Flexibilität

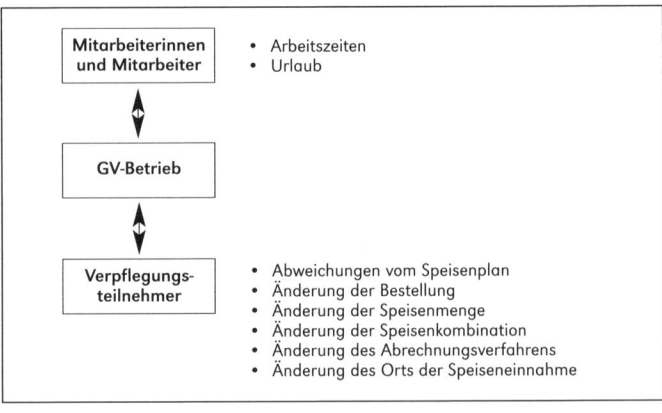

Beispielsweise fordern die Führungskräfte Flexibilität von den Mitarbeiterinnen und Mitarbeitern, wenn es um die Gestaltung der Arbeitszeiten geht; umgekehrt fordern die Mitarbeiterinnen und Mitarbeiter beispielsweise Flexibilität bei der Gewährung von Urlaub.

Der Verpflegungsteilnehmer fordert Flexibilität in folgenden Aspekten. Bezüglich der angebotenen und bereitgestellten Speisen wird in Ausnahmefällen ein Abweichen von dem Plan gefordert, wenn beispielsweise aus medizinischen Gründen (extreme krankheitsbedingte Inappetenz) oder aus besonderem Anlass (z. B. 80. Geburtstag) ein Wunschessen notwendig ist.

Bei dem Auswahl- und Bestellsystem (vgl. Kapitel 3.1.3 Bestellvorgang) ist es für den Verpflegungsteilnehmer von Vorteil, wenn er eine einmal getroffene Entscheidung wieder ändern kann. Das ist vor allem dann von Vorteil, wenn die Auswahlentscheidung in großem zeitlichem Abstand zum Verzehr getroffen wird. Manche Altenhilfeeinrichtungen erfassen die Essenswünsche der Bewohnerinnen und Bewohner für vier Wochen im Voraus (!). Auch in der Schulverpflegung ist die Bestellung mit mindestens einwöchigem Vorlauf üblich. In diesen Fällen ist mehr Flexibilität sehr im Interesse des Verpflegungsteilnehmers.

Bei der Portionierung und Ausgabe der Speisen wird Flexibilität in der Speisenmenge und in der Kombination der Speisen gefordert. Die Speisenmenge kann an den Appetit des Verpflegungsteilnehmers angepasst werden, wobei sowohl kleinere als auch größere Portionen möglich sein sollten (vgl. Kapitel 3.5 Ausgabesystem). Flexibilität in der Speisenkombination meint, dass beispielsweise die zu einem Menü vorgesehenen Kartoffeln durch den Reis eines anderen Menüs ausgetauscht werden können.

Beim Abrechnungsvorgang (vgl. Kapitel 3.6 Abrechnungssystem) ist Flexibilität notwendig, wenn es sich um ein bargeldloses Abrechnungsverfahren handelt und der Verpflegungsteilnehmer seine Karte vergessen hat oder die Einrichtung einmalig oder sehr selten nutzt. Für solche Fälle ist es günstig, wenn auch ein Barabrechnungsverfahren möglich ist. Bezüglich des Raums zur Speiseneinnahme ist Flexibilität gefordert, wenn der Verpflegungsteilnehmer an Stelle des vorgesehenen Speisesaals lieber in seinem Zimmer, an seinem Ar -

beitsplatz oder in einem kleineren Gruppenraum essen möchte.

2.2.3.13 Anforderungen an die Leistungskompetenz

Die Anforderungen an die Leistungskompetenz werden vom Betreiber an den Bewirtschafter, vom Bewirtschafter an die Führungskräfte und von den Führungskräften an die Mitarbeiterinnen und Mitarbeiter gestellt. Auch der Verpflegungsteil - nehmer fordert von der gesamten Verpflegungseinrichtung, dass sie diese Leistungen nach den Regeln der Kunst professionell erstellen kann. Bedauerlicherweise hat der Gesetzgeber bisher keine Vorschriften für die Mindestqualifikation von Führungskräften oder Ausführungskräften einer Verpflegungseinrichtung formuliert. Lediglich für die Heimleitung bestehen gesetzliche verankerte Forderungen an die Qualifikation (Heimpersonal-Verordnung).

2.2.3.14 Anforderungen an das Einfühlungsvermögen

Einfühlungsvermögen wird vor allem bei solchen Verpflegungsteilnehmern gefordert, die bei der Inanspruchnahme der Verpflegungsdienstleistung eingeschränkt sind. Es kann sich dabei um Einschränkungen in der Aufnahme von Informationen, bei der Auswahl und Bestellung der gewünschten Speisen, bei der Ausgabe der Speisen, beim Verzehrvorgang und bei der Rückgabe des Geschirrs handeln. In diesen Fällen wird von den beteiligten Mitarbeiterinnen und Mitarbeitern Einfühlungsvermögen gefordert.

Darüber hinaus stellen alle Beteiligten die Anforderung, dass ihnen Einfühlungsvermögen entgegengebracht wird. Bei - spielsweise fordern die Mitarbeiterinnen und Mitarbeiter, dass sich ihre Vorgesetzten in ihre Situation einfühlen können.

2.3 Zielsysteme und Zielkonflikte

2.3.1 Zielsysteme

Abgeleitet von einer Leitbildaussage, dem Grundsatzziel, werden in Anlehnung an Kapitel 2.2 Ober- und Unterziele formuliert und entsprechende Maßnahmen festgelegt. Während Leitbild und Oberziele eher allgemein formuliert sind, werden Unterziele und Maßnahmen immer konkreter. Maßnahmen

können z. B. Erstellung einer Leistungsbeschreibung, Gründung eines neuen Arbeitskreises oder Lieferantenwechsel sein.
Abbildung 2.12 zeigt eine allgemeine Zielhierarchie.

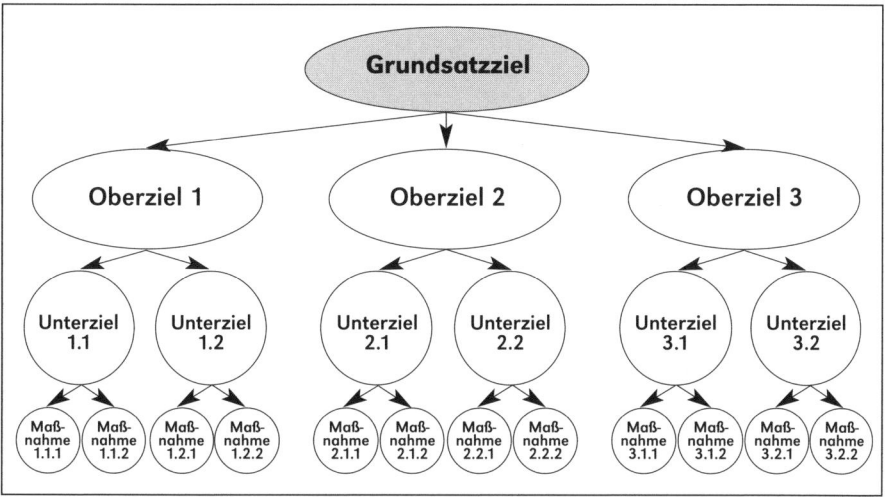

Abb. 2.12
Zielhierarchie allgemein
(nach Bredow et al.
1994, S. 90 ff.)

In Abbildung 2.13 ist beispielhaft dargestellt, wie aus einer Leitbildaussage Oberziele, Unterziele und Maßnahmen abgeleitet werden.

2.3.2 Zielkonflikte

In einem Zielsystem stehen die Ziele nicht unabhängig nebeneinander, sondern sie beeinflussen sich gegenseitig. Ziele **vertikal** (vertikal im Sinne von Abb. 2.12) betrachtet, bauen aufeinander auf.

Ziele **horizontal** (horizontal im Sinne von Abb. 2.12) be-trachtet, korrelieren miteinander. Grund dafür sind einerseits die verschiedenen Anspruchsgruppen, die nicht immer die gleichen Anforderungen an das Produkt/die Leistung stellen. Andererseits sind die Teilanforderungen selbst so vielfältig, dass eine absolute Erfüllung aller Teilanforderungen unmöglich wäre. Ziele können wie folgt korrelieren:

• Zielharmonie,
• Zielneutralität
• Zielkonkurrenz und
• Zielantinomie.

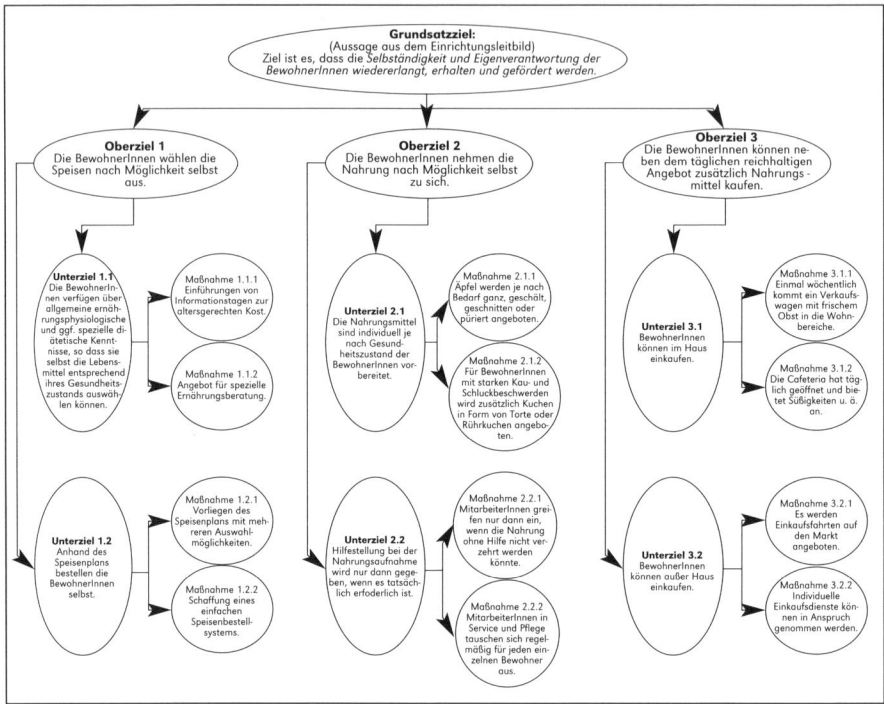

Abb. 2.13
Zielhierarchie am
Beispiel einer Alten-
pflegeeinrichtung

Von **Zielharmonie** spricht man, wenn die zunehmende Erfüllung eines Ziels gleichzeitig die zunehmende Erfüllung eines
zweiten Ziels bewirkt.

Beispiel: Unterziel 1.1 ist die Förderung der Gemeinschaft
und Unterziel 1.2 die Steigerung des Appetits. Durch gemeinsames Speisen im Speisesaal können die Gemeinschaft gefördert und der Appetit gesteigert werden.

Zielneutralität besteht, wenn die Erfüllung des einen Ziels
keinen Einfluss auf die Erfüllung des anderen Ziels hat.

Beispiel: Die Erfüllung der Anforderungen an die ernährungsphysiologische Qualität und das Ambiente in den Spei-
sezimmern beeinflussen sich nicht.

Unter **Zielkonkurrenz** versteht man, dass die zunehmende
Erfüllung eines Ziels die Zielerreichung des anderen Ziels
hemmt.

Beispiel: Ziel ist es, sowohl den ernährungsphysiologischen
als auch sensorischen Anforderungen gerecht zu werden. Um
die ernährungsphysiologischen Anforderungen zu erfüllen, ist

das Dessert so zuzubereiten, dass die Speise für Diabetiker geeignet ist. Deshalb wird das Dessert mit Süßstoff zubereitet. Das Dessert entspricht daher den Anforderungen an die ernährungsphysiologische Qualität, jedoch nicht den Anforderungen an die sensorische Qualität.

Wenn sich die Ziele ausschließen, spricht man von **Zielantinomie.**

Beispiel: Die Darreichung des Mittagessens für die Bewohnerinnen und Bewohner sowie die Mitarbeiterinnen und Mitarbeiter des Altenheims einheitlich zu der von den beiden Gruppen bevorzugten Zeit zwischen 12.00 und 13.00 Uhr ist unmöglich.

Bei Zielkonkurrenz und Zielantinomie muss nach Lösungswegen gesucht werden. Folgende Lösungsansätze sind möglich.

Zielgewichtung

Das Ziel *Sicherstellung der ernährungsphysiologischen Qualität* kann in einem Krankenhaus wichtiger sein als das Ziel *Sicherstellung der sensorischen Qualität*, da es sich in der Mehrzahl um kranke Menschen handelt und die Menschen täglich an der Verpflegung teilnehmen. Fett ist in diesem Falle zu reduzieren. Anders ist es in einem Gourmetrestaurant. Eine Kundin oder ein Kunde ist in der Regel gesund und der Besuch in einem Gourmetrestaurant erfolgt nicht täglich. Das Essen soll dann besonders schmackhaft sein, die Anforderungen an den Gesundheitswert stehen eher im Hintergrund.

Festlegung eines Mindestniveaus

Diese Vergabe von Prioritäten an die verschiedenen Anforderungen bringt die Gefahr mit sich, dass einzelne Anforderungen gar nicht berücksichtigt werden. Dieser Gefahr kann man begegnen, indem man für die Anforderungen mit niedrigerer Priorität Mindestniveaus festlegt, die auf jeden Fall erfüllt werden müssen.

Der *kostengünstige Einkauf* und der *Einsatz von Bioprodukten* konkurrieren fast immer miteinander. Die Leitung einer Jugendherberge legt in diesem Fall beispielsweise fest, dass höchstens 10 % des Wareneinsatzes für Bioprodukte ausgegeben werden können.

Zeitliche Staffelung von Zielen

Die Bewohnerinnen und Bewohner sowie Mitarbeiterinnen und Mitarbeiter einer Tagespflegeeinrichtung nehmen zur gleichen Zeit am gleichen Ort ihr Mittagessen ein. Für die Bewohnerinnen und Bewohner wirkt sich diese Situation nachteilig aus, weil Pflegekräfte selbst essen und wenig Zeit haben, Hilfestellung bei der Nahrungsaufnahme zu leisten. Für das Personal wirkt sich dieser Umstand ebenfalls ungünstig aus, weil zum Essen wenig Zeit bleibt, denn die Bewohnerinnen und Bewohner brauchen Hilfe beim Essen. Die Ziele *angemessene Hilfestellung bei der Nahrungsaufnahme* und *entspannende Pause für das Personal* können nur dann erfüllt werden, wenn zuerst die Bewohnerinnen und Bewohner das Essen einnehmen und danach die Mitarbeiterinnen und Mitarbeiter (oder umgekehrt) (vgl. Bottler 1982, S. 70 f.).

Es ist auf jeden Fall Aufgabe des Managements, die Zielkonflikte und die Wege zur Lösung der Zielkonflikte für alle Anspruchsgruppen transparent zu machen. Dies kann dazu beitragen, dass bei den Anspruchsgruppen weniger Enttäuschungen über nicht erfüllte Anforderungen auftreten.

3 Verpflegungssysteme

Autorinnen:
Margot Steinel
Dagmar Kelm

Eine Verpflegungsdienstleistung kann auf verschiedenste Weise erbracht werden. In der Literatur bestehen verschiedene Systematisierungen für Verpflegungssysteme bzw. für Küchensysteme (vgl. Abb. 3.1).

Zunächst ist in Anlehnung an Haumeier (1999, S. 25) die Beschreibung des Verpflegungssystems in die beiden Teilsysteme zu unterteilen:

- Leistungserstellungssystem: darunter versteht man das System, mit dem der Sachleistungsanteil der Verpflegungsdienstleistung (also die Speisen und Getränke) erstellt wird,
- Leistungsverwertungssystem: darunter versteht man das System, mit dem die Dienstleistung erstellt wird.

Das Leistungserstellungssystem wird mit folgenden Subsystemen beschrieben:

- Bestellsystem: die Art und Weise, wie der Verpflegungsteilnehmer über das Speisenangebot informiert wird, wie er die Speisen auswählt und seine Auswahlentscheidung mitteilt,
- Wareneinsatzsystem: darunter versteht man im Wesentlichen den Conveniencegrad der eingesetzten Lebensmittel,
- Küchensystem: die Zubereitungs- und Aufbereitungsvorgänge, die in der Küche realisiert werden,
- Distributionssystem: die Art und Weise, wie die verzehrfertigen Speisen an den Ort des Verzehrs gelangen.

Das Leistungsverwertungssystem wird mit folgenden Subsystemen beschrieben:

- Ausgabesystem: die Art und Weise, wie die Speisen dem Verpflegungteilnehmer gegeben werden,
- Zahlungssystem: die Art und Weise, wie der Verpflegungsteilnehmer für die in Anspruch genommene Verpflegungsdienstleistung bezahlt,
- Geschirrkreislaufsystem: die Art des verwendeten Geschirrs sowie die Organisation des Kreislaufs,

• Entsorgungssystem: die Art und Weise, wie Abfälle entsorgt werden.

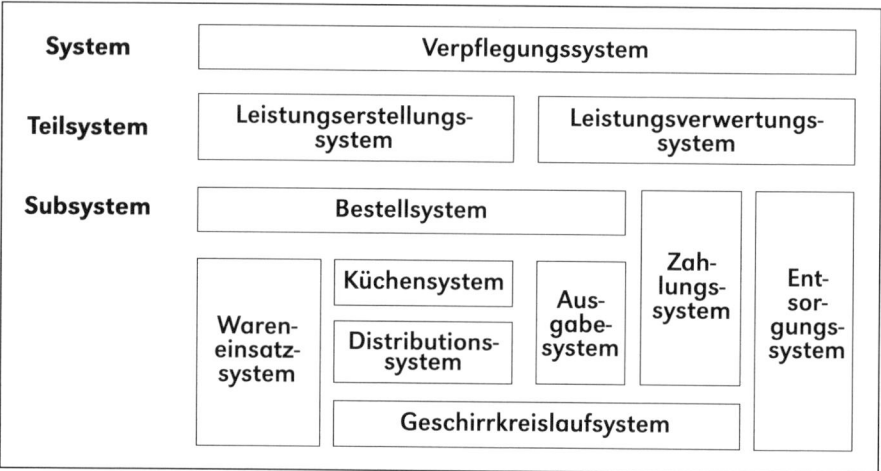

Abb. 3.1
Allgemeines Modell eines
Verpflegungssystems (in
Anlehnung an Haumeier
1999, S. 25)

3.1 Bestellsystem

Ein Bestellsystem beschreibt, auf welche Art und Weise (vgl. Abb. 3.2)

• der Verpflegungsteilnehmer über das Speisenangebot informiert wird (Information),
• der Verpflegungsteilnehmer die Speisen auswählt (Auswahl) und
• der Verpflegungsteilnehmer seine Auswahlentscheidung mitteilt und diese Information in die Küche gelangt (Bestellvorgang).

3.1.1 Information des Verpflegungsteilnehmers

Bevor der Verpflegungsteilnehmer sich für eine Speise oder ein Menü entscheiden kann, muss er zunächst über das Angebot informiert werden.

Während in der Gastronomie in vielen Fällen das Angebot täglich gleich ist (dargestellt auf einer Speisenkarte), wechselt es in der Gemeinschaftsverpflegung täglich (dargestellt auf einem Speisenplan). Deshalb ist es in der Gemeinschaftsverpflegung wichtig, den Verpflegungsteilnehmer täglich neu über die angebotenen Speisen zu informieren.

Der **Zeitpunkt der Information** (zeitlicher Vorlauf des Speisenplans) kann mehr oder weniger weit im Voraus liegen.

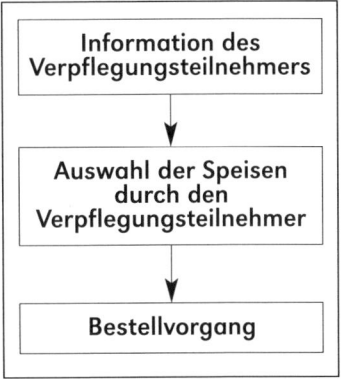

Abb. 3.2
Elemente eines
Bestellsystems

- Langfristig ist die Information, die einen Monat im Voraus, vier Wochen im Voraus oder zwei Wochen im Voraus bekannt gegeben wird. Solch ein langer zeitlicher Vorlauf ist in den meisten Fällen nicht notwendig. Er empfiehlt sich nur bei besonderen Aktionen, z. B. bei Aktionswochen. Aktionswochen sollten mehrere Wochen im Voraus bekannt gegeben werden, damit sich der Verpflegungsteilnehmer darauf einstellen kann.
- Mittelfristig ist eine Information, die den Verpflegungsteilnehmer eine Woche oder einige Tage im Voraus erreicht. Sie ermöglicht dem Verpflegungsteilnehmer eine Planung und Vorfreude auf Speisen, die er besonders gerne mag.
- Kurzfristig ist eine Information, die den Verpflegungsteilnehmer einen Tag oder wenige Stunden im Voraus oder unmittelbar vor der Essensausgabe erreicht. Der zeitliche Bezug zum Verzehrvorgang ist ähnlich wie im Privathaushalt. Informationen, die erst kurz vor der Essensausgabe gegeben werden, können den Eindruck besonderer Frische vermitteln, z. B. *heute fangfrischer Hecht.*

Der **Zeitraum der Information** (Zeitspanne des Speisen - plans) kann ebenfalls unterschiedlich gestaltet sein.

- Langfristig ist ein Speisenplan, der die Speisen für einen Monat, vier Wochen oder zwei Wochen darstellt. Er muss seitens der Küche nicht so häufig erstellt werden, wirkt auf den Verpflegungsteilnehmer aber langweilig und fantasielos.
- Mittelfristig ist ein Wochenspeisenplan. Hier ist die Wochenstruktur erkennbar, der Verpflegungsteilnehmer kann planen, an welchen Tagen er die Einrichtung in Anspruch nehmen möchte.

- Kurzfristige Speisenpläne gelten nur für den jeweiligen oder den kommenden Tag. Sie müssen ständig aktualisiert werden.

Als **Ort der Information** kommen Orte innerhalb und außerhalb der Einrichtung in Frage. Zentrale Informationen in der Verpflegungseinrichtung erreichen nur regelmäßige Kunden. Dezentrale Informationen (am Arbeitsplatz, im Studentenwohnheim, im Internet) erreichen auch potenzielle Kunden. Bei Non-Captive Consumern sollte deshalb eine zentrale Information am Verzehrsort auf jeden Fall um eine dezentrale Information (an den Orten, an denen sich die potenziellen Kunden aufhalten) erweitert werden.

Als **Mittel der Information** kommen bildliche, schriftliche und elektronische Mittel in Frage.

- Schauteller sind Teller mit fertig portionierten Speisen bzw. Gerichten, die im Eingangsbereich ausgestellt werden. Sie müssen regelmäßig ausgewechselt werden, damit sie appetitlich aussehen.
- Fotos fertig portionierter Speisen können von professionellen Fotostudios erstellt werden und ersparen das regelmäßige Auswechseln der Schauteller. In Eisdielen wird dieses System häufig angewandt.
- Realistische Speisenmodelle (siehe Abb. 3.3) aus Kunststoff sind im asiatischen Raum üblich, um die Speisen zu zeigen. Derzeit sind solche Speisenmodelle für europäische Menükomponenten nicht erhältlich.
- Figürliche Darstellungen können für solche Verpflegungsteilnehmer eingesetzt werden, die (noch) nicht lesen können. In der Schulverpflegung in Finnland ist es üblich, Fisch- und Milchbestandteile einer Speise mit Plastiktierchen zu kennzeichnen (siehe Abb. 3.4).

*Abb. 3.3
Realistisches
Speisenmodell aus
Kunststoff in einem
japanischen Restaurant
(Foto: Steinel)*

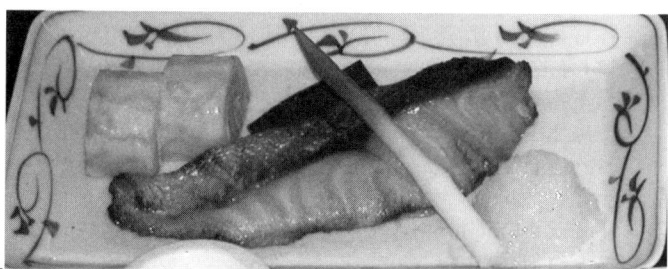

- Aushänge aus Papier sind einfach anzufertigen und auch dezentral zu verbreiten, sofern Platz für den Aus - hang bereitgestellt wird. Sie können in den meisten Fällen nur gelesen werden, wenn der Verpflegungsteil- nehmer gezielt darauf zugeht.
- Flyer oder Kundenzeitschriften werden in größeren Auflagen er- stellt und verursachen damit mehr

Aufwand. Deshalb werden sie eher längerfristig erstellt (monatlich oder 14-tägig). Neben der Erstellung eigener Kundenzeitschriften ist die Kooperation mit anderen Zeit- schriften denkbar. Beispielsweise drucken Studentenzeit - schriften regelmäßig die Speisenpläne der Mensa ab.
- Vom Menüboard (Schrifttafel am Eingang oder an der Speisenausgabe) können die Informationen auch von grö- ßerer Entfernung gelesen werden. Sie werden hand- schriftlich beschriftet oder mit vorgefertigten Schriftfil- men bestückt.
- Elektronische Medien haben den Vorteil, dass sie für sehr schnelle Verbreitung aktueller Informationen sorgen kön- nen. Intranet und Internet sind Medien, bei denen der Verpflegungsteilnehmer die Information *abholen* muss. Bei einem E-Mail-Newsletter oder einer SMS hingegen erreicht ihn die Information auch ohne Aktivität. Bei der Verwendung elektronischer Medien ist außerdem zu be- rücksichtigen, dass nicht alle Altersgruppen und Einkom- mensgruppen Zugang zu diesen Medien haben. Deshalb haben diese Medien derzeit für die Studentenverpflegung mehr Bedeutung als beispielsweise in Altenhilfeeinrich- tungen.

Der **Inhalt der Information** kann mehr oder weniger um - fangreich sein.

- Die Bezeichnung der Speise wird in jedem Fall genannt. Die Bezeichnung sollte auf die Zielgruppe angepasst sein. Bei jungen Verpflegungsteilnehmern können Bezeichnun - gen aus anderen Ländern verwendet werden (z. B. Penne Bolognese), wohingegen in Altenhilfeeinrichtungen eher traditionelle Bezeichnungen zu bevorzugen sind (z. B. Nudeln mit Hackfleischsoße).

- Zusatzstoffe müssen laut Zusatzstoff-Zulassungsverordnung (2007) kenntlich gemacht werden. Der Gesetzgeber schreibt zum Schutz des Verbrauchers vor Irreführung und Täuschung vor, in welcher Form diese Deklaration zu erfolgen hat. Die Verpflegungseinrichtung muss sich hierzu ein Informationssystem erstellen, damit alle in den Speisen enthaltenen Zusatzstoffe auch kenntlich gemacht werden können.

- Allergene müssen laut Lebensmittel-Kennzeichnungsverordnung (2006) nur auf Fertigverpackungen angegeben sein. Die Angaben beziehen sich auf 14 allergieauslösende Lebensmittelgruppen, die in Anlage 3 des Gesetzes zu finden sind. Sie müssen angegeben werden, wenn sie Zutat eines Rezeptes sind. Problematisch wird es, wenn produktionsbedingt oder unabsichtlich Spuren des Allergens in dem Lebensmittel vorhanden sind. Dort kann sich der Hersteller mit dem Wortlaut *kann Spuren von ... enthalten* absichern.

Eine entsprechende Deklaration wird von der Gemeinschaftsverpflegung derzeit nicht gefordert. Aufgrund des erheblichen Anteils von Verpflegungsteilnehmern mit Allergien, Pseudoallergien und Unverträglichkeiten ist eine Kennzeichnung der Speisen mit Allergenen dennoch wünschenswert.

- Nährwertangaben werden von ernährungsbewussten Verpflegungsteilnehmern gewünscht. Hierbei ist die Nähr-wertkennzeichnungs-Verordnung (2006) zu beachten, die einen bestimmten Gewichtsbezug (pro 100 g oder pro 100 ml) sowie eine Kombination aus mehreren Nährstoffen vorschreibt. Außerdem müssen dann die auf einem einzelnen Teller befindlichen Nährstoffe sehr exakt mit den deklarierten Nährwerten übereinstimmen. Dies führt in der Praxis zu Problemen, wenn die Speisenportionen nicht scharf genormt sind. Aus diesem Grund werden in der Gemeinschaftsverpflegung relativ selten Nährwertangaben gemacht.

- Gentechnisch veränderte Lebensmittel müssen ebenfalls deklariert werden, ähnlich wie Zusatzstoffe. Der Gesetzgeber schreibt die Form der Deklaration auch für die Gemeinschaftsverpflegung vor (EG-Verordnung 258/97).

• Ökologisch produzierte Lebensmittel können deklariert werden. Auch für diese Gruppe von Lebensmitteln hat der Gesetzgeber Vorschriften erlassen (EG-Öko-Verordnung 2092/91).

3.1.2 Auswahl der Speisen durch den Verpflegungsteilnehmer

Nachdem der Verpflegungsteilnehmer sich über das Speisenangebot informiert hat, kann er seine Auswahlentscheidung treffen. Die Auswahl ist hinsichtlich Zeitpunkt, Zeitraum und Ort zu beschreiben.

Bei lang- oder mittelfristiger Information kann der **Zeitpunkt der Auswahl** unmittelbar nach der Information, zwischen der Information und der Bestellung oder unmittelbar vor der Bestellung erfolgen.

Der **Zeitraum der Auswahl** kann einen Verzehr oder mehrere Verzehrvorgänge in der Zukunft umfassen.

Der **Ort der Auswahl** kann dezentral am Ort der Information, z. B. am Krankenbett, oder zentral in der Verpflegungseinrichtung, z. B. im Speisesaal, liegen.

3.1.3 Bestellvorgang

Nachdem der Verpflegungsteilnehmer über das Speisenangebot informiert wurde und seine Auswahlentscheidung getroffen hat, bestellt er das ausgewählte Essen. Dieser Bestellvorgang ist hinsichtlich Zeitpunkt, Zeitraum, Ort, beteiligten Personen und Hilfsmitteln sowie bezüglich der Verbindlichkeit der Bestellung zu beschreiben.

Der **Zeitpunkt der Bestellung** kann mehr oder weniger weit vom Verzehrszeitpunkt entfernt liegen.

Langfristige Bestellungen einen Monat, vier Wochen oder zwei Wochen im Voraus sind verbraucherunfreundlich und verkennen die Realität, dass sich in den folgenden Wochen noch vieles verändern kann. Dennoch werden solche Bestell - fristen in manchen stationären Einrichtungen realisiert.

Mittelfristige Bestellungen eine Woche oder zwei Tage im Voraus werden in vielen stationären Einrichtungen sowie in der Schulverpflegung eingesetzt. Auch in diesem Fall muss der Verpflegungsteilnehmer eine verfrühte Entscheidung treffen, weil zwischen der Bestellung und dem Verzehr noch andere Mahlzeiten liegen.

Kurzfristige Bestellungen einen Tag im Voraus oder unmittelbar vor der Essensausgabe sind am flexibelsten für den Verpflegungsteilnehmer, verlangen von der Verpflegungseinrichtung jedoch am meisten Flexibilität.

Der **Zeitraum der Bestellung** gibt an, für wie viele Verzehrvorgänge jeweils bestellt wird. Dies ist nicht identisch mit dem Zeitpunkt der Bestellung. Beispielsweise kann eine Bestellung (Zeitpunkt) zwei Wochen im Voraus für (Zeitraum) jeweils einen Tag, für mehrere Tage oder für die nächsten zwei Wochen aufgegeben werden. Je kürzer der Zeitraum, für den bestellt wird, desto größer ist die Anzahl der Bestellvorgänge und damit der Verwaltungsaufwand.

Der **Ort der Bestellung** kann zentral an der Essensausgabe oder dezentral am Aufenthaltsort des Verpflegungsteilnehmers sein. Bei dezentraler Bestellung ist zwischen Gruppenbestellung (für die Station, die Wohngruppe etc.) und Individualbestellung (jeder Verpflegungsteilnehmer bestellt separat) zu unterscheiden.

Die Bestellung kann durch den Verpflegungsteilnehmer alleine erfolgen oder es können andere **beteiligte Personen** hinzukommen. Bei Kindern werden die Bestellungen von Angehörigen vorgenommen, bei Pflegebedürftigen oft vom Pflege - personal. In Krankenhäusern werden für die Entgegennahme der Bestellung häufig sogenannte Verpflegungsassistentinnen eingesetzt, die die Patientin oder den Patienten nach ihren oder seinen Verzehrswünschen befragen. In der Betriebsverpflegung wird die Bestellung vom Ausgabepersonal entgegengenommen, in klassischen Restaurants vom Servicepersonal (Kellnerin oder Kellner).

Sofern die Bestellung nicht mündlich unmittelbar vor der Essensausgabe abgegeben wird, werden schriftliche oder elektronische **Hilfsmittel** dafür eingesetzt.

- Schriftliche Hilfsmittel sind individuelle Zettel, Scheine, Karten oder Gruppenzettel, -scheine, -karten. In Kranken - häusern hat sich ein individuelles Kartensystem bewährt. Die Karten werden immer wieder verwendet oder für je - den Tag neu ausgestellt. Das System ist robust, schränkt die Anzahl der Auswahlkomponenten jedoch ein.
- Elektronische Hilfsmittel werden in der Zukunft die schriftlichen Bestellformulare ablösen. Für Gruppenbe -

stellungen können Stations-PCs eingesetzt werden. Für individuelle Bestellungen sind Kleinstcomputer (z. B. HandheldPC, PenPad, Palm) oder Barcodelesegeräte im Einsatz. Die Kleinstcomputer haben den Vorteil, dass die Bestellung des Verpflegungsteilnehmers sofort mit individuellen Patientendaten (Diätvorschriften, Unverträglich - keiten) abgeglichen werden kann. Die Verpflegungsdienstleistung kann dadurch individualisiert werden. TouchScreen-PCs können vom Verpflegungsteilnehmer selbst bedient werden. Außerdem kann die Bestellung am PC des Verpflegungsteilnehmers erfolgen und über Internet übertragen werden.

Hinsichtlich der **Verbindlichkeit einer Bestellung** sind folgende zwei Fälle zu unterscheiden:

a) unflexibles System: eine einmal getroffene Bestellung ist verbindlich und kann nicht oder nur in begründeten Ausnahmefällen widerrufen werden,
b) flexibles System: eine einmal getroffene Bestellentscheidung kann jederzeit wieder verändert werden.

Aus der Sicht des Verpflegungsteilnehmers ist ein flexibles System zu bevorzugen.

3.2 Wareneinsatzsystem

Ein Verpflegungsbetrieb kann unterschiedliche Lebensmittel als Ausgangswaren einsetzen. Convenience-Lebensmittel (engl. convenience: Bequemlichkeit) sind solche Lebensmittel, bei denen küchentechnische Verarbeitungsschritte bereits vorgenommen wurden. Diese Lebensmittel sind im Einsatz, damit bequemer und zeitsparender gearbeitet werden kann. Je nachdem, welche Verarbeitungsschritte bei dem Lebensmittel bereits vorgenommen wurden, spricht man von verschiedenen Conveniencegraden. In der Literatur werden verschiedene Klassifikationen von Conveniencegraden beschrieben (siehe Abb. 3.5).

Klassifikation nach			
Schwebel (1982)	Löbbert et al. (2000, S. 408)	Bober (1986, S. 158 f.)	Deutsche Gesellschaft für Hauswirtschaft (1992, S. 46 ff.)
0 Grundstufe		0 Grundstufe	
1 küchenfertig	küchenfertig	1 küchenfertig	küchenfertig
2 garfertig	garfertig	2 garfertig	garfertig
3 mischfertig	aufguss-/anrührfertig	3 mischfertig	aufbereitfertig
4 regenerierfertig	regenerierfertig	4 regenerierfertig	
5 verzehrfertig	verzehrfertig	5 portionierfertig	verzehrfertig
		6 verzehrfertig	

Abb. 3.5
Klassifikation von
Convenciencegraden in
der Literatur

- Lebensmittel der **Grundstufe** sind in einem Ausgangs-zustand nach der (meist landwirtschaftlichen) Urproduktion, z. B. Schweinehälften, ganze Fische oder erdbehaftete Kartoffeln. Vor der Verarbeitung in der Verpflegungseinrichtung müssen sie noch verarbeitet, also küchenfertig gemacht werden. In Gemeinschaftsverpflegungseinrichtungen werden solche Lebensmittel kaum verwendet, da hierfür spezielle Vorbereitungsräume notwendig sind.

- Bei **küchenfertigen** Lebensmitteln sind einige nicht essbare Anteile meist schon entfernt und in vielen Fällen sind sie auch schon zerkleinert (z. B. Fleischteile, gesäuberte Fische, geputztes Gemüse, gewaschene Kartoffeln, geschälte Kartoffeln). Sie müssen vor dem Garprozess noch vorbereitet (geschnitten, gewürzt, geformt usw.) werden.

- **Garfertige** Lebensmittel können ohne weitere Arbeitsschritte (nach Entfernen der Verpackung) unmittelbar dem Garprozess zugeführt werden (z. B. geschälte und geschnittene Kartoffeln, panierte Fleischportionen, ge - würztes Tiefkühlgemüse).

- **Mischfertig** sind Lebensmittel, denen noch Flüssigkeiten oder andere Zutaten zugegeben werden müssen. Ein Garprozess ist bei diesen Lebensmitteln vor dem Verzehr nicht mehr notwendig. Beispiele für mischfertige Lebensmittel sind Salatsoßen, geputzter, gewaschener und geschnittener Salat, Rote Grütze, Vanillesoße.

- **Aufbereitfertig (regenerierfertig)** sind Lebensmittel, die ggf. unter Zugabe von Flüssigkeiten nur noch erwärmt werden müssen. Ein Garvorgang ist auch bei diesen Lebensmitteln nicht mehr notwendig. Beispiele für aufbereitfertige Lebensmittel sind tiefgekühlte Fertiggerichte wie Rouladen oder gefüllte Blätterteigtaschen, Ravioli in Konserven, die nur noch aufgewärmt werden oder Kartoffelpüreepulver und Instant-Brühe, denen nur noch heiße Flüssigkeit zugegeben werden muss.

- **Portionierfertig** sind Lebensmittel, die vor dem Verzehr nur noch portioniert werden müssen, z. B. Obstkompott in Konservendosen oder Brotlaibe.
- **Verzehrfertig** sind solche Lebensmittel, die unmittelbar an den Verpflegungsteilnehmer abgegeben werden können. Sie können sofort oder nach dem Entfernen der Verpackung verzehrt werden. Beispiele sind verzehrfertiger Joghurt in Einzelportionsbechern, Brötchen oder Bananen.

Bei der Bestimmung des Conveniencegrades einer Verpflegungseinrichtung treten mehrere methodische Probleme auf.

Zum Einen gibt es nicht nur Convenience-Lebensmittel und Nicht-Convenience-Lebensmittel, wie obige Darstellung erläutert. Es müssen also verschiedene Convenience-Stufen unterschieden werden. Zum Anderen stellt sich das Problem, wie die Anteile der verschiedenen Rezeptzutaten bei der Bestimmung des Conveniencegrades der Küche gewichtet werden sollen.

- Eine Gewichtung nach Lebensmittelmengen (Masse) führt in jenen Fällen zu Verzerrungen, in denen große Mengen Wasser für die Zubereitung verwendet werden.
- Eine Gewichtung nach Lebensmittelwert kann relativ einfach durchgeführt werden. Relativ teure Lebensmittel (z. B. Fleisch, Fisch, Kaffee) fallen bei einer solchen Bewertung mehr ins Gewicht als relativ billige Lebensmittel (z. B. Kartoffeln, Nährmittel, Gemüse).
- Eine Gewichtung nach Energiegehalt setzt andere Akzente. Energiereiche Lebensmittel (z. B. Öl) fallen bei einer solchen Berechnung mehr ins Gewicht als energiearme Lebensmittel (z. B. Gemüse).

Dies wird an einem Beispiel erläutert. Abbildung 3.6 zeigt drei verschiedene Rezepturen für die Zubereitung von 100

Portionen Rinderroulade. Bei Rezeptur 1 werden die Rouladen aus Frischfleisch selbst gewickelt und die Soße wird selbst zubereitet. Bei Rezeptur 2 werden ebenfalls die Rouladen selbst gewickelt, die Soße wird aber aus gekörnter Brühe erstellt. Bei Rezeptur 3 werden fertig gewickelte TK-Rouladen verwendet und die Soße wird ebenfalls aus gekörnter Brühe erstellt.

Lebensmittel	Zutatenmenge			Zutateneigenschaft	
	Rezeptur 1	Rezeptur 2	Rezeptur 3	Preis pro kg	Energiegehalt pro 100 g
Rindfleisch für Rouladen (küchenfertig)	12500 g	12500 g	0 g	10,85 €	121 kcal
Senf (küchenfertig)	500 g	500 g	0 g	1,75 €	86 kcal
Zwiebeln (küchenfertig)	2500 g	2500 g	0 g	0,55 €	28 kcal
Essiggurken (küchenfertig)	2000 g	2000 g	0 g	0,88 €	16 kcal
Schweinespeck geräuchert (küchenfertig)	2500 g	2500 g	0 g	6,78 €	796 kcal
Rinderrouladen TK (garfertig)	0 g	0 g	20000 g	13,50 €	124 kcal
Sellerie (küchenfertig)	1000 g	0 g	0 g	4,50 €	17 kcal
Lauch (küchenfertig)	1000 g	0 g	0 g	4,50 €	26 kcal
Karotten (küchenfertig)	1000 g	0 g	0 g	1,50 €	26 kcal
Tomatenmark (küchenfertig)	375 g	0 g	0 g	1,37 €	74 kcal
Lorbeerblatt (garfertig)	10 g	0 g	0 g	18,00 €	48 kcal
Salbei (garfertig)	10 g	0 g	0 g	25,00 €	54 kcal
Wasser (garfertig)	10000 g	10000 g	10000 g	0,00 €	0 kcal
gekörnte Brühe (garfertig)	0 g	300 g	300 g	10,00 €	149 kcal

Abb. 3.6
Verschiedene Rezepturen für die Zubereitung von 100 Portionen Rinderroulade sowie Eigenschaften der Zutaten

Abbildung 3.7 zeigt die Anteile der Conveniencegrade an den Zutaten der verschiedenen Rezepturen für Rinderroulade. Bei mengenmäßiger Gewichtung der Zutaten fällt auf, dass der Anteil der küchenfertigen Lebensmittel bei Rezeptur 1 nur 70 % beträgt. Dies ist auf den mengenmäßig großen Anteil der Rezeptzutat Wasser zurückzuführen. Bei der wertmäßigen Gewichtung fällt auf, dass der Unterschied zwischen Rezeptur 1 (99,7 % küchenfertig) und Rezeptur 2 (98,1 % küchenfertig) kaum deutlich wird. Die der energiemäßigen Gewichtung fällt bei diesem Beispiel ähnlich aus wie die wertmäßige Gewichtung. Auch hier ist der Unterschied zwischen Rezeptur 1 und Rezeptur 2 nicht sehr deutlich sichtbar.

Art der Gewichtung	Conveniencegrad	Rezeptur 1	Rezeptur 2	Rezeptur 3
mengenmäßig	küchenfertig	23375 g / 70,0 %	20000 g / 66,0 %	0 g / 0 %
	garfertig	10020 g / 30,0 %	10300 g / 34,0%	30300 g / 100 %
wertmäßig	küchenfertig	167,60 € / 99,7 %	156,59 € / 98,1 %	0,00 € / 0 %
	garfertig	0,43 € / 0,3 %	3,00 € / 1,9 %	273,00 € / 100 %
energiemäßig	küchenfertig	37439 kcal / 100 %	36481 kcal / 98,8 %	0 kcal / 0 %
	garfertig	10 kcal / 0 %	447 kcal / 1,2 %	25335 kcal / 100 %

Abb. 3.7 Anteile der Conveniencegrade an den Zutaten der verschiedenen Rezepturen für Rinderroulade

3.3 Küchensystem

Die organisatorische Struktur eines Verpflegungsbetriebs ist das Küchensystem.

Im Folgenden werden die Varianten Zubereitungsküche, Aufbereitungsküche, Mischküche, Zentralküche mit Verteilerküche und Zentralküche mit Relaisküche vorgestellt.

3.3.1 Zubereitungsküche

Eine Zubereitungsküche ist eine Einzelküche, die dadurch gekennzeichnet ist, dass sie alle Speisen selbst zubereitet (mit oder ohne Verwendung von Convenienceprodukten). Dabei sind mehrere thermische, zeitliche und räumliche Varianten möglich. Die verschiedenen Systeme werden im Folgenden vorgestellt.

3.3.1.1 Frischküche

Von einer Frischküche spricht man dann, wenn Produktion und Konsum der Speisen thermisch, zeitlich und räumlich gekoppelt sind.

Thermische Kopplung bedeutet: die Speisen werden zubereitet und (möglichst) mit der Temperatur an den Verpflegungsteilnehmer abgegeben, mit der sie auch zubereitet wurden. Eine zwischenzeitliche Abkühlung und Wiedererwärmung findet nicht statt.

Zeitliche Kopplung bedeutet: die Speisen werden zubereitet und unmittelbar (oder mit nur kurzer zeitlicher Verzögerung, ca. zehn bis 20 Minuten) verzehrt. Eine zeitliche Kopplung ist immer mit einer thermischen Kopplung verbunden.

Räumliche Kopplung bedeutet: die Speisen werden an dem Ort (in dem Haus, auf dem Gelände) verzehrt, an dem sie auch zubereitet wurden. Ein Transport über weitere Distanzen findet nicht statt.

In der Praxis ist die Frischküche wegen ihrer hohen ernährungsphysiologischen und sensorischen Qualität sowie dem geringen hygienischen Risiko sehr oft erste Wahl. Sie wird allgemein am höchsten bewertet und garantiert in der Regel eine langfristige Beteiligung der Tischgäste.

Die zeitliche Kopplung führt dazu, dass enorme Arbeitsspitzen vor der Essensausgabe entstehen. Am Nachmittag sind die Küche und das Personal hingegen meist nicht ausgelastet. Hinzu kommt, dass am Wochenende die Speisen ebenfalls zubereitet werden müssen. Bei kurzfristiger Änderung des Bedarfs kann es zu Problemen kommen, z. B. wenn eine Speise nachproduziert werden muss, die Küchenkraft jedoch mit der Essensausgabe beschäftigt ist. Die Folge sind im Vergleich zu den anderen Küchensystemen höhere Personal- und Abschreibungskosten pro Essen.

Durch die räumliche und thermische Kopplung zwischen Zubereitungsort und Ort der Essenseinnahme entsteht ein geringer Transportaufwand und es besteht ein geringes mikrobiologisches Risiko. Zu Problemen kann es kommen, wenn der Ort der Mahlzeiteneinnahme von der Küche entfernt ist, z. B. bei Krankenhäusern im Pavillonsystem. Hier müssen die Speisen abgefüllt und transportiert werden. Zu lange Warmhaltezeiten bei größeren Distanzen vermindern den ernährungsphysiologischen Wert der Speisen durch die Zerstörung der Vitamine. Die sensorische Qualität nimmt durch Auskühlung und Texturverlust ab und das hygienische Risiko steigt durch die mögliche Vermehrung von Mikroorganismen.

3.3.1.2 Cook-and-Chill-Küche

Seit einigen Jahren wird in der Fachliteratur sehr ausführlich über das Cook-and-Chill-System berichtet. Viele Küchen, vor allem Krankenhausküchen haben auf dieses System umgestellt.

Tatsächlich ist dieses System nicht so neu, wie immer behauptet wird. Es ist bereits bekannt unter den Bezeichnungen Kühlkost und Kaltverteilsystem. Kühlkostsysteme wurden in Deutschland vor allem in den 70er Jahren propagiert. Der Trend konnte sich damals aber nicht vollständig durchsetzen.

Nach dem Garen (Kochen, Dämpfen, Braten usw.) werden die Speisen innerhalb von 30 Minuten portioniert oder in Abkühlbehälter abgefüllt. Die Abfüllung erfolgt dabei bei Temperaturen über 70 °C. In den Behältern wird dabei eine maximale Schichtdicke von 40 – 50 mm nicht überschritten. Das ermöglicht eine schnelle Abkühlung. Die Schnellabkühlung erfolgt dann innerhalb von 90 Minuten bis auf eine Temperatur von 0 °C bis +2 °C in einem Schnell- oder Schockkühler, dem sogenannten Chiller. Die Speisen können dann bei einer Temperatur von 0 °C bis +2 °C etwa 72 Stunden (drei Tage) gelagert werden. Zum Teil werden auch fünf Tage Lagerung praktiziert.

Die Regenerierung und Portionierung kann auf zwei verschiedenen Wegen erfolgen.

a) Die Speisen werden in den Großbehältern (z. B. im Heißluftdämpfer) auf eine Kerntemperatur von 70 °C regeneriert (Kerntemperaturfühler verwenden). Dies dauert ca. 30 Minuten. Anschließend erfolgt die Portionierung in einer Cafeteria-Ausgabe oder in einem Speisesaal.

b) Die Speisen werden kalt auf Teller portioniert und können dann innerhalb sehr kurzer Zeit (drei bis acht Minuten) auf eine Kerntemperatur von 70 °C regeneriert werden. Während der Kaltportionierung dürfen die Speisen nicht auf mehr als 10 °C erwärmt werden. Die Portionie-rung erfolgt deshalb in einem gekühlten Raum. Die Re-generierung erfolgt bei dieser Variante meist mit Hilfe von Regenerierwagen, die gleichzeitig zum Transport verwendet werden.

Abbildung 3.8 zeigt den Produktionsablauf in einer Cook-and-Chill-Küche.

Das Cook-and-Chill-System ermöglicht eine räumliche Ent-kopplung zwischen Produktion und Verzehr. Daher kann die Cook-and-Chill-Küche als Zentralküche fungieren und weitere Küchen (vgl. Kapitel 3.3.5) mit Speisen versorgen. Der

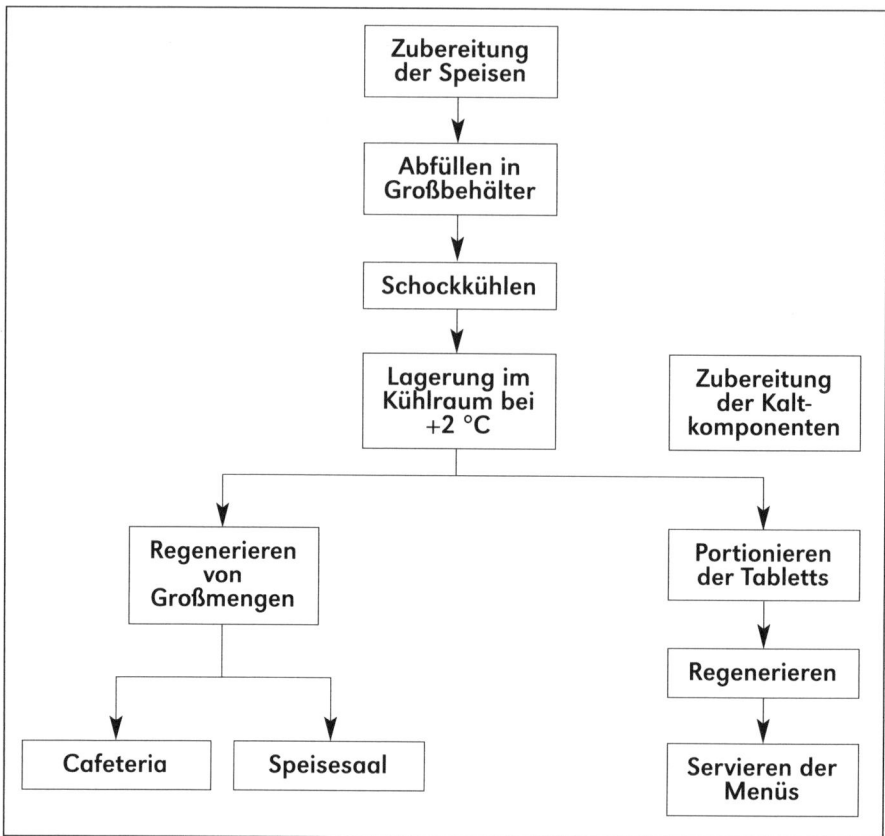

Abb. 3.8
Produktionsablauf in
einer Cook-and-Chill-
Küche

Aktionsradius einer zentralen Produktionsstätte kann dadurch vergrößert werden. Das Cook-and-Chill-System bietet sich z. B. in Krankenhäusern im Pavillonstil oder bei Einrichtungen mit mehreren Außenstationen an.

Durch die zeitliche Entkopplung ist es möglich, eine Sieben-Tage-Versorgungswoche weitgehend mit einer Fünf-Tage-Arbeitswoche zu vereinbaren. Wochenend- und Feiertagszuschläge können bei den Personalkosten weitgehend vermieden werden. Außerdem entfällt größtenteils der Termindruck in der Küche kurz vor der Essensausgabe, weil Produktion und Verzehr zeitlich entkoppelt sind.

Darüber hinaus kann aufgrund der zeitlichen Entkopplung die Speisenzubereitung in mehreren Schichten erfolgen. Maschinen, Geräte und Personal können besser ausgelastet werden, indem z. B. Mittagessen auch am Nachmittag produziert wird. Dies kann langfristig Kostenvorteile bringen, da die Anzahl der Gargeräte geringer ausfallen kann.

Es ergibt sich ebenfalls eine höhere Flexibilität. Spezielle Wünsche (z. B. mittwochs das Essen, das dienstags auf dem Speisenplan stand) können relativ problemlos realisiert werden.

Grundsätzlich erfüllt das Cook-and-Chill-System eine bessere ernährungsphysiologische Qualität als ein Warmverpflegungssystem aus einer Zentralküche (vgl. Kapitel 3.3.4).

Die Nachteile des Cook-and-Chill-Systems liegen auf der Kostenseite. Für technische Geräte, z. B. Kühltechnik, Regene - rierwagen, Logistik und Tablettsysteme, sind zusätzliche Investitionen in erheblicher Höhe notwendig. Dadurch wird die Entscheidung für ein Cook-and-Chill-System zu einer langfristigen Entscheidung. Eine nachträgliche Änderung des Küchensystems ist dann meist wirtschaftlich unsinnig, wenn bereits Investitionen in beträchtlicher Höhe getätigt wurden. Aus ökologischer und ökonomischer Sicht ist der hohe Energieverbrauch bei diesem System zu berücksichtigen: Die Speisen werden erhitzt, gekühlt und wieder erhitzt. Falls in einer Cook-and-Chill-Küche TK-Convenienceprodukte (z. B. TK-Gemüse) eingesetzt werden, wurden diese Lebensmittel schon einmal beim Hersteller erhitzt und anschließend gekühlt.

Ein weiterer Nachteil ist, dass durch den Abkühl- und Regenerierprozess Nährstoffverluste verursacht werden. Diese fallen jedoch weit geringer aus als bei warmgehaltenen Speisen. Einige Speisen sind für die Cook-and-Chill-Produktion nicht oder nur bedingt geeignet. Ungeeignet sind nach N. N. (1997) Spiegelei, Pommes frites und Spinat. Nur bedingt geeignet für die Cook-and-Chill-Produktion sind nach Bundesministerium für Ernährung, Landwirtschaft und Forsten sowie Bundesforschungsanstalt für Ernährung (1979, S. 112 f.) Rumpsteak, Rührei, Blumenkohl, Broccoli, Rosenkohl und Salzkartoffeln. Die sensorische Qualität sinkt durch das Antrocknen am Teller nach der Kaltportionierung und der anschließenden Erhitzung.

Aufgrund der hohen hygienischen Anforderungen ist eine umfangreiche Personalschulung notwendig. Hinzu kommt für das Personal eine starke körperliche Belastung durch die Ar - beit im kalten Raum bei der Kaltportionierung.

3.3.1.3 Cook-and-Freeze-Küche

Das Cook-and-Chill-System kann auch mit einer Tiefkühllagerung verbunden werden. Dies ist dann eine Cook-and-
Freeze-Küche. Ein solches System wird beispielsweise in der
Universitätsklinik Münster seit Ende der 70er-Jahre praktiziert.
Die Speisen sind dann bis zu sechs Monate lang lagerbar. Dies
bringt weitere Flexibilität und Vereinfachung des Arbeitsab-
laufs:

* Diätmenüs, die nur relativ selten benötigt werden, können
  in größeren Portionszahlen zubereitet und bei Bedarf einzeln aus dem TK-Lager entnommen werden. Dies ermöglicht es, eine relativ große Auswahl an Diäten vorzuhalten.
* Die Verpflegungsteilnehmer können an jedem Tag jede
  Speise bestellen.
* Die Produktionsmenge kann immer so gestaltet werden,
  dass die (Geräte- und Personal-) Kapazitäten optimal aus-
  genutzt werden. Eine Rücksichtnahme auf die im Moment
  erforderliche Portionszahl ist nicht notwendig.

Da die weiteren Vor- und Nachteile vergleichbar mit denen
des Cook-and-Chill-Systems sind, wird an dieser Stelle auf
eine nähere Erläuterung verzichtet.

3.3.1.4 Sous-Vide-System

Das Sous-Vide-System ist eine Variante des Cook-and-Chill-
Systems. Das System bezeichnet das Garen bei Niedrigtem-
peraturen unter Vakuum. Es wird in der Gastronomie und der
Hotellerie, aber auch in der Gemeinschaftsverpflegung eingesetzt.

Der Produktionsablauf sieht dabei wie folgt aus: Die Lebensmittel werden vorbereitet und anschließend in einem
Kunststoffbeutel vakuumverpackt. Die Zubereitung erfolgt im
Dampf bei niedrigen Temperaturen. Für einen Rinderbraten
sind beispielsweise nur 70 °C notwendig statt der üblichen
170 °C im Backofen. Die Speisen werden gekühlt und bei 0 °C
bis 3 °C drei bis fünf Tage lang (je nach Speise auch bis zu
21 Tage) gelagert. Die Regenerierung kann sowohl im Beutel
als auch auf dem Teller erfolgen. Anschließend werden die
Speisen ausgegeben.

Der Vorteil des Systems ist, dass Geschmack, Frische und
Farbe bei den niedrigen Gartemperaturen sehr gut erhalten

bleiben. Durch den Kunststoffbeutel entstehen keine Verluste durch Austrocknen oder Oxidation. Die Speisen haben damit eine sehr hohe sensorische Qualität. Die Zubereitung kann fettsparend erfolgen, da im Kunststoffbeutel keine Fettzugabe notwendig ist. Küche und Personal können ganztägig ausgelastet werden, da Produktion und Konsum zeitlich und thermisch entkoppelt sind.

Nachteilig an dem Sous-Vide-System sind die zunächst hohen Investitionskosten. Wie beim Cook-and-Chill-System müssen Abkühlsysteme angeschafft und entsprechende Kühl - lagermöglichkeiten bereitgehalten werden. Ein Gerät zum Vakuumieren und entsprechende Kunststoffbeutel sind ebenfalls notwendig. Einige Speisen sind bei diesem System ausgeschlossen, weil ein Braten nicht möglich ist. Die Mitarbeiterinnen und Mitarbeiter müssen entsprechend geschult sein, um die mikrobiologischen Risiken einzudämmen. Auf den vorbereiteten Lebensmitteln können Mikroorganismen sein oder beim Verpacken auf die Speise gelangen. Durch das Garen bei niedrigen Temperaturen werden krankheitsverursachende Keime nicht immer ausreichend sicher abgetötet.

Einen weiteren Nachteil gibt es auf ökologischer Seite. Die benutzten Kunststoffbeutel können nicht wiederverwertet werden und müssen entsorgt werden.

3.3.1.5 Green-Vac-System

Das Green-Vac-System ist eine Variante des Sous-Vide-Systems. Dabei sind die Kunststoffbeutel durch Mehrwegbehälter (Gastronorm-Behälter) ersetzt. Mit speziellen Geräten wird in diesem Behälter ein Vakuum erzeugt.

3.3.1.6 Nacka-System

Das Nacka-System ist ein System mit gekühlten pasteurisierten Speisen. Im Prinzip wird das Cook-and-Chill-System um eine Pasteurisation erweitert. Es wurde im Nacka-Hospital in Stockholm (Schweden) erstmals entwickelt. Dies gab dem System seinen Namen.

Der Produktionsablauf ähnelt dem des Sous-Vide-Systems. Die Speisen werden wie gewohnt zubereitet. Es werden fünf bis zehn Portionen in einen Beutel portioniert und anschließend vakuumiert. Es folgt die Pasteurisation bei 80 °C für zehn Minuten. Die Speisen werden schnell auf 2 °C abgekühlt und können nun bei 2 °C für zwei bis drei Wochen gelagert werden. Die Aufbereitung erfolgt auf einer Temperatur von 80 °C für ca. zehn Minuten. Danach werden die Speisen ausgegeben.

Das Nacka-System ist vorteilhaft, wenn die Zubereitungs- und Aufbereitungsküche räumlich weit von einander entfernt sind. Die Lieferung der verzehrfertigen Speisen muss nur einmal wöchentlich erfolgen. Es können größere Speisenvorräte eingelagert werden. Dies bringt Flexibilität bei schwankenden Nutzerzahlen.

Wie auch bei den vorangegangenen Systemen gibt es Einschränkungen bei der Eignung einiger Speisen. So gibt es beispielsweise Probleme mit der Konsistenz bei Salzkartoffeln und einigen Gemüsesorten. Das mikrobiologische Risiko ist höher als bei einem einfachen Cook-and-Chill-System, weil die Lagerzeit länger ist. Für Verpackungs- und Pasteurisierungsgeräte sowie Kühllager entstehen relativ hohe Investitionskosten.

3.3.2 Aufbereitungsküche

Eine Aufbereitungsküche ist eine Küche, in der keine Speisen zubereitet werden. Die Zubereitung erfolgt meistens in einer industriellen Küche. In der Aufbereitungsküche werden die Speisen nur noch kurzzeiterhitzt (aufbereitet). Die Küche muss dafür vor allem mit Aufbereitungsgeräten (Convectomaten) ausgestattet sein. Die industriell hergestellten Speisen können tiefgekühlt, gekühlt, gekühlt pasteurisiert oder sterilisiert sein.

Verwendung von tiefgekühlten Speisen

Tiefgekühlte Speisen (TK-Speisen) werden direkt nach der Zubereitung in verschließbare Behälter gepackt und in kurzer Zeit auf eine Durchschnittstemperatur von –18 °C abgekühlt. In der Aufbereitungsküche werden die TK-Speisen aus industrieller Fertigung nur noch regeneriert. Die eigentliche Speisenproduktion findet im Industriebetrieb statt.

Es gibt bei der Aufbereitungsküche unter Verwendung von tiefgekühlten Speisen Ähnlichkeiten zum Cook-and-Freeze-System und zur Frischküche mit hohem Conveniencegrad. Bei der Aufbereitungsküche werden nur TK-Speisen aus industrieller Fertigung regeneriert. Werden TK-Speisen aus eigener Fertigung aufbereitet, so handelt es sich um ein Cook-and-Freeze-System. Eine Frischküche, die TK-Produkte mit hohem

Conveniencegrad verwendet, ist noch keine Aufbereitungsküche. Hier ist, je nach Anteil der verwendeten TK-Produkte, der
Übergang zur Aufbereitungsküche fließend.

Durch die Tiefkühllagerung muss eine Qualitätsabnahme
bei den Speisen in Kauf genommen werden. Im Nährwertgehalt (ernährungsphysiologische Qualität) ist nach AID
(1993b, S. 5) mit folgenden Vitaminverlusten zu rechnen:

- 6 % Vitamin C-Verlust pro Monat,
- 3 % Vitamin B_1-Verlust pro Monat,
- 2 % Vitamin B_2-Verlust pro Monat.

Die Veränderung des Gehalts an Eiweiß, Fett, Kohlenhydraten und Mineralstoffen sind nach AID (1993b, S. 5) unerheblich. Aus ernährungsphysiologischen Gründen wird eine Lagerdauer von höchstens sechs Monaten empfohlen.

Auch der Genusswert der Speisen (sensorische Qualität)
leidet unter der Tiefkühllagerung. Um einen noch zufrieden-
stellenden Genusswert zu erhalten, werden nach AID (1993b,
S. 5) folgende maximale Lagerzeiten empfohlen:

- Fleischspeisen drei bis sechs Monate,
- Kartoffelspeisen drei bis sechs Monate,
- alle anderen Speisen sechs Monate.

Die Aufbereitungsküche für die Verwendung von TK-Speisen benötigt ein Tiefkühllager, Geräte zum Regenerieren (Convectomaten), eine Doppelbeckenspüle und einen Arbeitstisch
sowie Ausstattung zur Speisenverteilung und eine Spülmaschine.

Es wird bei diesem System eine Arbeitskraft (fünf Stunden)
für 100 Verpflegungsteilnehmer benötigt. Diese Person regeneriert die Speisen, wäscht ggf. Obst und mischt die mischfer-
tigen Komponenten von Salaten. Sie ist zuständig für die Speisenausgabe und die Reinigung von Küche, Speisesaal und Geschirr.

Das System wird besonders häufig in Kindergärten und
Schulen eingesetzt.

Verwendung von gekühlten Speisen

Gekühlte Speisen werden aus industrieller Fertigung in der Küche nur noch regeneriert. Die Speisenproduktion findet im Industriebetrieb statt.

Wenn eine Aufbereitungsküche gekühlte Speisen von einer anderen Küche einkauft, entspricht das dem Cook-and-Chill-System. Werden in der Küche teilweise gekühlte Convenience-produkte zubereitet, dann handelt es sich um eine Frischküche mit hohem Conveniencegrad.

Im Nährwert (ernährungsphysiologische Qualität) ist nach AID (1993a, S. 4 f.) mit folgenden Veränderungen zu rechnen:

- 7 % Vitamin C-Verlust pro Tag,
- 2 % Vitamin B_1-Verlust pro Tag,
- 2 % Vitamin B_2-Verlust pro Tag.

Beim Erwärmen ist mit weiteren Verlusten an Vitaminen zu rechnen. Dies ist in der Speisenplanung zu berücksichtigen. Es müssen vermehrt Vitamin-B_1-, -B_2- und -C-reiche Lebensmittel und Speisen eingesetzt werden. Die Veränderungen des Gehalts an Eiweiß, Fett, Kohlenhydraten und Mineralstoffen sowie bei den Vitaminen A und β-Carotin sind nach AID (1993a, S. 4 f.) unerheblich.

Zur sensorischen Qualität von gekühlten Speisen liegen Erkenntnisse aus einer Untersuchung der Bundesforschungsanstalt für Ernährung, Institut für Ernährungsökonomie und -soziologie (AID 1993a, S.5) vor. Von 80 Proben weisen

- 60 % eine gute oder sehr gute Qualität und
- 38 % eine zufriedenstellende Qualität auf.

Nicht zufriedenstellend war bei dieser Untersuchung die sensorische Qualität von Salzkartoffeln. Diese Speise ist nur bedingt für die Kühllagerung zu empfehlen. Fleischspeisen ohne Soße verlieren ihre sensorische Qualität bei der Lagerung schneller als andere Speisen. Aus sensorischen Gründen sollten Fleischspeisen ohne Soße möglichst kurz gelagert werden.

Die maximale Lagerung sollte aus sensorischer Sicht grundsätzlich nicht länger als drei Tage dauern. Daraus ergibt sich, dass mindestens zweimal wöchentlich die Belieferung der Aufbereitungsküche erfolgen muss.

In einer Aufbereitungsküche für gekühlte Speisen werden ein Kühllager, Geräte zum Regenerieren (Convectomat), Ausstattung zur Speisenverteilung und eine Spülmaschine benötigt. Der Arbeitszeitbedarf für das Aufbereiten der Speisen, das Waschen von Obst, Mischen von Salat, die Ausgabe und die Reinigung ist mit dem Zeitbedarf für die Aufbereitungsküche mit TK-Speisen vergleichbar. Es ist nach AID (1993a, S. 6) ein Personalbedarf von einer Person (für vier bis fünf Stunden) für 100 Verpflegungsteilnehmer anzusetzen.

Der Anwendungsbereich dieser Küchenart ist gering, da der Einkauf von gekühlten Speisen aus industrieller Fertigung in Deutschland eher unüblich ist. Es gibt nur wenige Anbieter solcher Speisen. Die Aufbereitung von Speisen aus eigener Zubereitung in Form einer Cook-and-Chill-Küche ist dagegen oft in Krankenhäusern vorzufinden.

Verwendung von gekühlten pasteurisierten Speisen

Die Speisenproduktion von gekühlten pasteurisierten Speisen findet bei diesem System ausschließlich im Industriebetrieb statt. Die Speisen werden in der Aufbereitungsküche lediglich regeneriert.

Findet die Zubereitung der gekühlten pasteurisierten Speisen in der eigenen Küche (oder einer anderen Küche des gleichen Trägers) statt, handelt es sich um eine Küche mit Nacka-System. In einer Frischküche mit hohem Conveniencegrad können ebenfalls gekühlt pasteurisierte Lebensmittel eingesetzt werden. Hier gibt es fließende Übergänge zwischen Frischküche und Aufbereitungsküche.

Während der Lagerung nimmt die ernährungsphysiologische und sensorische Qualität ab. Es ist nach AID (1993a, S. 15 f.) mit folgenden Vitaminverlusten zu rechnen:

- 1,2 % Vitamin C-Verlust pro Tag,
- 0,6 % Vitamin B_1-Verlust pro Tag,
- 0,4 % Vitamin B_2-Verlust pro Tag.

Zur sensorischen Qualität von gekühlten pasteurisierten Speisen liegen Ergebnisse aus einer Untersuchung an der Bundesforschungsanstalt für Ernährung, Institut für Ernährungsökonomie und -soziologie (AID 1993a, S. 15 f.) vor. Von 26 Proben weisen

- 50 % ein gute oder sehr gute Qualität und
- 50 % eine zufriedenstellende Qualität auf.

Aus sensorischen Gründen sollte bei Fischspeisen die Lagerdauer nicht über zehn Tage liegen, bei Kartoffelspeisen nicht über acht Tage. Sensorisch problematisch verhalten sich Salzkartoffeln.

Zur küchentechnischen Ausstattung gehören ein Kühllager, Geräte zum Regenerieren (Convectomat), Doppelspülbecken, Arbeitstisch, Ausstattung zur Speisenverteilung und eine Spülmaschine. Der Arbeitszeitbedarf in der gesamten Küche ist mit dem der Aufbereitungsküche für gekühlte Speisen vergleichbar. Für 100 Verpflegungsteilnehmer ist eine Arbeitskraft notwendig, deren Arbeitszeit vier bis fünf Stunden beträgt.

Die Verwendung von gekühlten pasteurisierten Speisen aus industrieller Fertigung ist in Deutschland derzeit unüblich.

Verwendung von sterilisierten Speisen

Die Produktion von sterilisierten Speisen findet im Industriebetrieb statt. Die sterilisierten Speisen sind durch Erhitzen haltbar gemacht. Sie werden in Dosen, in Mehrportionsschalen und in verschweißten Folienbehältnissen angeboten.

Sie werden unter Überdruck so lange erhitzt, bis praktisch alle Mikroorganismen abgetötet sind. Dadurch wird eine Lagerung der Speisen bei Zimmertemperatur möglich. Eine Kühllagerung ist nicht nötig. Die Speisen sind außerdem sehr lange haltbar. In der Aufbereitungsküche werden die Speisen nur noch regeneriert.

Sterilisierte Speisen können nur in der Industrie hergestellt werden. Verwendet eine Frischküche solche Speisen, so hat sie einen hohen Conveniencegrad.

Mit der Sterilisation und der langen Lagerung sind erhebliche Qualitätsabnahmen verbunden. Im Nährwertgehalt ist mit Veränderungen zu rechnen. Durch die Sterilisation geht der Gehalt an Vitamin B_1, B_2 und C im Vergleich zu frischen Speisen um 50 bis 60 % zurück. Zusätzliche Vitaminverluste gibt es während der Lagerung. Bei der Speisenplanung muss deshalb auf Vitamin-B_1-, -B_2- und -C-reiche Lebensmittel bzw. Speisen geachtet werden, um Verluste auszugleichen. Außerdem sollte aufgrund der Vitaminverluste die Lagerung nicht länger als sechs Monate dauern.

Untersuchungen der Bundesforschungsanstalt für Ernährung, Institut für Ernährungsökonomie und -soziologie (AID 1993b, S. 16) zur sensorischen Qualität fanden bei 34 Proben nur

• 28 % gute bis sehr gute Qualität und
• 56 % zufriedenstellende Qualität.

Keine zufriedenstellende Qualität konnte zum Zeitpunkt der Untersuchung bei Salzkartoffeln erreicht werden.

Aus sensorischen Gründen sollten stärkehaltige Speisen höchstens drei Monate gelagert werden. Bei anderen Speisen ist aus sensorischen Gründen eine Lagerung von sechs Monaten und länger tolerierbar.

Eine Aufbereitungsküche für sterilisierte Speisen zeichnet sich im Vergleich zu jenen für tiefgekühlte, gekühlte oder gekühlte pasteurisierte Speisen dadurch aus, dass keine Kühlgeräte notwendig sind. Dies verursacht geringere Investitionskosten und geringere Energiekosten (AID 1993b, S. 16 f.). Neben der küchentechnischen Ausstattung zur Frischzubereitung von Salaten und Obst, zur Speisenausgabe und zur Geschirrreinigung sind weitere Geräte notwendig. Für die Regeneration von Schalen ist ein Convectomat notwendig. Werden hingegen Dosen verwendet, so wird ein Wasserbad-Erwärmungsgerät benötigt.

Eine Arbeitskraft (fünf Stunden) kann 100 Verpflegungsteilnehmer versorgen.

Wegen der geringen sensorischen Qualität finden sterilisierte Speisen nur bei zeitlich befristeter Verpflegung (z. B. in Jugendcamps, Truppeneinsätze beim Militär, Katastrophenhilfe in Flüchtlingslagern etc.) sowie als Notvorrat in stationären Einrichtungen für den Katastrophenfall Verwendung.

Beurteilung der Aufbereitungsküche
Bei allen Arten von Aufbereitungsküchen ist die Speisenzubereitung vollständig an den Industriebetrieb ausgelagert. Die Lieferung erfolgt in Mehrportionsgebinden oder als Einzelportionen. In der eigenen Küche werden diese Speisen nur noch regeneriert.

Vorteil der Aufbereitungsküche ist, dass eine geringe Summe investiert werden muss, um die Küche in Betrieb zu nehmen. Der Personalbedarf ist gering, sowohl quantitativ als auch qualitativ. Eine Fünf-Stunden-Kraft ist beispielsweise ausreichend, um 100 Verpflegungsteilnehmer zu versorgen. Die Gesamtkosten zum Betreiben der Küche sind gering.

Nachteil der Aufbereitungsküche ist, dass das Speisenprogramm relativ eingeschränkt ist. Einige Speisen sind ungeeignet und können, je nach Variante der Haltbarmachung, nicht angeboten werden. Bei den Verpflegungsteilnehmern wird sich nach gewisser Zeit eine Geschmacksermüdung einstellen. Dies tritt in der Regel bei Speisen aus industrieller Fertigung auf.

Dieses Küchensystem ist nur in relativ kleinen Einrichtungen wie Kindergärten, Kindertagesstätten und Betriebskantinen verbreitet.

3.3.3 Mischküche

Eine Mischküche ist eine Einzelküche, die einen Teil der Speisen aus industrieller Fertigung aufbereitet und die anderen Speisen selbst zubereitet.

Die Auswahl der Speisen, die in einer Mischküche aus Rohware zubereitet bzw. gegen industriell hergestellte Speisen ausgetauscht werden, orientiert sich an zwei Kriterien:

- Speisen werden dann selbst zubereitet, wenn die Qualität der industriell hergestellten Speisen nicht zufriedenstellend ist.
- Speisen werden dann aus industrieller Fertigung bezogen, wenn für deren Zubereitung spezielle technische Einrich - tungen oder sehr viel Arbeitszeit notwendig sind. Dadurch werden im Vergleich zur eigenen Zubereitung niedrigere Gesamtkosten verursacht.

Im Umfang der selbst zubereiteten Speisen sind nach AID (1993c, S. 4 ff.) verschiedene Stufen zu unterscheiden.

In der **Mischküche Stufe 1** werden die stärkereichen Speisen frisch zubereitet. Diese Speisen können in der Aufbereitungsküche keine zufriedenstellende Qualität erzielen. Es sind Speisen wie Kartoffelpüree, Salzkartoffeln, Nudeln und Reis, die relativ einfach zuzubereiten sind. Alle übrigen Speisen kommen aus industrieller Fertigung.

Für das Garen der stärkereichen Speisen sind ein Kessel und ggf. eine Kippbratpfanne (für Bratkartoffeln) notwendig.

Für eine Mischküche Stufe 1 werden für 100 Verpflegungsteilnehmer mindestens zwei Arbeitskräfte mit fünf und drei Stunden benötigt.

In der **Mischküche Stufe 2** werden neben den stärkereichen Speisen auch Kurzbratspeisen selbst zubereitet. Dafür werden ein Kessel, eine Kippbratpfanne und ggf. eine Friteuse benötigt. Alle anderen Speisen werden aus industrieller Fertigung bezogen. Für eine Mischküche Stufe 2 werden nach AID (1993c, S. 22 ff.) für 100 Verpflegungsteilnehmer mindestens drei Küchenkräfte benötigt. Der Bedarf an Arbeitskräften schwankt von Tag zu Tag je nach Anzahl der selbst zubereiteten Speisen.

Neben stärkereichen Speisen und Kurzbratspeisen werden auch warme Gemüsebeilagen in der **Mischküche Stufe 3** zubereitet. Die übrigen Speisen werden aus industrieller Fertigung bezogen. Für die Küchenausstattung bedeutet das, dass fast eine Vollausstattung an Geräten benötigt wird. Der Personalbedarf ist deutlich höher als bei Mischküche Stufe 1 und 2. Dafür ist die sensorische Qualität der empfindlichen Speisen deutlich besser und der Geschmack ermüdet nicht. Die Mischküche Stufe 3 ist in der Literatur nicht beschrieben. Es handelt sich um eine gedankliche Weiterführung der ausführlich erforschten Mischküchen Stufe 1 und 2.

3.3.4 Zentralküche mit Verteilerküche

Eine vollständige Zentralisierung geschieht in dem Küchensystem aus Zentralküche mit Verteilerküche. Dabei werden sämtliche Speisen in der Zentralküche unter sehr ökonomischen Bedingungen vor- und zubereitet, anschließend heiß in Thermophoren (isolierte oder beheizbare Behältnisse) abgefüllt und zur Verteilerküche transportiert. Die Warmhaltetemperatur liegt mindestens bei 70 °C, die Dauer soll zwei bis drei Stunden nicht überschreiten. Es wird eine örtliche Distanz von 0,5 bis 50 km empfohlen. In der Praxis werden die 50 km jedoch überschritten.

In der Verteilerküche werden die Speisen dann nur noch portioniert und ausgegeben. Gegebenenfalls werden einzelne Komponenten vorher noch miteinander vermischt (z. B. Mischen von Salat und Salatsoße).

Dieses System ist in Deutschland vor allem in der Schulverpflegung sehr verbreitet.

Aufgrund der großen Portionsmengen in der Zentralküche kann dieses System sehr wirtschaftlich arbeiten. Die Investitionskosten und Betriebskosten in den Verteilerküchen sind sehr niedrig, da keine Gargeräte in der Verteilerküche benötigt werden.

Bezüglich des Personalaufwands in der Verteilerküche ist Folgendes zu beachten: Auch wenn in einer Verteilerküche keine Speisen zubereitet werden, ist dennoch Arbeitskraft für folgende Arbeitsschritte notwendig: Materialanlieferung, Bereitstellung von Frischobst und Mischen von Salaten, Ausgabe sowie Reinigung. Die meiste Arbeitszeit in einer Verteilerküche wird für die Reinigung aufgewendet (AID 1993a, S. 23 ff.).

Die lange Warmhaltezeit von ein bis drei Stunden wirkt sich negativ auf die ernährungsphysiologische und die sensorische Qualität der Speisen aus. Das mikrobiologische Risiko steigt.

Bei einer Warmhaltetemperatur von 70 bis 80 °C beträgt der Vitaminverlust nach AID (1993a, S. 24)

8 % Vitamin C-Verlust pro Stunde
5 % Vitamin B_1-Verlust pro Stunde
3 % Vitamin B_2-Verlust pro Stunde
2 % Niacin-Verlust pro Stunde
3 % Vitamin B_6-Verlust pro Stunde
5 % β-Carotin-Verlust pro Stunde
3 % Vitamin A-Verlust pro Stunde.

Die größten Verluste sind somit bei Vitamin C und Vitamin B_1 zu verzeichnen. Diese Vitaminverluste sollten ausschlaggebend sein, wenn die gerade noch tolerierbare Warmhaltedauer bestimmt wird.

Außerdem ist zu empfehlen, bei der Erstellung des Speisenplans auf Vitamin C- und Vitamin B_1-reiche Lebensmittel zu achten (Salat, Obst, Säfte, Vollkornprodukte).

In der Praxis wird immer wieder die sensorische Qualität von warmgehaltenen Speisen bemängelt. Inwieweit die Speisen durch das Warmhalten an Qualität verlieren, hängt u. a. von der Art der Speise ab. Beispielsweise verlieren Eintöpfe und gebundene Suppen nicht so schnell an sensorischer Qualität wie kurzgebratene Fleischspeisen.

In Abbildung 3.9 sind die Richtwerte für die mögliche Warmhaltedauer von Speisen bei 70 bis 80 °C und die Lagerdauer von Salaten bei 20 °C angegeben. Bei Einhaltung dieser Standzeiten ist der Genusswert gerade noch zufriedenstellend. Diese Standzeiten sind bei der Speisenplanung und beim Arbeitsablauf der Zubereitung zu berücksichtigen. Die Speisen, die am empfindlichsten sind, müssen im Arbeitsablauf als letztes zubereitet werden.

Speisengruppe	Speisenarten, die sensorisch gerade noch zufriedenstellend sind nach				
	2 Stunden	3 Stunden	4 Stunden	5 Stunden	mehr als 5 Stunden
Fleisch/Fisch/Ei	Fischfilet, gebraten	Schweinebraten, Schweineschnitzel, paniert, Frikadellen, Rührei mit Schinken	---	Hühnerfrikassee, Fischfilet in Soße, Eier in Senfsoße	Rindergulasch
Gemüse	---	Grüne Bohnen, Erbsen, Möhren, Spinat	Blumenkohl, Rosenkohl	Rotkohl	Sauerkraut
Gemüsesalate	---	---	---	---	Bohnensalat, Gurkensalat, Tomatensalat, Weißkrautsalat
Kartoffeln/Teigwaren/Reis	Salzkartoffeln	Kartoffelbrei (Trockenprodukt), Kartoffelklöße, Milchreis	Kartoffelbrei, Eierteigwaren, Pellkartoffeln ohne Schale	Reis	Kartoffelsalat
Eintopfgerichte	---	Grüner Bohneneintopf	---	Erbseneintopf	---

Abb. 3.9
Richtwerte für die Warmhaltedauer von Speisen bei 70 – 80 °C und Lagerdauer von Salaten bei ca. 20 °C (in Anlehnung an AID 1993a, S. 25)

Das Verteilen der Speisen von der Zentralküche in die Verteilerküche verursacht einen hohen Transportaufwand und ein hohes Spülvolumen. Ob die Speisen zur richtigen Zeit am richtigen Ort sind, hängt von der Zuverlässigkeit der Lieferanten ab.

Ein weiterer Nachteil dieser Organisationsform ist, dass keine flexible Anpassung an die individuellen Anforderungen der

Verpflegungsteilnehmer stattfinden kann (AID 1993a, S. 23 ff.).

Es können verschiedene Maßnahmen ergriffen werden, um die sensorische Qualität von warmgehaltenen Speisen zu verbessern. Grundsätzlich sollten alle ungeeigneten Speisen ausgeschlossen werden. Die Rezepturen sollten so an die Ausgangswaren angepasst werden, dass die Speisen die Warmhaltezeit gut überstehen. Die sensorische Qualität wird durch Austrocknen, Konsistenzverlust und Aufweichen der Speisen gemindert. Maßnahmen beim Transport sind der Transport in Soße (Schutz vor dem Austrocknen), geringe Schichthöhe (Schutz vor dem Zerdrücken) und die Einlage einer Siebplatte (Schutz vor dem Aufweichen). Um die Speisen beim Transport ausreichend warm zu halten, sollten sie bereits mit hoher Temperatur abgefüllt werden. Teilabfüllungen sowie das Abfüllen bei starken Luftströmungen (z. B. Abzug in der Küche) begünstigen das Auskühlen. Nach der Abfüllung sollten die Thermophoren nicht mehr geöffnet werden. Der Wärmeverlust beträgt beim Abfüllen 7 K. Während der Lagerung und des Transports nimmt die Temperatur um weitere 3 K pro Stunde ab. Die optimale Ausgabetemperatur beträgt 70 °C; die optimale Verzehrtemperatur 63 °C.

Eine Verteilerküche benötigt eine geringe Küchenausstattung. Es werden lediglich Geräte zum Mischen von Salaten und zum Waschen von Obst benötigt (Doppelbeckenspüle). Es müssen Geräte zum Verteilen der Speisen und eine Spülmaschine vorhanden sein.

Die Mitarbeiter in der Verteilerküche haben folgende Aufgaben: Bei der Anlieferung der Speisen werden die vollen Thermophoren entgegengenommen und die leeren abgegeben. Die empfangene Lieferung wird auf dem Plattformwagen in die Küche transportiert. In der Küche wird das Frischobst gewaschen und die Salate werden gemischt. Die Geschirrrückgabe wird vorbereitet. Die Ausgabe wird vorbereitet, indem die Speisen in der Ausgabetheke angerichtet werden. Die Speisen werden von den Küchenkräften portioniert.

Bei der Nachbereitung werden das Schmutzgeschirr und -besteck sortiert, in der Spülmaschine gereinigt, abgetrocknet und sortiert. Die Thermophoren müssen geleert und ebenfalls gereinigt werden. Alle Geräte und Einrichtungsgegenstände sowie der Fußboden müssen gereinigt werden.

Die Anzahl der Teilzeitkräfte hängt davon ab, welches Aus-gabesystem vorliegt (Tischgemeinschaft oder Cafeteriaausgabe) und wie viele Verpflegungsteilnehmer versorgt werden. In Abbildung 3.10 sind die Empfehlungen nach AID (1993a, S. 30) aufgezeigt.

Ausgabesystem/ Beschäftigungsgruppe	Anzahl Teilzeitkräfte für Anzahl Verpflegungsteilnehmer (VT)					
	50 VT	100 VT	250 VT	500 VT	750 VT	1000 VT
Tischgemeinschaft						
Halbtagskräfte (4 Std.)	1*	1	2	4*	5	6
Cafeteria						
Halbtagskräfte (4 Std.)	-	2*	2	4*	5	6
Hilfskräfte (1 – 1 ½ Std.)	-	-	2	4	4	4

* Hier reichen jeweils ca. drei Stunden aus.

Abb. 3.10
Anzahl Teilzeitkräfte in einer Verteilerküche nach Verpflegungsteilnehmer und Ausgabesystem (Quelle: AID 1993a, S. 30)

3.3.5 Zentralküche mit Relaisküche

Bei einem Küchensystem Zentralküche mit Relaisküche besteht eine Arbeitsteilung zwischen den beiden Küchen. Aufgaben, die ohne große Qualitätsverluste zentralisiert werden können, werden in der Zentralküche wahrgenommen. Das sind die Vorbereitung der Lebensmittel und die Zubereitung unempfindlicher Speisen (z. B. Suppen, Soßen, Eintöpfe), die anschließend warm zur Relaisküche transportiert werden. Die Warmhaltezeiten sollten dabei maximal drei Stunden nicht überschreiten. Auch Kalttransport (Cook-and-Chill-System) ist möglich.

Empfindliche Komponenten werden – soweit möglich – zentral vorbereitet und dezentral, d. h. in den Relaisküchen gegart (z. B. Salzkartoffeln, Teigwaren, Reis, kurzgebratene Speisen, Blattsalate, Edelgemüse).

Dieses System ist bezüglich Geschmack, Aussehen und Nährstoffgehalt der Speisen der Einzelküche (Zubereitungsküche) fast gleichzusetzen. Es ist dort anzuwenden, wo mehrere größere Einheiten (z. B. Altenpflegeheime) im Umkreis von ca. 20 km um eine Zentralküche versorgt werden müssen.

Dieses System ist in Deutschland noch nicht sehr verbreitet, insbesondere wegen verwaltungstechnischen und organisatorischen Problemen.

Der Vorteil der Zentralküche mit Relaisküche liegt in der guten ernährungsphysiologischen und sensorischen Qualität, da die empfindlichen Speisen vor Ort zubereitet werden. Wirtschaftlichkeit für relativ kleine Küchen ist gegeben, da die rationelle Produktion in der Zentralküche zu einer Verbesserung der Wirtschaftlichkeit beiträgt.

Nachteilig ist bei dieser Küchenorganisation, dass bei den zentral zubereiteten Speisen längere Warmhaltezeiten auftreten (ein bis drei Stunden). Durch den Transport ist ein mikrobiologisches Risiko gegeben. Außerdem verursacht der Transport Kosten und ein hohes Spülvolumen.

Da der Speisenplan von der Zentralküche vorgegeben wird, ist eine Anpassung an die individuellen Bedürfnisse der Verpflegungsteilnehmer der Relaisküche nur schlecht möglich. Gargeräte werden in der Zentralküche und in der Relaisküche benötigt. Dadurch ist der Investitionsaufwand relativ hoch. Verglichen mit der Verteilerküche ist der Personalaufwand in der Relaisküche noch relativ hoch.

3.4 Distributionssystem

Nach der Produktion werden die Speisen zur Ausgabe transportiert. Das Distributionssystem beschreibt:

- die zeitliche Gestaltung der Verteilung,
- den Ort der Portionierung,
- die Gebindegröße der Verteilung,
- das Geschirr der Verteilung,
- die Temperatur der Verteilung,
- die Art der Portionierung.

Der allgemeine **zeitliche Ablauf** der Verteilung beginnt mit dem Entleeren der Gargeräte. Die Speisen werden anschließend zur Verteilstelle transportiert und zum Portionieren bereitgehalten. An der Verteilstelle erfolgt die Portionierung in Einzel- oder Gruppenportionen. Die Portionen werden von dort entweder von den Verpflegungsteilnehmern abgeholt oder zu ihnen gebracht.

Unterschiede kann es in der Zeitgestaltung zwischen Fertigstellung der Speisen und der Endportionierung bzw. Verteilung geben.

Ideal ist, wenn die Endportionierung der Speisen direkt nach deren Fertigstellung erfolgt. Dann gibt es keine standzeitbedingten Qualitätsverluste.

In der Regel gibt es eine Standzeit. Diese Standzeit kann es direkt nach der Fertigstellung im Gargerät geben, vor der Endportionierung im Ausgabebehälter oder beide Standzeiten kombiniert (Abbildung 3.11). Standzeiten im Gargerät gibt es dann, wenn die Speisen nicht punktgenau zubereitet wurden (vgl. Kapitel 7 Produktionsablaufplanung). Je nach Speise und Dauer kann es hier bereits zu Qualitätsverlusten kommen. Eine Standzeit im Ausgabebehälter gibt es u. a. in Mensen und Betriebsrestaurants. Hier werden die Speisen erst dann portioniert, wenn der Verpflegungsteilnehmer das Essen abholt (vgl. Kapitel 3.5).

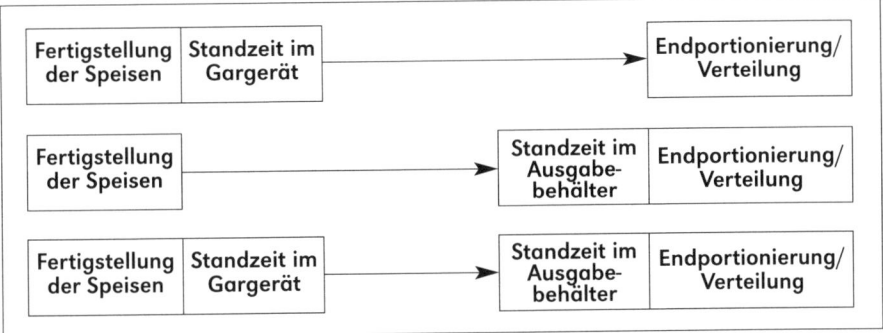

In einer Verteilerküche oder Relaisküche werden die Speisen nach der Fertigstellung in isolierte Behälter verbracht und anschließend zum Verteilungsort transportiert (siehe Kapitel 3.3.4). Dabei kann es zu einer Standzeit im Gargerät oder/und im Ausgabebehälter kommen (Abbildung 3.12). Diese Art der zeitlichen Gestaltung bei der Verteilung kommt häufig in der Schulverpflegung vor.

Eine weitere Möglichkeit ist es, die Speisen direkt nach der Fertigstellung in Menüschalen zu portionieren. Anschließend erfolgen der Transport und die Verteilung, so wie es bei *Essen auf Rädern* üblich ist. Eine Standzeit kann es vor der Endportionierung oder/und vor der Verteilung geben.

In Mensen können Speisen wie Desserts oder Beilagen endportioniert werden und eine Standzeit haben, bis sie verteilt werden.

Wichtig für die Gesamtzeit der Distribution ist die Warmhaltezeit bzw. Standzeit bis zum Verzehr. Je länger die Warmhaltezeit, desto geringer ist die ernährungsphysiologische und

Abb. 3.11
Zeitliche Gestaltung der Verteilung in der Zubereitungsküche sowie in der Aufbereitungsküche

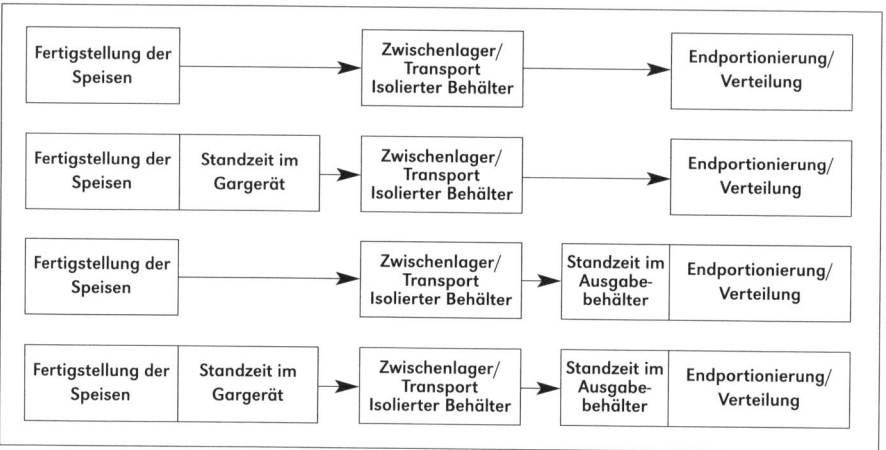

Abb. 3.12
Zeitliche Gestaltung der
Verteilung in einer
Zentralküche mit
Verteilerküche oder
Relaisküche

sensorische Qualität. Das mikrobiologische Risiko steigt, insbesondere wenn die Temperatur in kritische Bereiche abfällt.

Der **Ort der Verteilung** kann zentral im Küchenbereich sein. Die Portionierung kann außerdem dezentral am Ort des Verzehrs erfolgen. Beispielsweise ist die Portionierung in einer Stationsküche dezentral von der Küche und ortsfest. Ein fahrbarer Ausgabewagen auf der Station ist eine dezentrale und ortsbewegliche Verteilung. Eine weitere Möglichkeit ist die Speisenportionierung im Speiseraum bzw. am Ort des Verzehrs, so wie es beispielsweise in Cafeterien üblich ist.

Bei der Portionierung gibt es Unterschiede bei den **Gebindegrößen**. Einzelportionsgebinde (Assietten oder Tabletts) können einheitlich oder individuell für den Verpflegungsteilnehmer zusammengestellt werden. Bei individueller Einzelportionierung erfolgt die individuelle Portionsgröße und/oder Zusammenstellung entweder auf Wunsch des Verpflegungsteilnehmers oder auf Anordnung des Arztes. Mehrportionsgebinde gibt es bei Tischgemeinschaften oder bei Buffets.

Bei der Einzelportionierung können entweder Verzehrgeschirr oder Transportgefäße verwendet werden. Transportgefäße sind Assietten, verschließbare Salatschalen u. ä. Das Verzehrgeschirr kann in das haushaltsübliche Geschirr mit Teller, Schalen und Tabletts sowie in das Systemgeschirr unterschieden werden. Das Systemgeschirr kann wärmeisoliert sein, sodass die Speisen von der Heißportionierung bis zur Verteilung nur einen geringen Wärmeverlust haben. Werden die Speisen kalt portioniert, z. B. in einer Cook-and-Chill-Küche, muss das Systemgeschirr regeneriergeeignet sein. Die Speisen werden erst nach der Portionierung in Regenerierwagen wiedererwärmt.

Bei der Portionierung von Großgebinden können Serviergefäße wie Schüsseln, Platten usw. oder Gastronorm-Behälter (GN-Behälter) verwendet werden.

Die Wahl der **Geschirrform** beeinflusst die Temperatur der Speisen von der Ausgabe bis zum Verzehr. Je nachdem, ob in Schale oder Teller portioniert wird, kühlen die Speisen langsamer oder schneller ab. Die Abkühldauer ist abhängig von der Ausgabetemperatur und dem Kompaktheitsgrad der Speisen. In Abbildung 3.13 sind Beispiele für die Abkühldauer verschiedener Speisen aufgelistet.

Speise	Suppenschale Füllguttemperatur		Teller, tief (Coupform) Füllguttemperatur		Menüschale Füllguttemperatur	
	80 °C	95 °C	80 °C	95 °C	80 °C	95 °C
Rindfleischsuppe mit Nudeln (300 g)	3,2 min	7,8 min	1,1 min	3,0 min	-	-
Erbseneintopf (300 g)	4,1 min	9,8 min	1,3 min	3,5 min	-	-
Reis (150 g)	-	-	-	-	1,3 min	2,9 min
Gulasch (250 g)	-	-	-	-	1,5 min	3,5 min

Abb. 3.13
Einfluss der Geschirrform auf die Abkühldauer (in min) bis zum Erreichen der Verzehrtemperatur von 63 °C bei portionierten Speisen (unbedeckt) (Quelle: AID 1993d, S. 8)

Die **Temperatur der Verteilung** kann heiß oder kalt sein. Bei der Heißportionierung müssen die in Abbildung 3.13 aufgezeigten Abkühlzeiten berücksichtigt werden. Die Kaltportionierung ist häufig in der Cook-and-Chill-Küche anzufinden (vgl. Kapitel 3.3.1.2). Während der Portionierung dürfen die Speisen nicht auf mehr als 10 °C erwärmt werden. Die Portionierung erfolgt auf Systemgeschirr. Die Regenerierung auf 70 °C erfolgt mit Hilfe von Regenerierwagen.

Die **Portionierung** kann manuell mit und ohne Verwendung eines Portionierbands erfolgen. Bei der Portionierung mit Portionierband ist für jede Menükomponente eine Küchenkraft zuständig. In der industriellen Speisenproduktion ist auch vollautomatische Portionierung üblich.

3.5 Ausgabesystem

Nachdem der Verpflegungsteilnehmer sich für ein Menü entschieden und es bestellt hat, müssen die Speisen ausgegeben werden. Für einen Verpflegungsbetrieb gibt es viele Ausgabesysteme, zwischen denen gewählt werden kann. Nicht jedes System ist überall geeignet, da sich die Verpflegungsbetriebe hinsichtlich der Anzahl sowie der Ansprüche und Einstellungen der Verpflegungsteilnehmer unterscheiden. Hinzu kommen verschiedene bauliche Gegebenheiten wie Raumgröße und Wege, betriebliche Regelung, z. B. wann und in welchem Zeitraum die Essensausgabe zu erfolgen hat, und die vorhandenen finanziellen Mittel, die die Entscheidung für ein Ausgabesystem beeinflussen.

Für die Charakterisierung des Ausgabesystems ist die Auswahlmöglichkeit des Verpflegungsteilnehmers zu betrachten. Es kann folgende Varianten geben:

- Der Speisenplan ist für einen bestimmten Zeitraum vorgegeben. Es gibt keine Auswahlmöglichkeiten.
- Der Verpflegungsteilnehmer hat die Auswahl zwischen zwei bis drei Menüs, deren Zusammensetzung fixiert ist.
- Es gibt ein Alternativprogramm mit zwei bis drei Auswahlmenüs. Der Verpflegungsteilnehmer kann außerdem die Beilagen frei wählen.
- Der Verpflegungsteilnehmer kann sich das Menü aus einer größeren Zahl von Haupt- und Nebenkomponenten frei zusammenstellen.

Ein weiterer Aspekt bei der Gestaltung des Ausgabesystems ist die Variabilität der Portionsgröße. Der Verpflegungsteilnehmer fühlt sich individuell versorgt, wenn die Portionsgröße auf Wunsch des Verpflegungsteilnehmers oder einer übergeordneten Autorität (z. B. Arzt) verändert werden kann. Dies ist bei den Mitteln der Ausgabe gegeben, bei denen ein Kontakt zwischen Verpflegungsteilnehmer und Ausgabepersonal besteht. Wenn der Hersteller oder die Küchenleitung die Portionsgrößen festlegt, gibt es keine Variabilität.

Verpflegungseinrichtungen unterscheiden sich ebenfalls in der Dauer der Öffnungszeiten. Manche Einrichtungen versorgen die Kunden ganztätig mit warmen oder kalten Speisen, andere hingegen sind nur mittags geöffnet.

Ein Ausgabesystem ist die Art der Speisenabgabe an die Verpflegungsteilnehmer. Es gibt die Varianten Fremdbedienungssystem und Selbstbedienungssystem. Bei dem Fremdbedienungssystem werden die Verpflegungsteilnehmer individuell durch Servicepersonal bedient. Dies kann durch einen Kellner, der eine Tischgemeinschaft oder am Buffet bedient, geschehen.

Bei dem Selbstbedienungssystem wird der Verpflegungsteilnehmer aktiv, indem er sich die vorportionierten Menüs oder Menükomponenten selbst abholt oder sich teilweise oder voll selbst bedient. Es gibt sechs Varianten der Essensausgabe, die im Folgenden beschrieben werden.

Die **Thekenausgabe** wird auch Schalterausgabe genannt. Sie besteht aus einer Theke, an der die Speisen an eine Person ausgegeben werden. Die Theke kann je nach baulicher Gegebenheit in die Küche oder in den Speiseraum integriert sein. Das System eignet sich sowohl für die Ausgabe von Einzelportionen als auch die Ausgabe von Gebinden für Tischgemeinschaften. Nachteil dieser Ausgabe ist, dass nur eine geringe Anzahl an Speisen pro Stunde verteilt werden kann. Die Thekenausgabe wird in Internaten, Jugendherbergen u. ä. genutzt.

Die **Drehtellerausgabe**, auch Karussell-Ausgabe genannt, ist gering verbreitet. Das Karussell wird vom Küchenraum aus manuell oder über Band beschickt. Der Verpflegungsteilnehmer kann sich das Menü oder die Menükomponenten aus dem Karussell nehmen. Bei der Ausgabe findet kein Kontakt zwischen dem Ausgabepersonal und dem Verpflegungsteilnehmer statt. Auf diese Weise ist die Portionsgröße immer gleich, individuelle Wünsche können nicht berücksichtigt werden. Vorteile des Systems sind der geringe Raumbedarf und die hohe Leistung.

Eine Weiterentwicklung der Drehtellerausgabe ist die Ausgabe von Menüs mit Hilfe eines Automaten. Die Speisen werden in der Küche portioniert und verpackt und anschließend im Automaten gekühlt gelagert. Der Verpflegungsteilnehmer kann das Menü am Automaten auswählen, bezahlen und muss es anschließend nur noch regenerieren. Vorteil dieser Variante ist, dass für die eigentliche Abgabe der Speisen an den Verpflegungsteilnehmer keine Mitarbeiter mehr benötigt werden. Dies ermöglicht Öffnungszeiten rund um die Uhr.

Bei der **Bandausgabe** werden einheitliche Essen ausgegeben. Das Ausgabepersonal verteilt die Speisen im Küchenbereich, sodass der Verpflegungsteilnehmer keinen Einfluss auf die Portionsgröße nehmen kann. Der Verpflegungsteilnehmer entnimmt das Tablett von einem Band. Auf diese Weise können ca. 15 Verpflegungsteilnehmer pro Minute versorgt werden. Durch diese schnelle Ausgabe haben die Speisen nur eine geringe Warmhaltezeit.

Nachteil der Bandausgabe ist, dass es keinen Kontakt zwischen Verpflegungsteilnehmer und Ausgabepersonal gibt. Auf individuelle Wünsche kann nicht eingegangen werden. Dies vermittelt dem Verpflegungsteilnehmer den Eindruck einer Massenabfertigung.

Bei der **Cafeteria-Linie** wird der Verpflegungsteilnehmer an der Theke entlang geleitet (Abbildung 3.14). Zunächst nimmt sich der Verpflegungsteilnehmer ein Tablett und Besteck. Anschließend werden die warmen und kalten Speisen angeboten, zwischen denen der Verpflegungsteilnehmer wählen kann. Der Verpflegungsteilnehmer wird an allen angebotenen Speisen vorbeigeleitet. Der persönliche Kontakt zum Servicepersonal ist gegeben, sodass auch auf individuelle Portionswünsche eingegangen werden kann. Salate und Desserts können dabei schon vorportioniert sein. Direkt vor der Kasse stehen die Getränke zur Selbstbedienung (z. B. Kaffeeautomat). Die Ausgabeleistung beträgt sechs bis zehn Verpflegungsteilnehmer pro Minute. Bei großem Andrang können sich deswegen Schlangen bilden. Die Form der Cafeteria-Linie kann entsprechend dem Platzbedarf und der Angebotspalette angepasst werden.

Bei der **Free-Flow-Cafeteria** ist die Linienführung aufgelöst. Entsprechend der Übersetzung *freier Fluss* kann sich der Verpflegungsteilnehmer frei im Raum bewegen. Die Ausgabe erfolgt an mehreren Ausgabestellen, zum Teil auch mit dem gleichen Angebot. Der Verpflegungsteilnehmer stellt sich nur an die Ausgabe, an der er die gewünschten Speisen bekommt. Auf diese Weise verteilen sich die Verpflegungsteilnehmer auf mehrere Schlangen (Abbildung 3.15). Die Nachlieferung erfolgt chargenweise an die einzelnen Ausgaben. Auf diese Weise können ca. fünf Verpflegungsteilnehmer pro Minute bedient werden.

Vorteile bietet das Free-Flow-System, da der Verpflegungsteilnehmer individuell seine Speisen wählen kann. Der Kontakt

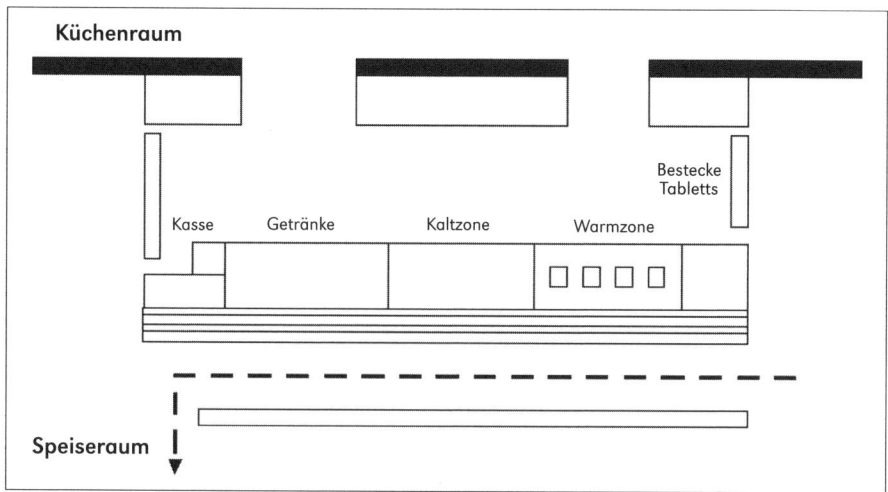

Abb. 3.14
Cafeteria-Linie

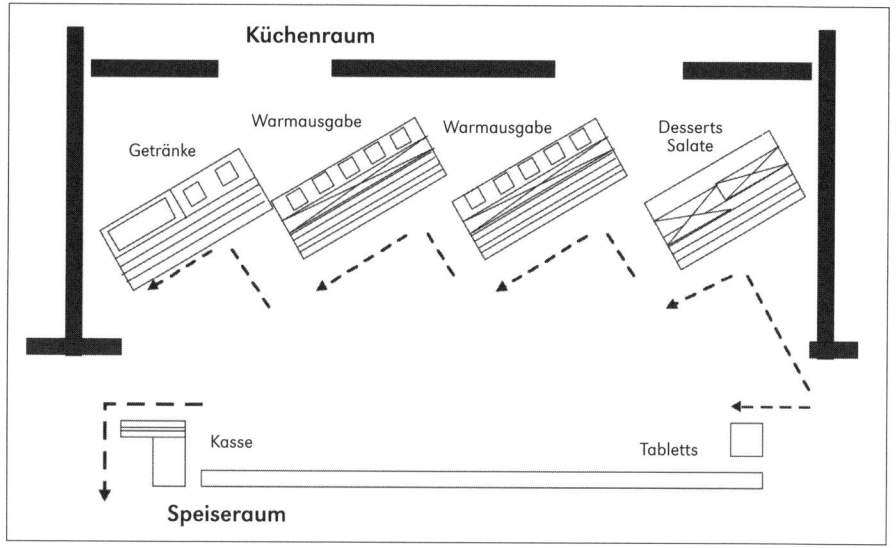

Abb. 3.15
Free-Flow-Cafeteria

zum Servicepersonal ist gegeben, sodass auf Wünsche eingegangen werden kann. Da sich der Verpflegungsteilnehmer nur
dort anstellen muss, wo es die ausgewählten Speisen gibt, ver-
kürzen sich die Schlangen. Der Verpflegungsbetrieb erzielt auf
diese Weise ein hohes Image und eine hohe Kundenzufrie -
denheit.

Nachteilig an der Free-Flow-Cafeteria ist der hohe Raumbedarf, damit sich die Kunden tatsächlich frei bewegen können. Das Free-Flow-Cafeteria-System ist in Betriebskantinen, Mensen, Kaufhäusern und Supermärkten sowie in Raststätten verbreitet.

Eine Variante des Cafeteria-Systems ist das Front-Cooking. Dies ist das Kochen vor dem Gast. Einzelne Speisen oder Menükomponenten werden direkt an der Ausgabestelle zubereitet, sodass der Verpflegungsteilnehmer zuschauen kann. Auf diese Weise wird Frische vermittelt. Front-Cooking ist Teil des Free-Flow-Systems in Kaufhäusern und Betriebskantinen. Auch Mensen versuchen, dieses System zu integrieren.

Eine weitere Variante ist die Ausgabe einzelner Komponenten nach Belieben. Dies ist besonders in Finnland verbreitet. Hauptspeisen wie Fleisch und Fisch werden vom Ausgabepersonal ausgegeben. Salat, Beilagen sowie Brot werden nach dem Bezahlvorgang durch den Verpflegungsteilnehmer selbst portioniert. Durch dieses Ausgabesystem wird gewährleistet, dass von den ernährungsphysiologisch günstigen Speisen größere Mengen verzehrt werden. Abbildung 3.16 zeigt ein Beispiel einer solchen Speisenausgabe an der Universität Helsinki.

Abb. 3.16
Speisenausgabe der
Universität Helsinki

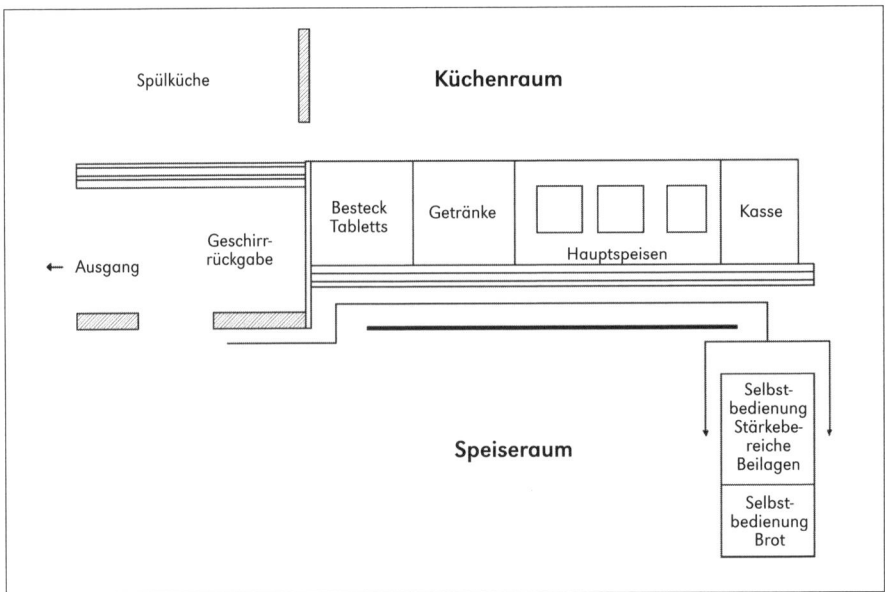

Beim **Selbstbedienungs-Buffet** portioniert der Verpflegungsteilnehmer die Speisen selbst, sodass jeder selbst wählen kann, welche Größe die Portion hat (Abbildung 3.17). Die Küchenmitarbeiter sorgen dafür, dass immer ausreichend Speisen in den Auslagen vorhanden sind.

Abb. 3.17
Selbstbedienungs-Buffet
(Foto: Steinel)

Das Selbstbedienungs-Buffet kann Teil einer Cafeteria-Linie oder Free-Flow-Cafeteria sein.

Das Selbstbedienungs-Buffet erfreut sich hoher Beliebtheit bei den Verpflegungsteilnehmern, da es sehr individuell ist. Nachteil ist, dass die Ausgabe sehr langsam erfolgt. Deshalb wird dieses System in Kureinrichtungen und Tagungshäusern genutzt. Es eignet sich dort, wo kleine Gruppen speisen oder Mahlzeiten mit geringem Anteil an warmen Speisen (Frühstück, Abendessen) angeboten werden.

3.6 Abrechnungssystem

Die Speisen und Getränke müssen vom Verpflegungsteilnehmer bezahlt werden. Die Abrechnungsverfahren unterscheiden sich hinsichtlich des Mittels und des Zeitpunkts der Bezahlung, der Beeinflussung der Liquidität des Bezahlenden, des Datenschutzes sowie des Bezugs zur Inanspruchnahme.

Es gibt verschiedene **Mittel**, die zur Bezahlung zur Verfügung stehen.

Bei der Barzahlung mit Bargeld ist der Vorteil, dass der Verpflegungsteilnehmer viele Wahlmöglichkeiten mit differenzierter Preisgestaltung hat. Er kann also alle Speisen auswählen, egal welchen Preis sie haben. Der Nachteil ist jedoch, dass dieses Abrechnungsverfahren sehr zeitaufwändig ist (15 – 28 Sekunden/Vorgang). Es besteht die Gefahr, dass sich Warteschlangen an der Kasse bilden (vgl. Bolten/Geiger 1993).

Bei der halbbaren Bezahlung wird nur ab und zu Bargeld benötigt. Dies kann beim Kauf von Marken oder Chips sein. Der Vorteil der Marken und Chips ist, dass der Abrechnungsvorgang sehr schnell geht, sodass nur kurze Warteschlangen an der Kasse entstehen. Die Nachteile von Marken und Chips sind die geringen Möglichkeiten bei der Essensauswahl. Hat sich der Verpflegungsteilnehmer im Vorverkauf für ein bestimmtes Gericht entschieden, kann er sich bei der Ausgabe nicht mehr umentscheiden. Beim Kauf der Marken und Chips kann es passieren, dass sich der Verpflegungsteilnehmer zweimal an einer Schlange anstellen muss. Der Verpflegungsteilnehmer muss dem Gemeinschaftsverpflegungsbetrieb Kredit gewähren oder die Marken täglich neu kaufen. Essenchips sind zudem wie Bargeld hygienisch bedenklich, weil sie durch viele Hände gehen (vgl. Bolten/Geiger 1993).

Die Guthabenkarten (Prepaidkarten) sind eine weitere Form der halbbaren oder bargeldlosen Bezahlung. Die Giro-Vend-Karte ist eine aufladbare Magnetkarte, auf der nur der Betrag und die Kartennummer gespeichert sind. Die Abrechnung erfolgt durch Einlesen des Guthabens über Magnetstreifen an einem Kartenlesegerät. Persönliche Daten wie Name, Nutzungshäufigkeit oder Vorlieben für bestimmte Speisen werden nicht erfasst. In den Foyers der Speisesäle befinden sich Aufwerterautomaten. An ihnen kann die Guthabenkarte mit Bargeld aufgewertet oder das Guthaben überprüft werden.

Die Legic-Karte, ein weiteres System, wird wie die Giro-Vend-Karte am Automaten aufgeladen. Die Abrechnung erfolgt berührungslos durch das Auflegen auf eine Abrechnungsstation. Der Unterschied zwischen der GiroVend-Karte und der Legic-Karte besteht in der erweiterten Nutzungsmöglichkeit. Die Legic-Karte kann auch als elektronischer Ausweis für die Zugangskontrolle zu Gebäuden, zur Arbeitszeiterfassung, als Werksausweis, Schülerausweis, Studentenausweis oder Bibliotheksausweis genutzt werden. Außerdem kann die Legic-Karte ohne Aufwerterautomaten verwendet werden, indem das Guthaben per Banküberweisung oder Bankeinzug auf die Karte transferiert wird.

Vorteil der Guthabenkarte ist die hohe Durchlaufgeschwindigkeit. Das Kassenpersonal gibt die Preise der Speisen und Getränke in das Kassensystem ein. Der Verpflegungsteilnehmer schiebt oder legt die Guthabenkarte in das Kartenlesegerät. Der Betrag wird automatisch von der Karte abgebucht. Der gesamte Vorgang geht sehr schnell.

Für den Betrieb sind die Investitionskosten für das Kartensystem zu beachten. Es müssen Aufwerterautomaten angeschafft und gewartet werden, das Kassensystem muss anpasst und es müssen ausreichend Guthabenkarten bereitgehalten werden. Der Verpflegungsteilnehmer gewährt dem Verpflegungsbetrieb Kredit. Dieser eingezahlte Geldbetrag wird erst nach und nach *abgegessen*. Des Weiteren ist dieses System ungeeignet für einmalige oder seltene Nutzer, da diese zunächst die Karte erwerben und aufladen müssen und so ihr Geld binden (vgl. Bolten/Geiger 1993).

Zu den ausschließlich bargeldlosen Mitteln der Bezahlung zählen die Kreditkarte, die Bankkarte (Maestrokarte) sowie die Geldkarte. Diese Karten besitzen die meisten Verpflegungsteilnehmer ohnehin und müssen deshalb nicht extra erworben werden. Nachteil für den Kunden ist, dass individuelle Daten gespeichert werden (Zeitpunkt des Kaufs und zu zahlender Betrag). Während die Kreditkarte und Bankkarte wegen zu langer Datenübertragungszeiten in der Gemeinschaftsverpflegung kaum zum Einsatz kommen, ist die Geldkarte eine schnelle Variante. Die Geldkarte kann eine extra Karte sein, die die Hausbank ausgibt, oder ist als Chip bereits auf der Bankkarte enthalten. Das Laden der Geldkarte erfolgt am Terminal der Bank.

Die Geldkarte bietet dem Kunden viele Vorteile. Die Karte muss nicht extra für den Verpflegungsbetrieb angeschafft werden. Das Guthaben ist auch nicht an den GV-Betrieb gebunden, denn es kann überall (z. B. Zigarettenautomat, Parkscheinautomat) eingesetzt werden. Wie bei den Guthabenkarten ist die Durchlaufgeschwindigkeit hoch. Auf dem Geldkartenchip sind die Identifikationsnummer der Geldkarte und die Umsätze der einzelnen Bezahltransaktionen gespeichert. Auf diese Weise errechnet sich der aktuelle Kontostand. Der Datenschutz ist gewährleistet, weil der Betrieb nicht erfährt, welcher Gast verpflegt wurde.

Nachteilig ist für den Kunden, dass ständig Geld auf der Geldkarte bereitgehalten werden muss.

Weitere Bezahlungsmittel sind der Abzug vom Konto, der Lohnabzug sowie die Überweisung gegen Rechnung. Dies sind ebenfalls bargeldlose Varianten. Der Datenschutz ist bei diesen Varianten allerdings nicht gegeben. Insbesondere der Lohnabzug ist aus Datenschutzgründen kritisch zu betrachten.

Abbildung 3.18 gibt einen Überblick über die Zahlungsmittel und Abrechnungsverfahren.

Zahlungsmittel	Abrechnungsverfahren			
	bar	halbbar	bargeldlos mit Identifikation	bargeldlos anonym
Bargeld	•			
Wertmarken, Chips		•		
Guthabenkarte		•	•	
Bankkarte			•	
Kreditkarte			•	
Geldkarte				•
Kontoabzug			•	
Lohnabzug			•	
Überweisung gegen Rechnung			•	

Abb. 3.18
Zahlungsmittel und
Abrechnungsverfahren

Der **Zeitpunkt der Zahlung** bzw. der Abrechnung kann vor der Ausgabe, bei der Ausgabe, nach der Ausgabe oder nach dem Verzehr erfolgen. Die Bezahlung vor der Ausgabe erfolgt beim Kauf der Wertmarken und Chips. Bezahlung nach dem Verzehr erfolgt durch Lastschrift, Lohnabzug oder Rechnung.

Der **Bezug zur Inanspruchnahme** kann in verschiedenen Varianten realisiert werden. Meistens bezahlt der Verpflegungsteilnehmer die Anzahl der Portionen oder Teller, die sich auf dem Tablett befinden. Die Größe der Portion spielt keine Rolle. Des Weiteren gibt es Verpflegungsbetriebe, bei denen das Gewicht der Speisen auf dem Teller bezahlt werden muss. Wer mehr auf dem Teller hat, muss auch mehr bezahlen. Eine andere Variante ist pauschale Verrechnung, unabhängig von der Inanspruchnahme. Vorteil ist, dass die Durchlaufgeschwindigkeit hoch und der Verwaltungsaufwand für die Abrechnung gering ist. Es können jedoch keine exklusiven Gerichte mit hohem Preis angeboten werden, da diese die Mischkalkulation sprengen würden. Der Verpflegungsteilnehmer fühlt sich zum Essen genötigt, da er die Leistung auch bezahlen muss, wenn er sie nicht in Anspruch nimmt.

3.7 Geschirrkreislaufsystem

Das Geschirrkreislaufsystem beschreibt, wie das Geschirr nach der Ausgabe an den Verpflegungsteilnehmer wieder zurück in die Küche kommt. Die Art der Geschirrrücknahme kann nach der ausführenden Person, dem Ort der Geschirrrücknahme, den vorzunehmenden Trenntätigkeiten und den vorhandenen Hilfsmitteln unterschieden werden.

Die **ausführende Person** kann der Verpflegungsteilnehmer selbst (Selbstbedienung) oder Personal der Verpflegungseinrichtung (Fremdbedienung) sein. Fremdbedienung kann durch das Servicepersonal oder durch spezielles Abräumpersonal erfolgen. Bei der Selbstbedienung entsorgt jeder Verpflegungsteilnehmer selbst sein benutztes Geschirr. Der **Ort**, an dem bei Fremd- und auch bei Selbstbedienung das Geschirr zurückgegeben wird, kann direkt im Speisesaal oder auch außerhalb des Speisesaals liegen. Grundsätzlich sollte die Geschirrrückgabe bequem zu erreichen sein, d. h. ohne lange Wege durch den Speisesaal. Der Weg sollte dabei kreuzungsfrei zu hereinkommenden Gästen sein. Hygienische Aspekte und die Ästhetik müssen berücksichtigt werden. So sollte das benutzte Geschirr regelmäßig bzw. schnell in die Spülküche transportiert werden, damit keine unangenehmen Gerüche entstehen.

Bei der Rückgabe kann nach verschiedenen Stufen der **Trennung** unterschieden werden. Wenn alle Geschirrteile (Teller, Besteck, evtl. Trinkgefäß) sowie Speisereste auf dem Tablett verbleiben, erfolgt eine Trennung erst in der Spülküche. Die Tabletts werden dann entweder auf ein Band, an einer Theke oder im Geschirr- bzw. Tablettstapelwagen abgestellt. Soll die Arbeit in der Küche erleichtert werden, kann eine

Trennung der Speisereste vom Geschirr verfolgen. Hierfür wird als **Hilfsmittel** ein Müllbehälter benötigt. Eine weitere Erleichterung ist das Sortieren nach Besteck, Tellern der jeweiligen Größe und Form, Schalen und Trinkgefäßen. Hierbei werden entsprechende Behälter für das Besteck und ein Geschirrwagen für das zu sammelnde Geschirr bereitgestellt. Eine weitere Trennung der Abfälle in Biomüll und Restmüll (z. B. Servietten, Einwegbecher) ist möglich. Im Extremfall sortiert der Verpflegungsteilnehmer alle Geschirr- und Besteckteile in die Geschirrkörbe und den Abfall in verschiedene Abfallbehälter. Auf jeden Fall muss darauf geachtet werden, dass die Behälter regelmäßig geleert werden und eine Reinigung um den Sortierbereich erfolgt.

Bei der Gestaltung des Geschirrrückgabesystems ist immer zu berücksichtigen, dass die Geschirrrückgabe den letzten Eindruck erzeugt, den der Verpflegungsteilnehmer von seinem Besuch in der Verpflegungseinrichtung behält.

4 Bewirtschaftungssystem

Autorin:
Margot Steinel

Outsourcing und *Insourcing* sind Schlagworte, die seit Beginn der 90er-Jahre die Verpflegungsbranche beherrschen. Im Wesentlichen geht es dabei um die Frage der Eigenbewirtschaftung oder Fremdbewirtschaftung der Küche. Die Frage nach der optimalen Bewirtschaftungsform ist keineswegs pauschal zu beantworten, wie die Vielfalt der in der Praxis realisierten Lösungen zeigt. Regionalspezifische Besonderheiten sind zu beachten. Deutschland wird im Vergleich zu anderen Ländern (USA, Großbritannien, Frankreich, Niederlande) als ein outsourcingresistentes Land bezeichnet (N.N. 2003, S. 12). In Ostdeutschland sind tendenziell mehr Küchen fremdvergeben als in Westdeutschland (Schmid 1999a). Auch einrichtungsspezifische Merkmale sind zu berücksichtigen. Während Altenhilfeeinrichtungen zum größten Teil noch Eigenbewirtschaftung realisieren, ist in der Schulverpflegung die Fremdbewirtschaftung gang und gäbe. Die Entscheidungen verändern sich auch mit der Zeit. Nach der ersten *Outsourcingwelle* kam auch bald die erste *Insourcingwelle*: Betreiber, die mit Outsourcinglösungen unzufrieden waren, sind zur Eigenbewirtschaftung zurückgekehrt. Die Frage nach der optimalen Bewirtschaftungsform ist also immer wieder neu zu stellen.

4.1 Gründe für die Fremdvergabe

Vielfältige Gründe werden für die Fremdvergabe von Verpfle - gungsdienstleistungen in die Diskussion gebracht. Abbildung 4.1 zeigt die am häufigsten genannten Gründe. Dass bei Fremdvergabe die Leistungserstellung an ein Unternehmen mit mehr Know-how, besserem Management und effizienterer Betriebsführung vergeben wird, muss nicht in jedem Fall zu - treffen. Know-how, Management und Effizienz der Betriebs - führung sind im Wesentlichen vom Qualifikationsniveau der Führungskräfte und der Ausführungskräfte abhängig. Dies ist prinzipiell unabhängig von der Bewirtschaftungsform.[1]

---

[1] Anmerkung: In der Praxis kommt es häufig vor, dass ein Verpflegungsbetrieb mit mangelhafter Betriebsführung durch eine Fremdvergabe *saniert* wird. Hier werden jedoch zwei Maßnahmen verknüpft: die Verbesserung des Managements und die Fremdvergabe an ein externes Unternehmen. Ersteres kann auch ohne externen Dienstleister geschehen.

vermeintliche Gründe	tatsächliche Gründe
• mehr Know How • besseres Management • effizientere Betriebsführung • geringere Gesamtkosten	• geringere Personalkosten • Überzeugungskraft von Cateringunternehmen

4.1.1 Einsparung von Personalkosten

Die Möglichkeit, Personalkosten einzusparen, ist ein echtes Argument für die Fremdvergabe der Bewirtschaftung einer Verpflegungseinrichtung.

Abbildung 4.2 zeigt die Grundvergütungen für eine Küchenhilfe in verschiedenen Branchen. Es wird deutlich, dass der Tarif des Hotel- und Gaststättengewerbes wesentlich niedrigere Vergütungen vorsieht als beispielsweise in der Mineralölverarbeitung. Im öffentlichen Dienst ist die Vergütung stark abhängig von der sogenannten Entwicklungsstufe, die in der Regel mit zunehmender Betriebszugehörigkeit steigt. Gemeinschaftsverpflegungseinrichtungen, die an relativ teure Tariflöhne gebunden sind, sehen in einem Wechsel in einen niedrigeren Tarifbereich eine Möglichkeit zu einer wesentlichen Personalkostenersparnis.

Abbildung 4.3 zeigt die Struktur der Arbeitskosten im Gastgewerbe (spezialisiert für die Gemeinschaftsverpflegung ist eine solche Statistik nicht verfügbar). Von den 24.916 € Arbeitskosten je vollzeitbeschäftigtem Arbeitnehmer und Jahr sind 61,1 % Entgelt für geleistete Arbeit und 38,9 % Personalnebenkosten. Auf 100 € Entgelt für bezahlte Arbeit kommen also 63,53 € Personalnebenkosten. Von diesen Personalnebenkosten sind mehr als die Hälfte vom Gesetzgeber festgelegt (Lohnfortzahlung bei Krankheit, Feiertagsvergütung, Beiträge zur Sozialversicherung). Die meisten Arbeitskosten sind tarifabhängig. Einsparungen in den Arbeitskosten werden also am ehesten durch Veränderungen in den Tarifstrukturen gesehen.

Durch die Vergabe der Küchenbewirtschaftung an ein anderes (bestehendes oder neu zu gründendes) Unternehmen ergibt sich (unter bestimmten Voraussetzungen) die Möglichkeit, den Tarifbereich zu wechseln. Dies kann, muss aber nicht zu Einsparungen in den Personalkosten führen. Insbesondere

Tarifbereich	Region	Tarifgruppe	Wochenar-beitszeit in Stunden	Grundvergü-tung pro Monat (brutto)
Hotel- und Gaststättengewerbe	Bayern (Stand: 05/2006)	3 01	39	1.248 – 1.354 €
	Sachsen (Stand: 07/2007)	1[1] ; 2[2]	40	1.109 – 1.176 €
Mineralölverarbeitung: Shell Deutschland Oil GmbH (Stand: 03/2007)	West	2	37,5	2.292 €[3]
	Ost	2	37,5	2.292 €[4]
Systemgastronomie (innerhalb des Deutschen Hotel- und Gaststättenverbands) (Stand: 11/2004)	West und Berlin Ost	1	39,5	1.182 €
	Ost (ohne Berlin-Ost)	1	39,5	1.062 €
kommunaler öffentlicher Dienst (TVöD) (Stand: 2005)	West	1, 2 oder 3	38,5	1.286 – 1.575 €[5]
	Ost	1, 2 oder 3	40	1.209 – 1.481 €[6]

[1] keine oder geringe fachliche Kenntnisse
[2] erhöhte Belastungen oder erschwerte Bedingungen; nach sechs Monaten Gruppe 1 im gleichen Betrieb
[3] ohne Berücksichtigung der Wartezeiten für neu eingestellte AN und übernommene Ausgebildete
[4] ohne Berücksichtigung der Wartezeiten für neu eingestellte AN und übernommene Ausgebildete
[5] jeweils niedrigste Entwicklungsstufe; in höheren Entwicklungsstufen bis zu ca. 400 € höher
[6] jeweils niedrigste Entwicklungsstufe; in höheren Entwicklungsstufen bis zu ca. 400 € höher

*Abb. 4.2
Grundvergütung einer Küchenhilfe in verschiedenen Tarifbereichen und Regionen (Stand: 17.07.2007) (Quellen: Wirtschafts- und Sozialwissenschaftliches Institut in der Hans-Böckler-Stiftung 2007 sowie TVöD 2005)*

§ 613a Bürgerliches Gesetzbuch (BGB) erschwert eine sofortige Senkung der Entgelte für die Arbeitnehmer. Dies wird ausführlich in Kapitel 4.3 erläutert.

4.1.2 Überzeugungskraft von Cateringunternehmen

Große Cateringunternehmen sind multinationale Konzerne, die eine Expansion ihres Geschäftsfeldes anstreben. Die von der Zeitschrift gv-praxis regelmäßig erstellte Marktanalyse der Cateringbranche (Kabel/Schmid 2007, S. 16 – 41) weist die Umsatzsteigerung im Vergleich zum Vorjahr explizit als Erfolgskriterium der einzelnen Cateringunternehmen aus.

Umsatzsteigerungen sind für Cateringunternehmen derzeit nicht über höhere Preise, sondern durch Neuverträge (neu zu bewirtschaftende Objekte) zu erreichen. Neuverträge können entweder von der Konkurrenz abgeworben oder als *echtes*

Kostenarten	Betrag für das Jahr 2000	Anteil in %	Beeinflussung der Kostenart durch
Entgelt für geleistete Arbeitszeit	15.236 €	61,1 %	Tarifvertrag
Sonderzahlungen (Urlaubsgeld, Weihnachtsgeld, Prämien, Leistungen zur Vermögensbildung)	858 €	3,4 %	Tarifvertrag
Urlaubsvergütung	1.813 €	7,3 %	Tarifvertrag (Mindesturlaub: Gesetzgeber)
Lohnfortzahlung bei Krankheit	557 €	2,2 %	Gesetzgeber
Vergütung an Feiertagen und sonstigen gesetzlichen Ausfalltagen	689 €	2,8 %	Gesetzgeber
Vergütung an sonstigen arbeitsfreien Tagen	31 €	0,1 %	Tarifvertrag
Arbeitgeberpflichtbeiträge zur Sozialversicherung	4.022 €	16,1 %	Gesetzgeber
Aufwendungen zur betrieblichen Altersversorgung	193 €	0,8 %	Tarifvertrag
Entlassungsentschädigungen, Kurzarbeitergeld	66 €	0,3 %	Betrieb
Aufwendungen für die berufliche Bildung	1.076 €	4,3 %	Betrieb
Sonstige Personalnebenkosten	375 €	1,5 %	-
Arbeitskosten insgesamt	24.916 €	100 %	-

Abb. 4.3
Struktur der Arbeitskosten je vollzeitbeschäftigtem Arbeitnehmer im Gastgewerbe 2000 (Statistisches Bundesamt 2003)

Neugeschäft von der Eigenregie übernommen werden. Kabel/ Schmid (2007, S. 23) berichten beispielsweise für das Jahr 2006 von *kaum echtem Neugeschäft* und *heftigem [...] Verdrängungswettbewerb*, der Zuschläge meist nur zu relativ ungünstigen Konditionen zulässt. Cateringunternehmen sind aus wirtschaftlichen Gründen besonders an Neugeschäften, also an Übernahmen aus eigenbewirtschafteten Küchen interessiert. Hierzu unterhalten sie Marketingabteilungen, die Argumentationshilfen für den Wechsel zur Fremdbewirtschaftung erarbeiten. Eigenbewirtschaftende Küchen können in vielen Fällen mit der Überzeugungskraft dieser Hochglanzprospekte nicht mithalten.

4.2 Formen der Bewirtschaftung

Im Folgenden werden die einzelnen Bewirtschaftungsformen erläutert. Die in Abbildung 4.4 dargestellte Zuordnung der Gebäude, Geräte, Betriebsmittel, des Personals sowie der Lebensmittel zu eigen (Eigentum des Betreibers) und fremd (an-

Bewirtschaf-tungsform	Ge-bäude	Geräte	Be-triebs-mittel	Manage-mentper-sonal	Ausfüh-rungsper-sonal Zuberei-tung	Ausgabe-personal	Lebens-mittel
Eigenregie	eigen	eigen	eigen	eigen	eigen	eigen	eigen
Fremdmanagement	eigen	eigen	eigen	fremd	eigen	eigen	eigen
Service-GmbH	eigen	eigen	eigen	fremd	fremd	fremd	fremd
Service-Verein	eigen	eigen	eigen	fremd	fremd	fremd	fremd
Catering	eigen	eigen	eigen	fremd	fremd	fremd	fremd
Fernverpflegung	fremd	fremd	fremd	fremd	fremd	fremd	fremd
Pacht	eigen	eigen	eigen	fremd	fremd	fremd	fremd

Abb. 4.4
Varianten der Bewirt-schaftung einer Gemein-schaftsverpflegungsein-richtung

deres Eigentum als das des Betreibers) bezeichnen die häu-figsten Zuordnungen. Es sind auch weitere Varianten in der Praxis üblich.

Als Betreiber wird jene Institution bezeichnet, in der eine Gruppe von Menschen verpflegt werden soll (z. B. das Kran-kenhaus, das Pflegeheim, die Schule). Bewirtschafter ist die Institution, die die Aktivitäten in Verbindung mit der Verpfle-gung ausführt (z. B. Lebensmittel einkaufen, Speisen zuberei-ten und ausgeben).

4.2.1 Eigenregie

Bei Eigenregie werden sämtliche für die Leistungserstellung notwendigen Faktoren vom Betreiber bereitgestellt: die Küche selbst, die Geräte, sämtliches Personal und die notwendigen Lebensmittel.

Diese Bewirtschaftungsform ermöglicht kürzeste Kommuni-kationswege und einfache Abstimmungsverfahren. Insbeson-dere wohlfahrtsorientierte Betriebe bevorzugen diese Form der Bewirtschaftung, weil sie mit eigenem Personal sicherstel-len wollen, dass stets im Interesse des Verpflegungsteilneh-mers gehandelt wird. Falls beispielsweise ein schwerkranker Bewohner zu ungewohnter Zeit einen ungewohnten Essens-wunsch hat, kann eine solche Anweisung viel leichter (und oh-ne erhebliche Mehrkosten) an eigenes Personal weitergege-ben werden als das bei einem Fremddienstleister der Fall ist.

Unter den Verpflegungsteilnehmern genießt die Eigenregie zumeist das höchste Ansehen, da die organisatorische Ver -

knüpfung mit dem Betreiber vertrauenserweckend ist. In der Betriebsverpflegung ist diese Form der Bewirtschaftung beliebt, da die Verpflegungsteilnehmer sozusagen von Kollegen bewirtet werden.

Für das Küchenpersonal bringt die Eigenregie Vorteile und Nachteile. Der Vorteil kann in der Bindung an den Tarif des Betreibers, also zumeist relativ hohen Löhnen und Gehältern liegen. Der Nachteil liegt in den eingeschränkten Entwick-lungsmöglichkeiten. Eigenregiebetriebene Küchen sind zumeist kleine Einheiten, in denen die Aufstiegschancen be-grenzt sind.

Aus Sicht der Cateringunternehmen wird häufig argumentiert, dass das Managementwissen in eigenregiebetriebenen Küchen nicht ausreichend sei. Mangelhaftes Managementwissen ist jedoch bewirtschaftungsunabhängig.

Aus Kostengesichtspunkten weist die Eigenregie Vorteile und Nachteile auf. Der Vorteil liegt darin, dass keine Umsatzsteuer zwischen dem Bewirtschafter und dem Betreiber anfällt. Außerdem entfallen bei der Eigenregie die Gewinnanteile eines Fremddienstleisters. Ökonomischer Nachteil der Eigenregie kann die Tarifbindung an den Tarifvertrag des Betreibers sein. Wenn es sich um eine öffentliche Einrichtung handelt, kann der Kostenunterschied aufgrund der Tarifbindung erheblich sein.

4.2.2 Fremdmanagement

Beim Fremdmanagement übernimmt ein externer Unternehmensberater das Management einer Küche. Der Unterneh-mensberater übernimmt die Aufgabe im Rahmen eines Mana-gementvertrags. Er ist gegenüber den Ausführungskräften in der Küche weisungsbefugt. Da er zumeist mehrere Küchen gleichzeitig managt und auch in der Vergangenheit viele verschiedene Küchen gemanagt hat, verfügt ein erfahrener Fremdmanager über umfassende Erfahrungen in der Führung von Küchen. Er kann Kennzahlen der verschiedenen Küchen leicht vergleichen und *best practice* Erfahrungen weitergeben.

Da der Fremdmanager von außen in den Gemeinschaftsver-pflegungsbetrieb kommt und in der Regel die Aufgabe hat, Veränderungsprozesse anzustoßen, ist mit Widerständen beim Ausführungspersonal zu rechnen. Für die bisherige Küchenlei-tung bedeutet die Anheuerung eines Fremdmanagers eine Demontage. Die Empfehlung, Fremdmanager bei unfähiger Küchenleitung einzusetzen, wird auch offen ausgesprochen.

Ökonomisch gesehen bringt der Fremdmanager Kostenerhöhung und Aussicht auf Kostenersparnis. Die Kostenerhöhung entsteht dadurch, dass das Managemententgelt des Fremdmanagers zumeist wesentlich höher ist als das bisherige Entgelt der Küchenleitung. Kostenersparnis kann sich durch die Veränderungsprozesse ergeben, die der Fremdmanager anstößt und installiert.

Fremdmanagement ist eine sehr flexible Bewirtschaftungsform: eine Rückkehr zur Eigenregie ist ohne großen Aufwand möglich.

4.2.3 Service-GmbH

Eine Service-GmbH (GmbH steht für Gesellschaft mit beschränkter Haftung) als Bewirtschaftungsform von Gemein-schaftsverpflegungseinrichtungen ist derzeit hoch im Trend.

Rechtlich gesehen ist eine Service-GmbH ein eigenständiges Unternehmen, das von den Gesellschaftern (meist juristischen Personen) neu gegründet wird. Die Gesellschafter sind zumeist auch die Kapitalgeber. Verschiedene Varianten in der Zusammensetzung der Gesellschafter sind möglich (vgl. Abbildung 4.5). Zum einen kann der Betreiber (z. B. das Krankenhaus) Alleingesellschafter der GmbH sein. Die GmbH ist dann eine 100 %ige Tochtergesellschaft des Betreibers. Außerdem sind Joint Ventures mit Cateringunternehmen möglich. Das Cateringunternehmen bringt dann Kapital und Know How mit in die Gründung der Service-GmbH und fungiert somit in der Rolle eines Unternehmensberaters und/oder Kreditgebers.

Solange der Betreiber (z. B. das Krankenhaus) mindestens 51 % der Gesellschaftsanteile hält, kann er die operativen, taktischen und strategischen Ziele der GmbH in ähnlicher Weise selbst bestimmen, wie das bei der Eigenregie der Fall ist. Außerdem wird mit diesem Konstrukt eine umsatzsteuerliche Organschaft ermöglicht: Für Umsätze zwischen der Service-GmbH und dem Betreiber fällt dann keine Umsatzsteuer an. Dies ist ein deutlicher Kostenvorteil gegenüber der Bewirtschaftungsform Catering. Voraussetzung für die Organschaft ist eine finanzielle, wirtschaftliche und organisatorische Ein-gliederung des Tochterunternehmens in das Mutterunterneh-men (§ 2, Abs. 2 Umsatzsteuergesetz (UStG)).

*Abb. 4.5
Gründung einer
Service-GmbH*

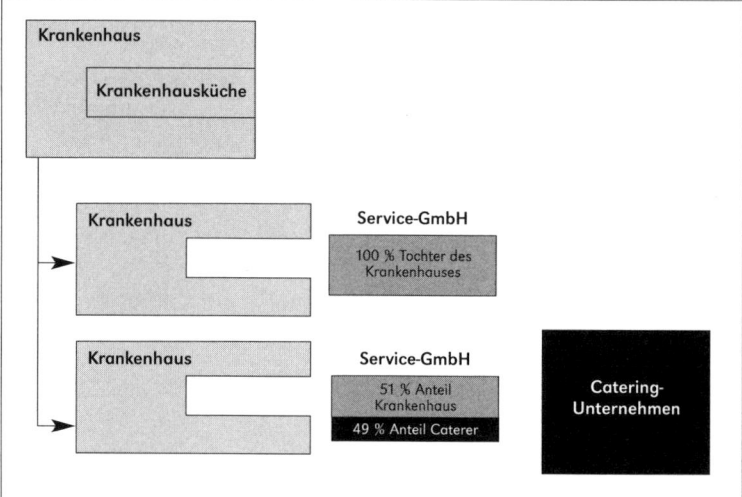

Ein weiterer Kostenvorteil der Service-GmbH liegt in der Wahl des Tarifs, der nicht der gleiche Tarif sein muss wie der des Betreibers. Vor allem Betreiber, die nach öffentlichem Tarif bezahlen, können hier erhebliche Kostenvorteile gegenüber der Eigenregie erreichen. Allerdings sind die Schutzvorschriften nach § 613a BGB zu beachten.

Ein weiterer Vorteil der Rechtsform GmbH liegt in der Haftungsbeschränkung auf das GmbH-Vermögen. Allerdings ist die Möglichkeit der Durchgriffshaftung (persönliche und unbeschränkte Haftung des Gesellschafters) von einem Juristen zu prüfen.

Des Weiteren bietet die Rechtsform GmbH die Möglichkeit, das Geschäftsfeld zu erweitern auf Aufträge von außen (z. B. zusätzliche Verpflegungsteilnehmer als Gäste oder Partyservice). Solche Außenaufträge müssen dann jedoch regulär besteuert werden. Falls Gemeinnützigkeit angestrebt ist, gelten auch Grenzen für den erlaubten Umfang der Außengeschäfte.

4.2.4 Service-Verein

Ein Service-Verein ist eine rechtlich eigenständige Rechtsperson. Sie wird vor allem in der Schul- oder Kindertagesstättenverpflegung angewandt. Zumeist wird der Verein als Elterninitiative neu gegründet mit dem Ziel, die rechtliche Trägerschaft für die Verpflegung der Kinder zu übernehmen. Beim

eingetragenen Service-Verein ist die Haftung noch mehr beschränkt als das bei der GmbH der Fall ist. Während bei der
GmbH ein bestimmtes Mindestvermögen zur Gründung vorhanden sein muss, gelten solche Regeln beim Service-Verein
nicht. Das erleichtert die Vereinsgründung, erhöht jedoch das
finanzielle Risiko für die Geschäftspartner des eingetragenen
Service-Vereins, da es ja kein oder nur geringes Haftungsver -
mögen gibt. Bei nicht-eingetragenen Vereinen haften die handelnden Personen selbst. Die Eintragung des Vereins ins Ver-
einsregister des Amtsgerichts ist deshalb zur Entlastung der
einzelnen handelnden Personen ratsam.

Ein Verein ist im Gegensatz zur Service-GmbH mehr perso-
nenabhängig, da zumeist natürliche Personen die Vereinsmit-
glieder sind. Durch Wechsel der Personen (z. B. wenn die
Kinder der im Verein engagierten Eltern nicht mehr diese
Schule besuchen) können sich leicht Verschiebungen in der
Zielorientierung des Service-Vereins ergeben. Insofern ist ein
Service-Verein nicht so langfristig angelegt wie eine Service-
GmbH.

Ansonsten ist die Betriebsführung eines Service-Vereins
ähnlich der einer Service-GmbH. Eine umsatzsteuerliche Organschaft kommt beim Service-Verein jedoch nicht in Frage.
Die Umsätze unterliegen der Umsatzsteuerpflicht (sofern keine Befreiung aus anderem Grunde vorliegt).

4.2.5 Catering

Catering ist eine Bewirtschaftungsform, bei der ein Catering-
unternehmen die Küche des Auftraggebers auf Rechnung des
Auftraggebers bewirtschaftet. Der Caterer stellt hierzu das
Personal und kauft die notwendigen Lebensmittel ein. Der
Caterer übernimmt die Verantwortung und das Risiko für die
Küchenbewirtschaftung.

Unter Kostengesichtspunkten bringt das Catering Vor- und
Nachteile. Der Vorteil liegt in der Unabhängigkeit vom Tarifvertrag des Betreibers. Der Caterer bezahlt zumeist NGG-Tarif
(*Nahrung-Genuss-Gaststätten*) oder Löhne, die sich an den
NGG-Tarif anlehnen. Das macht eine wesentliche Ersparnis
gegenüber dem öffentlichen Tarif aus. Allerdings sind die Regelungen des § 613a BGB zu beachten. Außerdem werben die
Caterer damit, dass sie Lebensmittel günstiger einkaufen können als eigenregiegeführte Küchen. Falls eine eigenregiege-

führte Küche nicht Mitglied einer Einkaufskooperation ist, kann dieses Argument zutreffend sein: Caterer haben nicht nur auf dem Bewirtschaftungsmarkt, sondern auch auf dem Lebensmittelmarkt eine relativ große Marktmacht.

Kostenmäßige Nachteile des Caterings ergeben sich aus steuerlichen Gründen und aufgrund der Gewinnspanne des Caterers.

Steuerliche Nachteile ergeben sich vor allem bei der Mitarbeiterverpflegung. Bei Catering handelt es sich um ein Reihengeschäft in der Betriebsverpflegung, für das die Bindung an die Sachbezugs-Verordnung nicht gilt und deshalb höhere Umsatzsteuern zu zahlen sind. Näheres dazu ist in Kapitel 4.3.2 erläutert.

Die Gewinnspanne des Caterers ist eine weitere Kostenposition, die bei der ökonomischen Bewertung dieser Bewirtschaftungsform zu berücksichtigen ist. Der Caterer ist ein gewinnorientiertes Unternehmen. Er handelt gewinnorientiert, auch wenn der Betreiber wohlfahrtsorientiert ist. Die Gewinnspanne des Caterers (etwa 0,50 €/Essen; Quelle: Bober 1995, S. 28) muss vom Verpflegungsteilnehmer oder vom Subventionsgeber aufgebracht werden.

In manchen Fällen investiert der Caterer auch in die Geräte der Küche, übernimmt also zusätzlich die Funktion eines Kreditgebers. Dies führt zu einer langfristigeren Bindung zwischen Betreiber und Bewirtschafter.

Für das Küchenpersonal bringt die Bewirtschaftungsform Catering Vorteile und Nachteile. Der Vorteil liegt in der Einbindung in ein professionelles Verpflegungsunternehmen, das (theoretisch) Fortbildungsmöglichkeiten und Aufstiegschancen bietet. Der Wechsel zwischen verschiedenen Küchen (die jeweils vom gleichen Caterer bewirtschaftet werden) ist leicht möglich: Dadurch können die Erfahrungen wesentlich erweitert werden. In manchen Cateringunternehmen gehört es zur Unternehmensstrategie, das Führungspersonal der zu bewirtschaftenden Küchen regelmäßig rotieren zu lassen. Der Nachteil für das Personal liegt in der vergleichsweise geringen Bezahlung. Der Lohnunterschied zur Eigenregie kann dazu führen, dass qualifiziertes Personal in die Eigenregie abgeworben wird.

Abrechnungstechnisch bringt die Bewirtschaftungsform Catering ebenfalls Vorteile und Nachteile mit sich. Vorteil von

Catering ist die Kosten- und Erlösrechnung, die der Caterer monatlich oder zweimonatlich vorlegt. Der Betreiber erhält damit zeitnahe und transparente Informationen. Allerdings, und das ist der Nachteil, ist die Überprüfung der Kosten- und Erlösrechnung seitens des Betreibers schwierig. Besonders für Betreiber mit geringen Kenntnissen im Verpflegungsbereich ist es schwierig zu prüfen: Sind die Lebensmittelverbräuche realistisch? Wurden bei den Lebensmittelkosten auch jährlich gewährte Rabatte und Boni berücksichtigt? Ist der Personalbestand realistisch angesetzt? Für die Überprüfung solcher Fragen, also letztlich für die Kontrolle des Caterers ist eine Fachkraft aus der Gemeinschaftsverpflegung notwendig. Die Kostenvorteile der Bewirtschaftungsform Catering können schnell dahinschmelzen, wenn man den Kontrollaufwand mit berücksichtigt.

4.2.6 Fernverpflegung

Fernverpflegung als Bewirtschaftungsform bedeutet, dass die Speisenproduktion an eine entfernte Küche eines Dienstleisters verlagert wird. Durch eine solche Zentralisierung kann die Speisenproduktion effizienter gestaltet werden. Allerdings geht durch die Zentralisierung die Nähe zum Verpflegungsteilnehmer verloren. Eine Individualisierung der Leistung kann nur mit erheblichem Kommunikationsaufwand erreicht werden.

Fernverpflegung kann in verschiedenen Varianten realisiert werden: mit warmgehaltenen Speisen oder mit gekühlten oder mit tiefgekühlten Speisen.

a) Fernverpflegung mit warmgehaltenen Speisen
   Bei einer Fernverpflegung mit warmgehaltenen Speisen wird das Küchensystem Zentralküche und Verteilerküche realisiert. Die Speisen werden in der Zentralküche des Dienstleisters zubereitet und in die Verteilerküche des Betreibers transportiert. Dort werden die Speisen nur noch ausgegeben. Das kann vom Personal des Betreibers oder vom Personal des Dienstleisters übernommen werden.
   Bei warmem Transport der Speisen von der Zentralküche zur Verteilerküche erleiden die Speisen erhebliche Qualitätsverluste, sofern die Warmhaltezeiten nicht minimiert sind.

b) Fernverpflegung mit gekühlten oder tiefgekühlten Speisen
Wenn die Fernverpflegung mit warmgehaltenen Speisen zu zu großen Qualitätsverlusten führt, wird eine zwischenzeitliche Kühlung der Speisen realisiert. Die Speisen werden dann nach der Zubereitung in der Zentralküche des Dienstleisters gekühlt, gekühlt und pasteurisiert oder tiefgekühlt. Dadurch werden Speisenzubereitung und Speisenausgabe zeitlich, thermisch und räumlich entkoppelt. Der Verderb der Speisen wird erheblich verlangsamt. Die Zubereitung von tiefgekühlten Speisen kann mit erheblichem zeitlichem Vorsprung erfolgen. Dadurch wird sogar eine industrielle Fertigung der Speisen ermöglicht, die dann als Tiefkühl-Menükomponenten zum Betreiber angeliefert werden. In diesem Fall ist eine Regenerierung (Erwärmung) der Speisen vor Ort in einer Aufbereitungsküche notwendig. Die Aufbereitungsküche kann vom Betreiber oder vom Dienstleister bewirtschaftet werden.

Auf die qualitative Bewertung solcher Verfahren wird in Kapitel 3.3 (Küchensystem) eingegangen.

4.2.7 Pacht

Pacht ist im Bürgerlichen Gesetzbuch geregelt. Verpächter ist der Betreiber, der dem Pächter den verpachteten Gegenstand (die Gemeinschaftsverpflegungseinrichtung) überlässt und den Genuss der Früchte gewährt. Pächter ist der Bewirtschafter, der dem Verpächter die vereinbarte Pacht zu entrichten hat. Die Pacht kann je nach Einrichtung niedrig ausfallen oder der Pächter bekommt sogar einen Zuschuss für die Bewirtschaftung (negative Pacht). Die Küche bleibt bei dieser Form Eigentum des Betreibers. Investitionen in Geräte übernimmt in manchen Fällen auch der Pächter. In diesem Fall ist die Ablöse der Investitionen nach Beendigung des Pachtverhältnisses zu vereinbaren. Die Bewirtschaftung der Küche ist (und das ist der Unterschied zur Bewirtschaftungsform Catering) auf Gefahr und Rechnung des Pächters.

Diese Bewirtschaftungsform steht und fällt mit der Gewinnerzielungsabsicht des Pächters, der meist eine natürliche Person ist. Ähnlich wie in der Gastronomie wird der Pächter alles daran setzen, seine (zahlungskräftigen) Kunden zufriedenzustellen. Ob die Gewinnerzielungsabsicht des Pächters mit der

Wohlfahrtsorientierung des Betreibers vereinbar ist, hängt sicher von der Zielorientierung des Betreibers ab. Beispielsweise könnte es Zielkonflikte in der Schulverpflegung geben. Für einen Pächter ist es sicher betriebswirtschaftlich günstig, Süßigkeiten en masse anzubieten. Ein wohlfahrtsorientierter Betreiber wird daran interessiert sein, dass solche Produkte nicht angeboten werden. Die Vereinbarung zu diesem Zielkonflikt ist im Pachtvertrag ausführlich zu dokumentieren.

Abgesehen von solchen Zielkonflikten ist die Bewirtschaftungsform Pacht für den Betreiber relativ unproblematisch. (Ökonomische) Kontrollen des Pächters sind nicht notwendig. Der Pächter kann frei wählen, welchen Tarif er anwendet. In vielen Fällen werden die Personalkosten des Pächters niedriger sein als die des Betreibers. Bei der Überführung in die Bewirtschaftungsform Pacht ist jedoch § 613a BGB zu beachten.

Als Nachteil der Bewirtschaftungsform Pacht wird in der Literatur (Bober 1995, S. 17) die Abhängigkeit von der natürlichen Person Pächter beschrieben. Wenn der Pächter betriebswirtschaftlich nicht genug geschult oder über längere Zeit arbeitsunfähig ist, leiden der Betreiber bzw. seine Tischgäste, denn es gibt zumeist keinen Springer, der ersatzweise eingesetzt werden kann. Dies gilt jedoch nur für Pächter mit sehr kleinem Personalbestand. Wenn große Cateringunternehmen als Pächter gewählt werden, greift dieser Nachteil nicht.

4.3 Probleme bei der Fremdvergabe

In Verbindung mit einer Fremdvergabe der Küchenbewirtschaftung treten vor allem personalrechtliche und steuerrechtliche Probleme auf. Diese werden im Folgenden erläutert.

4.3.1 Personalrechtliche Probleme

Der Gesetzgeber hat zum Schutz von Arbeitnehmerinnen und Arbeitnehmern, deren Betrieb von einem auf einen andern Inhaber übergeht, Schutzvorschriften erlassen. Dies ist im § 613a Bürgerliches Gesetzbuch geregelt. Im Wesentlichen sagt die Regelung, dass im Falle eines Betriebsübergangs

- alle Arbeitsverhältnisse mit allen Rechten und Pflichten auf den neuen Betriebsinhaber übergehen,

- Kündigungen anlässlich des Betriebsübergangs unwirksam sind,
- der Arbeitsvertrag innerhalb eines Jahres nicht zum Nachteil der Arbeitnehmerin oder des Arbeitnehmers geändert werden darf (Ausnahme: wenn der alte und der neue Betriebsinhaber tarifvertraglich gebunden sind, der Tarifvertrag des neuen Betriebsinhabers jedoch ungünstiger für den Arbeitnehmer ist, vgl. Abbildung 4.6).

Der ausführliche Gesetzestext ist im Bürgerlichen Gesetzbuch nachzulesen.

Fall	Alter Arbeitgeber	Neuer Arbeitgeber	Folgen
Fall 1	nicht tariflich gebunden	nicht tariflich gebunden	Arbeitsvertrag mit dem neuen Arbeitgeber gemäß den Konditionen des alten Arbeitgebers
Fall 2	tariflich gebunden	nicht tariflich gebunden	
Fall 3	tariflich gebunden	tariflich gebunden	Arbeitsvertrag mit dem neuen Arbeitgeber entsprechend den Konditionen des Tarifvertrages des neuen Arbeitgebers

Abb. 4.6
Fälle des Betriebs-übergangs nach § 613a in Bezug auf die Tarif-bindung

Diese Regelung ist prinzipiell beruhigend für alle Arbeitnehmerinnen und Arbeitnehmer in Küchen, über deren Fremdvergabe diskutiert wird. Sie ist aber auch fatal für Dienstleistungsbetriebe, die sich für die Bewirtschaftung einer Küche interessieren, denn mit der Übernahme eines Bewirtschaftungsvertrags ist dann auch gleich die Übernahme einer Reihe von bestehenden Arbeitsverhältnissen verbunden. Im Extremfall kann der Dienstleister dann Anzahl und Qualifikationsniveau seines Personals nicht selbst bestimmen, sondern muss alle Mitarbeiterinnen und Mitarbeiter des Betreibers übernehmen.

Deshalb ist es in der Praxis eine der wichtigsten Fragen, ob bei einer bestimmten Konstellation der Fremdvergabe tatsächlich der Tatbestand eines Betriebsübergangs vorliegt, also ob § 613a anzuwenden ist. Die Antwort auf diese Frage ist leider enttäuschend unscharf: Es gibt verschiedene Rechtsauffassungen darüber, wann ein Betriebsübergang vorliegt. Es kommt immer auf den Ausgang eines einzelnen Gerichtsverfahrens an. Und man weiß nicht, wie die Richter in einem Einzelfall entscheiden werden.

- 1992 entschied der Europäische Gerichtshof (*Christel Schmidt*-Urteil vom 14.04.1994, Rs C-392/92), dass allein die unveränderte Funktionsnachfolge (also ohne Übernahme von Betriebsmitteln oder der Belegschaft) bereits einen Betriebsübergang darstellen kann (Loscher 2006).

- 1997 entschied der Europäische Gerichtshof (*Ayse Süzen*-Urteil vom 11.03.1997; Rs C-13/95), dass ein Betriebsübergang nur dann vorliegt, wenn eine wirtschaftliche Einheit in ihrer Identität übergeht. Eine reine Funktionsnachfolge ist nach diesem Urteil kein Betriebsübergang (Abteilung Presse und Information des Europäischen Gerichtshofs 1997). Indizien für den Übergang einer wirtschaftlichen Einheit sind der Übergang von Betriebsmitteln (Gebäude, bewegliche Güter, immaterielle Güter), die Übernahme der Hauptbelegschaft, die Übernahme der Arbeitsorganisation, die Übernahme der Führungskräfte sowie die Übernahme der Kundschaft. Diese Indizien werden in eine Gesamtbewertung einbezogen.

- 2003 entschied der Europäische Gerichtshof (*Carlito Abler*-Urteil vom 20.11.2003; Rs C-340-01), dass bei der Frage nach dem Vorliegen eines Betriebsübergangs unterschieden werden muss zwischen betriebsmittelgeprägten und betriebsmittelarmen Dienstleistungen (Universität zu Köln, Rechtswissenschaftliche Fakultät 2006; Bergmann 2005) (vgl. Abbildung 4.7). Betriebsmittelgeprägte Dienstleistungen sind solche, bei denen materielle und immaterielle Betriebsmittel unverzichtbar und wesentlich sind für die Art der Tätigkeit und des Betriebs. Als Beispiele für betriebsmittelgeprägte Dienstleistungen nennt Bergmann (2005) Speisenproduktion (hier steht nach juristischer Auffassung der Einsatz des Kücheninventars im Vordergrund) und Gartenpflege umfangreicherer Art (re - gelmäßiger Einsatz von Maschinen). Bei diesen Dienstleistungen liegt ein Betriebsübergang nur dann vor, wenn auch diese wesentlichen, unverzichtbaren Betriebsmittel übergehen. Dies gilt nicht nur bei Eigentumsübergang dieser Betriebsmittel, sondern es reicht bereits aus, wenn die Nutzungsmöglichkeit dieser Betriebsmittel übertragen

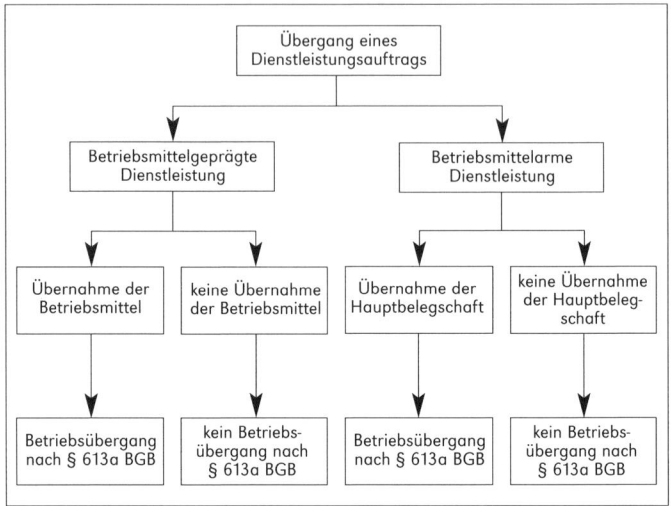

wird (z. B. bei Wechsel des Caterers oder Pächters). Bei betriebsmittelarmen Dienstleistungen spielen die Betriebsmittel nur eine untergeordnete Rolle. Als Beispiele dafür nennt Bergmann (2005) Gebäudereinigung (ohne Reinigungsmaschinen), Wachdienst in der Zentrale, Gartenpflege einfacherer Art, IT-Support. Bei diesen betriebsmittelarmen Dienstleistungen liegt ein Betriebsübergang nur dann vor, wenn auch die Hauptbelegschaft übernommen wurde. Das heißt, dass bei betriebsmittelarmen Dienstleistungen der Betriebsübergang mit der Konsequenz, alle Mitarbeiterinnen und Mitarbeiter übernehmen zu müssen, durch bewusste Nichtübernahme der Hauptbelegschaft verhindert werden kann. Bei betriebsmittelgeprägten Dienstleistungen gibt es eine solche Steuerungsmöglichkeit nicht.

4.3.2 Umsatzsteuerrechtliche Probleme

Die Bewirtschaftungsform von Gemeinschaftsverpflegungsbetrieben ist relevant für die zu bezahlende Umsatzsteuer. Zur Umsatzsteuer sind prinzipiell drei Fragen zu klären:

a) gibt es einen steuerbaren Umsatz, also liegt Umsatzsteuerpflicht vor? (Kapitel 4.3.2.1)
b) welcher Steuersatz ist anzuwenden? (Kapitel 4.3.2.2)

c) auf welche Bemessungsgrundlage ist der Steuersatz anzuwenden? (Kapitel 4.3.2.3)

4.3.2.1 Steuerbarer Umsatz

Zur Frage des steuerbaren Umsatzes ist zunächst die Wertschöpfungskette der Verpflegungsdienstleistung zu betrachten (vgl. Abbildung 4.8).

Abb. 4.8
Wertschöpfungskette
einer Verpflegungs-
dienstleistung

Ein Bewirtschafter erbringt Verpflegungsdienstleistungen für einen Betreiber, die dieser an den Verpflegungsteilnehmer abgibt.[8]

Umsätze entstehen also an zwei Stellen: von Bewirtschafter zum Betreiber und vom Betreiber zum Verpflegungsteilnehmer. Die Steuerpflicht des ersten Umsatzes (vom Bewirtschafter zum Betreiber) ist hinsichtlich der Steuerbarkeit und des Steuersatzes abhängig von der Bewirtschaftungsform. Die Steuerpflicht des zweiten Umsatzes (vom Betreiber zum Verpflegungsteilnehmer) ist hinsichtlich der Bemessungsgrundlage abhängig von der Bewirtschaftungsform. Die generelle Besteuerung sowie der Steuersatz sind jedoch bewirtschaftungsformunabhängige Fragen der Gemeinnützigkeit.

Dies wird im Folgenden erläutert.

Für die Steuerbarkeit des Umsatzes zwischen Bewirtschafter und Betreiber sind zwei Fälle zu unterscheiden: Eigenregie bzw. Organschaft und Fremdregie. Im Falle einer eigenregiegeführten Küche liegt kein steuerbarer Umsatz vor, denn die Verpflegungsdienstleistung wird nur innerbetrieblich weitergegeben (sogenannter Innenumsatz). Es fällt also keine Umsatzsteuer an. Das gleiche gilt für den Umsatz mit einer Service-GmbH, falls es sich um eine Tochtergesellschaft des Betreibers handelt. Falls die bewirtschaftende Service-GmbH (Toch-

---

[8] Generell umsatzsteuerbefreit sind gemeinnützige Betriebe wie öffentliche Krankenhäuser oder Pflegeheime eines freien Wohlfahrtsverbands, die Leistungen an Hilfsbedürftige abgeben. Allerdings hat die (positive) Befreiung von der Umsatzsteuer auch die (negative) Konsequenz, dass Vorsteuer nicht geltend gemacht werden kann. Ein umsatzsteuerbefreiter Betrieb kauft seine Waren also teurer ein als ein umsatzsteuerpflichtiger Betrieb. Vor- und Nachteile einer eventuellen Umsatzsteuerbefreiung sind sorgfältig abzuwägen.

terunternehmen) finanziell, wirtschaftlich und organisatorisch in das Mutterunternehmen eingegliedert ist (§ 2, Abs. 2 UStG), liegt eine sogenannte Organschaft vor. Im Falle einer Organschaft werden die Umsätze zwischen Tochterunternehmen und Mutterunternehmen behandelt wie Innenumsätze, also nicht besteuert. Das bedeutet, dass im Falle einer Organschaft die Leistungen einer Service-GmbH an das Mutterunternehmen nicht der Umsatzsteuer unterliegen. Dieser steuerliche Vorteil gegenüber anderen Bewirtschaftungsformen ist ein wesentlicher Grund, warum Service-GmbHs derzeit so weit verbreitet sind.

Im Falle der Fremdregie liegen prinzipiell steuerbare Umsätze vor.

4.3.2.2 Steuersatz

In Deutschland gibt es verschiedene Steuersätze für die Umsatzsteuer: den allgemeinen Steuersatz (seit 01.01.2007: 19 %) und den ermäßigten Steuersatz (seit 01.07.1983: 7 %). Der Unterschied zwischen den beiden Steuersätzen ist mit 12 Prozentpunkten sehr erheblich. Verständlicherweise suchen Betriebe nach Möglichkeiten, ihre Umsätze in den Geltungsbereich des ermäßigten Steuersatzes zu lenken. Der ermäßigte Steuersatz gilt nach UStG Anlage 2 für die meisten Lebensmittel (einschließlich Milch, Milcherzeugnisse und natürliches Leitungswasser). Nicht zu der Liste der dem ermäßigten Steuersatz unterliegenden Gegenstände zählen Getränke (außer Milch und natürliches Leitungswasser) sowie Speisen und Getränke zum Verzehr an Ort und Stelle (§3 (9) UStG).

Ein solcher Verzehr an Ort und Stelle (mit der Folge, dass dann 19 % Umsatzsteuer fällig werden) liegt nach §3 (9) UStG vor, wenn

- die Umstände der Abgabe dafür sprechen (also beispielsweise die Speisen nicht verpackt sind),
- ein räumlicher Zusammenhang zwischen Abgabeort und Verzehrsort besteht (also die Speisen und Getränke an dem Ort abgegeben werden, an dem auch der Verzehr stattfinden wird),
- besondere Vorrichtungen für den Verzehr an Ort und Stelle (also Verzehrstresen oder Tische und Stühle) bereitgehalten werden.

Seit 24.11.1999 gehen besondere Vorrichtungen zum Verzehr an Ort und Stelle auch dann in die Bewertung ein, wenn sie nicht vom Dienstleister (sondern vom Betreiber oder vom Gast) bereitgestellt werden. Es handelt sich laut Bundesministerium der Finanzen (1999) immer dann um Speisen und Getränke zum Verzehr an Ort und Stelle, wenn solche Vorrichtungen zum Verzehr an Ort und Stelle zur Verfügung stehen und wenn von dem leistenden Unternehmen ersichtlich Dienstleistungen im Darreichungsbereich (z. B. Ausgeben der Speise, Reinigen der Tische, Geschirrreinigung) ausgeführt werden.

Steuerbegünstigte Lieferung von Lebensmitteln ist also nur noch dann möglich, wenn der Bewirtschafter keine Dienstleistungen im Darreichungsbereich erbringt, also z. B. nicht an der Speisenausgabe oder an der Reinigung des Speiseraums oder des Geschirrs beteiligt ist. Dies kann am ehesten bei der Bewirtschaftungsform Fernverpflegung realisiert werden, wenn der Bewirtschafter die warmen oder kalten Speisen nur anliefert, aber keine weiteren Dienstleistungen erbringt.

Andere Varianten (Caterer liefert die Speisen in einem Essenwagen nur bis zur Küchentür oder Stationstür; die Verteilung an die Patienten übernimmt dann das Krankenhauspersonal oder eine andere Firma; generelle Teilung der Speisenproduktion und der damit verbundenen Dienstleistungen in verschiedene Unternehmen) werden teilweise von den Finanzbehörden noch akzeptiert, also dem ermäßigten Steuersatz zugeordnet. Die Rechtsauslegung kann sich in den nächsten Jahren aber verändern.

4.3.2.3 Bemessungsgrundlage für Umsatzsteuer

Die folgenden Ausführungen beziehen sich speziell auf die Besteuerung von Verpflegungsdienstleistungen, die in Betriebskantinen verbilligt abgegeben werden.

Die Besteuerung des Umsatzes in Betriebskantinen ist von der Art des Rechtsgeschäftes zwischen Dienstleister und Verpflegungsteilnehmer abhängig. Es werden die Varianten Direktgeschäft und Reihengeschäft unterschieden.

- Beim Direktgeschäft besteht ein Vertragsverhältnis zwischen dem Bewirtschafter und dem Gast. Das ist bei Eigenregie, Service-GmbH oder Pächter der Fall, solange er in eigenem Namen und auf eigene Rechnung handelt.

• Beim Reihengeschäft besteht kein Vertragsverhältnis zwischen dem Bewirtschafter und dem Verpflegungsteilneh - mer, sondern der Bewirtschafter gibt die Verpflegungs- dienstleistung nur im Auftrag des Betreibers an den Ver- pflegungsteilnehmer ab. Auch das Kassieren des Essens - preises übernimmt der Dienstleister beim Reihengeschäft nur im Auftrag des Betreibers, also nicht auf eigene Rech- nung. Reihengeschäfte liegen bei der Bewirtschaftungs- form Catering vor.

Bei Direktgeschäften gilt als Bemessungsgrundlage für die Umsatzsteuer der gezahlte Essenspreis, mindestens jedoch der amtliche Sachbezugswert. Der amtliche Sachbezugswert wird in zweijährigem Abstand vom Gesetzgeber festgelegt und gibt die Auffassung des Gesetzgebers wieder, wie viel eine Verpflegungsdienstleistung am Arbeitsplatz mindestens wert ist. Auch wenn die Verpflegung am Arbeitsplatz unentgeltlich abgegeben wird, ist mindestens der amtliche Sachbezugswert zu versteuern.

Abb. 4.9
Amtlicher Sachbezugs-
wert für einzelne Mahl-
zeiten 2007-2008 (So-
zialversicherungsentgelt-
verordnung 2006)

Mahlzeit	amtlicher Sachbezugswert 2007 – 2008
Frühstück	1,50 €
Mittagessen	2,67 €
Abendessen	2,67 €
Tagesverpflegung	6,83 €

Derzeit gilt folgende Regelung. Bei Direktgeschäften wird als Bemessungsgrundlage der bezahlte Essenspreis (plus ggf. Zuschüsse vom Auftraggeber), mindestens jedoch der amtli- che Sachbezugswert angesetzt. Das gilt bei den Bewirtschaf- tungsformen Eigenregie, Fremdmanagement, Service-GmbH, Service-Verein und Pacht. Abbildung 4.10 (linke Hälfte) zeigt, wie die zu bezahlende Umsatzsteuer mit steigendem Essens - preis zunächst konstant bleibt, dann jedoch ansteigt. Bei Di- rektgeschäft spielen die Kosten für die Festlegung der Um- satzsteuer keine Rolle. Sie sind in Abbildung 4.10 nur für den Vergleich mit dem Reihengeschäft ausgewiesen.

Bewirtschaftungs- form	Direktgeschäft (z. B. Eigenregie)		Reihengeschäft (z. B. Catering)	
Kosten pro Essen nach Kostenart und Bewirtschaftungsform				
Lebensmittel	1,70 €		1,70 €	
Personal	2,20 €		1,90 €	
direkte Betriebskosten	0,34 €		0,34 €	
Anlagekosten	1,50 €		1,50 €	
Cateringentgelt	- €		0,30 €	
Summe der Kosten (vor Steuer)	5,74 €		5,74 €	
zu bezahlende Umsatzsteuer nach Essenspreis und Bewirtschaftungsform				
Essenspreis	Bemessungs- grundlage	Umsatzsteuer	Bemessungs- grundlage	Umsatzsteuer
1,00 €	2,67 €	0,51 €	4,24 €	0,81 €
1,50 €	2,67 €	0,51 €	4,24 €	0,81 €
2,00 €	2,67 €	0,51 €	4,24 €	0,81 €
2,50 €	2,67 €	0,51 €	4,24 €	0,81 €
2,67 €	2,67 €	0,51 €	4,24 €	0,81 €
3,00 €	3,00 €	0,57 €	4,24 €	0,81 €
4,00 €	4,00 €	0,76 €	4,24 €	0,81 €

Abb. 4.10 Berechnung der Umsatzsteuer für Verpflegungsdienstleistungen einer Betriebskantine nach Bewirtschaftungsform und Essenspreis (Stand 2007 – 2008)

Bei Reihengeschäft (also bei der Bewirtschaftungsform Catering) gilt die Orientierung an dem Sachbezugswert nicht. Hier sind mindestens die entstandenen Kosten zu besteuern. Als Kostenarten werden derzeit von den Steuerbehörden der Wareneinsatz, die Personalkosten, die direkten Betriebskosten und das Cateringentgelt angesetzt. Lediglich die Kapital- und Anlagekosten werden nicht besteuert. Somit ist die zu bezahlende Umsatzsteuer bei Catering unabhängig vom Essens - preis. Lediglich die Summe der Kosten (ausschließlich Kapital- und Anlagekosten) bilden die Bemessungsgrundlage (vgl. Ab - bildung 4.10 rechte Seite).

Ein Vergleich der beiden Bewirtschaftungsformen zeigt, dass für Reihengeschäfte (also für Catering) immer höhere Umsatzsteuer anfällt als für Direktgeschäfte. Das gilt so lange der Essenspreis niedriger ist als die Summe der Kostenarten Lebensmittel, Personal, direkte Betriebskosten und Catering - entgelt.

Die Annahmen für die Kostenstruktur in Abbildung 4.10 sind so gewählt, dass die Summe der Kosten bei Direktgeschäft (z. B. Eigenregie) und bei Reihengeschäft (Catering) gleich hoch sind. Falls diese Annahme zutrifft, ist die Gesamtbelastung bei Catering höher, da hier höhere Umsatzsteuer abzuführen ist. Ein Kostenvergleich zwischen verschiedenen Bewirtschaftungsformen sollte also immer die zu bezahlende Steuer mit einbeziehen.

Cateringbetriebe bemängeln seit vielen Jahren die in Abbildung 4.10 dargestellte steuerliche Benachteiligung der Bewirtschaftungsform Catering. Sie streben an, ebenso wie die Eigenregie, Service-GmbH und Pacht in Anlehnung an den Sachbezugswert besteuert zu werden. Eine solche Änderung ist nach Ansicht der Verfasserin nicht zu erwarten. Falls es eine Angleichung der umsatzsteuerlichen Behandlung von Catering und Eigenregie geben wird, wird sie eher so aussehen, dass für Eigenregie genauso viel Umsatzsteuer bezahlt werden muss wie für Catering. Die letzte Gesetzesinitiative zur steuerlichen Gleichbehandlung von Direktgeschäft und Reihengeschäft fand 1998/99 im damaligen geplanten Steuerentlastungsgesetz unter Finanzminister Lafontaine statt. Das Gesetz sollte am 01.04.1999 rückwirkend zum 01.01.1999 inkrafttreten. Die wesentliche Änderung durch das geplante Gesetz betraf den Wegfall der Bindung der Bemessungsgrundlage für Leistungen an Arbeitnehmer an die Sachbezugsverordnung nach § 10 Abs. 4 UStG. Bemessungsgrundlage für verbilligte oder unentgeltliche Bereitstellung von Mahlzeiten vom Arbeitgeber an den Arbeitnehmer wäre dann nicht mehr der amtliche Sachbezugswert, sondern die Summe der tatsächlichen Kosten. Alles, was der Betrieb zur Erstellung der Leistung aufwendet, dürfte zur Berechnung der Umsatzsteuer berücksichtigt werden. Dazu gehörten neben Lebensmittelkosten auch Personalkosten, Raumkosten, Nebenkosten incl. Abschreibungen. Besonders Abschreibungen können die Kosten des Essens erheblich verteuern, wenn die Kantine in einem teuren Neubau betrieben wird. Schätzungen gehen von bis zu 10 – 15 € zu versteuerndem Wert pro Essen aus.

Diese Neuregelung hätte zwar eine steuerliche Gleichbehandlung von Catering und den anderen Bewirtschaftungsformen zur Folge, jedoch nicht so, wie es in der Branche gewünscht war. Denn nach der Neuregelung würden alle Rechtsformen genauso schlecht (bzw. noch schlechter) gestellt als das Catering heute. Die Bemessungsgrundlage für die Besteuerung würde erheblich steigen (Schmid 1999b, S. 12; Steinel/Knappe/Schade 2000, S. 37 ff.; Vasilescu 2005).

4.4 Entscheidungsverfahren bei Fremdvergabe

Falls ein Betreiber sich entschieden hat, die Bewirtschaftung seiner Verpflegungseinrichtung an einen fremden Dienstleister zu vergeben, sind folgende Aspekte zu berücksichtigen:

4.4.1 Leistungsbeschreibung

Eine Leistungsbeschreibung ist eine detaillierte Beschreibung der vom Dienstleister erwarteten Leistung. Da eine Verpflegungsdienstleistung an jedem Tag anders ist, gestaltet sich die Erstellung eines Leistungsverzeichnisses schwierig. Das Leistungsverzeichnis sollte einerseits allgemein genug sein, damit jegliche Speisen, Gerichte und Menüs angeboten werden können. Andererseits sollte das Leistungsverzeichnis so konkret sein, dass die Erfüllung der Forderung auch überprüft werden kann. Die derzeit in der Praxis eingesetzten Leistungsbeschreibungen verwenden oft Allgemeinformulierungen wie *Schmackhafte, abwechslungsreiche und regionaltypische Ernährung entsprechend den Empfehlungen der Deutschen Gesellschaft für Ernährung*. Solche Formulierungen sind zwar gut gemeint, sind aber für eine Überprüfung ungeeignet, weil die Anforderungen nicht konkret definiert und operationalisiert sind. Abbildung 4.11 stellt ungeeignete und geeignete Formulierungen für die Leistungsverzeichnisse von Verpflegungs - dienstleistungen gegenüber.

Es wird empfohlen, ein möglichst umfassendes Leistungs - verzeichnis mit allen relevanten Teilanforderungen (vgl. Kapitel 2.2.3) zu formulieren und jede einzelne Teilanforderung so zu formulieren, dass sie objektiv überprüfbar ist.

In Vorbereitung auf eine europaweite Ausschreibung ist die zu vergebende Leistung entsprechend dem *Gemeinsamen Vokabular für öffentliche Aufträge (CPV-Nr)* zu bezeichnen. Ab - bildung 4.12 zeigt einen Ausschnitt aus diesem Verzeichnis. Es wird deutlich, dass mit zunehmender Zahl der Codestellen die Leistung genauer spezifiziert wird.

Qualitätskriterium	Ungeeignete Formulierung	Geeignete Formulierung
ernährungsphysio-logische Qualität	Ernährung entsprechend den Empfehlungen der Deutschen Gesellschaft für Ernährung	Nachweis der Einhaltung der Empfehlungen für die Nährstoffzufuhr durch regelmäßige Nährwertberechnungen **oder** Nachweis der Einhaltung der Empfehlungen für die Nährstoffzufuhr durch sporadische Nährwertberechnungen **oder** Sicherstellung eines täglichen Angebots von fünf Portionen Obst und Gemüse (der Regel *Fünf am Tag*)
sensorische Qualität	schmackhaftes Essen	Aussehen, Geruch, Geschmack, Konsistenz und Temperatur der Speisen werden regelmäßig von einem Sensorikteam geprüft und mindestens mit Note *gut* bewertet
sozio-kulturelle Anforderungen	regionaltypische Kost	mindestens einmal wöchentlich wird eine regionaltypische Speise angeboten **oder** mindestens einmal jährlich wird eine Aktions-woche durchgeführt, in der ausschließlich regionaltypische Speisen angeboten werden
Abwechslung	abwechslungsreicher Speiseplan	Speiseplanwiederholrhythmus mindestens acht Wochen **oder** Hauptspeisen wiederholen sich frühestens nach drei Wochen; Beilagen wiederholen sich frühestens nach drei Tagen

Abb. 4.11
Ungeeignete und geeignete Formulierungen für die Leistungsverzeichnisse von Verpflegungsdienstleistungen (Beispiele)

4.4.2 Ausschreibung

Bei der Ausschreibung ist eine Reihe von rechtlichen Vorgaben zu beachten.

Öffentliche Auftraggeber müssen nach § 2 Vergabeverordnung VgV ab einem Schwellenwert von 211.000 € (oberste Bundesbehörden ab einem Schwellenwert von 137.000 €) folgende gesetzliche Regelungen einhalten:

- Gesetz gegen Wettbewerbsbeschränkungen (GWB),
- Verordnung über die Vergabe öffentlicher Aufträge (Vergabeverordnung – VgV) (es handelt sich um die Umsetzung der EG-Richtlinie 2004/18/EG),
- Verdingungsordnung für Leistungen (VOL).

CPV-Nr.	Bezeichnung in deutscher Sprache
55500000	Kantinen und Verpflegungsdienste
55510000	Dienstleistungen von Kantinen
55511000	Dienstleistungen von Kantinen und anderen nicht öffentlichen Cafeterien
55512000	Betrieb von Kantinen
55520000	Verpflegungsdienste
55521000	Verpflegungsdienste für Privathaushalte
55521100	Essen auf Rädern
55521200	Auslieferung von Mahlzeiten
55522000	Verpflegungsdienste für Transportunternehmen
55523000	Verpflegungsdienste für sonstige Unternehmen oder andere Einrichtungen
55523100	Auslieferung von Schulmahlzeiten
55524000	Verpflegungsdienste für Schulen

Abb. 4.12
Gemeinsames Vokabular
für öffentliche Aufträge
(Auszug) nach EG-Ver-
ordnung 2195/2002

Unterhalb dieses Schwellenwerts ist aufgrund des Haushaltsrechts der erste Abschnitt der Verdingungsordnung für Leistungen (VOL/A) anzuwenden.

Es werden nach § 3 VOL folgende Formen der Vergabe unterschieden:

- öffentliche Ausschreibung: eine unbeschränkte Zahl von Unternehmen wird zur Einreichung von Angeboten aufgefordert (bei europaweiter Ausschreibung heißt dieses Verfahren offenes Verfahren),
- beschränkte Ausschreibung: eine beschränkte Zahl von Unternehmen wird zur Einreichung von Angeboten aufgefordert (bei europaweiter Ausschreibung: nicht offenes Verfahren),
- freihändige Vergabe: Vergabe ohne förmliches Verfahren (bei europaweiter Ausschreibung: Verhandlungsverfahren oder Verhandlungsvergabe) (Einbeck 2007).

Die öffentliche Ausschreibung muss stattfinden, soweit nicht die Natur des Geschäfts oder besondere Umstände eine Ausnahme rechtfertigen. Bei der beschränkten Ausschreibung oder der freihändigen Vergabe kann es zweckmäßig sein, einen öffentlichen Teilnahmewettbewerb vorzuschalten.

Die Ausschreibung ist in Tageszeitungen, amtlichen Veröffentlichungsblättern oder Fachzeitschriften bekanntzumachen.

Amtliche Veröffentlichungsblätter im Internet versprechen ei - ne sehr weite Verbreitung. Die VOL/A schreibt hierzu vor, welche Angaben in der Bekanntmachung enthalten sein sollen. Das Standardformular für Bekanntmachungen im Supplement des Amtsblatts der Europäischen Union sieht vor, dass in der Bekanntmachung transparent gemacht wird, nach welchen Kriterien der Zuschlag erteilt wird (z. B. niedrigster Preis oder wirtschaftlichstes Angebot im Bezug auf konkret genannte Kriterien sowie deren Gewichtung, z. B. Preis 90 %, Warmhaltezeit 10 %).

4.4.3 Sichtung der Angebote

Nach der Ausschreibung gehen die Angebote der Bieter ein und müssen nun gesichtet werden. Bei der ersten Sichtung geht es darum, prinzipiell geeignete Angebote von prinzipiell ungeeigneten Angeboten zu unterscheiden. Prinzipiell ungeeignet sind solche Angebote, die Mindestkriterien nicht erfüllen. Neben den formalen Mindestkriterien

- rechtzeitiger Eingang,
- Vollständigkeit der Unterlagen,
- rechnerische Richtigkeit des Angebots,

können weitere inhaltliche Mindestkriterien formuliert werden, z. B.

- Mindestpreis, der als seriös angesehen wird,
- Nachweis einschlägiger Erfahrungen durch Referenzob - jekte,
- Erfüllung einzelner Qualitätskriterien in dem Musterspeiseplan.

Bei den Mindestkriterien muss beachtet werden, dass diese für Außenstehende objektiv nachvollziehbar sind. Das ist bei dem Kriterium *Nachweis einschlägiger Erfahrung* einfacher als bei dem Kriterium *seriöser Mindestpreis*. Um einer eventuellen Klage nicht berücksichtigter Bieter zu entgehen, ist zu em - pfehlen, die Mindestkriterien in einem Team zu beschließen und schriftlich zu begründen. § 25 (1) und (2) der VOL geben hierzu ausführliche Erläuterungen.

4.4.4 Auswahl des günstigsten Angebots

Nach der Sichtung der Angebote verbleiben zumeist mehrere geeignete Angebote. § 25 (3) der VOL gibt vor, dass der Zuschlag *auf das unter Berücksichtigung aller Umstände wirtschaftlichste Angebot zu erteilen* ist. Es wird sogar explizit geschrieben: *Der niedrigste Angebotspreis allein ist nicht entscheidend.* In der hauswirtschaftlichen Branche hält sich vehement das Vorurteil, dass bei einer Ausschreibung das billigste Angebot den Zuschlag erhalten muss. Diese Aussage ist definitiv falsch.

Die Auswahl des wirtschaftlichsten Angebots erfolgt wiederum in mehreren Schritten.

Schritt 1
Festlegung der Kriterien für das wirtschaftlichste Angebot:
Zunächst muss festgelegt werden, welche Kriterien für die Auswahl des wirtschaftlichsten Angebots herangezogen werden sollen. Es kommen nur eindeutig messbare Kriterien (z. B. Preis, Warmhaltezeit, Dauer des Speiseplanwiederholrhythmus, Anteil ökologisch erzeugter Lebensmittel usw.) in Frage, nicht jedoch schwammig formulierte Kriterien (z. B. Abwechslung im Speiseplan, Geschmack der Speisen) oder subjektive Merkmale (z. B. Überzeugungskraft des Bieters).

Schritt 2
Anschließend muss festgelegt werden, welches Gewicht die zuvor festgelegten Kriterien für die Gesamtbeurteilung des Angebots haben sollen. Üblich ist eine Gewichtung in Prozent (siehe Abbildung 4.13).

Kriterium	Gewicht
Preis	50 %
Warmhaltezeit	30 %
Dauer des Speiseplanwiederholrhythmus	20 %

Abb. 4.13 Gewichtung der Kriterien für die Bestimmung des wirtschaftlichsten Angebots (Beispiel)

Schritt 3
In einem nächsten Schritt wird für jedes Kriterium ein Bewertungsschema festgelegt, nach dem die einzelnen Angebote bewertet werden. Es können beispielsweise für jedes Kriterium bis zu zehn Bewertungspunkte vergeben werden (siehe Abbildung 4.14).

Kriterium	0 Punkte	2 Punkte	4 Punkte	6 Punkte	8 Punkte	10 Punkte
Preis	über 2,70	2,46 – 2,70 €	2,31 – 2,45 €	2,16 – 2,30 €	2,01 – 2,16 €	2,00 € oder weniger
Warmhaltezeit	über 150 Min.	121 – 150 Min.	91 – 120 Min.	61 – 90 Min.	31 – 60 Min.	30 Min. oder weniger
Dauer des Speiseplan-wiederholrhythmus	2 Wochen	4 Wochen	6 Wochen	8 Wochen	10 Wochen	12 Wochen

Abb. 4.14
Bewertung der Kriterien für die Bestimmung des wirtschaftlichsten Angebots (Beispiel)

Schritt 4

Nun können die einzelnen Angebote nach dem eben entwickelten Schema bewertet werden. Abbildung 4.15 zeigt beispielhaft eine solche Bewertung für drei verschiedene Angebote. Obwohl der Preis mit 50 % Gewichtung in die Gesamtbewertung eingeht, erhält das billigste Angebot (A) in diesem Beispiel die schlechteste Bewertung. Die beste Gesamtbewertung erhält Angebot C, obwohl hier der höchste Preis verlangt wird. Dazu tragen die besseren Bewertungen dieses Angebots bei den Qualitätskriterien bei. Demnach ist in diesem Beispiel dem Bieter von Angebot C der Zuschlag zu erteilen.

Kriterium	Angebot A		Angebot B		Angebot C	
	Angebot	Bewertung	Angebot	Bewertung	Angebot	Bewertung
Preis	2,05 €	8 Punkte	2,20 €	6 Punkte	2,25 €	6 Punkte
Warmhaltezeit	180 Min.	0 Punkte	120 Min.	4 Punkte	120 Min.	4 Punkte
Dauer des Speiseplan-wiederholrhythmus	4 Wochen	2 Punkte	4 Wochen	2 Punkte	8 Wochen	6 Punkte
Gewichtete Gesamtbewertung	4,4 Punkte		4,6 Punkte		5,4 Punkte	

Abb. 4.15
Ermittlung des wirtschaftlichsten Angebots (Beispiel)

5 Personalbedarf

Autorinnen:
Margot Steinel
Anja Müller

Einrichtungen der Gemeinschaftsverpflegung stehen nur wenige Kennzahlen zur Bestimmung des Bedarfs an Personal zur Verfügung. Die vorhandenen Personalkennzahlen sind veraltet und beziehen nur wenige Küchenmerkmale ein. Ein Beispiel sind die Personalkennzahlen nach Schwebel (1981a, 1981b, 1981c, 1981d) (vgl. Abbildung 5.2). Diese Kennzahlen sind mehr als 25 Jahre alt und berücksichtigen nicht den Fortschritt in der Küchentechnik oder den Einsatz von hochverarbeiteten Lebensmitteln (Convenienceprodukten). Außerdem wird der Personalbedarf lediglich in Abhängigkeit des Leistungsvolumens (Anzahl Verpflegungsteilnehmer) angegeben.

Aus diesem Grund setzten sich die Autorinnen im Rahmen eines Forschungsprojekts das Ziel, den Personalbestand in Einrichtungen der Gemeinschaftsverpflegung Deutschlands hinsichtlich verschiedenster Küchen- und Betriebsmerkmale zu untersuchen. Dabei sollte einerseits der Personalbestand nach verschiedenen Betriebs- und Küchenmerkmalen beschrieben werden. Andererseits sollte ein internetbasiertes Schätzmodell zur Bestimmung des Personalbedarfs nach Anzahl und Qualifikationsstufe (Management, Fachpersonal, Hilfspersonal) anhand einer multivariaten Regressionsanalyse erstellt werden. Abbildung 5.1 zeigt jene Merkmale, von denen ein Einfluss auf den Personalbestand vermutet wurde.

Abb. 5.1
Mögliche Einflüsse auf
den Personalbedarf einer
Verpflegungseinrichtung

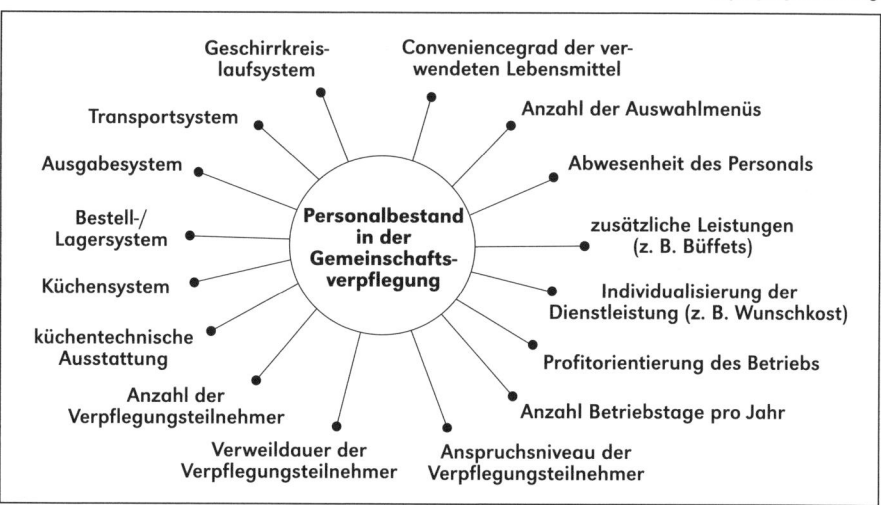

133

Im folgenden Kapitel wird zunächst eine Übersicht bereits vorhandener Personalkennzahlen aus der Literatur gegeben. Danach wird über die Untersuchungsmethode sowie über die Ergebnisse berichtet. Eine ausführliche Dokumentation des Forschungsprojekts findet sich in Steinel/Müller (2006).

5.1 Literaturübersicht zu Personalkennzahlen

Die üblichen Personalkennzahlen für Verpflegungseinrichtungen sind die Kennzahlen nach Schwebel und die des Bayerischen Kommunalen Prüfungsverbands. Hinzu kommen Kennzahlen aus Studien des Bundesministeriums für Ernährung, Landwirtschaft und Forsten und der Bundesforschungsanstalt für Ernährung in Forschungsberichten zur Schulverpflegung mit verschiedenen Verpflegungssystemen.

Abb. 5.2
Schwebel'sche Richtwerte zum Personalbedarf in Anzahl Vollzeitstellen in den verschiedenen Küchenbetriebsarten nach Anzahl Verpflegungsteilnehmer (Quelle: Schwebel, 1981a, 1981b, 1981c, 1981d)

Personalkennzahlen nach Schwebel
Schwebel erarbeitete auf Basis der Arbeitsproduktivität einer Küchenkraft in Anzahl vollbeköstigte Personen pro Tag (bei Krankenhausküchen und Heimküchen) bzw. in Anzahl produzierte Essen pro Tag (bei Werks- und Kasinoküchen) Personalbedarfszahlen nach Qualifikation und Anzahl Verpflegungsteilnehmer. In Abbildung 5.2 ist der Gesamtbedarf an Vollzeitkräften nach Anzahl Verpflegungsteilnehmer und Küchenbetriebsart dargestellt.

Küchenbetriebsart	Anzahl der Verpflegungsteilnehmer								
	100	150	200	250	350	500	1000	1500	2000
Krankenhausküchen (inkl. Spüle)	11	15,5	19,5	25	33,5	44,5	80,5	115,5	154,5
Heimküchen (inkl. Spüle)	8,5	13	17	20	27	37	-	-	-
Werks- und Kasinoküchen (inkl. Spüle)	4	5	5	5,5	7	10	16	22	29

Am Beispiel von Krankenhausküchen zeigt Abbildung 5.3 den Personalbedarf nach Qualifikation und Anzahl Vollzeitstellen.

Qualifikation	Anzahl der Verpflegungsteilnehmer						
	100	250	500	800	1000	1500	2000
Küchenleiter, -in	1	1	1	1	1	1	1
Koch, Köchin	1	2	4	5	7	10	12
Koch mit Fleischerausbildung	-	1	1	-	-	-	-
Fleischer, Metzger	-	-	-	1	1	2	3
Konditor	-	-	-	1	1	1 – 2	2
Diätassistent/-in	1	2	3 – 4	4	5	6	6
Küchenhilfe	6	16	29 – 30	45	57	82 – 83	114

Kennzahlen des Bayerischen Kommunalen Prüfungsverbands

Der Bayerische Kommunale Prüfungsverband veröffentlichte 1998 Kennzahlen zum Personalbedarf in Krankenhausküchen. Der Personalbedarf errechnet sich dabei auf Grundlage des Zeitbedarfs für die Leistungserstellung bezogen auf die Jahresistarbeitszeit der Arbeitskräfte. Es werden Kennzahlen (Vollzeitkraft; Beköstigungstage bzw. gewichtete Beköstigungstage; min/Beköstigungstag) zur Speisenherstellung, Speisenverteilung, Geschirrspüle und Topfspüle vorgegeben (vgl. Abb. 5.4). Für die Berechnung der gewichteten Beköstigungstage für Diätkost wird der Faktor 1,3 eingesetzt.

Abb. 5.3
Schwebel'sche Richtwerte für den Personalbedarf in Krankenhausküchen in Anzahl Vollzeitstellen nach Anzahl Patienten und Qualifikation (Quelle: Schwebel 1981a)

Leistung	VK : Beköstigungstage	min/BKT
Speisenherstellung	1 : 9.300 – 15.500	6,0 – 10,0
Speisenverteilung	1 : 18.600 – 31.000	3,0 – 5,0
Geschirrspüle	1 : 20.670 – 26.570	3,5 – 4,5
Topfspüle	1 : 77.500 – 116.250	0,8 – 1,2
VK = Vollzeitkraft; min = Minuten; BKT = Beköstigungstage		

Abb. 5.4
Personalkennzahlen des Bayerischen Kommunalen Prüfungsverbands (Quelle: BKPV 1998)

Personalkennzahlen für Schulküchen mit verschiedenen Verpflegungssystemen

Das Bundesministerium für Ernährung, Landwirtschaft und Forsten und die Bundesforschungsanstalt für Ernährung führte zwischen 1974 und 1986 Forschungsprojekte mit Modellrechnungen zur Schulverpflegung mit verschiedenen Verpflegungs systemen durch. In Anlehnung an diese Studien sind in Abbildung 5.5 Richtwerte zum Personalbedarf in Anzahl Vollzeitstellen nach Verpflegungsteilnehmer und Verpflegungssys -

tem dargestellt. Es ist zu erkennen, dass in Küchen mit geringerer Eigenproduktion von Speisen (z. B. Aufbereitungsküche) weniger Personal benötigt wird als in z. B. in Mischküchen Stufe I.

Verpflegungssystem	Anzahl der Verpflegungsteilnehmer				
	100	250	500	750	1000
Verteilerküche	0,4	0,7	0,8	1,1	1,3
Aufbereitungsküche gekühlte Speisen	0,6	0,6	1,0	1,2	1,7
Aufbereitungsküche sterilisierte Speisen	0,6	0,8	1,0	1,4	1,6
Mischküche Stufe I	1,0	1,3	1,9	2,1	3,0
Mischküche Stufe II	1,3	1,6	2,4	2,6	3,7

Abb. 5.5
Richtwerte für den Personalbedarf von Schulküchen in Anzahl Vollzeitstellen nach Anzahl Verpflegungsteilnehmer und Verpflegungssystem (in Anlehnung an: Bundesministerium für Ernährung, Landwirtschaft und Forsten und Bundesforschungsanstalt für Ernährung, 1974, 1976, 1977, 1979, 1982, 1986)

5.2 Untersuchungsmethode

5.2.1 Grundgesamtheit und Stichprobe

Die Grundgesamtheit der hier dargestellten empirischen Erhebung bilden alle Einrichtungen der Gemeinschaftsverpflegung Deutschlands. Dazu zählen Verpflegungseinrichtungen des Gesundheits- und Sozialwesens, des Bildungs- und Ausbildungswesen sowie der Betriebsverpflegung. Da das statistische Material zu der Grundgesamtheit unzureichend ist (vgl. Kapitel 1.8.1 *Marktsegmente nach Betreibern*), konnte keine repräsentative Zufallsstichprobe realisiert werden. Zur Bildung der Stichprobe wurde das Verfahren der Freiwilligenstichprobe angewendet. Aufrufe zur Teilnahme an dem Projekt wurden in Fachzeitschriften und im Internet veröffentlicht und mit dem Angebot eines unentgeltlichen Betriebsvergleichs verbunden. Es haben sich 343 Betriebe an der Studie beteiligt.

5.2.2 Befragungsinstrument und Befragung

Die Befragung wurde in schriftlicher Form zwischen November 2005 und März 2006 durchgeführt. Dazu wurde ein strukturierter, standardisierter Fragebogen verwendet, der handschriftlich oder elektronisch (interaktives Word-Dokument) von den teilnehmenden Betrieben ausgefüllt wurde. Anhand des Fragebogens wurden Personal- und Betriebskennzahlen erfasst. Die Personalkennzahlen beinhalten die Anzahl an Ma -

nagement-[1], Fach[2]- und Hilfskräften[3]. Die aufgenommenen Betriebskennzahlen sind in Abbildung 5.6 aufgeführt.

*Abb. 5.6
Erfasste
Betriebskennzahlen*

- Anzahl Betriebstage pro Jahr
- Anzahl Betriebstage mit geringerer, üblicher und höherer Essenbeteiligung
- Anzahl Verpflegungsteilnehmer an den verschiedenen Betriebstagen zu den Mahlzeiten (1. Frühstück, 2. Frühstück, Mittagessen, Nachmittagsmahlzeit, Abendessen)
- Anzahl zusätzlicher Verpflegungsteilnehmer z. B. bei Buffets
- Anzahl Auswahlmenüs inkl. Diätkost an Betriebstagen mit geringerer, üblicher und höherer Essenbeteiligung
- Häufigkeit der Zubereitung von Wunschkost pro Monat zu den Mahlzeiten (1. Frühstück, Mittagessen, Nachmittagsmahlzeit, Abendessen)
- Umfang der Durchführung nachstehender Arbeitsschritte durch kücheneigenes Personal: Warenbestellung, Wareneinlagerung, Bezahlen der Waren, Speisenzu- und -aufbereitung, Einzelportionierung, Speisentransport, Kassieren der Menüs, Reinigung von Küche und Gargeräten, Geschirr- und Besteckreinigung, Reinigung von Speiseräumen
- Anteil der Lebensmittel mit verschiedenen Conveniencegraden für die Produktion von Kartoffelspeisen, Gemüsespeisen, Fleischspeisen und Fischspeisen für das Mittagessen (Conveniencegrade: küchenfertig, garfertig, aufbereitfertig, verzehrfertig)
- Anspruchsniveau der Verpflegungsteilnehmer (unterdurchschnittlich, durchschnittlich, überdurchschnittlich)
- Bereich der Gemeinschaftsverpflegung: Gesundheits- und Sozialwesen, Bildungs- und Ausbildungsverpflegung, Betriebsverpflegung
- Technisierungsgrad der Küchenausstattung (unterdurchschnittlich[4], durchschnittlich[5], überdurchschnittlich[6])
- Profit-Orientierung (Nonprofit-Orientierung, eingeschränkte Profit-Orientierung, Profit-Orientierung)
- Verweildauer der Verpflegungsteilnehmer in der Einrichtung
- Abwesenheitsquote des Personals

5.2.3 Datenaufbereitung und -auswertung

Nach der Datenbereinigung wurden einige der aufgenommenen Betriebskennzahlen zu neuen Kennzahlen zusammengeführt. Dadurch wurde eine bessere Übersichtlichkeit in der beschreibenden Statistik (deskriptive Statistik) erreicht. Au-

---

1 Personen mit Fachausbildung, die Führungstätigkeiten ausüben.
2 Personen mit Fachausbildung, die ausführende Tätigkeiten ausüben.
3 Personen mit Helferausbildung oder ohne branchenspezifische Ausbildung, die ausführende Tätigkeiten ausüben.
4 Die meiste Küchenausstattung ist mehr als zehn Jahre alt.
5 Die meiste Küchenausstattung ist zwischen drei und zehn Jahre alt.
6 Die meiste Küchenausstattung ist weniger als drei Jahre alt.

ßerdem konnte eine Überbestimmung in der erklärenden Statistik (Regressionsanalyse) vermieden werden. Die zusammengeführten Kennzahlen sind die Beköstigungstage pro Jahr eines Betriebs, die durchschnittliche Anzahl an Auswahlmenüs zum Mittagessen sowie der Anteil an Wunschkost im Betrieb.

Die Auswertung der Ergebnisse erfolgte als deskriptive Statistik (Ergebnisse in Kapitel 5.3) sowie mittels multivariater Regressionsanalyse (Ergebnisse in Kapitel 5.4).

5.3 Personalbestand nach verschiedenen Küchenmerkmalen

In diesem Abschnitt werden die Ergebnisse der Untersuchung des Personalbestands hinsichtlich verschiedener Küchenmerkmale in Verpflegungsbetrieben Deutschlands dargestellt. Die Ergebnisse zum Personalbestand resultieren aus Mittelwertberechnungen. Es werden Mittelwerte für die Personalanzahl in Vollzeitstellen pro 10.000 BKT pro Jahr (VZ/10.000 BKT/a) für die Qualifikationsstufen Managementkräfte, Fachkräfte und Hilfskräfte angegeben. Zu den Managementkräften zählen dabei Personen mit Fachausbildung, die eine Führungstätigkeit ausüben. Fachkräfte sind Personen mit Fachausbildung, die eine ausführende Tätigkeit verüben. Hilfskräfte sind Personen mit Helferausbildung oder ohne branchenspezifische Ausbildung, die ausführende Tätigkeiten ausüben.

5.3.1 Personalbestand nach Küchengröße

Die Verpflegungsbetriebe werden anhand ihrer Beköstigungstage pro Jahr (BKT/a) in kleine, mittlere und große Küchen eingestuft. Kleine Küchen haben bis zu 50.000 BKT/a, mittlere Küchen zwischen 50.001 und 100.000 BKT/a und große Küchen haben mehr als 100.000 BKT/a.

Der Personalbestand pro 10.000 BKT/a nimmt mit zunehmender Küchengröße ab. Abbildung 5.7 zeigt, dass kleine Küchen im Durchschnitt für die Leistungserstellung von 10.000 Beköstigungstagen pro Jahr 2,10 Vollzeitstellen einsetzen. Dagegen benötigen Küchen von mittlerer Größe 1,41 Vollzeitstellen und große Küchen lediglich 1,27 Vollzeitstellen für die gleiche Leistungserstellung.

Qualifikationsstufe	kleine Küchen (bis 50.000 BKT/a)	mittlere Küchen (50.001 bis 100.000 BKT/a)	große Küchen (mehr als 100.000 BKT/a)
Managementkräfte	0,45	0,19	0,11
Fachkräfte	0,51	0,30	0,30
Hilfskräfte	1,14	0,92	0,86
Personal gesamt	2,10	1,41	1,27

Abb. 5.7
Personalbestand in VZ/10.000 BKT/a nach Qualifikation und Küchengröße

In den Küchen sind durchschnittlich etwa 11 % Managementkräfte, 23 % Fachkräfte und 65 % Hilfskräfte beschäftigt. Dabei ist in kleinen Küchen der Anteil an Managementkräften höher und in großen Küchen der Anteil an Hilfskräften.

5.3.2 Personalbestand nach Anzahl Auswahlmenüs zum Mittagessen

Der Personalbestand nach der Anzahl Auswahlmenüs zum Mittagessen in Verpflegungseinrichtungen wird in Abhängigkeit von der Küchengröße dargelegt. In mittleren und großen Küchen steigt mit zunehmender Anzahl Auswahlmenüs der Bestand an Personal in Anzahl Vollzeitstellen je 10.000 BKT pro Jahr. In kleinen Küchen trifft dieser Effekt nicht zu. Denn die durchschnittliche Anzahl Auswahlmenüs ist hier durch die Küchengröße begrenzt. Kleine Küchen haben selten mehr als vier Auswahlmenüs zum Mittagessen. Abbildung 5.8 zeigt den Personalbestand in Verpflegungseinrichtungen nach der Anzahl Auswahlmenüs und der Küchengröße.

Anzahl Auswahlmenüs	kleine Küchen (bis 50.000 BKT/a)	mittlere Küchen (50.001 bis 100.000 BKT/a)	große Küchen (mehr als 100.000 BKT/a)
bis 2,00	2,04	1,39	1,29
2,01 bis 4,00	2,04	1,46	1,23
mehr als 4,00	k. A.	k. A.	1,34
k. A. = Aufgrund einer zu geringen Zellenbesetzung ist keine Aussage möglich.			

Abb. 5.8
Personalbestand in VZ/10.000 BKT/a nach Anzahl Auswahlmenüs und Küchengröße

5.3.3 Personalbestand nach Wunschkostanteil

Bis zu einem Wunschkostanteil von 3 % wird der Personalbestand einer Küche durch diesen nicht wesentlich beeinflusst. Bei einem höheren Wunschkostanteil steigt der Personalbestand jedoch. Dies ist in Abbildung 5.9 zu erkennen. Betriebe mit einem Wunschkostanteil zwischen 0,01 % und 3 % benötigen für die Leistungserstellung von 10.000 Beköstigungstagen pro Jahr ca. 1,61 Vollzeitstellen und Betriebe mit einem Wunschkostanteil zwischen 3,01 % und 6 % benötigen dazu 1,79 Vollzeitstellen. Bei einem Wunschkostanteil von mehr als 6 % besteht ein Personalbestand von 1,96 VZ/10.000 BKT/a.

Abb. 5.9
Personalbestand in
VZ/10.000 BKT/a nach
Wunschkostanteil

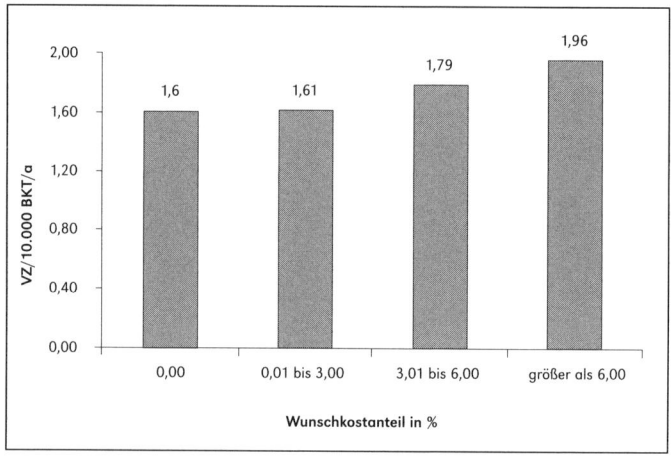

5.3.4 Personalbestand nach Umfang der Durchführung von Arbeitsschritten durch kücheneigenes Personal

Die hauptsächlichen Arbeitsschritte in einem Küchenbetrieb sind Bestellen, Einlagern und Bezahlen von Lebensmitteln, Zubereiten bzw. Aufbereiten der Speisen, Portionieren der Speisen, Transportieren der Speisen, Kassieren der Menüs, Reinigung von Küche und Gargeräten, Reinigung von Geschirr und Besteck sowie die Speiseraumreinigung.

Der Bestand an Küchenpersonal in Vollzeitstellen je 10.000 BKT pro Jahr steigt mit zunehmendem Anteil der Durchführung jedes Arbeitsschritts. In Abbildung 5.10 ist dieses grafisch dargestellt. Besonders deutlich wird dieser Effekt bei den Arbeitsschritten Küchen- und Gerätereinigung sowie Geschirr- und Besteckreinigung.

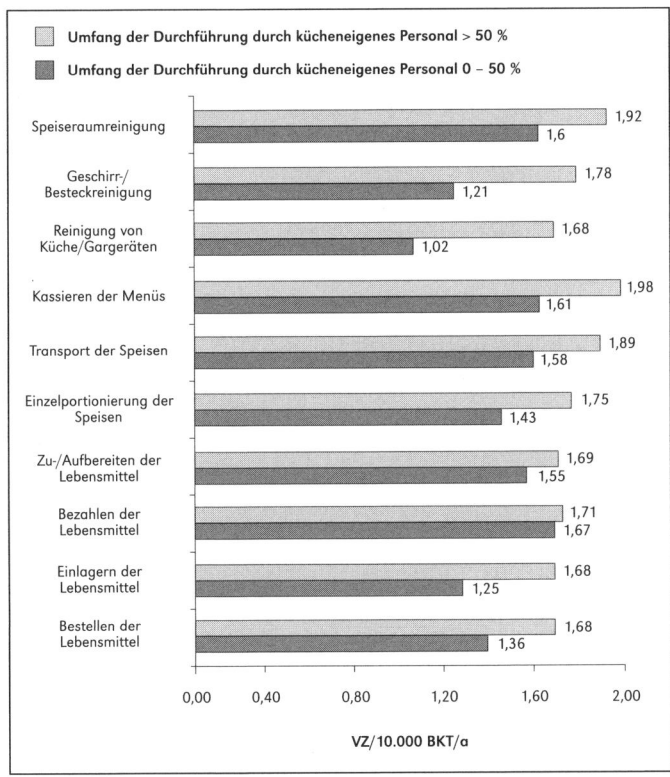

Abb. 5.10
Personalbestand in
VZ/10.000 BKT/a nach
Umfang der Durch -
führung einzelner
Arbeitsschritte durch
kücheneigenes Personal

5.3.5 Personalbestand nach Anteil der Verwendung küchenfertiger Lebensmittel

Mit steigendem Anteil küchenfertiger Lebensmittel für die Zubereitung des Mittagessens ist ein steigender Bedarf an Arbeitszeit bzw. Personalbestand zu erwarten. Abbildung 5.11 zeigt den Zusammenhang zwischen der Verwendung küchenfertiger Lebensmittel und dem Personalbestand. Bei Kartoffelspeisen zeigt sich der erwartete Effekt: je höher der Anteil küchenfertiger Kartoffeln, desto höher ist der Personalbestand.

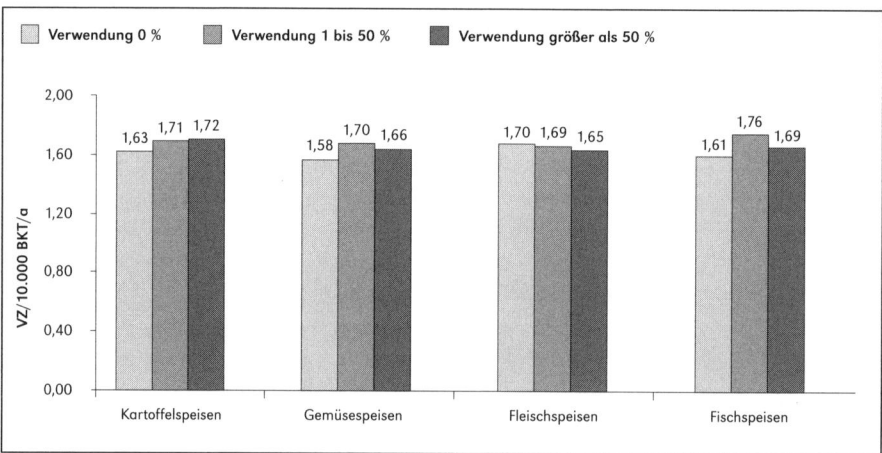

Abb. 5.11
Personalbestand in VZ/10.000 BKT/a nach Anteil der Verwendung verschiedener küchenfertiger Lebensmittel zur Produktion des Mittagessens

Bei Gemüsespeisen ist der Personalbestand bei einem Anteil der Verwendung küchenfertiger Lebensmittel zwischen 1 und 50 % unerwartet höher (1,70 VZ/10.000 BKT/a) als bei einem Anteil der Verwendung von über 50 % (1,66 VZ/10.000 BKT/a). Ähnlich ist es bei den Fischspeisen.

Entgegen den Erwartungen ist auch die Situation beim Einsatz küchenfertigen Fleisches für das Mittagessen: der steigende Anteil küchenfertiger Fleischspeisen geht mit einer Senkung des Personalbestands einher. Möglicherweise resultiert dieses unplausible Ergebnis aus einer Überlagerung verschiedener Küchenmerkmale (z. B. Conveniencegrad und Küchengröße).

5.3.6 Personalbestand nach Technisierungsgrad

Der Technisierungsgrad eines Verpflegungsbetriebs wird über das Alter der küchentechnischen Ausstattung definiert. Demnach gibt es Verpflegungsbetriebe mit unterdurchschnittlichem, durchschnittlichem und überdurchschnittlichem Technisierungsgrad. In Betrieben mit unterdurchschnittlichem Technisierungsgrad ist der größte Teil der Küchenausstattung mehr als zehn Jahre alt. In Betrieben mit durchschnittlichem Technisierungsgrad ist die Küchenausstattung zwischen drei und zehn Jahre alt und in Betrieben mit überdurchschnittlichen Technisierungsgrad weniger als drei Jahre alt.

Technisierungs-grad	Manage-ment-kräfte	Fachkräfte	Hilfskräfte	Personal gesamt
unterdurchschnittlich	0,24	0,38	1,05	1,67
durchschnittlich	0,26	0,39	0,97	1,62
überdurchschnittlich	0,47	0,45	0,97	1,89

Abb. 5.12
Personalbestand in VZ/10.000 BKT/a nach Qualifikation und Technisierungsgrad der Küche

In Abbildung 5.12 ist dargestellt, dass Betriebe mit einer neuen Küchenausstattung mehr Personal benötigen als Betriebe mit einer älteren Küchenausstattung. Entgegen den Vermutungen senkt ein überdurchschnittlicher Technisierungsgrad den Personalbestand nicht. Diese Unplausibilität resultiert möglicherweise aus Überlagerungen mit anderen Küchenmerkmalen. Beispielsweise haben große Küchen eine hohe Anzahl Verpflegungsteilnehmer und gleichzeitig einen überdurchschnittlichen Technisierungsgrad.

Der Anteil an Managementkräften nimmt mit steigendem Technisierungsgrad zu. Betriebe mit einer unterdurchschnittlich technisierten Küchenausstattung haben einen 14-%igen Managementkräfteanteil und Betriebe mit einer überdurchschnittlich technisierten Ausstattung einen 25-%igen Managementkräfteanteil. Dementsprechend sinkt der Anteil an Hilfskräften mit zunehmender Technisierung der Küchen. Der Fachkräfteanteil wird nicht vom Alter der Küchenausstattung beeinflusst.

5.3.7 Personalbestand nach Abwesenheitsquote des Personals

Die Abwesenheitsquote des Personals beeinflusst den Personalbestand positiv: Abbildung 5.13 zeigt, dass ein Betrieb mit einer geringen Abwesenheitsquote des Personals (zwischen 9 % und 14 %) einen durchschnittlichen Personalbestand von 1,17 Vollzeitstellen je 10.000 BKT pro Jahr hat, wohingegen Betriebe mit über 20-%iger Abwesenheitsquote 1,82 Vollzeitstelllen je 10.000 BKT pro Jahr benötigen.

Abb. 5.13 Personalbestand in VZ/10.000 BKT/a nach Qualifikation und Abwesenheitsquote des Personals

Abwesenheits- quote in %	Manage- ment- kräfte	Fachkräfte	Hilfskräfte	Personal gesamt
9,00 – 14,00	0,61	0,31	0,71	1,17
14,01 – 16,00	0,18	0,44	0,93	1,55
16,01 – 18,00	0,25	0,34	1,00	1,58
18,01 – 20,00	0,24	0,36	1,05	1,65
> 20,01	0,37	0,45	1,00	1,82

Neben dem quantitativen Einfluss der Abwesenheitsquote des Personals besteht außerdem ein qualitativer Einfluss auf den Personalbestand. So nimmt der Anteil der Management-kräfte mit steigender Abwesenheitsquote zu. Betriebe mit 16,01 bis 18 % Abwesenheitsquote haben einen Anteil an Managementkräften von 16 %, wohingegen Betriebe mit mehr als 20 % Abwesenheitsquote zu 20 % Managementkräfte einsetzen.

5.3.8 Personalbestand nach Bereich der Gemeinschaftsverpflegung

Nach Paulus (1988) werden Einrichtungen der Gemeinschaftsverpflegung in drei Bereiche unterteilt: Verpflegung im Gesundheits- und Sozialwesen, Verpflegung im Bildungs- und Ausbildungswesen sowie Betriebsverpflegung. Zu Betrieben im Gesundheits- und Sozialwesen zählen z. B. Krankenhäuser, Alteneinrichtungen, Kur- und Erholungseinrichtungen. Verpfle- gungsbetriebe des Bildungs- und Ausbildungswesens sind beispielsweise Schulküchen, Kindertagesstätten, Hochschulen oder Fort- und Weiterbildungsstätten. Zur Betriebsverpflegung gehören u. a. Kantinen und Betriebsrestaurants.

Nach Abbildung 5.14 haben Einrichtungen der Betriebsverpflegung mit insgesamt 2,27 VZ/10.000 BKT/a den größten Personalbestand für die Erstellung von 10.000 BKT/a. Betriebe des Gesundheits- und Sozialwesens benötigen dazu 1,61 VZ/10.000 BKT/a und Betriebe des Bildungs- und Ausbildungswesens lediglich 1,49 VZ/10.000 BKT/a.

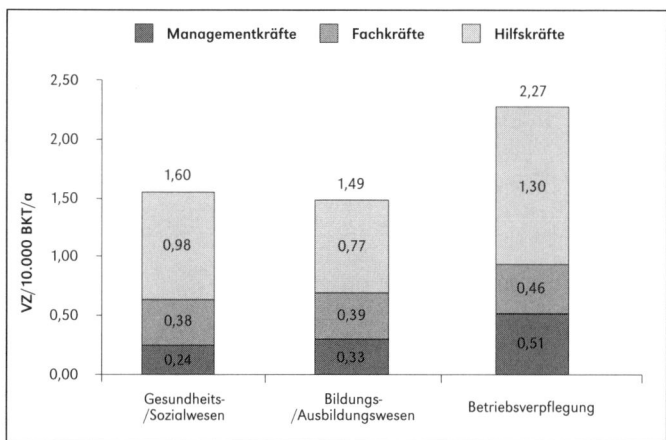

Abb. 5.14
Personalbestand in
VZ/10.000 BKT/a nach
Qualifikation und Bereich
der Gemeinschafts-
verpflegung

5.3.9 Personalbestand nach Anspruchsniveau der Verpflegungsteilnehmer

Betriebe mit überdurchschnittlichem bzw. durchschnittlichem Anspruchsniveau der Verpflegungsteilnehmer benötigen mehr Personal (1,73 VZ/10.000 BKT/a bzw. 1,68 VZ/10.000 BKT/a) als Betriebe mit unterdurchschnittlichem Anspruchsniveau der Verpflegungsteilnehmer (1,38 VZ/10.000 BKT/a). Dies ist in Abbildung 5.15 dargestellt.

Weiterhin ist festzustellen, dass der Anteil an Hilfskräften mit zunehmendem Anspruchsniveau der Verpflegungsteilneh‑ mer steigt und der Fachkräfteanteil entsprechend sinkt. So haben Betriebe mit unterdurchschnittlichem Anspruchsniveau der Verpflegungsteilnehmer einen Hilfskräfteanteil von 57 % bzw. einen Fachkräfteanteil von 30 % und Betriebe mit einem überdurchschnittlichen Anspruchsniveau der Verpflegungsteil‑ nehmer einen Hilfskräfteanteil von 64 % bzw. einen Fachkräf‑ teanteil von 22 %.

Abb. 5.15
Personalbestand in
VZ/10.000 BKT/a nach
Qualifikation und
Anspruchsniveau der
Verpflegungsteilnehmer

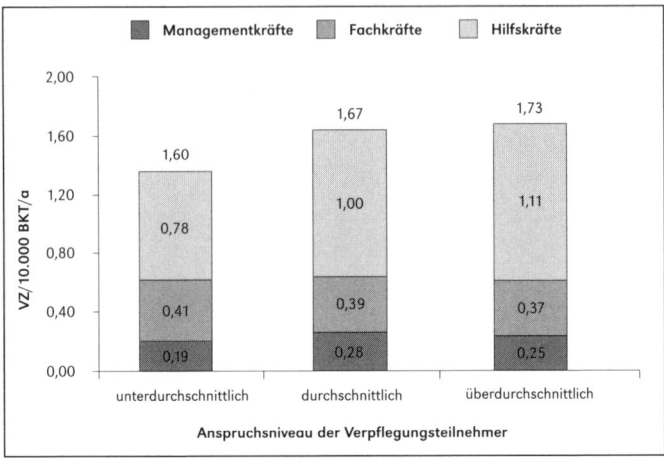

5.3.10 Personalbestand nach Profit-Orientierung des Betriebs

Es wird zwischen nonprofit-orientierten, eingeschränkt profit-orientierten und profit-orientierten Betrieben unterschieden. Während nonprofit-orientierte Betriebe die Deckung ihrer Kosten anstreben, wollen profit-orientierte Betriebe Gewinn erwirtschaften. Eingeschränkt profit-orientierte Betriebe streben Deckungsbeiträge bei einzelnen Leistungen an, um damit andere Leistungen zu subventionieren.

In Abbildung 5.16 ist der Zusammenhang zwischen dem Personalbestand und der Profit-Orientierung der Betriebe dargestellt. Betriebe mit Profit-Orientierung haben den höchsten Personalbestand (1,88 VZ/10.000 BKT/a). Eingeschränkt profit-orientierte Betriebe haben einen nur geringfügig niedrigeren Bestand von 1,83 VZ/10.000 BKT/a. Den geringsten Bestand an Personal haben nonprofit-orientierte Betriebe (1,57 VZ/10.000 BKT/a).

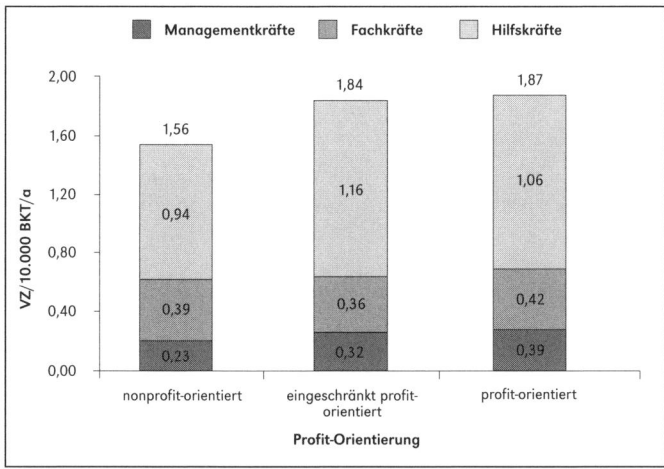

Abb. 5.16
Personalbestand in
VZ/10.000 BKT/a nach
Qualifikation und Profit-
Orientierung

5.4 Bestimmung des Personalbedarfs eines Betriebs nach Qualifikationsstufe und Küchenmerkmalen

In den vorangegangenen Abschnitten wurde als Ergebnis einer deskriptiven statistischen Analyse jeweils der Zusammenhang zwischen dem Personalbestand und einem einzelnen Betriebsmerkmal dargestellt. Tatsächlich wirken aber alle Betriebsmerkmale zusammen auf den Personalstand. Dieser Zusammenhang wurde mit einer multivariaten Regressionsanalyse untersucht. Bei dieser Analyse wird untersucht, welche Betriebsmerkmale einen signifikanten (nicht zufälligen) Einfluss auf den Personalbestand haben.

Im Folgenden werden die Ergebnisse der multivariaten Regressionsanalyse dargestellt. Dabei werden die Küchenmerkmale dargestellt, die den Personalbestand in der jeweiligen Qualifikationsstufe signifikant beeinflussen. Die Küchenmerkmale werden je nach Richtung ihres Einflusses (positiv oder negativ) auf den Personalbestand an Managementkräften, Fachkräften und Hilfskräften unterschieden (vgl. Abb. 5.17). Dabei erhöhen positiv beeinflussende Merkmale den Personalbestand der jeweiligen Qualifikationsstufe und negativ beeinflussende Küchenmerkmale erniedrigen den Bestand.

Einen erhöhenden Effekt auf den Bestand an **Management-kräften** haben beispielsweise die Küchenmerkmale Anzahl

Hilfskräfte, Wunschkostanteil und die Abwesenheitsquote. Die Küchenmerkmale Anzahl Auswahlmenüs, Anteil verzehrfertige Kartoffelspeisen für die Produktion des Mittagessens sowie Umfang der Durchführung des Kassierens der Menüs erniedrigen den Bestand an Managementkräften.

Der Anteil der Verwendung von küchenfertigem Gemüse sowie der Umfang der Durchführung der Bezahlung der Lebensmittel, der Einzelportionierung der Speisen und der Geschirr- und Besteckreinigung durch eigenes Personal haben einen positiven Einfluss auf den **Bestand an Fachkräften:** Das heißt, diese Betriebsmerkmale erhöhen den Fachkräftebestand. Die restlichen signifikanten Betriebsmerkmale vermindern den Bestand an Fachkräften.

Die Durchführung des Einlagerns von Lebensmitteln durch eigenes Personal sowie der Anteil der Verwendung von küchenfertigen Kartoffelspeisen, küchenfertigen Fleischspeisen und aufbereitfertigen Fleischspeisen haben einen negativen Einfluss auf den **Bestand an Hilfskräften** und erniedrigen diesen somit. Alle anderen signifikanten Betriebsmerkmale haben einen positiven Einfluss auf den Hilfskräftebestand.

Die Ergebnisse der multivariaten Regressionsanalyse fließen in ein internetbasiertes Schätzmodell zur Bestimmung des Personalbedarfs ein, welches der Branche auf der Internetseite

http://hauswirtschaft.loel.hs-anhalt.de/forschung/
personalbedarfsbestimmung.html

unentgeltlich zur Verfügung steht. Hier kann sich die Anwenderin oder der Anwender ganz individuell ihren oder seinen Personalbedarf an Managementkräften, Fachkräften und Hilfskräften in Anzahl Vollzeitstellen schätzen lassen. Dazu müssen vorab die entsprechenden Betriebs- und Personalkennzahlen des Verpflegungsbetriebs eingegeben werden. Das Prinzip des Programms ist in Abbildung 5.18 grafisch dargestellt.

Positiver (erhöhender) Einfluss		Negativer (erniedrigender) Einfluss
• Anzahl Hilfskräfte • Wunschkostanteil • Abwesenheitsquote • Umfang der Durchführung des Arbeitsschritts Bezahlen der Lebensmittel durch kücheneigenes Personal • Anteil von aufbereitfertigen Gemüsespeisen zur Produktion von Gemüsespeisen zum Mittagessen	**Managementkräfte**	• Anzahl Auswahlmenüs zum Mittagessen • Umfang der Durchführung des Arbeitsschritts Kassieren der Menüs durch kücheneigenes Personal • Anteil von verzehrfertigen Kartoffelspeisen zur Produktion von Kartoffelspeisen zum Mittagessen

• Umfang der Durchführung der Arbeitsschritte
  - Bezahlen der Lebensmittel
  - Portionieren der Speisen
  - Reinigung von Geschirr und Besteck
  durch kücheneigenes Personal
• Anteil von küchenfertigem Gemüse zur Produktion von Gemüsespeisen zum Mittagessen
	Fachkräfte	• Anzahl Auswahlmenüs zum Mittagessen
		• Umfang der Durchführung der Arbeitsschritte
		  - Transportieren der Speisen
		  - Speiseraumreinigung
		  durch kücheneigenes Personal
		• Anteil von küchenfertigen Kartoffeln zur Produktion von Kartoffelspeisen zum Mittagessen

• Anzahl Auswahlmenüs zum Mittagessen
• Anzahl zusätzliche Verpflegungsteilnehmer pro Jahr
• Bereich der Gemeinschaftsverpflegung: Gesundheits- und Sozialwesen
• Überdurchschnittliches Anspruchsniveau der VT
• Umfang der Durchführung der Arbeitsschritte
  - Zubereiten/Aufbereiten der Speisen
  - Transportieren der Speisen
  - Kassieren der Menüs
  - Reinigung von Geschirr und Besteck
  - Speiseraumreinigung
  durch kücheneigenes Personal
• Anteil von aufbereitfertigen Kartoffelspeisen zur Produktion von Kartoffelspeisen zum Mittagessen
• Anteil von verzehrfertigen Fleischspeisen zur Produktion von Fleischspeisen zum Mittagessen
	Hilfskräfte	• Umfang der Durchführung des Arbeitsschritts Einlagern der Lebensmittel durch kücheneigenes Personal
		• Anteil von küchenfertigen Kartoffeln zur Produktion von Kartoffelspeisen zum Mittagessen
		• Anteil von küchenfertigem Fleisch zur Produktion von Fleischspeisen zum Mittagessen
		• Anteil von aufbereitfertigen Fleischspeisen zur Produktion von Fleischspeisen zum Mittagessen

Abb. 5.17
Küchenmerkmale mit
signifikantem Einfluss
auf den Bestand an
Managementkräften,
Fachkräften und
Hilfskräften

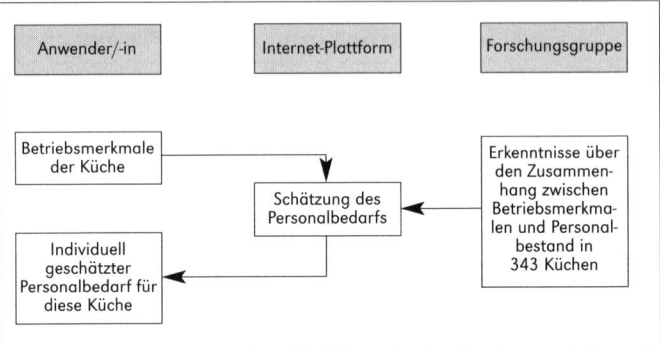

Abb. 5.18
Prinzip des internetge-
stützten Programms zur
Bestimmung des Perso-
nalbedarfs in Einrich-
tungen der Gemein-
schaftsverpflegung

6 Speisenplanung

Autorin:
Margot Steinel

Bei der Speisenplanung besteht das Problem darin, die Vielzahl der in Kapitel 2.2.4 Teilanforderungen dargestellten ernährungsphysiologischen, sensorischen, hygienischen, soziokulturellen etc. Qualitätsanforderungen gleichzeitig in einem Speisenplan zu berücksichtigen. Methodisches Vorgehen ist hierzu notwendig. Die Methoden zum Aufstellen des Speisenplans (vgl. Abb. 6.1) unterscheiden sich im Wesentlichen hinsichtlich der Art der Berücksichtigung der ernährungsphysiologischen Anforderungen.

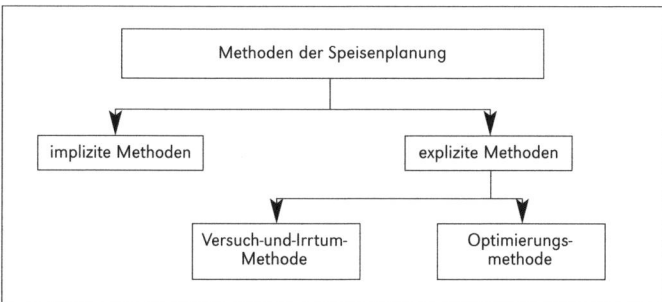

Abb. 6.1
Klassifikation der Methoden zur Speisenplanung

6.1 Implizite Methode

Bei der impliziten Methode finden keine Berechnungen statt, sondern es wird versucht, durch Einhaltung allgemeiner Regeln eine bedarfsgerechte Ernährung zu erreichen. Solche allgemeinen Regeln können z. B. die zehn Regeln der DGE oder die Regel *Fünf am Tag* sein. Es wird davon ausgegangen, dass die Empfehlungen für die Nährstoffzufuhr (z. B. richtige Energiezufuhr, ausreichende Zufuhr an Ballaststoffen und anderen essenziellen Nährstoffen, keine übermäßige Fettzufuhr) erfüllt werden, wenn diese allgemeinen Regeln eingehalten werden. Anders formuliert: es wird unterstellt, dass eine genaue Nährwertberechnung nicht notwendig ist, sondern allein die Einhaltung der allgemeinen Regeln für die ernährungsphysiologische Qualität der Verpflegung ausreicht. Diese Methode wird vor allem von solchen Küchen angewandt, die (noch) nicht über einen PC mit Nährwertberechnungsprogramm verfügen. Es ist derzeit die häufigste Methode zur Speisenplanung in der Ge -

meinschaftsverpflegung. Eine gute Anleitung zur Anwendung dieser Methode bietet ein aid-special-Heft *Speisenplanung in der Gemeinschaftsverpflegung* (Dirschauer 2006). Die Methode wird deshalb hier nicht weiter erläutert.

6.2 Explizite Methoden

Eine explizite Methode der Speisenplanung beinhaltet immer eine Nährwertberechnung der in dem Speisenplan enthaltenen Menüs. Diese Nährwertberechnung ist auf verschiedenen Ebenen durchzuführen (vgl. Abb. 6.2).

Abb. 6.2
Rechenweg einer expliziten Berechnung des Nährstoffgehalts eines Wochenspeisenplans

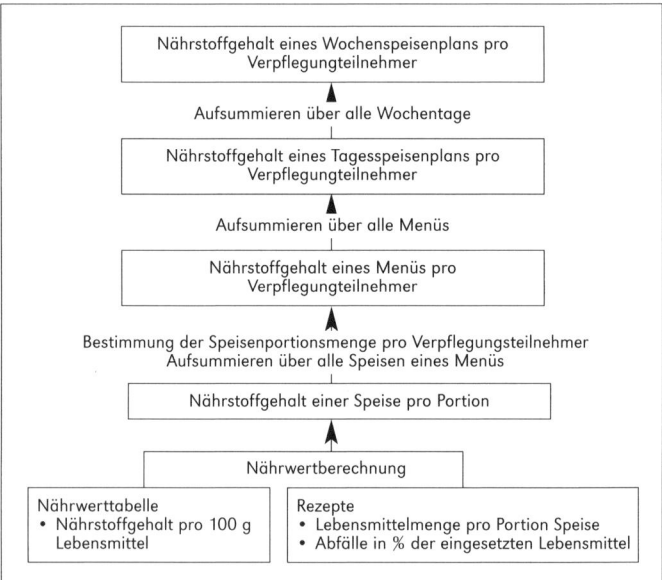

Ausgangsinformationen einer solchen Nährwertberechnung sind immer Informationen über den Nährstoffgehalt von Lebensmitteln (schriftliche oder elektronische Nährwerttabellen) sowie über die mengenmäßige Zusammensetzung der Speisen aus Lebensmitteln (Rezepte unter Berücksichtigung der im Verarbeitungsprozess anfallenden Abfälle). Daraus errechnet sich zunächst der Nährstoffgehalt einer Speise pro Portion[1],

---

1 Es wird empfohlen, den Nährstoffgehalt der Speisen pro Portion zu errechnen und nicht pro 100 g, da bei letzterer Größe die gewichtsmäßigen Veränderungen im Produktionsprozess (z. B. Gewichtsverlust in Folge von Austrocknung) zu erheblichen Fehlern führen können.

der in einer betriebsinternen Speisentabelle oder -datenbank gespeichert werden kann. Für die weitere Speisenplanung wird nun festgelegt, wie groß die einem Verpflegungsteilnehmer angebotene Speisenmenge (in Portionen) sein soll. Je nach Portionierbarkeit einer Speise sind hier Variationsmöglichkeiten gegeben: die Menge Reis als stärkereiche Beilage kann leichter variiert werden als die Menge Hühnerkeule als Hauptspeise. Die Bestimmung der Speisenmenge ist eine wichtige *Stellschraube* in dem Speisenplanungsprozess, um die ernährungsphysiologischen Anforderungen zu erfüllen. Im weiteren Planungsprozess werden dann die Nährwertgehalte der einzelnen Speisen zu Menüs, Tagesspeisenplänen sowie zu einem Wochenspeisenplan aufsummiert.

Dieser Wochenspeisenplan muss dann den ernährungsphysiologischen Anforderungen entsprechen.[2] Ein solcher ausgewogener Wochenspeisenplan wird prinzipiell mit zwei verschiedenen methodischen Ansätzen erarbeitet: mit der sogenannten Versuch- und Irrtum-Methode oder mit der Optimierungsmethode.

6.2.1 Versuch-und-Irrtum-Methode

Die Versuch-und-Irrtum-Methode (vgl. Abb. 6.3) ist die in der Praxis übliche Methode der expliziten Speisenplanung. Auf der Grundlage zuvor formulierter Anforderungen wird in Anlehnung an das in Abbildung 6.2 dargestellte Schema ein (Wochen-)Speisenplan aufgestellt (Versuch), und anschließend überprüft, ob die ernährungsphysiologischen (sensorischen, hygienischen, soziokulturellen etc.) Anforderungen erfüllt sind. Je nachdem, wie viele Nährstoffe berücksichtigt werden und wie streng diese sind, wird der Speisenplan mehr oder weniger wahrscheinlich von den Anforderungen abweichen (Irrtum) und muss modifiziert werden. Es können sehr viele Durchläufe notwendig sein, bis alle Anforderungen erfüllt sind. Möglicherweise kann aber gar kein Speisenplan gefunden werden, weil die Anforderungen zu streng sind bzw. sich widersprechen. Dann müssen die Anforderungen revidiert werden. Hierzu ist Erfahrung notwendig, welche Änderung der Nährstoffanforderung zum Ziel führen wird. Letztlich gibt es

---

2 Genau genommen ist die Zeitspanne, in der die Nährstoffbilanz ausgeglichen sein muss, von Nährstoff zu Nährstoff unterschiedlich. Bei Energie ist eine Erfüllung zu jeder Mahlzeit erforderlich, um den Verpflegungsteilnehmer ausreichend zu sättigen. Bei Vitamin B_{12} reicht ein Ausgleich über mehrere Monate bzw. sogar Jahre. Vereinfachend wird hier von einer anzustrebenden Ausgeglichenheit über eine Woche ausgegangen.

bei der Versuch-und-Irrtum-Methode keine Garantie, dass ein Speisenplan gefunden werden kann, der alle Anforderungen erfüllt.

Abb. 6.3
Versuch-und-Irrtum-
Methode zur Speisen-
planung

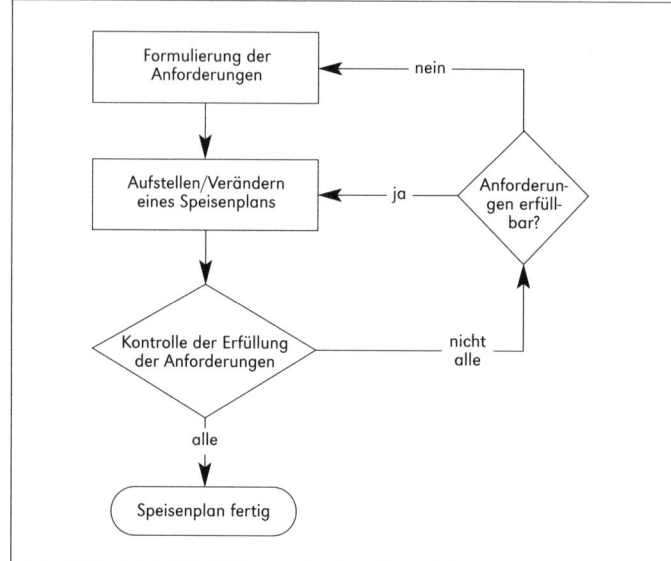

6.2.2 Optimierungsmethode

Bei der Versuch-und-Irrtum-Methode besteht keine Garantie, dass ein akzeptabler Speisenplan gefunden werden kann, der alle Anforderungen erfüllt. Einen Ausweg aus diesem Dilemma bietet nur die Optimierungsmethode.

Bei dieser Methode werden die ernährungsphysiologischen, sensorischen, soziokulturellen etc. Anforderungen in mathematische Gleichungen und Ungleichungen überführt und das Problem mit mathematischen Methoden gelöst.

Dies erfolgt immer in folgenden vier Schritten:

Erster Schritt: Definition der Variablen
Zweiter Schritt: Formulieren der Zielfunktion
Dritter Schritt: Formulieren der Nebenbedingungen
Vierter Schritt: Ermitteln der optimalen Lösung (grafisch, algebraisch oder mit PC-Programmen).

Hinsichtlich der mit der Optimierung zu bestimmenden Elemente des Speisenplans werden verschiedene Modelle der

Speisenplanoptimierung unterschieden (Steinel 1993). Hier werden das Speisenmengenmodell und das Speisenarten- und -mengenmodell erläutert.

6.2.2.1 Speisenmengenmodell

Bei dem Speisenmengenmodell wird im Vorfeld durch die planende Person festgelegt, *welche* Speisen in dem Speisenplan enthalten sind. Durch das Optimierungsmodell wird dann nur noch bestimmt, in welchen Mengen die Speisen angeboten werden. Dies wird an einem sehr einfachen Beispiel erläutert.

Es soll ein Menü geplant werden, das aus den beiden Speisen Eierpfannkuchen und Apfelmus besteht. Die jeweiligen Mengen der beiden Speisen sind so zu bestimmen, dass das Menü mindestens 400 kcal Energie, mindestens 80 g Kohlenhydrate und mindestens 10 mg Vitamin C enthält *(Nebenbedingungen)*. Sollte es mehrere Speisenpläne geben, die diese ernährungsphysiologischen Bedingungen erfüllen, ist derjenige mit den niedrigsten Lebensmittelkosten auszuwählen *(Hauptbedingung)*. Die Eigenschaften der beiden Speisen sind in Abbildung 6.4 dargestellt.

Eigenschaften	Speise	
	Eierpfannkuchen	**Apfelmus**
Lebensmittelkosten [€/Portion]	0,19	0,21
Energiegehalt [kcal/Portion]	417	144
Kohlenhydratgehalt [g/Portion]	47	34
Vitamin C-Gehalt [mg/Portion]	1	12

*Abb. 6.4
Eigenschaften der
Speisen, zum Beispiel
Speisenmengenmodell*

Erster Schritt: Definition der Variablen

In einem ersten Schritt werden die Variablen des Optimierungsmodells formuliert. Die Variablen sind jene Größen, die mit dem mathematischen Modell bestimmt werden sollen: Das sind in diesem Fall die Mengen der beiden Speisen:

x_1 = Menge der Speise Eierpfannkuchen (in Portionen),
x_2 = Menge der Speise Apfelmus (in Portionen).

Zweiter Schritt: Formulieren der Zielfunktion

In einem zweiten Schritt wird die Zielfunktion des Optimierungsmodells formuliert. Das ist immer eine Bedingung, die bestmöglich erfüllt werden soll; für die es also keine Unter-

oder Obergrenzen gibt. Es handelt sich also um eine Größe, die entweder minimiert oder maximiert werden soll. In diesem Beispiel sind es die Lebensmittelkosten, die möglichst niedrig sein sollen.

Die entsprechende mathematische Formulierung lautet:

$$0,19 \cdot x_1 + 0,21 \cdot x_2 \overset{!}{=} c \text{ min}$$

Dritter Schritt: Formulierung der Nebenbedingungen

In einem dritten Schritt werden die Nebenbedingungen formuliert. Es handelt sich bei dem Beispiel um die Ungleichungen der ernährungsphysiologischen Anforderungen.

Die Nebenbedingung für den Energiebedarf lautet:

$$417 \cdot x_1 + 144 \cdot x_2 \geq 400$$

Die Nebenbedingung für den Kohlenhydratgehalt lautet:

$$47 \cdot x_1 + 34 \cdot x_2 \geq 80$$

Die Nebenbedingung für den Vitamin-C-Gehalt lautet:

$$1 \cdot x_1 + 12 \cdot x_2 \geq 10$$

Vierter Schritt: Ermitteln der optimalen Lösung

Die optimale Lösung kann grafisch, algebraisch oder mit PC-Programmen bestimmt werden. Die grafische Methode ist nur bei Modellen mit zwei Variablen praktikabel. Die algebraische Methode ist mathematisch sehr anspruchsvoll. Die Anwendung von PC-Programmen ist an das Vorliegen einer Optimierungssoftware (z. B. What's Best als Add-In in Excel®) gebunden. Die Bedienung der Optimierungssoftware wird hier nicht weiter erläutert.

Die optimale Lösung lautet für dieses Beispiel:

x_1 = 1,17 Portionen Eierpfannkuchen,
x_2 = 0,74 Portionen Apfelmus.

Das eben erläuterte Schema kann für all die Speisenplanungsprobleme angewandt werden, bei denen die planende Person selbst festlegen möchte, welche Speisen in dem Speisenplan enthalten sind.

6.2.2.2 Speisenarten- und -mengenmodell

Bei dem Speisenarten- und -mengenmodell wird in einem mathematischen Modell gleichzeitig bestimmt, welche Speisen in dem Speisenplan vorkommen und in welchen Portionsmengen sie eingesetzt werden, um die ernährungsphysiologischen Anforderungen zu erfüllen. Dies wird ebenfalls an einem Beispiel erläutert. Es ist ein Speisenplan für ein Mittagessen zu bestimmen, der folgende Bedingungen erfüllt:

- die Lebensmittelkosten (LMK) sollen möglichst niedrig sein,
- der Energiegehalt soll zwischen 782 kcal und 1043 kcal betragen,
- der Eiweißgehalt soll mindestens 18 g betragen,
- der Fettgehalt soll zwischen 21,5 g und 40 g liegen,
- der Natriumchloridgehalt soll höchstens 5 g betragen,
- der Calciumgehalt soll mindestens 240 mg betragen,
- der Eisengehalt soll mindestens 5,4 mg betragen,
- der Vitamin A-Gehalt soll mindestens 0,27 mg betragen,
- Vitamin B_1 soll mindestens mit 0,07 mg enthalten sein,
- der Vitamin B_2-Gehalt soll mindestens 0,6 mg betragen,
- Vitamin C soll mindestens zu 30 mg enthalten sein.

Das Menü soll aus einer Vorsuppe, einer Fleischspeise, einer stärkereichen Beilage und einer Gemüsebeilage bestehen. Für jede der Speisengruppen stehen zwei Speisen zur Auswahl, die mit ihren Merkmalen in Abbildung 6.5 dargestellt sind.

In dem Modell soll simultan für jede Speise bestimmt werden:

1. Wird die Speise überhaupt in den Speisenplan gewählt? (= Auswahl der Speise)
2. Wenn die Speise gewählt wird: in welcher Menge ist sie in dem Speisenplan? (= Speisenmenge)

Speisen	Merkmale der Speisen pro Portion										
	LMK (€)	Energie (kcal)	Eiweiß (g)	Fett (g)	NaCl (g)	Ca (mg)	Fe (mg)	Vit. A (mg)	Vit. B₁ (mg)	Vit. B₂ (mg)	Vit. C (mg)
Speisengruppe: Vorsuppen											
(1) Möhrensuppe	0,11	79	1	4,1	1,0	26	0,5	1,05	0,04	0,03	6
(2) Kartoffelsuppe	0,17	86	2	3,3	1,2	27	0,8	0,16	0,10	0,06	21
Speisengruppe: Fleischspeisen											
(3) Königsberger Klopse	0,49	331	18	21,4	1,2	28	2,4	0,02	0,1	0,16	0
(4) Leber	0,48	190	19	9,0	0,6	13	20,6	5,42	0,29	2,95	22
Speisengruppe: Stärkereiche Beilagen											
(5) Reis	0,13	221	4	0,3	0,9	3	0,3	0	0,03	0,01	0
(6) Semmelknödel	0,53	411	18	10,4	1,8	149	2,4	0,15	0,18	0,33	3
Speisengruppe: Gemüsebeilagen											
(7) Spinat	0,21	106	5	4,6	1,8	225	8,2	1,42	0,22	0,46	105
(8) Erbsen	0,73	232	4	6,8	1,0	54	3,6	0,18	0,6	0,32	53

Abb. 6.5
Merkmale der Speisen zum Beispiel simultanes Speisenarten- und -mengenmodell

Es soll gelten:

• Wenn eine Speise nicht gewählt wird, soll die Menge dieser Speise Null betragen.
• Wenn eine Speise ausgewählt wird, soll seine Menge innerhalb sinnvoller Grenzen (zwischen speisenspezifischer Untergrenze und speisenspezifischer Obergrenze) liegen.

Erster Schritt: Definition der Variablen

Für jede Speise werden zwei Variablen benötigt.
Zum Beispiel wird für Speise 1 (Möhrensuppe) definiert:

x_{01} = Auswahl der Speise 1 (Möhrensuppe)
x_{01} ist eine Binärvariable, d. h. sie kann nur die Werte null oder eins annehmen.
x_{01} nimmt den Wert null an, wenn die Speise 1 (Möhrensuppe) nicht gewählt wird.
x_{01} nimmt den Wert eins an, wenn die Speise 1 (Möhrensuppe) gewählt wird.
x_{11} = Menge der Speise 1 (Möhrensuppe)
x_{11} ist eine kontinuierliche Variable, d. h. sie kann beliebige Werte annehmen.

Für Speise 2 (Kartoffelsuppe) lauten die Variablen:
x_{02} = Auswahl der Speise 2 (Kartoffelsuppe) (Binärvariable).

x_{12} = Menge der Speise 2 (Kartoffelsuppe) (kontinuierliche Variable).

Für Speise 3 (Königsberger Klopse) lauten sie:
x_{03} = Auswahl der Speise 3 (Königsberger Klopse) (Binärvariable).
x_{13} = Menge der Speise 3 (Königsberger Klopse) (kontinuierliche Variable) usw.

Es sind insgesamt 16 Variablen für die acht Speisen zu definieren.

Zweiter Schritt: Formulieren der Zielfunktion
Als Zielfunktion ist die Minimierung der Lebensmittelkosten mathematisch zu formulieren. Die gesamten Lebensmittelkosten des Menüs sind abhängig von der Speisen*menge*. Es gehen also die Speisen*mengen*variablen in die Zielfunktion ein.
Die Variablen werden multipliziert mit den Lebensmittelkosten pro Portion.
In unserem Beispielproblem lautet die Zielfunktion:

$$0{,}11 \cdot x_{11} + 0{,}17 \cdot x_{12} + 0{,}49 \cdot x_{13} + 0{,}48 \cdot x_{14} + 0{,}13 \cdot x_{15} + 0{,}53 \cdot x_{16} + 0{,}21 \cdot x_{17} + 0{,}73 \cdot x_{18} \overset{!}{=} c \text{ min !}$$

Dritter Schritt: Formulieren der Nebenbedingungen
Es sind insgesamt drei Typen von Nebenbedingungen zu formulieren:

• Bedingungen für die Auswahl der Speisen aus den Speisengruppen.
• Bedingungen für den Nährstoffgehalt.
• Bedingungen für die Verknüpfung von Speisenart und Speisenmenge.

Bedingungen für die Auswahl der Speisen aus den Speisengruppen
Die Auswahl der Speisen betrifft die Speisen*auswahl*variablen.
Aus den Vorsuppen Speise 1 (Möhrensuppe) und Speise 2 (Kartoffelsuppe) soll eine Speise ausgewählt werden:
$x_{01} + x_{02} = 1$

Aus den Fleischspeisen Speise 3 (Königsberger Klopse) und Speise 4 (Leber) soll eine Speise ausgewählt werden:

$x_{03} + x_{04} = 1$

Aus den stärkereichen Beilagen Speise 5 (Reis) und Speise 6 (Semmelknödel) soll eine Speise ausgewählt werden:

$x_{05} + x_{06} = 1$

Aus den Gemüsespeisen Speise 7 (Spinat) und Speise 8 (Erbsen) soll eine Speise ausgewählt werden:

$x_{07} + x_{08} = 1$

Bedingungen für den Nährstoffgehalt
Der Nährstoffgehalt ist abhängig von der Speisen*menge*. Es gehen also die Speisen*mengen*variablen in die Nährstoffbedingungen ein.

Die Nebenbedingung für den Mindestgehalt an Energie lautet:

$$79 \cdot x_{11} + 86 \cdot x_{12} + 331 \cdot x_{13} + 190 \cdot x_{14} + 221 \cdot x_{15} + 411 \cdot x_{16} + 106 \cdot x_{17} + 232 \cdot x_{18} \geq 782$$

Die Nebenbedingung für den Höchstgehalt an Energie lautet:

$$79 \cdot x_{11} + 86 \cdot x_{12} + 331 \cdot x_{13} + 190 \cdot x_{14} + 221 \cdot x_{15} + 411 \cdot x_{16} + 106 \cdot x_{17} + 232 \cdot x_{18} \leq 1043$$

Die Nebenbedingung für den Mindestgehalt an Eiweiß lautet:

$$1 \cdot x_{11} + 2 \cdot x_{12} + 18 \cdot x_{13} + 19 \cdot x_{14} + 4 \cdot x_{15} + 18 \cdot x_{16} + 5 \cdot x_{17} + 4 \cdot x_{18} \geq 18$$

usw.

Es sind so viele Bedingungen zu formulieren, wie Nährstoffe berücksichtigt werden sollen. Nährstoffe mit Unter- und Obergrenzen zählen dabei doppelt.

Verknüpfung von Speisenart und Speisenmenge

Wenn Speise 1 (Möhrensuppe) ausgewählt wird, muss die Speisenmenge innerhalb sinnvoller speisenspezifischer Grenzen (z. B. zwischen 0,6 und 1,6 Portionen) liegen.

Mathematisch ausgedrückt:

wenn $x_{01} = 1$, dann $0,6 \leq x_{11} \leq 1,6$.

Wenn Speise 1 (Möhrensuppe) nicht ausgewählt wird, muss die Speisenmenge null betragen. Mathematisch ausgedrückt: wenn $x_{01} = 0$, dann $x_{11} = 0$.

Dies wird für Speise 1 (Möhrensuppe) durch folgende zwei Ungleichungen erreicht:

a) $x_{01} \geq 0,6 \cdot x_{01}$ (bzw. nach Umstellung: $x_{11} - 0,6 \cdot x_{01} \geq 0$) und

b) $x_{11} \leq 1,6 \cdot x_{01}$ (bzw. nach Umstellung: $x_{11} - 1,6 \cdot x_{01} \leq 0$)

Allgemein lautet die Formulierung der Verknüpfung von Speisenart und -menge für Speise 1:

a) $x_{11} - u_1 \cdot x_{01} \geq 0$
b) $x_{11} - o_1 \cdot x_{01} \leq 0$

wobei

u_1 = Untergrenze für sinnvolle Speisenmengen von Speise 1,
o_1 = Obergrenze für sinnvolle Speisenmengen von Speise 1[3].

Für Speise 2 lauten die Bedingungen analog:
a) $x_{12} - u_2 \cdot x_{02} \geq 0$
b) $x_{12} - o_2 \cdot x_{02} \leq 0$

wobei

---

3 Die Verknüpfung von Speisenart und -menge mit diesen beiden Bedingungen funktioniert mathematisch in folgender Weise:
Wenn $x_{01} = 0$, also wenn Speise 1 (Möhrensuppe) nicht gewählt wird, lauten die beiden Bedingungen:
a) $x_{11} - 0,6 \cdot 0 \geq 0$, umgestellt: $x_{11} \geq 0$
b) $x_{11} - 1,6 \cdot 0 \leq 0$, umgestellt: $x_{11} \leq 0$
Diese beiden Bedingungen a) und b) sind nur erfüllt, wenn gilt: $x_{11} = 0$. Somit wird die Menge einer nicht gewählten Speise auf den Wert null gezwungen.

Wenn $x_{01} = 1$, also wenn die Speise 1 (Möhrensuppe) gewählt wird, lauten die beiden Bedingungen:
a) $x_{11} - 0,6 \cdot 1 \geq 0$, umgestellt: $x_{11} \geq 0,6$
b) $x_{11} - 1,6 \cdot 1 \leq 0$, umgestellt: $x_{11} \leq 1,6$
Aus a) und b) folgt dann: $0,6 \leq x_{11} \leq 1,6$. Somit wird erreicht, dass die Menge einer gewählten Speise sich innerhalb speisenspezifischer Unter- und Obergrenzen befinden muss.

u_2 = Untergrenze für sinnvolle Speisenmengen von Speise 2,
o_2 = Obergrenze für sinnvolle Speisenmengen von Speise 2.

usw.

Für die acht Speisen in dem Beispiel sind insgesamt 16 solche Bedingungen zu formulieren.

Schritt 4: Ermitteln der optimalen Lösung
Es handelt sich um ein gemischt-ganzzahliges Optimierungsproblem, das mit speziellen Softwareprogrammen gelöst werden kann. Die mathematische Besonderheit liegt in der Sicherstellung der Binärvariablen, die nur die Werte null oder eins annehmen dürfen. Der Branch-and-Bound-Algorithmus (ein Algorithmus, der die optimale Lösung durch schrittweises Hinzufügen der Ganzzahligkeitsbedingungen sucht) kann solche mathematischen Probleme lösen. Er ist ebenfalls in dem Add-In *What's Best* enthalten.
Die optimale Lösung des Problems lautet dann:

- x_{01} = 1; x_{11} = 0,945 Portionen Möhrensuppe,
- x_{02} = 0; x_{12} = 0 Portionen Kartoffelsuppe,
- x_{03} = 1; x_{13} = 0,767 Portionen Königsberger Klopse,
- x_{04} = 0; x_{14} = 0 Portionen Leber,
- x_{05} = 1; x_{15} = 1,6 Portionen Reis,
- x_{06} = 0; x_{16} = 0 Portionen Semmelknödel,
- x_{07} = 1; x_{17} = 0,941 Portionen Spinat,
- x_{08} = 0; x_{18} = 0 Portionen Erbsen.

Dieses Modell kann für komplexe Speisenplanungsaufgaben in der Gemeinschaftsverpflegung angewandt werden. Bedauerlicherweise ist derzeit keine Software auf dem Markt, die dem Nutzer die hier dargestellte mathematische Formulierung des Optimierungsmodells abnimmt. Nährwertberechnungsprogramme sind derzeit für Speisenplanung in der Gemeinschaftsverpflegung nur für die Versuch-und-Irrtum-Methode hilfreich. Es wäre erfreulich, wenn sich der Softwaremarkt in den nächsten Jahren in Richtung Speisenplanungsoptimierung in der Gemeinschaftsverpflegung entwickeln würde. Bis dahin wird Speisenplanoptimierung für die Praxis überwiegend nur in Fallstudien (z. B. Abschlussarbeiten von Hochschulabsolventen) durchgeführt werden können.

7 Produktionsablaufplanung

Autorinnen:
Margot Steinel
Dagmar Kelm

Produktionsablaufplanung ist die Planung der zeitlichen An-ordnung der einzelnen Arbeitsschritte in der Speisenproduktion. Ein grundlegendes Problem dabei ist, dass die meisten Arbeitsschritte zeitlich nicht beliebig verschoben werden können. Kurz vor der Essensausgabe und während der Essensausgabe entsteht eine Personalspitze. Das Personal wird sowohl für die Produktion bzw. Nachproduktion der Speisen als auch für die Portionierung an der Essensausgabe benötigt.

Die kontinuierliche Nachproduktion der Speisen ist aus Qualitätsgründen erforderlich. Alle Speisen sind spätestmöglich fertig zu stellen. In der Praxis ist häufig nicht so viel Personal vorhanden, dass alle Speisen punktgenau zum Zeitpunkt der Essensausgabe fertig gestellt werden können. Einige Arbeitsschritte müssen zeitlich vorverlagert werden.

Das übergeordnete **Ziel bei der Speisenproduktion** ist die bestmögliche Erhaltung der Qualität der Speisen:

- ernährungsphysiologische Qualität,
- sensorische Qualität,
- hygienische Qualität.

Ein Aspekt der bestmöglichen Qualitätserhaltung ist die Warmhaltezeit der Speisen. Diese soll minimiert werden.

Daraus ergibt sich die **Zielsetzung für die Produktionsablaufplanung**. Der Produktionsablauf ist so zu gestalten, dass die Speisen spätest möglich fertig gestellt werden (geringst mögliche Warmhaltezeiten) und die vorhandenen Kapazitäten an Arbeitskräften und Betriebsmitteln nicht überlastet werden.

Die Produktion setzt sich aus einer Vielzahl von Teilvorgängen zusammen. Aus dem Ziel der spätest möglichen Fertigstellung der Speisen folgt somit eine spätest mögliche Anordnung der Teilvorgänge bei der Speisenproduktion.

Es gibt mehrere Möglichkeiten, den Produktionsablauf zu gestalten:

- traditionell,
- intuitiv,
- systematisch (Netzplantechnik).

7.1 Traditionelle Planung

Bei der **traditionellen Planung** wird so vorgegangen, wie es sich in der Vergangenheit bewährt hat. Dabei stellt sich meist kein Entscheidungsproblem mehr, sondern die Aufgaben werden *wie immer* gelöst. Dabei besteht allerdings die Gefahr, dass ungünstige Abläufe tradiert werden und Verbesserungsvorschläge mit dem Argument *das haben wir schon immer so gemacht* abgeschmettert werden.

7.2 Intuitive Planung

Bei der **intuitiven Planung** lässt sich die Küchenleitung von ihrem *Gefühl* leiten und sie entscheidet *aus dem Bauch heraus*, in welcher Reihenfolge die Arbeitsschritte durchgeführt werden sollen. Diese Vorgehensweise ist allerdings nicht transparent und für Außenstehende nicht nachvollziehbar.

7.3 Systematische Planung – Netzplantechnik

Bei der **systematischen Planung** wird die Netzplantechnik an - gewendet. Die Methode garantiert die Bestimmung eines optimalen Produktionsablaufs, also dass sämtliche Teilabschnitte so spät angeordnet werden, dass die gewichtete Warmhalte - zeit (bzw. Wartezeit) der Speisen und Speisenkomponenten minimiert wird.

Das wird im Wesentlichen dadurch erreicht, dass die Anordnung der Teilvorgänge vom Ende der Produktion her geplant wird (welcher Teilvorgang muss als letztes erfolgen?) statt wie üblich bei der intuitiven Planung von Beginn der Produktion (was machen wir zuerst?).

Die Küchenleitung muss folgende Vorüberlegungen zum Produktionsablauf anstellen, um die Netzplantechnik anwenden zu können.

• Das Produktionsprogramm wird in die Zubereitung der verschiedenen Speisen und die sonstigen Tätigkeiten (wie Lebensmittelbestellung, Reinigung des Lagers) gegliedert.

- Die Zubereitung jeder Speise wird in mehrere Arbeits - schritte unterteilt.
- Die Dauer jedes Arbeitsschritts wird erfasst und es wird festgelegt, wie die Arbeitsschritte miteinander verknüpft sind. Das heißt, dass die Arbeitsschritte erst dann beginnen können, wenn der vorangegangene Arbeitsschritt bereits beendet ist. Außerdem wird erfasst, wie viel Zeit maximal zwischen den Arbeitsschritten liegen darf.
- Für jeden Arbeitsschritt wird festgelegt, wie hoch der Personalbedarf ist und welche Arbeitsgeräte benötigt werden.
- Des Weiteren müssen die Pufferzeiten bestimmt werden. Das sind die Zeiten, innerhalb derer die Anordnung eines Arbeitsschrittes variiert werden kann.
- Zum Schluss folgt die Festlegung der Prioritäten. Die höchste Priorität erhält der Arbeitsschritt, der aus ernährungsphysiologischer, sensorischer und hygienischer Sicht erst direkt vor Beginn der Essensausgabe erfolgen sollte.

Erst wenn diese Informationen vorhanden sind, kann der eigentliche Netzplan erstellt werden.

Abbildung 7.1 zeigt exemplarisch den Netzplan einer Verpflegungseinrichtung. Produziert werden eine Tomatensuppe sowie Petersilienkartoffeln mit Karottengemüse und Schnitzel. Sie sonstigen zu erledigenden Tätigkeiten sind die Verwaltungs- sowie die Reinigungstätigkeit.

Die Produktion beginnt um 7:00 Uhr und muss um 11:00 Uhr mit Beginn der Essensausgabe abgeschlossen sein. Die einzelnen Arbeitsschritte bei der Zubereitung der Speisen sind zeitlich erfasst. Daraus ergeben sich der frühest mögliche Anfang und das frühest mögliche Ende bzw. der spätest mögliche Anfang und das spätest mögliche Ende. Für die Arbeitsschritte ist festgelegt, ob eine Arbeitskraft benötigt wird. Einzelne Arbeitsschritte wie das Kartoffelnschälen und das Hacken der Petersilie können unabhängig von einander erfolgen. Das Garen der Kartoffeln sowie das Abgießen des Kochwassers müssen hingegen direkt aufeinander erfolgen.

Jedem Arbeitsschritt ist eine Priorität zugeordnet. Das Erhitzen, Binden und Abschmecken der Karotten ist der Arbeitsschritt, der direkt vor der Essensausgabe zu erfolgen hat. Er hat die Priorität *1*. Die Verwaltungs- und Reinigungstätigkeiten haben den geringsten Einfluss auf die ernährungsphysiologische, sensorische und hygienische Qualität. Deshalb haben sie die geringsten Prioritäten *16* und *17*.

Nach der Aufstellung des Netzplans erfolgt die eigentliche Planung des Produktionsablaufs. Die relativ rechenaufwändige Methode ist in der Literatur beschrieben (Lehmann/Karg 1985). Bislang ist keine nutzerfreundliche Software entwickelt, die auf die Besonderheiten der Netzplantechnik in der Gemeinschaftsverpflegung eingeht. Der Netzplan müsste jeden Tag neu erstellt werden und dabei ist zu berücksichtigen, dass jeden Tag andere Speisen und Speisenkombinationen produziert werden. Dies hat einen starken Einfluss auf die Vergabe der Prioritäten. Deshalb wird die Methode zwar in der Ausbildung z. B. von Ökotrophologen gelehrt, selten jedoch in der Praxis angewandt. Hier besteht noch Entwicklungsbedarf für die Branchensoftware. Solange es solche Software nicht gibt, wird in den Küchen weiterhin die traditionelle oder intuitive Planung realisiert.

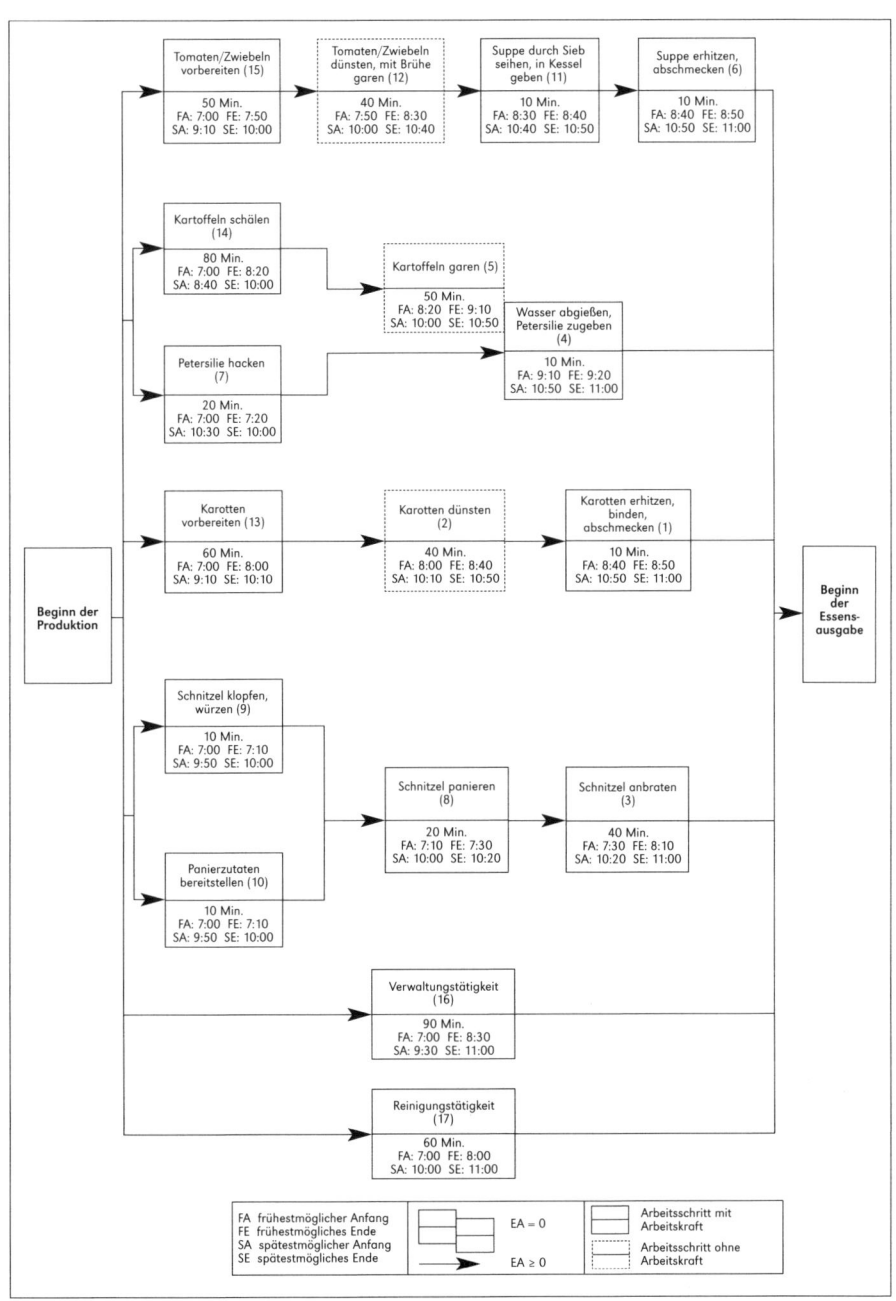

Abb. 7.1 Beispiel eines Netzplans für den gesamten Produktionsablauf

8 Kostenrechnung

Autorinnen:
Margot Steinel
Nora Timm

- Wie viel kostet uns die Erstellung eines Mittagessens?
- Sind wir teurer oder billiger als ein Caterer?
- Ist es wirtschaftlich sinnvoll, zusätzlich ein *Essen auf Rädern* anzubieten?

Solche und ähnliche Fragen werden in Zeiten *steigenden Kostendrucks* immer wieder gestellt. Deshalb ist es notwendig, ein Rechensystem aufzubauen, mit dem die Kosten des Verpflegungsbetriebs ermittelt werden können, also eine Kostenrechnung. In einem solchen Rechnungssystem wird sämtliches Geschehen in einem Verpflegungsbetrieb monetär abgebildet. Dies wird in Abbildung 8.1 dargestellt. Alles Geschehen in einem Verpflegungsbetrieb kann als ein Leistungserstellungsprozess betrachtet werden, in dem Ressourcen (Personal, Lebensmittel, Strom, Geräte usw.) verbraucht und Leistungen (Verpflegungsdienstleistungen) erstellt werden. Auf der Rechnungsebene wird dann bestimmt, wie viel Wert die für den Leistungserstellungsprozess verbrauchten Ressourcen und wie viel Wert die erstellten Leistungen haben. Wirtschaftlich ist der Betrieb dann, wenn die erstellten Leistungen mehr Wert haben als die für die Erstellung verbrauchten Leistungen. Die Kostenrechnung dient dazu, Daten zur Beurteilung der Wirtschaftlichkeit zur Verfügung zu stellen.

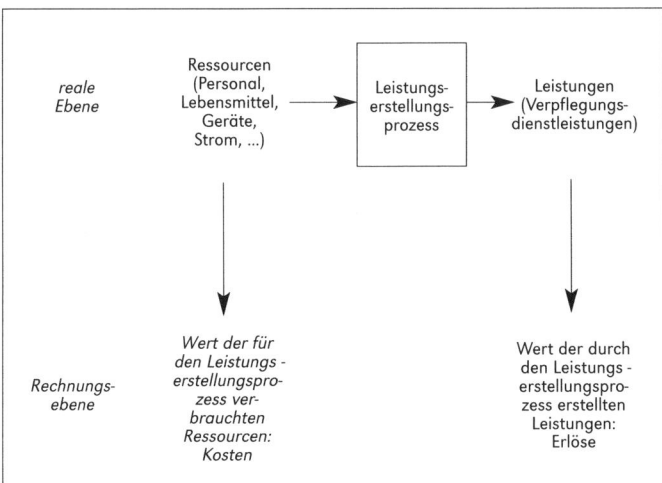

Abb. 8.1
Leistungserstellungsprozess und dessen Abbildung im Rechnungssystem

8.1 Kostenrechnung und Buchführung

Sowohl die Buchführung als auch die Kostenrechnung erfassen das Betriebsgeschehen auf einer monetären Ebene. Allerdings besteht zwischen den in der Buchführung und den in der Kostenrechnung erfassten Sachverhalten ein betriebswirtschaftlich wichtiger Unterschied. Die Buchführung wird für *externe Informationsbedürfnisse* erstellt. In ihr werden zu bestimmten Bilanzstichtagen Vermögen und Kapital des Betriebs abgebildet sowie während des Geschäftsbetriebs die Aufwendungen und Erträge erfasst. Aufwendungen und Erträge sind Veränderungen des Eigenkapitals des Betriebs.

Aufwendungen mindern das Eigenkapital des Betriebs. Erträge erhöhen das Eigenkapital.

Die Kostenrechnung wird für *interne Informationsbedürfnisse* erstellt. In ihr werden die Kosten (oder die Kosten und Erlöse) der Leistungserstellung abgebildet.

Kosten sind der Wert der Güter und Dienstleistungen, die notwendig in den Leistungserstellungsprozess eingehen (vgl. Abb. 8.1). Oder einfacher ausgedrückt: Kosten sind der Wert der Güter und Dienstleistungen, die für die Leistungserstellung verwendet werden. Erlöse sind der Wert der aus dem Leistungserstellungsprozess resultierenden Leistungen.

Der Unterschied zwischen den in der Buchführung erfassten Aufwendungen und Erträgen und den in der Kostenrechnung erfassten Kosten und Erlösen ist in der betriebswirtschaftlichen Theorie erheblich, wird aber in der Praxis nicht immer beachtet. Der Betrieb, der zusätzlich zu der schon vorhandenen Buchführung eine Kostenrechnung einführen möchte, muss deshalb zu Beginn eine strategische Entscheidung treffen, ob er

- den strengen Regeln der betriebswirtschaftlichen Theorie folgen und eine ausführliche Abgrenzungsrechnung (das ist eine Rechnung, in der Aufwendungen von Kosten und Erträge von Erlösen abgegrenzt werden) durchführen oder
- der gängigen Praxis folgen möchte, in der der Unterschied zwischen Aufwendungen und Kosten einerseits sowie zwischen Erträgen und Erlösen andererseits ignoriert wird (vgl. Abb. 8.2).

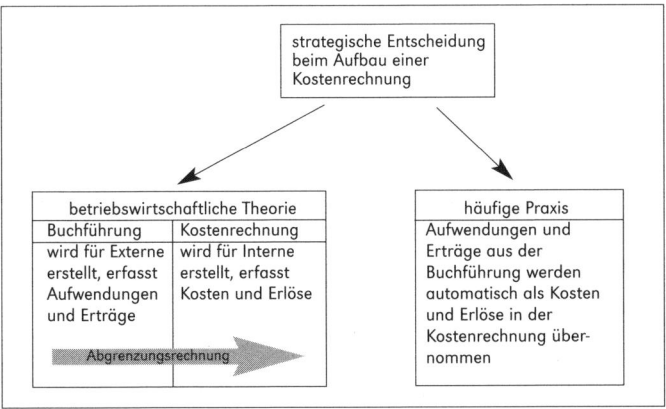

*Abb. 8.2
Strategische
Entscheidung beim
Aufbau einer
Kostenrechnung*

Wer den Weg der betriebswirtschaftlichen Theorie verfolgt, muss in der Abgrenzungsrechnung unterscheiden zwischen (vgl. Abb. 8.3):

- Aufwendungen, die zugleich Kosten in gleicher Höhe sind,
- Aufwendungen, die keine Kosten sind,
- Aufwendungen, bei denen die Kosten einen anderen Be - trag haben,
- Kosten, für die es keine Aufwendungen gibt.

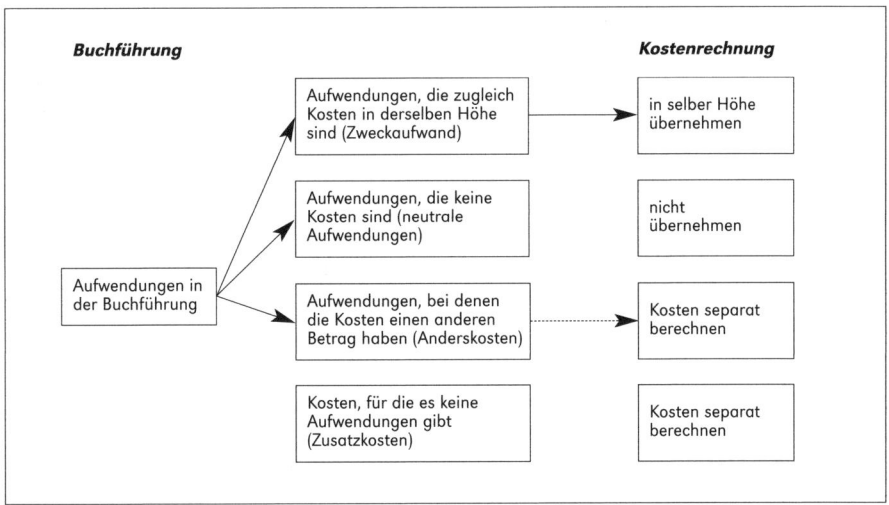

Abb. 8.3 Betriebswirtschaftlich korrekter Datenfluss von der Buchführung zur Kostenrechnung

Aufwendungen, die zugleich Kosten in selber Höhe sind (Zweckaufwand)

Zweckaufwendungen sind Aufwendungen für Güter und Dienstleistungen, die in der betreffenden Periode notwendig in den Leistungserstellungsprozess eingeflossen sind. In den meisten Betrieben stellt der weit überwiegende Anteil der Aufwendungen zugleich Kosten dar. Diese Aufwendungen können *eins zu eins* aus der Buchführung in die Kostenrechnung übernommen werden.

Aufwendungen, die keine Kosten sind (neutrale Aufwendungen)

Neutrale Aufwendungen sind solche, die zwar in der Buchführung als Verminderungen des Eigenkapitals erscheinen. Diese Verminderung des Eigenkapitals steht aber nicht in ursächlichem Zusammenhang mit dem Leistungserstellungsprozess in dieser Periode. Dazu gehören:

- periodenfremde Aufwendungen, z. B. Heizkostennachzahlungen für das vergangene Jahr oder Vorauszahlungen für eine Mitgliedschaft in einem Verband im kommenden Jahr,
- betriebsfremde Aufwendungen, z. B. Geld- oder Sachspenden an andere Organisationen, Löhne und Gehälter für Personal, das an andere Betriebe ausgeliehen ist,
- außerordentliche Aufwendungen, z. B. Wiederherstellung des Gebäudes nach Feuer-, Unwetter- oder Hochwasser - schaden, Ersatz von Waren nach erheblichem Diebstahl, außergewöhnlichem Verderb oder Unbrauchbarkeit von Lebensmitteln aufgrund eines Lebensmittelskandals.

Solche neutralen Aufwendungen müssen bei der Daten - sammlung aus der Buchführung identifiziert werden, damit die Beträge nicht in die Kostenrechnung übernommen werden.

Aufwendungen, bei denen die Kosten einen anderen Betrag haben (Anderskosten)

Ein unterschiedlicher Betrag der Aufwendungen und Kosten kommt dann zustande, wenn die Bewertung der verbrauchten Ressourcen aufgrund gesetzlicher Vorschriften in der Buchfüh - rung anders erfolgt als in der Kostenrechnung. Das kann bei

Abschreibungen der Fall sein, wenn der Betrieb in der Kostenrechnung andere Abschreibungskriterien ansetzen möchte als
es die Vorschriften für die Buchführung vorschreiben (z. B. an-
schaffungspreisorientierte Abschreibung in der Buchführung,
wiederbeschaffungspreisorientierte Abschreibung in der Kostenrechnung, vgl. Kapitel 8.3.4). Weiterhin können Anderskosten vorkommen, wenn der Wert des Personals in der Kostenrechnung anders bewertet wird als das tatsächlich bezahlte Gehalt (z. B. wenn eine Praktikantin eine bezahlte Kraft
ersetzt, vgl. Kapitel 8.3.1).

Solche Anderskosten müssen bei der Datensammlung aus
der Buchführung identifiziert und die entsprechenden Kosten-
beträge in Sonderrechnungen berechnet werden.

**Kosten, für die es keine
Aufwendungen gibt (Zusatzkosten)**
Zusatzkosten sind in der Kostenrechnung dann anzusetzen,
wenn Ressourcen notwendig in den Leistungserstellungsprozess eingehen, einen Wert haben, aber in der Buchführung keine Bewertung erfolgt. Das ist immer dann der Fall, wenn
Ressourcen für den Leistungserstellungsprozess unentgeltlich
zur Verfügung gestellt werden. Das kann unentgeltlich arbei-
tendes Personal sein (Praktikanten, Zivildienstleistende, mit-
helfende Familienangehörige), unentgeltlich zur Verfügung gestellte Lebensmittel (Sachgeschenke, Ernte aus dem eigenen
Garten), mietfrei zur Verfügung gestellte Räume oder zinslos
zur Verfügung gestelltes Kapital.

8.2 Aufbau der Kostenrechnung

Die klassische Vollkostenrechnung wird in drei Unterrech-
nungen aufgeteilt (vgl. Abb. 8.4).

• Kostenartenrechnung,
• Kostenstellenrechnung,
• Kostenträgerrechnung.

Die **Kostenartenrechnung** ist die erste Stufe der Kostenrechnung. Hier wird untersucht, welche Kosten entstanden
sind. Kostenarten sind die Güter und Dienstleistungen, die für

*Abb. 8.4
Ablauf der
Kostenrechnung*

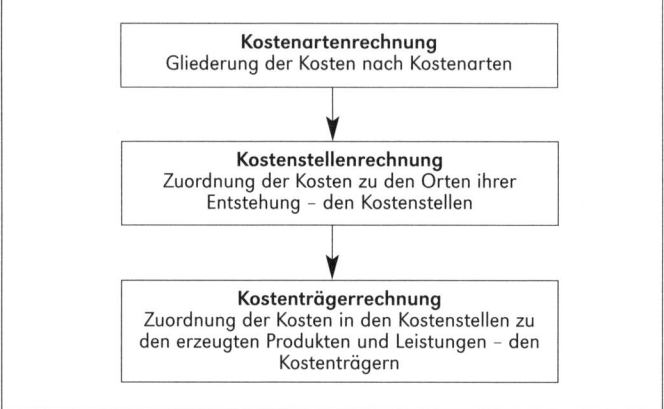

die Leistungserstellung verwendet werden. Sie werden erfasst, strukturiert und in Euro bewertet. Beispielsweise stellen Lebensmittelkosten eine typische Kostenart dar.

In der **Kostenstellenrechnung** wird untersucht, wo die Kosten entstanden sind. Es erfolgt die Zuordnung der verwendeten Güter und Dienstleistungen (Kostenarten) zu den Orten, in denen sie verbraucht wurden (Kostenstellen). Es erfolgt eine verursachungsgerechte Verrechnung der Kostenarten auf die Kostenstellen. Eine Kostenstelle kann z. B. die Geschirrreinigung, der Speisesaal oder die Warme Küche sein.

Anschließend werden die Kosten in der **Kostenträgerrechnung** den Endprodukten oder erstellten Leistungen (Kostenträger), für die sie entstanden sind, zugeordnet. Die Leitfrage in diesem Rechenschritt lautet: Wofür sind die Kosten angefallen? Ein Kostenträger kann z. B. ein Beköstigungstag oder ein Mittagessen oder auch ein Salatteller sein.

8.3 Kostenartenrechnung

In der Kostenartenrechnung werden Basisinformationen für die Kostenstellen- und Kostenträgerrechnung gewonnen. Weiterhin liefern die hier ermittelten Daten bereits aussagefähige Informationen. So können die Kostenarten nach ihrer Höhe analysiert und wichtige Kennzahlen ermittelt werden.

Beispielsweise ist der *Anteil der Lebensmittelkosten an den Gesamtkosten der Verpflegung* besonders interessant. Je hö -

her der Lebensmittelkostenanteil an den Gesamtkosten ist, umso wirtschaftlicher arbeitet die Verpflegungseinrichtung (weil dann der Anteil der Nichtlebensmittelkosten geringer ist).

Es werden Kostenarten festgelegt, in einem Kostenartenplan gegliedert und in Geldwerten ausgewiesen.

Die Informationen werden für einen bestimmten, vom Unternehmen selbst gewählten Berechnungszeitraum (z. B. Monat, Vierteljahr, Jahr) erhoben.

8.3.1 Personalkosten

Die Personalkosten stellen in den meisten Gemeinschaftsverpflegungsbetrieben die größte Kostenart dar. Personalkostenbestandteile sind die Löhne und Gehälter selbst sowie die gesetzlichen Lohn- und Gehaltsnebenaufwendungen, die tariflichen und/oder die sonstigen Lohn- und Gehaltsnebenaufwendungen. Weitere Personalkostenbestandteile sind kalkulatorische Personalkosten in Form von Personalzusatzkosten und Personalanderskosten. Abbildung 8.5 gibt einen Überblick über die Personalkostenbestandteile.

Personalkosten	
Personalaufwendungen	**kalkulatorische Personalkosten**
• Löhne und Gehälter	• Personalzusatzkosten
• gesetzliche Lohn- und Gehaltsnebenaufwendungen	• Personalanderskosten
• tarifliche Lohn- und Gehaltsnebenaufwendungen	
• sonstige Lohn- und Gehaltsnebenaufwendungen	

Abb. 8.5
Personalkosten-
bestandteile

8.3.1.1 Personalkosten pro Monat

Zur Berechnung der Personalkosten pro Monat können die Personalaufwendungen aus der Personalbuchhaltung übernommen werden. Sie beinhalten die Löhne und Gehälter sowie die gesetzlichen und gegebenenfalls tariflichen und/oder sonstigen Lohn- und Gehaltsnebenaufwendungen.

Die **Löhne und Gehälter** werden in ihrer Höhe durch die Arbeitsverträge geregelt, die gegebenenfalls an einen Tarifvertrag angelehnt sind.

Im Verpflegungsbereich spielen unter anderem der Tarifvertrag des öffentlichen Dienstes (TVöD), der Tarifvertrag IG Me -

tall (IGM) (insbesondere in Betriebskantinen der metallverarbeitenden Industrie) und der Tarifvertrag Nahrung-Genuss-
Gaststätten (NGG) eine Rolle. Im Vergleich zum Tarif des öffentlichen Dienstes und der IG Metall sind die Vergütungen
nach Tarif NGG niedriger. Beispielsweise beträgt die Brutto-
vergütung für Küchenpersonal nach Tarif NGG in Sachsen-
Anhalt 991 € (gültig ab: 04/2007, Wochenarbeitszeit: 40 Stunden) und in Baden-Württemberg 1.420 € (gültig ab: 05/2007,
Wochenarbeitszeit: 39 Stunden) (vgl. Wirtschafts- und Sozial -
wissenschaftliches Institut in der Hans Böckler Stiftung 2007).

In Abbildung 8.6 sind die Grundentgelte (Stufe 1) für Kü -
chenpersonal nach Tarif TVöD für das Bundesgebiet Ost und
West dargestellt.

Abb. 8.6
Beispiel für die
Tarifvergütung nach
TVöD für Küchenpersonal

Personalart	Entgelt- gruppe (Quelle: nach Studentenwerk Halle 2007)	Grundentgelt (Stufe 1) in €/Monat (Quelle: nach TVöD 2005)	
		Ost[1]	West[2]
Küchenleiter/-in (große Einrichtung)	9	1.999	2.061
Küchenleiter/-in (kleine Einrichtung)	6	1.711	1.764
Koch/Köchin	5	1.637	1.688
Beikoch/Beiköchin, Kassierer/-in, Hilfskräfte	3	1.528	1.575

1 Bemessungssatz Tarifgebiet Ost 97 v.H. (gültig ab 1. Juli 2007); das tatsächliche Entgelt kann je nach
Leistung und Erfahrung im öffentlichen Dienst noch höher ausfallen (höhere Stufe).
2 das tatsächliche Entgelt kann je nach Leistung und Erfahrung im öffentlichen Dienst noch höher ausfallen (höhere Stufe).

Die **gesetzlichen Lohn- und Gehaltsnebenaufwendungen**
sind Arbeitgeberanteile zur gesetzlichen Sozialversicherung
(meist 50 % des gesamten Beitrags) und Beiträge zur Berufs -
genossenschaft (gesetzliche Unfallversicherung).

2007 sind folgende Sozialversicherungsbeiträge durch den
Arbeitgeber abzuführen:

- ca. 6,90 % Krankenversicherung (variiert je nach Kran -
  kenkasse des Arbeitnehmers) [ab 01.01.2009 gilt für alle
  Krankenkassen ein einheitlicher Beitragssatz (Bundes -
  ministerium für Gesundheit 2007a)],
- 9,95 % Rentenversicherung,
- 2,10 % Arbeitslosenversicherung und
- 0,85 % Pflegeversicherung (in Sachsen 0,35 %).

Die Beiträge zur gesetzlichen Unfallversicherung müssen im Rahmen der Berufsgenossenschaft in Höhe von ca. 1 % der Lohn- und Gehaltssumme gezahlt werden.

Weitere Leistungen, wie zum Beispiel das Urlaubsgeld, Weihnachtsgeld, vermögenswirksame Leistungen, Abfindungen, Jubiläumszuwendungen, Beihilfen zur Verpflegung, zu Fahrtkosten und Fortbildungen können auch anfallen. Diese sind aber nicht gesetzlich vorgeschrieben und zählen zu den **tariflichen und sonstigen Lohn- und Gehaltsnebenaufwendungen**. Sie fallen im Laufe des Jahres meist unregelmäßig an. Zum Beispiel wird im öffentlichen Dienst das Urlaubs- und Weihnachtsgeld in einer Jahressonderzahlung jeweils im November gezahlt.

Weiterhin fällt die Behindertenabgabe an. Jeder öffentliche und private Arbeitgeber mit jahresdurchschnittlich mindestens 20 Arbeitsplätzen ist verpflichtet, auf wenigstens 5 % der Arbeitsplätze schwerbehinderte Menschen zu beschäftigen (nach SGB IX § 71). Für jeden nicht besetzten Behindertenarbeitsplatz muss eine monatliche Ausgleichsabgabe abgeführt werden (nach SGB IX § 77), die je nach erreichter Behindertenbeschäftigungsquote zwischen 105 € und 260 € pro Monat liegt.

Abbildung 8.7 zeigt beispielhaft, wie die monatlichen und jährlichen Aufwendungen zu den Personalaufwendungen pro Monat verrechnet werden. Betriebsspezifisch können noch weitere Aufwendungen (z. B. Zuwendungen für Fortbildungen etc.) anfallen. Diese können dann in das Schema zusätzlich aufgenommen werden.

Weiterhin muss entschieden werden, ob auch kalkulatorische Personalkosten berechnet werden sollen. Diese kalkulatorischen Personalkosten werden als Personalaufwendungen in der Buchführung gar nicht oder in anderer Höhe verbucht (vgl. Kapitel 8.1). Personalkosten, die nicht in der Buchführung als Aufwendungen verbucht werden, sind sogenannte **Personalzusatzkosten**. Sie fallen zum Beispiel an, wenn eine Ordensfrau ohne Entgelt als Köchin in der Küche einer kirchlichen Altenhilfeeinrichtung arbeitet. In diesem Fall sind in der Kostenrechnung Zusatzkosten in Form von entgangenen Lohnaufwendungen für eine Köchin anzusetzen. Weiterhin ist es auch möglich, dass Aufwendungen nicht in gleicher Höhe aus der Buchführung übernommen werden können. Diese Auf-

Bestandteil	in Prozent	in € pro Jahr	in € pro Monat
monatliche Gehaltsbestandteile			
Vergütung			991,00
vermögenswirksame Leistungen			6,65
jährliche Gehaltsbestandteile			
Jahressonderzahlung (Urlaubsgeld, Weihnachtsgeld)		669,00	55,75
Sozialversicherungspflichtiges Brutto			1.053,40
Beiträge zur Sozialversicherung			
Krankenversicherung	6,90 %		72,68
Rentenversicherung	9,95 %		104,81
Arbeitslosenversicherung	2,10 %		22,12
Pflegeversicherung	0,85 %		8,95
Unfallversicherung	1,00 %		10,53
Summe der Sozialversicherungsabgaben			219,09
Arbeitgeber Brutto			1.272,49
Behindertenabgabe			13,00[3]
Personalaufwendungen			1.285,49

Abb. 8.7 Vereinfachtes Rechenbeispiel – Personalaufwendungen pro Monat für eine Küchenhilfe nach Tarif NGG in Sachsen-Anhalt

3 Kalkulatorischer Wert: 13,00 € Behindertenabgabe sind pro Arbeitnehmer zu kalkulieren, wenn der Betrieb jahresdurchschnittlich 60 Arbeitsplätze bereitstellt und die drei Pflichtarbeitsplätze für schwerbehinderte Menschen nicht besetzt sind.

wendungen werden in der Betragshöhe angepasst und gehen als **Personalanderskosten** in die Kostenrechnung ein.

Beispiel: In der Küche ist als Aushilfe eine Praktikantin eingestellt. Diese erledigt alle Aufgaben einer Küchenhilfe. Für die Praktikantin fallen in der Buchführung Lohnaufwendungen in Höhe von 300 € pro Monat an. Da diese Praktikantin eine Küchenhilfe ersetzt, können in der Kostenrechnung die Kosten für eine Küchenhilfe mit 1.285,49 € pro Monat angesetzt werden.

Folgende Fälle sind bei der Kalkulation von Anders- und/ oder Zusatzkosten bei den Personalkosten zu überdenken:

- Arbeit von mithelfenden Familienangehörigen,
- Arbeit von Ordensfrauen und -männern,
- Arbeit von Ehrenamtlichen,
- Arbeit von Praktikanten, Zivildienstleistenden, Absolventen eines Freiwilligen Sozialen Jahres usw.

Nach dem Abschluss der Berechnungen liegen die Personalkosten für einen Abrechnungszeitraum z. B. Personalkosten pro Monat vor. Auf Grundlage dieser Daten können dann Personalkostenkennzahlen bestimmt werden.

8.3.1.2 Personalkostenkennzahlen
Personalkosten pro geleisteter Arbeitsstunde
Wenn die Informationen über die Personalkosten pro Monat nicht ausreichen und auch Informationen über die Kosten pro tatsächlich geleisteter Arbeitsstunde benötigt werden, sind folgende Berechnungen notwendig. Es muss berücksichtigt werden, dass das Personal im Fall von gesetzlichen Feiertagen, bei Urlaub, bei Krankheit oder Mutterschutz zwar bezahlt wird, aber keine Arbeit für den Betrieb verrichtet. Von den bezahlten Arbeitsstunden sind diese Abwesenheitszeiten abzurechnen. Im Folgenden wird erläutert, wie diese Abwesenheitszeiten zustande kommen.

An den **gesetzlichen Feiertagen** ist der Arbeitnehmer freigestellt, erhält aber die reguläre Vergütung weiter. Die Abwesenheitszeiten durch die gesetzlichen Feiertage sind je nach Bundesland unterschiedlich. In Bayern gibt es 13 gesetzliche Feiertage; in Bremen, Hamburg, Berlin sowie Niedersachsen nur neun gesetzliche Feiertage.

Die Anzahl der Feiertage, an denen der Arbeitnehmer freizustellen ist, ist außerdem von Jahr zu Jahr unterschiedlich. Es gibt Feiertage, die immer auf einen Wochentag fallen (z. B. Karfreitag) und Feiertage, deren Wochentag variabel ist (z. B. Neujahr ist jedes Jahr an einem anderen Wochentag). In Abbildung 8.8 wird eine Übersicht über die Feiertage und die Abwesenheitsquote durch Feiertage für das Jahr 2007 und für ein durchschnittliches Jahr für alle Bundesländer aufgezeigt. Diese Übersicht gilt für Betriebe mit einer Fünf-Tage Woche (Montag – Freitag) und einer Sechs-Tage Woche (Montag – Samstag). Der Feiertagsanteil an den bezahlten Arbeitstagen liegt je nach Bundesland, Anzahl der Betriebstage und Jahr zwischen 2,65 % und 4,60 %.

Durch **Urlaub** kommen auch Abwesenheitszeiten zustande. Der gesetzliche Mindesturlaub beträgt 24 Werktage (als Werktage werden hier auch Samstage gezählt). Individuell kann aber auch mehr Urlaub anfallen, zum Beispiel durch eine Regelung im Tarifvertrag bzw. im Arbeitsvertrag.

Während des Urlaubs erhält der Arbeitnehmer seine reguläre Vergütung weiter. Die Kosten durch Lohnfortzahlung bei

Bundesland	2007					
	Betriebe mit					
	5-Tage Woche			6-Tage Woche		
	Anzahl Montage – Freitage	Feiertage an Montagen – Freitagen	Abwesenheitsquote durch Feiertage	Anzahl Montage – Samstage	Feiertage an Montagen – Samstagen	Abwesenheitsquote durch Feiertage
Baden-Württemberg	261	11	4,21 %	313	12	3,83 %
Bayern	261	12	4,60 %	313	13	4,15 %
Berlin	261	9	3,45 %	313	9	2,88 %
Brandenburg	261	10	3,83 %	313	10	3,19 %
Bremen	261	9	3,45 %	313	9	2,88 %
Hamburg	261	9	3,45 %	313	9	2,88 %
Hessen	261	10	3,83 %	313	10	3,19 %
Mecklenburg-Vorpommern	261	10	3,83 %	313	10	3,19 %
Niedersachsen	261	9	3,45 %	313	9	2,88 %
Nordrhein-Westfalen	261	11	4,21 %	313	11	3,51 %
Rheinland-Pfalz	261	11	4,21 %	313	11	3,51 %
Saarland	261	12	4,60 %	313	12	3,83 %
Sachsen	261	11	4,21 %	313	11	3,51 %
Sachsen-Anhalt	261	10	3,83 %	313	11	3,51 %
Schleswig-Holstein	261	9	3,45 %	313	9	2,88 %
Thüringen	261	10	3,83 %	313	10	3,19 %

Urlaub sind zu unterscheiden von der Urlaubsgratifikation (sogenanntes Urlaubsgeld) und Entschädigungen bei Verzicht auf Urlaub.

Beispielrechnung:
Die Anzahl der Werktage für 2007 liegt bei einer wöchentlichen Beschäftigung von Montag bis Freitag bei 261 Arbeitstagen. Nach Abzug der gesetzlichen Feiertage (Bsp. Sachsen-Anhalt) ergeben sich 251 Betriebstage. Bei einer Abwesenheit durch Urlaub von 28 Arbeitstagen liegt die Abwesenheitsquote durch Urlaub bei 11,2 % (siehe Abb. 8.9).
　　Weitere Abwesenheitszeiten treten bei **Krankheit** auf. Die Arbeitnehmerin bzw. der Arbeitnehmer hat gegenüber ihrem bzw. seinem Arbeitgeber bis zu sechs Wochen Anspruch auf Entgeltfortzahlung im Krankheitsfall (nach Entgeltfortzahlungs -

durchschnittliches Jahr					
Betriebe mit					
5-Tage Woche			6-Tage Woche		
Anzahl Montage – Freitage	Feiertage an Montagen – Freitagen	Abwesenheitsquote durch Feiertage	Anzahl Montage – Samstage	Feiertage an Montagen – Samstagen	Abwesenheitsquote durch Feiertage
260,9	10,0	3,83 %	313,1	11,0	3,51 %
260,9	10,7	4,11 %	313,1	11,9	3,79 %
260,9	7,6	2,90 %	313,1	8,3	2,65 %
260,9	8,3	3,18 %	313,1	9,1	2,92 %
260,9	7,6	2,90 %	313,1	8,3	2,65 %
260,9	7,6	2,90 %	313,1	8,3	2,65 %
260,9	8,6	3,29 %	313,1	9,3	2,97 %
260,9	8,3	3,18 %	313,1	9,1	2,92 %
260,9	7,6	2,90 %	313,1	8,3	2,65 %
260,9	9,3	3,56 %	313,1	10,1	3,24 %
260,9	9,3	3,56 %	313,1	10,1	3,24 %
260,9	10,0	3,83 %	313,1	11,0	3,51 %
260,9	9,3	3,56 %	313,1	10,1	3,24 %
260,9	9,0	3,45 %	313,1	10,0	3,19 %
260,9	7,6	2,90 %	313,1	8,3	2,65 %
260,9	8,3	3,18 %	313,1	9,1	2,92 %

Abb. 8.8
Anzahl der Feiertage und Abwesenheitsquote durch Feiertage nach Bundesländern im Jahr 2007 und einem durchschnittlichen Jahr (für Betriebe mit einer Fünf-Tage-Woche und Betriebe mit einer Sechs-Tage-Woche) (Quelle: nach Bundesministerium des Innern 2007)[4].

4 Sachsen: Fronleichnam ist gesetzlicher Feiertag nur in den vom Staatsministerium des Innern durch Rechtsverordnung bestimmten Gemeinden im Landkreis Bautzen und im Westlausitzkreis.
Thüringen: Der Innenminister kann durch Rechtsverordnung für Gemeinden mit überwiegend katholischer Bevölkerung Fronleichnam als gesetzlichen Feiertag festlegen. Bis zum Erlass dieser Rechtsverordnung gilt der Fronleichnamstag in denjenigen Teilen Thüringens, in denen er 1994 als gesetzlicher Feiertag begangen wurde, als solcher fort.

Werktage (Montage bis Freitage)	261
Feiertage	10
Betriebstage	251
Urlaubstage	28
Abwesenheitsquote durch Urlaub	11,2 %

Abb. 8.9
Berechnung der Abwesenheit einer Mitarbeiterin/eines Mitarbeiters durch die Inanspruchnahme von Urlaub (für einen Betrieb mit einer Fünf-Tage-Woche in Sachsen-Anhalt im Jahr 2007).

gesetz EntgFG § 3). Während der Krankheitstage erhält die Arbeitnehmerin bzw. der Arbeitnehmer Lohn oder Gehalt, so als hätte sie bzw. er gearbeitet. Die Fehlzeiten durch Krankheit lagen 2006 durchschnittlich bei 3,3 % (Bundesministerium für Gesundheit 2007b, S. 2).

Um die Fehlzeiten durch Krankheit zu kalkulieren, kann man diesen Durchschnittswert übernehmen oder die Fehlzeitenquote individuell für den eigenen Betrieb bestimmen. Abbildung 8.10 zeigt, wie betriebsspezifische Krankheitsquoten errechnet werden. Bei der Berechnung der durchschnittlichen Abwesenheitsquote für den Betrieb ist die unterschiedliche Wochenarbeitszeit der Mitarbeiterinnen und Mitarbeiter zu berücksichtigen.

Mitarbeiter	A	B	C	D	E	F	gewichteter Mittelwert
Stellenumfang	100 %	50 %	100 %	100 %	100 %	50 %	
Sollarbeitstage[5]	223	221	225	225	221	221	
Krankheitstage	5	2	5	15	0	2	
Abwesenheit durch Krankheit	2,24 %	0,90 %	2,22 %	6,67 %	0 %	0,90 %	2,41 %

Abb. 8.10 Berechnung der Abwesenheit durch Krankheit (für einen Betrieb mit einer Fünf-Tage-Woche in Sachsen-Anhalt im Jahr 2007)

[5] Sollarbeitstage = Montage bis Freitage abzüglich gesetzliche Feiertage und Urlaubstage

Zusätzlich zu den Abwesenheitszeiten durch gesetzliche Feiertage, Urlaub und Krankheit können auch Abwesenheitszeiten durch **Mutterschutz** entstehen. Der Arbeitgeber hat in der Zeit des Mutterschutzes seiner Arbeitnehmerin Mutterschaftsgeld zu zahlen. Die Zeit des Mutterschutzes beträgt 14 Wochen (bei Früh- und Mehrlingsgeburten 18 Wochen): Sechs Wochen vor der Geburt (nach Mutterschutzgesetz MuSchG § 3 Abs. 2) und acht Wochen (bei Früh- und Mehrlingsgeburten zwölf Wochen) nach der Geburt (nach MuSchG § 6 Abs. 1) sowie den Entbindungstag selbst.

Das Mutterschaftsgeld setzt sich in den meisten Fällen aus einem Arbeitgeberanteil und dem Anteil der gesetzlichen Krankenversicherung zusammen. Die gesetzliche Krankenkasse zahlt höchstens 13 € je Kalendertag (nach MuSchG § 14 Abs. 1). Hat die Arbeitnehmerin einen höheren Durchschnittsverdienst, muss der Arbeitgeber die Differenz zum durchschnittlichen Netto-Arbeitsentgelt zahlen.

Bei der **Berechnung der Personalkosten pro geleisteter Arbeitsstunde** sind die Fehlzeiten durch gesetzliche Feiertage, Urlaub, Krankheit und evtl. Mutterschutz von den bezahlten Arbeitstagen (Werktage) abzuziehen. Nach der Berechnung der geleisteten Arbeitsstunden pro Jahr können aus den Personalkosten pro Jahr und den geleisteten Arbeitsstunden die Personalkosten pro geleistete Arbeitsstunde berechnet werden. Abbildung 8.11 zeigt die Berechnung der Personalkosten pro geleisteter Arbeitsstunde an einem Beispiel.

Werktage (Montage bis Freitage)	261
Fehlzeiten in Tagen	
Feiertage	10
Urlaub	28
Krankheit	5
geleistete Arbeitstage pro Jahr	218
Arbeitsstunden pro Tag	8
geleistete Arbeitsstunden pro Jahr	1.744
Personalkosten pro Jahr in €	15.425,88
Personalkosten pro geleisteter Arbeitsstunde in €	8,85

Abb. 8.11 Berechnung der Personalkosten einer Mitarbeiterin/eines Mitarbeiters pro geleisteter Arbeitsstunde (für einen Betrieb mit Tarifbindung NGG, Fünf-Tage-Woche in Sachsen-Anhalt im Jahr 2007)

Abwesenheitsquote im Betrieb
Aus den berechneten Abwesenheitszeiten durch Feiertage, Urlaub, Krankheit, Mutterschutz können Abwesenheitsquoten berechnet werden. Diese Quoten können für jeden Mitarbeiter einzeln und für den ganzen Betrieb berechnet werden. Die Quoten können als Kennzahlen dienen. Zum Beispiel können sie zu Vergleichen verschiedener Abteilungen im Betrieb herangezogen werden.

Bei der Berechnung der Abwesenheitsquote ist zu beachten, dass die Abwesenheit durch Urlaub und Krankheit mit der Wochenarbeitszeit des Arbeitnehmers zu gewichten ist. Für den Arbeitgeber ist das Fehlen einer Vollzeitkraft teurer als das Fehlen einer Teilzeitkraft. Abbildung 8.12 zeigt beispielhaft die Berechnung der Abwesenheitsquote für einen Betrieb.

Fachkraftquote
Eine wichtige Kennzahl bei Betriebsvergleichen ist die Fachkraftquote. Sie sagt aus, wie groß der Anteil der Fachkräfte am insgesamt im Betrieb arbeitenden Personal ist. Teilzeitstellen

Mitarbeiter	A	B	C	D	E	F	gewichteter Mittelwert
Stellenumfang	100 %	50 %	100 %	100 %	100 %	50 %	
Montage – Freitage	261	261	261	261	261	261	
Feiertage an Montagen – Freitagen	10	10	10	10	10	10	
Urlaubstage	28	30	26	26	30	30	
Krankheitstage	5	2	5	15	0	2	
Mutterschutztage	0	0	70	0	0	0	
Abwesenheitstage gesamt	43	42	111	51	40	42	
Abwesenheitsquote	16,5 %	16,1 %	42,5 %	19,5 %	15,3 %	16,1 %	22,0 %

Abb. 8.12
Berechnung der Abwesenheitsquote (für einen Betrieb mit einer Fünf-Tage-Woche in Sachsen-Anhalt im Jahr 2007)

sind bei dieser Berechnung anteilig anzurechnen. Die Fachkraftquote kann auch zum internen Benchmarking verschiedener Abteilungen im Betrieb genutzt werden. Abbildung 8.13 stellt die Berechnung der Fachkraftquote für einen Beispielbetrieb dar.

Abb. 8.13
Berechnung der Fachkraftquote für einen Beispielbetrieb

Fachpersonal	Anzahl Vollzeitstellen (100 %)	1
	Anzahl Teilzeitstellen (50 %)	1
angelerntes Personal	Anzahl Vollzeitstellen (100 %)	3
	Anzahl Teilzeitstellen (50 %)	1
Fachkraftquote		30,0 %

8.3.2 Lebensmittelkosten

Lebensmittelkosten stellen zusammen mit den Personalkosten die bedeutendste Kostenart in einem Gemeinschaftsverpflegungsbetrieb dar. Die Methoden, die zur Bestimmung der Lebensmittelkosten eingesetzt werden, sind vielfältig (vgl. Abb. 8.14).

Für Betriebe, die kaum Lebensmittel einlagern oder ihre Lagerbestände nicht erfassen, kommt nur die Festwertmethode in Frage. Betriebe, die ein Lager führen und auch dessen Wert erfassen, können sowohl mit der Inventurmethode als auch mit der Fortschreibungsmethode arbeiten.

8.3.2.1 Festwertmethode

Die Festwertmethode ist die einfachste Methode zur Bestimmung der Lebensmittelkosten. Auf eine Beobachtung des Lagerbestands wird bei dieser Methode verzichtet. Es wird davon

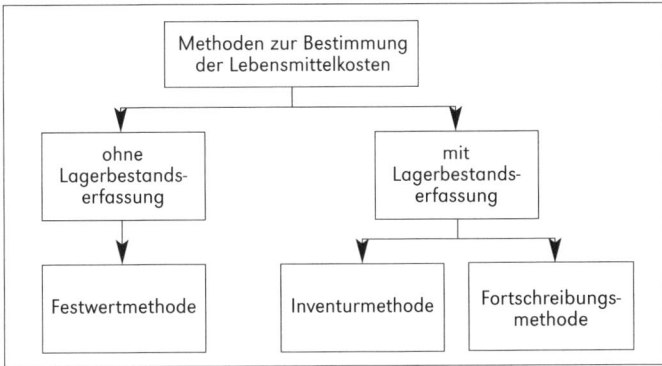

*Abb. 8.14
Methoden zur
Bestimmung der
Lebensmittelkosten*

ausgegangen, dass in einer Periode immer so viele Lebensmittel verbraucht wie auch eingekauft werden. Das ist immer dann der Fall,

- wenn die Lebensmittel eine kurze Haltbarkeitsdauer haben,
- wenn der Betrieb prinzipiell kein oder nur ein sehr kleines Lager hält, und alle Lebensmittel just-in-time anliefern lässt,
- wenn der Betrieb zwar ein Lager hält, aber die Bestandsveränderungen in diesem Lager unerheblich sind.

In diesen Fällen werden die in der Buchführung erfassten Aufwendungen für Lebensmittel in gleicher Höhe als Lebens - mittelkosten übernommen.

8.3.2.2 Inventurmethode

Bei der Inventurmethode, wird regelmäßig (z. B. monatlich, zweimonatlich, vierteljährlich, halbjährlich, jährlich) der Wert des Lebensmittellagers in Form einer Inventur erfasst. Der Wert des Lebensmittelverbrauchs kann dann aus den eingekauften Lebensmitteln zusammen mit den Lagerbestandsver - änderungen errechnet werden:

Wert des Lebensmittellagers am Monatsanfang
+ Wert der eingekauften Lebensmittel
− Wert des Lebensmittellagers am Monatsende

= Wert des Lebensmittelverbrauchs innerhalb des Monats

Bei der Bewertung des Lagerbestands ist es üblich, die Lebensmittelmengen mit den historischen (tatsächlich bezahlten) Anschaffungspreisen zu bewerten. Man kann sich fiktiv vorstellen, jede Lebensmittelpackung habe bei ihrem Einkauf ein Preisschild bekommen. Mit diesem Einkaufspreis wird dann der Lebensmittelbestand bewertet. Betriebe, die nicht steuerbefreit sind, verwenden die Nettopreise der Lebensmittel. Betriebe, die steuerbefreit sind, setzen die Bruttopreise der Lebensmittel ein, da die Umsatzsteuer ebenfalls kostenrelevant ist.

Die Inventurmethode ist immer dann geeignet, wenn der Lagerbestand erheblich schwankt und die Lagerentnahmen immer für die gleiche Kostenstelle (z. B. Küche) und den gleichen Kostenträger (z. B. Mittagessen) erfolgen.

8.3.2.3 Fortschreibungsmethode

Die Fortschreibungsmethode ist die aufwändigste Methode zur Bestimmung der Lebensmittelkosten, sie bringt aber auch die detailliertesten Ergebnisse. Zusätzlich zu der bereits in der Inventurmethode eingesetzten Inventur werden bei der Fortschreibungsmethode alle Lagerzugänge (Einkäufe) und Lagerabgänge (Verbräuche) in einer Lagerbuchhaltung erfasst.

Außerdem kann bei der Fortschreibungsmethode schrittweise vorgegangen werden, indem zunächst nur der mengenmäßige Verbrauch erfasst wird und anschließend mit Preisen für diese verbrauchten Lebensmittel der Wert des Verbrauchs bestimmt wird.

**Erster Schritt: Erfassung der
verbrauchten Lebensmittelmenge**
Die verbrauchte Menge der Lebensmittel wird separat für jedes Lebensmittel physisch erfasst:

Menge im Lebensmittellager am Monatsanfang
+ eingekaufte Menge des Lebensmittels im Monat
– entnommene Menge des Lebensmittels im Monat

= (Soll-)Menge im Lebensmittellager am Monatsende

Dabei wird bei jeder Lebensmittelentnahme aus dem Lager bereits eine Verbuchung in dem System vorgenommen. Am

Ende des Monats wird nur überprüft, ob der in der Lagerbuchhaltung errechnete Sollbestand der Lebensmittel mit der tatsächlich im Lager befindlichen Menge übereinstimmt. Irreguläre Lagerrückgänge (*vergessene* Buchung, Warendiebstahl)
werden dann erkannt, wenn man den Soll-Lagerbestand mit
dem Ist-Lagerbestand vergleicht.

Zweiter Schritt: Bewertung mit zutreffenden Preisen
Wenn der mengenmäßige Verbrauch jedes einzelnen Lebens-
mittels bekannt ist, ist zu entscheiden, mit welchen Preisen der
Lebensmittelverbrauch bewertet werden soll. Verschiedene
Bewertungsverfahren stehen hierzu zur Auswahl:

- historische Anschaffungspreise, etwa so als würde jede
  Lebensmittelpackung ein Preisschild mit dem Einkaufspreis tragen,
- Durchschnittspreise aller Einkäufe eines Lebensmittels
  einer Periode in der Vergangenheit, z. B. im letzten Jahr
  (bei der Berechnung des Durchschnitts werden die Preise
  mit der jeweiligen Einkaufsmenge gewichtet),
- letzter Einkaufspreis (fiktives Verbrauchsfolgeverfahren
  LIFO: last in, first out),
- höchster Einkaufspreis in der Vergangenheit (fiktives Verbrauchsfolgeverfahren HIFO: highest in, first out).

Bei stark schwankenden Lebensmittelpreisen (Saisonwa-
ren) oder bei inflationären Preisen sind die Bewertungen mit
dem letzten Einkaufspreis gegenüber den historischen An -
schaffungspreisen oder den Durchschnittspreisen zu bevorzugen. Denn bei steigenden Lebensmittelpreisen müssen die
verbrauchten Lebensmittel teurer wiederbeschafft werden.
Substanzerhaltungsorientierte Betriebe werden die Bewertung
also so vornehmen, dass damit eine Wiederbeschaffung der
verbrauchten Lebensmittel möglich ist.
Wegen des enormen Aufwands macht die Fortschreibungsmethode in der Praxis nur dann Sinn, wenn

- die Zuordnung der Lagerentnahmen zu verschiedenen
  Kostenstellen oder Kostenträgern wichtig ist und deshalb
  ohnehin jede Lagerentnahme verbucht werden muss oder
- wenn irreguläre Lagerentnahmen in erheblichem Umfang
  vorkommen.

8.3.3 Sonstige Sachkosten

Zu den sonstigen Sachkosten gehören Kosten für Heizenergie, Strom, Wasser und Reinigungsmittel.

Wenn in der Buchführung eine eigene Abrechnung der Kosten für den Verpflegungsbetrieb vorliegt, können die Aufwendungen für Heizenergie, Strom, Wasser und Reinigungsmittel aus der Buchführung ohne Änderung als Kosten in die Kostenrechnung übernommen werden.

Wenn dies nicht der Fall ist und die Aufwendungen für Heizenergie, Strom, Wasser und Reinigungsmittel nur als Gesamtbetrag für die Einrichtung (z. B. eine Altenhilfeeinrichtung mit Pflegebereich, Küche, Wäscherei und Verwaltung) in der Buchführung vorliegen, muss dieser Betrag auch zunächst in die Kostenartenrechnung übernommen werden. Die Aufteilung der Kosten auf die einzelnen Kostenstellen erfolgt später in der Kostenstellenrechnung.

8.3.4 Abschreibungen

Anlagegüter wie Kühlzellen, Convectomaten, Geschirrspüler und andere Einrichtungen in der Küche, werden zur Herstellung der Verpflegungsdienstleistung genutzt. Mit der Anschaffung von Anlagegütern fallen Ausgaben bzw. Auszahlungen an, die nicht sofort kostenrelevant sind. Erst mit der Zeit bzw. Nutzung der Geräte nimmt der Wert der Anlagegüter ab. Dies wird in der Buchführung und in der Kostenrechnung als Abschreibung kalkuliert. **Ursachen für Abschreibungen** sind zum einen Anlagenverschleiß, aber auch durch technischen Fortschritt, durch Nachfrageverschiebung und Fristablauf kommen Abschreibungen zustande.

a) **Anlagenverschleiß**

Maschinen und Geräte verschleißen durch die Nutzung. Der Wert des Anlageguts sinkt. Diese Abschreibungsursache tritt zum Beispiel bei Autoreifen für ein Lieferfahrzeug auf. Diese nutzungsabhängige Abschreibung wird in der Kostenrechnung der Gemeinschaftsverpflegung kaum angewandt, da es zu zeitaufwändig ist, die Nutzung eines Geräts zu dokumentieren.

b) **Technischer Fortschritt**

In den Betrieben werden zur Leistungserstellung immer leistungsfähigere und modernere Maschinen und Geräte benötigt. Moderne Maschinen verursachen bei gleicher Leistung geringere Produktionskosten oder sie realisieren bei gleichen Kosten einen größeren Ausstoß. Somit verlieren ältere Geräte an Wert, obwohl sie noch funktionsfähig sind. Diese Abschreibungsursache tritt zum Beispiel bei Personalcomputern auf. Technischer Fortschritt hat eine zeitabhängige Abschreibung zur Folge, die zumeist in der Kostenrechnung für Gemeinschaftsverpflegungsbetriebe angewandt wird.

c) **Nachfrageverschiebung (wirtschaftliche Überholung)**
   Einzelne Maschinen und Geräte oder (Arten von) Anlagen können aufgrund von Nachfrageverschiebungen nicht oder nicht mehr im geplanten Umfang vom Betrieb genutzt werden. Beispielsweise werden in einer Verpflegungseinrichtung keine frittierten Lebensmittel mehr angeboten. Die Fritteuse ist aufgrund von Nachfrageverschiebungen abzuschreiben. Es handelt sich dann um eine außergewöhnliche Abschreibung.

d) **Fristablauf**
   Die Rechte zur Nutzung verschiedener Anlagen verstreichen vielfach durch Fristablauf. Dies trifft vor allem auf nichtmaterielle Anlagen (z. B. Software) wie Lizenzen und ähnliche Rechte zu, die regelmäßig nur für einen bestimmten Zeitraum erworben werden. Die Abschreibung durch Fristablauf hat ebenfalls eine zeitabhängige Abschreibung zur Folge und kommt häufig vor.
   (vgl. Hummel/Männel 1990, S. 163 ff.)

Die häufigste Methode zur Berechnung von Abschreibungen ist die zeitabhängige lineare Abschreibung. Bei dieser Abschreibung errechnen sich die Abschreibungsbeträge aus:

$$\frac{\text{Abschreibungssumme}}{\text{Abschreibungszeitraum}} = \text{Abschreibungsbetrag.}$$

Die Abschreibungssumme wird zu gleichen Teilen auf den Abschreibungszeitraum verteilt.

Die **Abschreibungssumme** ist der Betrag, der auf die einzelnen Nutzungsjahre aufgeteilt wird. Es handelt sich dabei um den Anschaffungspreis oder den Wiederbeschaffungspreis.

Der Anschaffungspreis ist der Preis, der in der Vergangenheit für das Anlagegut gezahlt wurde. Für die Buchführung ist vorgeschrieben, diesen Anschaffungspreis für die Berechnung der Abschreibungen anzusetzen. Wenn ein Betrieb nach Substanzerhalt strebt, ist es sinnvoll, in der Kostenrechnung wiederbeschaffungspreisorientiert abzuschreiben. Dann kann mit der Summe der Abschreibungsbeträge später zum Wiederbeschaffungspreis ein neues Anlagegut gekauft werden. Der Wiederbeschaffungspreis ist in der Regel höher als der Anschaffungspreis. Die Ermittlung des Wiederbeschaffungspreises ist nicht einfach, denn es müssen Preise in der Zukunft abgeschätzt werden. Um einen Wert als Wiederbeschaffungspreis zu ermitteln, der auch für externe Personen nachvollziehbar ist (also nicht willkürlich festgelegt wurde) kann auf den Preisindex für Investitionsgüter zurückgegriffen werden, der vom Statistischen Bundesamt ermittelt wird. Dabei ist zu beachten, dass auch bei Nutzung eines Preisindex die zukünftige Entwicklung der Preise dennoch unbekannt bleibt (vgl. Steinel/Schade/Knappe 2000, S. 57 f.).

Der Preisindex für Investitionsgüterproduzenten (Statistisches Bundesamt 2007e, S. 4) weist für das Jahr 2006 den Wert 103,7 auf, wobei das Basisjahr 2000 ist. In sechs Jahren ist der Preis für Investitionsgüter also um 3,7 % gestiegen. Das entspricht einer jährlichen Preissteigerung von 0,607 % ($\sqrt[6]{1,037}$ = 1,00607). Daraus errechnet sich der (fiktive) Wiederbeschaffungspreis für eine im Jahr 2001 für 6.000 € gekaufte Kippbratpfanne nach acht Jahren wie folgt:

$$6.000 € \cdot 1,00607^8 = 6.297,63 €$$

Der **Abschreibungszeitraum** ist der Zeitraum, in dem ein Anlagegut abgeschrieben wird. Es wird zwischen der betriebsgewöhnlichen Nutzungsdauer und der tatsächlichen Nutzungsdauer unterschieden. Für die Buchführung ist vorgeschrieben, dass die in den sogenannten AfA-Tabellen (AfA = Absetzung für Abnutzung) aufgeführte betriebsgewöhnliche Nutzungsdauer als Abschreibungszeitraum verwendet wird. Anlagegüter mit einem Anschaffungspreis unter 410 €, sogenannte geringwertige Wirtschaftsgüter, dürfen sofort im Anschaffungsjahr abgeschrieben werden (nach Einkommensteuergesetz EStG § 6 Abs. 2). Abbildung 8.15 zeigt beispielhaft die betriebsgewöhnliche Nutzungsdauer für ausgewählte Anlagegüter. Laut Bundesministerium der Finanzen (2007) sind bis zur Veröffentlichung neuer Branchentabellen die alten Tabellen weiterhin gültig.

Anlagegut	betriebsgewöhnliche Nutzungsdauer in Jahren (gilt für alle Anlagegüter, die nach dem 31.12.1986 angeschafft oder hergestellt worden sind)
Brat- und Backofen	5
Elektro-Kleingerät	3
Fettabscheider	10
Geschirrspülmaschine	5
Herd	5
Kaffeemaschine (elektr.)	5
Kippbratpfanne	5
Kochkessel	7
Kühlanlage (elektr.)	5
Rühr-, Schlag- und Speiseeismaschine	7
Sahneautomat	7
Wärmeschrank	8

Abb. 8.15
Auszug aus der AfA-Tabelle Gastgewerbe (Quelle: Informationsdienste für Wirtschaft, Recht, Steuern 2007)

Die tatsächliche Nutzungsdauer eines Anlageguts kann von der betriebsgewöhnlichen Nutzungsdauer abweichen. Sie kann kürzer oder auch länger sein. In der Kostenrechnung sollte die tatsächliche Nutzungsdauer nach den Erfahrungswerten im Betrieb geschätzt werden.

Bei der Berechnung der Abschreibungen für den eigenen Betrieb ist abzuwägen, ob bilanziell oder kalkulatorisch abgeschrieben wird.

Bilanzielle Abschreibung bedeutet, dass (genauso wie in der Buchführung) der Anschaffungspreis über die in den AfA-Ta-bellen angegebene Nutzungsdauer abgeschrieben wird. Kalkulatorische Abschreibung bedeutet, dass in der Kostenrechnung andere Abschreibungen angesetzt werden als in der Buchführung und entweder eine andere Abschreibungssumme (Wiederbeschaffungspreis statt Anschaffungspreis) und/oder ein anderer Abschreibungszeitraum (tatsächliche Nutzungsdauer statt betriebsgewöhnliche Nutzungsdauer laut AfA-Tabellen) angesetzt wird.

Abbildung 8.16 zeigt mögliche Abschreibungsvarianten für den Gemeinschaftsverpflegungsbetrieb.

Abb. 8.16
Abschreibungsvarianten

Abschreibungs-methode	Abschreibungs-summe	Abschreibungs-zeitraum
bilanzielle Abschreibung	Anschaffungspreis	betriebsgewöhnliche Nutzungsdauer laut AfA-Tabellen
kalkulatorische Abschreibung	Anschaffungspreis	tatsächliche Nutzungsdauer
	Wiederbeschaffungspreis	betriebsgewöhnliche Nutzungsdauer laut AfA-Tabellen
	Wiederbeschaffungspreis	tatsächliche Nutzungsdauer

Die bilanzielle Abschreibung hat den Vorteil, dass die Daten schnell verfügbar sind und keine Extraberechnung notwendig ist. Die Daten können aus der Buchführung in gleicher Höhe in die Kostenrechnung übernommen werden. Nachteilig ist, dass Abschreibungen von Anlagegütern, die bereits bilanziell abgeschrieben sind aber noch genutzt werden (z. B. eine acht Jahre alte Kippbratpfanne), in der Buchführung nicht mehr auftauchen und somit auch nicht in die Kostenrechnung einfließen.

Bei der Anwendung der kalkulatorischen Abschreibung stehen zusätzliche Berechnungen an, die kostenrechnerisch richtige Daten liefern.

Neben der ausschließlichen bilanziellen Abschreibung und der ausschließlichen kalkulatorischen Abschreibung ist auch eine Kombination beider möglich. Zur Vereinfachung können bilanziell noch nicht abgeschriebene Anlagegüter auch in der Kostenrechnung bilanziell abgeschrieben werden. Eine Zusatzrechnung fällt dann nur für Anlagegüter an, die in der Buchhaltung bereits abgeschrieben sind. Für diese sind kalkulatorische Abschreibungen zu berechnen. Die Berechnung kalkulatorischer Abschreibungen für bilanziell bereits abgeschriebene Anlagegüter ist dann sinnvoll, wenn das Anlagegut noch voll einsatzfähig ist, das Anlagegut noch voll genutzt wird und noch kein Ersatzanlagegut angeschafft wurde.

Abbildung 8.17 zeigt ein Kalkulationsschema zur Berechnung der bilanziellen und kalkulatorischen Abschreibung für ausgewählte Anlagegüter.

8.3.5 Kapitalkosten

Kapital ist in verschiedener Form im Verpflegungsbetrieb gebunden. Eine Kapitalbindung findet zum Beispiel durch Maschinen und Anlagen, durch das Lebensmittellager und durch noch ausstehende Forderungen statt.

Kapitalkosten sind Kosten für Zinsen, die für die Nutzung von Fremd- und Eigenkapital anfallen. Ein Verpflegungsbetrieb kann nur mit Fremdkapital oder nur mit Eigenkapital oder mit einer Kombination aus Fremd- und Eigenkapital finanziert werden.

Finanzierung des Verpflegungsbetriebs mit Fremdkapital

Fremdkapital kann einem Verpflegungsbetrieb verzinslich (z. B. über einen Bankkredit) oder zinsfrei (z. B. über Sub - ventionen, Lieferantenkredite) zur Verfügung stehen. Bei der Fremdfinanzierung mit verzinslichem Kapital werden in der Buchführung Zinsaufwendungen berechnet. Diese Zinsaufwendungen können in die Kostenrechnung als Kapitalkosten übernommen werden. Für das zinsfreie Fremdkapital werden keine Zinsen angesetzt.

Finanzierung des Verpflegungsbetriebs mit Eigenkapital

Bei der ausschließlichen Finanzierung mit Eigenkapital werden in der Buchführung keine Zinsaufwendungen berechnet. Was spricht für und was gegen die Berechnung kalkulatorischer Kapitalkosten? Gegen die Berechnung kalkulatorischer Kapitalkosten spricht die Tatsache, dass im Verpflegungsbetrieb keine belastenden Zahlungen für die Nutzung von Kapital anfallen und die Berechnung der kalkulatorischen Kapitalkosten eine zusätzliche und aufwändige Berechnung darstellt. Warum sollte der Verpflegungsbetrieb trotz des zusätzlichen Aufwands kalkulatorische Kapitalkosten berechnen? Der tatsächliche Wert der Verpflegungsdienstleistung wird nur realistisch dargestellt, wenn alle Güter und Dienstleistungen, die zur Leis - tungserstellung notwendig sind, in die Rechnung einbezogen werden (dazu gehört auch die Zurverfügungstellung von Ka - pital). Bei einem Betriebsvergleich würde sich das Ignorieren der kalkulatorischen Kapitalkosten bemerkbar machen. Ein Betrieb, der ausschließlich eigenfinanziert ist und keine kalkulatorischen Kapitalkosten berechnet, hat in der Summe geringere Kosten als ein Betrieb, der ausschließlich fremdfinanziert oder mischfinanziert ist. Die Kosten beider Verpflegungsbe - triebe wären nicht vergleichbar.

Anlagegut	Anschaffungsjahr	Nutzungsdauer laut AfA-Tabelle	prognostizierte Nutzungsdauer	Anschaffungspreis	bilanzielle	
					bilanzielle Nutzungsdauer (Jahre)	bilanziell bereits abgeschrieben
Brat- und Backofen	2001	5	8	2.500,00 €	5	ja
Elektro-Kleingerät	2002	3	6	510,00 €	3	ja
Fettabscheider	2001	10	13	10.000,00 €	10	nein
Geschirrspülmaschine	2001	5	7	3.000,00 €	5	ja
Herd	2001	5	7	4.000,00 €	5	ja
Kaffeemaschine (elektr.)	2001	5	8	800,00 €	5	ja
Kippbratpfanne	2000	5	8	6.000,00 €	5	ja
Kochkessel	2001	7	10	1.500,00 €	7	nein
Kühlanlagen (elektr.)	2001	5	8	15.000,00 €	5	ja
Speiseeismaschine	2001	7	7	1.200,00 €	7	nein
Sahneautomat	2001	7	7	900,00 €	7	nein
Wärmeschrank	2001	8	10	2.500,00 €	8	nein
Gesamt						

Abb. 8.17
Kalkulationsschema zur Berechnung der bilanziellen und kalkulatorischen Abschreibung für ausgewählte Anlagegüter [6]

6 Die Berechnung der Abschreibung erfolgte für das Jahr 2007. Der Wiederbeschaffungspreis wurde mit einem zu erwartenden Preisanstieg von 0,607 % pro Jahr ermittelt.

Finanzierung des Verpflegungsbetriebs mit Fremd- und Eigenkapital

Bei der Finanzierung eines Verpflegungsbetriebs mit Fremd- und Eigenkapital gibt es zwei Methoden zur Berechnung der Kapitalkosten – die Methode der getrennten Führung von Fremd- und Eigenkapitalzinsen und die Methode der Verzinsung des betriebsnotwendigen Kapitals. Abbildung 8.18 zeigt die Methoden zur Bestimmung kalkulatorischer Zinsen.

Abb. 8.18
Methoden zur Berechnung kalkulatorischer Zinsen.

Methoden zur Bestimmung kalkulatorischer Zinsen	
getrennte Berechnung von Fremdkapitalzinsen (aus Buchführung) und Eigenkapitalzinsen (Durchschnittswertmethode)	gemeinsame Berechnung von Fremd- und Eigenkapitalzinsen = Verzinsung des betriebsnotwendigen Kapitals

Abschreibung		kalkulatorische Abschreibung				
bilanzielle Abschreibung		kalkulatorische Nutzungsdauer [Jahre]	kalkulatorisch bereits abgeschrieben	Wiederbeschaffungspreis	kalkulatorische Abschreibung	
[€/Jahr]	[€/Monat]				[€/Jahr]	[€/Monat]
- €	- €	8	nein	2.624,01 €	328,00 €	27,33 €
- €	- €	6	nein	528,86 €	88,14 €	7,35 €
1000,00 €	83,33 €	13	nein	10.818,49 €	832,19 €	69,35 €
- €	- €	7	nein	3.129,81 €	447,12 €	37,26 €
- €	- €	7	nein	4.173,09 €	596,16 €	49,68 €
- €	- €	8	nein	839,68 €	104,96 €	8,75 €
- €	- €	8	nein	6.297,63 €	787,20 €	65,60 €
214,29 €	17,86 €	10	nein	1.593,58 €	159,36 €	13,28 €
- €	- €	8	nein	15.744,06 €	1.968,01 €	164,00 €
171,43 €	14,29 €	7	nein	1.251,93 €	178,85 €	14,90 €
128,57 €	10,71 €	7	nein	938,94 €	134,13 €	11,18 €
312,50 €	26,04 €	10	nein	2.655,96 €	265,60 €	22,13 €
1.826,79 €	152,23 €				5.889,71 €	490,81 €

Bei der *getrennten Berechnung von Fremd- und Eigenkapitalzinsen* werden in einem ersten Berechnungsschritt die Fremdkapitalzinsen bestimmt. Diese werden in der Buchführung als Zinsaufwendungen geführt und können in die Kostenrechnung unverändert übernommen werden. In einem zweiten Schritt werden die Eigenkapitalzinsen bestimmt. Dazu sind alle eigenfinanzierten Anlagen aus der Anlagenbuchhaltung herauszusuchen. Vereinfachend wird davon ausgegangen, dass in einer Anlage über die Jahre durchschnittlich die Hälfte des Anschaffungspreises gebunden ist (Durchschnittswertverzinsung), denn mit den Abschreibungen fließt das investierte Kapital wieder in den Betrieb zurück. Zur Berechnung der kalkulatorischen Zinsen ist das durchschnittlich gebundene Kapital mit dem kalkulatorischen Zinssatz (die Bestimmung des kalkulatorischen Zinssatzes wird weiter unten erläutert) zu multiplizieren. Abbildung 8.19 zeigt die Berechnung der kalkulatorischen Zinsen am Beispiel des Anlagegutes Kippbratpfanne.

Nach der Berechnung der kalkulatorischen Zinsen für alle eigenfinanzierten Anlagegüter des Verpflegungsbetriebs mit -

Anschaffungspreis	6.000 €
Kalkulatorischer Zinssatz	4,0 %
durchschnittlich gebundenes Kapital	3.000 €
Kalkulatorische Zinsen pro Jahr	120 €
Kalkulatorische Zinsen pro Monat	10 €

tels Durchschnittswertverzinsung können die kalkulatorischen Zinsen zu den bereits bestimmten Fremdkapitalzinsen aus der Buchführung addiert werden.

Bei der *Verzinsung des betriebsnotwendigen Kapitals* werden die Fremd- und Eigenkapitalzinsen nicht getrennt. Hier wird in einem ersten Berechnungsschritt das betriebsnotwendige Kapital bestimmt. Dieses betriebsnotwendige Kapital umfasst das betriebsnotwendige Vermögen (Aktiva: Anlage- und Umlaufvermögen abzüglich jener Vermögensteile, die nicht betriebsnotwendig sind) ohne das Abzugskapital. Abzugskapital ist zinsfrei zur Verfügung stehendes Fremdkapital (z. B. Lieferantenkredite und Subventionen).

Betriebsnotwendiges Vermögen
– Abzugskapital (zinsfrei zur Verfügung gestelltes Fremdkapital)

= Betriebsnotwendiges Kapital

Nach der Bestimmung des betriebsnotwendigen Kapitals können in einem zweiten Berechnungsschritt die kalkulatorischen Zinsen berechnet werden. Dazu wird das betriebsnotwendige Kapital mit dem zuvor bestimmten Zinssatz (die Bestimmung des kalkulatorischen Zinssatzes wird weiter unten erläutert) multipliziert. Abbildung 8.20 zeigt die Berechnung der kalkulatorischen Zinsen mittels Verzinsung des betriebsnotwendigen Kapitals für einen Beispielbetrieb.

Bestimmung des kalkulatorischen Zinssatzes
Der Zinssatz ist eine wesentliche Einflussgröße auf die Höhe der kalkulatorischen Zinsen. Hierzu gibt es in der Kostenrechnung keine Vorschrift, welcher Zinssatz angesetzt wird, sondern die Controllerin bzw. der Controller wählt den Zinssatz nach eigenem Ermessen.

		Buchwert		Kalkulato-rischer Wert	Bemerkung
		Anfang des Geschäfts-jahrs	Ende des Geschäfts-jahrs		
Aktiva					
	Anlagevermögen				
	Unbebautes Grundstück	30.000 €	30.000 €	-	nicht betriebsnotwendig
	Grundstück mit Betriebsgebäude	180.000 €	174.000 €	177.000 €	Mittelwert
	Maschinen und Anlagen	150.000 €	120.000 €	135.000 €	Mittelwert
	Betriebsausstattung	25.000 €	30.000 €	27.500 €	Mittelwert
	Beteiligungen	45.000 €	45.000 €	-	nicht betriebsnotwendig
	Umlaufvermögen				
	Vorratsvermögen	110.000 €	115.000 €	112.500 €	Mittelwert
	Kasse und Bank	8.000 €	8.000 €	8.000 €	Mittelwert
	Forderungen	190.000 €	196.000 €	193.000 €	Mittelwert
	Forderungen aus Warenlieferungen	18.000 €	22.000 €	20.000 €	Mittelwert
	Summe	756.000 €	740.000 €	673.000 €	
Passiva					
	Eigenkapital	482.000 €	488.000 €	-	-
	Hypotheken	40.000 €	40.000 €	-	-
	Anzahlungen	70.000 €	90.000 €	80.000 €	Mittelwert
	Verbindlichkeiten aus Warenbezügen	164.000 €	122.000 €	143.000 €	Mittelwert
	Summe	756.000 €	740.000 €	223.000 €	

Berechnungsgröße	Wert
Betriebsnotwendiges Vermögen	673.000 €
Abzugskapital	223.000 €
Betriebsnotwendiges Kapital	450.000 €
Kalkulatorischer Zinssatz	4,0 %
Kalkulatorische Zinsen pro Jahr	**18.000 €**
Kalkulatorische Zinsen pro Monat	**1.500 €**

Abb. 8.20
Berechnung der kalkula-torischen Zinsen mittels Verzinsung des betriebs-notwendigen Kapitals für einen Beispielbetrieb

Hier gibt es zwei Varianten:

1. die Bestimmung eines Zinssatzes für entgangene Zins - erträge oder
2. die Bestimmung eines Zinssatzes für entgangene Zinsauf- wendungen.

Bei der Variante der Bestimmung des Zinssatzes für entgangene Zinserträge kann sich die Controllerin bzw. der Controller an den Zinssätzen für langfristige Kapitalanlagen (z. B. Verzinsung von Bundesschatzbriefen: 4 %; Quelle: Bundesrepublik Deutschland Finanzagentur 2007) orientieren. Bei der Bestimmung des Zinssatzes für entgangene Zinsaufwendungen kann der Basiszinssatz gemäß § 247 BGB (seit 01.07.2007: 3,19 %; Quelle: Deutsche Bundesbank 2007) oder der Durchschnittszinssatz der in Anspruch genommenen Kredite des Verpflegungsbetriebs oder der höchste Zinssatz der in Anspruch genommenen Kredite des Verpflegungsbetriebs angesetzt werden.

8.3.6 Sonstige Kosten

In der Kostenartengruppe *Sonstige Kosten* können weitere Kosten, die bei der Dienstleistungserstellung anfallen, zusammengefasst werden.

Overhead-Kosten vom Träger der Einrichtung

In großen Einrichtungen kommt es oft vor, dass sogenannte *Overhead-Kosten* vom Träger der Einrichtung an die einzelnen Abteilungen der Einrichtung weitergeleitet werden. Diese Gemeinkosten fallen z. B. für das Management oder für Marketing an.

Verwaltungskosten

Unter Verwaltungskosten können die Kosten für Büromaterial, Telefon, Porti und Fachliteratur des Verpflegungsbetriebs zusammengefasst werden. Diese Kosten tauchen als Aufwendungen in der Buchführung auf und können ohne Änderung in die Kostenrechnung übernommen werden.

Dienstleistungskosten

Dienstleistungskosten fallen z. B. für eine Reinigung durch eine Fremdfirma, für die Müllentsorgung und Straßenreinigung an.

Wenn in der Buchführung nur die Aufwendungen bei dieser Kostenartengruppe für die gesamte Einrichtung ausgewiesen werden, sind die Kosten zunächst für die gesamte Einrichtung zu übernehmen. Später werden dann in der Kostenstellenrechnung die Kosten für die Kostenstelle Verpflegung über Schlüssel ermittelt (vgl. Kapitel 8.4).

Gebühren, Beiträge, Steuern

In der Kostenartengruppe *Gebühren, Beiträge, Steuern* werden alle Gebühren, Beiträge und Steuern zusammengefasst, die notwendig sind, damit der Verpflegungsbetrieb seine Dienstleistung erstellen kann.

Sonstige kalkulatorische Kosten[7]

Zu den kalkulatorischen Kosten gehören kalkulatorische Löhne, kalkulatorische Abschreibungen, kalkulatorische Zinsen, kalkulatorische Mieten und kalkulatorische Wagnisse.

Kalkulatorische Mieten sind in der Kostenrechnung dann zu berücksichtigen, wenn der Verpflegungsbetrieb zur Leistungserstellung eine eigene Immobilie nutzt. Das Ansetzen kalkulatorischer Mieten ist wichtig, da eine Immobilie zur Leistungserstellung notwendig ist und es bei einem Betriebsvergleich zu verfälschten Ergebnissen kommt, wenn der Vergleichsbetrieb seine Immobilie gemietet hat.

Die kalkulatorischen Mieten sind in der Höhe anzusetzen,

- wie für das Mieten einer ähnlichen Immobilie bezahlt werden müsste (entgangene Mietaufwendungen) oder
- wie beim Vermieten dieser Immobilie an Miete eingehen würde (entgangene Mieterträge).

Kalkulatorische Wagniskosten sollten für Risiken angesetzt werden, die der Betrieb versichern könnte, aber nicht versichert.

Beispiel: Eine Verpflegungseinrichtung hat eine Sachschadensversicherung abgeschlossen, die aber nicht für größere Wasserschäden aufkommt. Das Management des Verpflegungsbetriebs hat sich entschieden, statt der Aufnahme einer Wasserschadensversicherung kalkulatorische Wagniskosten anzusetzen. Der Wert der kalkulatorischen Wagniskosten entspricht dem Betrag, den der Verpflegungsbetrieb durch den Abschluss einer Wasserschadensversicherung an ein Versicherungsunternehmen bezahlen müsste (vgl. Steinel/Schade/Knappe 2000, S. 61).

---

7 Die kalkulatorischen Löhne, kalkulatorischen Abschreibungen und kalkulatorischen Zinsen werden in den Kapiteln 8.3.1, 8.3.4 und 8.3.5 behandelt. Hier ist zu beachten, dass es aber auch Kostenartenpläne gibt, die die gesamten kalkulatorischen Kosten separat ausweisen.

Kostenarten \ Kostenstellen	Summe	Vorkostenstellen[8]		
		Gebäude	Verwaltung	Topf- und Geschirrreinigung
Löhne und Gehälter	27.922,34 €	1.230,00 €	2.154,00 €	2.156,00 €
Sonst. Personalkosten	24.536,00 €	1.080,83 €	1.892,77 €	1.894,53 €
Lebensmittel	31.248,22 €	0,00 €	0,00 €	0,00 €
Wasser	502,89 €	13,82 €	0,00 €	230,26 €
Strom	2.635,00 €	72,95 €	0,00 €	265,54 €
Heizöl	1.876,00 €	1.876,00 €	0,00 €	0,00 €
Reinigungsmittel	1.902,00 €	560,00 €	0,00 €	562,00 €
Fremdreparaturen	1.100,00 €	1.100,00 €	0,00 €	0,00 €
Fremdleistungen Wäschereinigung	1.589,00 €	88,28 €	147,13 €	235,41 €
Fremdleistungen Fensterreinigung	213,80 €	213,80 €	0,00 €	0,00 €
Büromaterial	98,00 €	0,00 €	98,00 €	0,00 €
Beiträge zu Verbänden	670,00 €	0,00 €	670,00 €	0,00 €
Fremdleistungen Beratung	2.589,00 €	0,00 €	2.589,00 €	0,00 €
Versicherungen	2.800,00 €	1.664,26 €	67,47 €	157,43 €
kalk. Zinsen (Eigen- und Fremdkapital)	7.893,00 €	4.691,42 €	190,19 €	443,77 €
kalk. Abschreibungen	38.367,00 €	15.639,00 €	0,00 €	2.560,00 €
Summe Primärkostenrechnung	**145.942,25 €**	**28.230,35 €**	**7.808,56 €**	**8.504,93 €**

8 Vorkostenstellen erbringen Leistungen für andere Kostenstellen.

8.4 Kostenstellenrechnung

In der Kostenstellenrechnung werden die Kosten den Kosten - stellen, den Orten der Kostenentstehung zugeordnet.

Hierzu wird der Betrieb zunächst in solche Kostenstellen, das sind funktionale Betriebsbereiche, eingeteilt. Es entsteht dann ein Kostenstellenplan. In der Primärkostenrechnung wer- den dann alle Kosten aus der Kostenartenrechnung den Kos - tenstellen zugeordnet. Anschließend wird eine Sekundärkos- tenrechnung, eine innerbetriebliche Leistungsverrechnung durchgeführt.

8.4.1 Primärkostenrechnung

Alle Rechnungen der Kostenstellenrechnung werden in einem sogenannten Betriebsabrechnungsbogen (BAB) durchgeführt.

| Lebensmittel-lager | Endkostenstellen[9] | | Summe Kontrolle |
	Kantine	Pizza-Eck	
0,00 €	17.698,00 €	4.684,34 €	27.922,34 €
0,00 €	15.551,64 €	4.116,24 €	24.536,00 €
0,00 €	23.658,99 €	7.589,23 €	31.248,22 €
0,92 €	184,21 €	73,68 €	502,89 €
882,71 €	943,99 €	469,81 €	2.635,00 €
0,00 €	0,00 €	0,00 €	1.876,00 €
0,00 €	630,00 €	150,00 €	1.902,00 €
0,00 €	0,00 €	0,00 €	1.100,00 €
0,00 €	941,63 €	176,56 €	1.589,00 €
0,00 €	0,00 €	0,00 €	213,80 €
0,00 €	0,00 €	0,00 €	98,00 €
0,00 €	0,00 €	0,00 €	670,00 €
0,00 €	0,00 €	0,00 €	2.589,00 €
191,17 €	629,72 €	89,96 €	2.800,00 €
538,89 €	1.775,13 €	253,59 €	7.893,00 €
1.603,00 €	15.003,00 €	3.562,00 €	38.367,00 €
3.216,68 €	**77.016,31 €**	**21.165,41 €**	**145.942,25 €**

Abb. 8.21
Betriebsabrechnungs-bogen mit Primär - kostenrechnung für eine Betriebskantine

9 Endkostenstellen erbringen Leistungen, die an die Kunden abgegeben werden.

In ihm sind die Kostenarten in den Zeilen und die Kostenstellen in den Spalten aufgelistet. Es ergeben sich daraus Felder, in denen eingetragen wird, welcher Teil einer Kostenart der entsprechenden Kostenstelle zugeordnet wird. Abbildung 8.21 zeigt einen Betriebsabrechnungsbogen mit Primärkostenrechnung für eine Betriebskantine.

Die Zuordnung der Kostenarten zu den Kostenstellen soll verursachungsgerecht erfolgen. Das heißt, eine Kostenstelle soll so viel von den Kosten einer Kostenart erhalten, wie sie auch zur Kostenentstehung beigetragen hat. Diese Kostenzu - weisung kann direkt oder indirekt erfolgen.

Eine direkte Kostenzuweisung ist immer dann möglich, wenn es detaillierte Informationen zur Kostenverursachung der einzelnen Kostenstellen gibt. Das ist beispielsweise oft bei den Personalkosten der Fall, wenn jede einzelne Kraft ausschließlich für eine Kostenstelle arbeitet. Wenn Frau Meier ausschließlich in der Kantine arbeitet, können die Personalkosten für Frau Meier direkt der Kantine zugeordnet werden. Wann immer möglich, sollte die direkte Kostenzuordnung bevorzugt werden, denn sie ist immer zutreffender als die im Folgenden erläuterte indirekte Zuordnung mit Schlüsseln.

Schlüssel zur Verteilung der Kosten für Heizenergie
Die Zuordnung der Kosten für Heizenergie kann nach folgenden Schlüsseln erfolgen:

- Quadratmeter Fläche (m²) oder
- Kubikmeter umbauter Raum (m³) oder
- (Zwischen-) Zähler.

Bei der Wahl des Schlüssels für die Zuordnung der Kosten für Heizenergie zu den einzelnen Kostenstellen ist die Beschaffenheit der Räume zu beachten. Sind die Räume gleich hoch und werden sie gleich beheizt, ist die Nutzung des Schlüssels *Quadratmeter Fläche (m²)* geeignet. Bei unterschiedlich hohen Räumen ist eher der Schlüssel *Kubikmeter umbauter Raum (m³)* zu empfehlen. Der dritte Schlüssel, die Zuordnung der Kosten über *(Zwischen-) Zähler* ist am genauesten, aber auch sehr aufwändig. Er ist dann zu empfehlen, wenn die Räume sehr unterschiedlich beheizt werden.

Schlüssel zur Verteilung der Kosten für Strom
Für die Kalkulation der Kosten für Strom kommen folgende Schlüssel in Frage:

- Anschlusswert der Geräte oder
- Anschlusswert der Geräte, gewichtet mit der Einschaltdauer oder
- Anschlusswert der Geräte, gewichtet mit der Einschaltdauer und Taktung der Stromentnahme oder
- verursachungsgerechte Schätzung unter Berücksichtigung von *Großabnehmern* (z. B. wärmeerzeugende Geräte in der Küche) oder
- (Zwischen-) Zähler.

Der Anschlusswert ist die Stromaufnahme eines Geräts, wenn es eingeschaltet ist. Beispiel: Eine 100 W-Glühbirne verbraucht doppelt so viel Strom wie eine 50 W-Glühbirne. Der Stromverbrauch wird also im einfachsten Fall nach dem Anschlusswert der Geräte verteilt. Dazu ist es notwendig, den Anschlusswert aller elektrischen Geräte in den einzelnen Betriebsbereichen zu sammeln. Allerdings sind ja nicht alle elektrischen Geräte ständig in Betrieb. Ein Faxgerät ist in der Regel 24 Stunden in Betrieb, eine Kippbratpfanne nur dann, wenn etwas gebraten wird. Der Schlüssel zur Verteilung der Stromkosten ist also eher verursachungsgerecht, wenn der Anschlusswert der Geräte mit der durchschnittlichen Einschaltdauer gewichtet wird. Allerdings ist auch dieser Schlüssel nicht immer verursachungsgerecht. So gibt es Geräte, die ständig die gleiche Menge Strom entnehmen, wenn sie eingeschaltet sind (z. B. Glühbirne) und solche, die in Intervallen Strom verbrauchen (z. B. eine Elektroherdplatte). Wenn die Taktung der Stromentnahme bei diesen Geräten bekannt ist, kann sie zur Bildung des Schlüssels für die Verteilung der Stromkosten herangezogen werden. Dieses Verfahren ist jedoch sehr aufwändig.

Eine weitere Möglichkeit ist die, den Stromverbrauch von besonders stromintensiven Geräten zu schätzen. Hierzu können beispielsweise Herstellerangaben helfen.

Für die restlichen, nicht stromintensiven Geräte können dann andere Verteilerschlüssel, z. B. Verteilung nach dem Anschlusswert der Geräte, verwendet werden.

Ideal ist es, wenn Zwischenzähler für die Messung des Stromverbrauchs in den einzelnen Betriebsbereichen bereitstehen.

Schlüssel zur Verteilung der Kosten für Wasser
Für die Kalkulation der Wasserkosten können folgende Schlüssel angewendet werden:

- verursachungsgerechte Schätzung des Wasserverbrauchs (in l) unter Berücksichtigung von Großverbrauchern (Küche, Wäscherei) oder
- (Zwischen-) Zähler.

Auch hier ist natürlich die Variante mit (Zwischen-) Zählern genauer, aber auch aufwändiger. Wenn dies nicht möglich ist, sollte der Wasserverbrauch unter der Berücksichtigung von Großverbrauchern geschätzt werden. Beispielsweise werden in einer Altenhilfeeinrichtung sicherlich die Küche und die Wäscherei im Vergleich zu den Bereichen Pflege und Verwaltung den größeren Wasserverbrauch verursachen.

Schlüssel zur Verteilung der Kosten für Reinigungsmittel
Wenn Reinigungsmittel in einem Reinigungsmittellager für die gesamte Einrichtung vorgehalten werden, kann die Kostenkalkulation für Reinigungsmittel (wie bei Lebensmitteln) über die Fortschreibungsmethode mittels Lagerentnahmescheinen (vgl. Kapitel 8.3.2) für den Verpflegungsbereich vorgenommen werden. Dies ist dann eine direkte Zuordnung. Falls es eine solche Lagerbuchhaltung nicht gibt, sind die Anteile der Kostenstellen am Reinigungsmittelverbrauch sinnvoll zu schätzen.

Schlüssel zur Verteilung der Dienstleistungskosten
Folgende Schlüssel zur Aufteilung der Kosten auf die einzelnen Abteilungen der Einrichtung können zur Verteilung der Dienstleistungskosten in Frage kommen:

- Reinigungsarbeiten durch eine Fremdfirma:
  - Quadratmeter Reinigungsfläche oder
  - Quadratmeter Reinigungsfläche unter Berücksichtigung des Reinigungszyklus oder
  - Quadratmeter Reinigungsfläche unter Berücksichtigung des Reinigungszyklus und Reinigungsaufwands,
- Müllentsorgung: entsorgte Müllmenge (z. B. in Liter) in den einzelnen Abteilungen der Einrichtung,
- Straßenreinigung: Gleichverteilung über alle Kostenstellen der Einrichtung.

Schlüssel zur Verteilung der Versicherungskosten
Für die Verteilung der Versicherungskosten kann der Schlüssel *Wert des Anlagenbestands* herangezogen werden.

8.4.2 Sekundärkostenrechnung (innerbetriebliche Leistungsverrechnung)

Eine Sekundärkostenrechnung (innerbetriebliche Leistungsverrechnung) ist immer dann notwendig, wenn eine Kostenstelle (Vor-)Leistungen für andere Kostenstellen erbringt. Die Kostenstellen werden dann in zwei Gruppen unterschieden: Vorkostenstellen und Endkostenstellen. Die Vorkostenstellen erbringen Leistungen für andere Kostenstellen. Die Endkostenstellen erbringen Leistungen, die an die Kunden abgegeben werden. Ziel der innerbetrieblichen Leistungsverrechnung ist es dann, sämtliche Kosten den Endkostenstellen zuzuordnen, also alle Vorkostenstellen von den Kosten zu entlasten. Nur dann wird es möglich sein, sämtliche entstandenen Kosten den Produkten zuzuordnen (Kostenträgerrechnung).

Zu diesem Zweck ist es in einem ersten Schritt notwendig, die innerbetrieblichen Leistungsströme zu analysieren: Welche Kostenstelle erbringt für welche andere Kostenstelle Leistungen? Gibt es Kostenstellen, die ausschließlich Leistungen für andere erbringen, aber keine erhalten? Gibt es Kostenstellen, die sowohl Leistungen für andere Kostenstellen erbringen als auch welche empfangen? Gibt es Kostenstellen, die ausschließlich Leistungen von anderen Kostenstellen empfangen? Aus der Beantwortung dieser Fragen sind die Kostenstellen möglichst in eine Reihenfolge zu bringen, die den Leistungsstrom von links nach rechts fließen lässt. Wenn das möglich ist, liegen nur einseitige Leistungsströme vor. Die Reihenfolge der Kostenstellen sollte bereits bei der Primärkostenrechnung im Betriebsabrechnungsbogen so erfolgen, dass der Leistungsstrom von links nach rechts fließt. Sollte sich keine Reihenfolge der Kostenstellen ermitteln lassen, die den Leistungsstrom von links nach rechts fließen lässt, liegt ein wechselseitiger Leistungsstrom vor, für dessen Verrechnung spezielle mathematische Verfahren angewandt werden müssen (vgl. Hummel/Männel 1990, S. 203 f.).

Die innerbetriebliche Leistungsverflechtung erfolgt dann im Betriebsabrechnungsbogen von links nach rechts. Das heißt, zuerst werden die Kosten der ganz links stehenden Kostenstelle zugeordnet. Anschließend wird für alle Kostenstellen eine Zwischensumme gebildet, dann werden die Kosten der an zweiter Stelle stehenden Kostenstelle zugeordnet und so weiter. Dadurch wird sichergestellt, dass alle Vorkostenstellen von den Kosten entlastet sind, sofern keine wechselseitigen Leistungsströme vorliegen.

Die Zuordnung der Kosten der Vorkostenstellen zu den End - kostenstellen erfolgt wiederum mit Schlüsseln, die die Kostenentstehung in den Vorkostenstellen verursachungsgerecht mit den abgegebenen innerbetrieblichen Leistungen in Zusammenhang bringt. Abbildung 8.22 zeigt beispielhaft einige solche Schlüssel.

Vorkostenstelle	Schlüssel zur Zuordnung zu den Endkostenstellen
Gebäude	• Quadratmeter Fläche in den einzelnen Kostenstellen oder • Kubikmeter umbauter Raum in den einzelnen Kostenstellen
Heimleitung	• Anteil der Arbeitsstunden für die einzelnen Kostenstellen
Personalbüro	• Anzahl der Mitarbeiter in den einzelnen Kostenstellen
Finanzbuchhaltung	• Anzahl der Konten in den einzelnen Kostenstellen oder • Anzahl der Buchungen für die einzelnen Kostenstellen
Wareneingangskontrolle	• Wert der für die einzelnen Kostenstellen eingehenden Waren
Hausmeister	• Zeitaufwand des Hausmeisters für die einzelnen Kostenstellen
Küche	• Anzahl der abgegebenen Essen oder • Anzahl der abgegebenen Beköstigungstage oder • Anzahl der abgegebenen gewichteten Beköstigungstage (Diätessen werden stärker gewichtet als Vollkostessen)
Wäscherei	• Menge der für die einzelnen Kostenstellen gewaschenen Wäsche in kg oder • Menge der für die einzelnen Kostenstellen gewaschenen Wäsche in kg gewichtet mit dem Zeitaufwand für die verschiedenen Wäschearten
Reinigungsdienst	• Quadratmeter Reinigungsfläche oder • Quadratmeter Reinigungsfläche unter Berücksichtigung des Reinigungszyklus oder • Quadratmeter Reinigungsfläche unter Berücksichtigung des Reinigungszyklus und Reinigungsaufwands
Transportfahrzeug	• Anzahl der Transportaufträge oder • Anzahl der Transportkilometer
Personaleinrichtungen	• Anzahl der Beschäftigten in den einzelnen Kostenstellen

Abb. 8.22
Beispiele für Schlüssel
zur Verrechnung der
innerbetrieblichen
Leistungen

Abbildung 8.23 zeigt einen Betriebsabrechnungsbogen mit vollständiger Kostenstellenrechnung für eine Betriebskantine (Fortsetzung des Beispiels aus Abb. 8.21).

8.5 Kostenträgerrechnung

Kostenträger sind die erstellten Leistungen bzw. Produkte eines Verpflegungsbetriebs. Je nach Breite und Tiefe des Angebots und des Informationsbedürfnis des Verpflegungsbetriebs können die Kostenträger in ihrer Art und Anzahl unterschiedlich ausfallen. Beispielsweise ist ein Kostenträger ein Beköstigungstag oder ein Mittagessen oder ein Salatteller.

Die Kostenträgerrechnung dient hauptsächlich der Preiskalkulation. Dabei geht es häufig um die Festlegung von Preisuntergrenzen.

In der Kostenträgerrechnung gibt es mehrere Verrechnungsmethoden. Allen gemeinsam ist die Verteilung der Kosten aus der Kostenstellenrechnung auf die einzelnen Kostenträger der Kostenstelle. Im Folgenden werden die Verrechnungsmethoden Divisionskalkulation und Äquivalenzziffernrechnung erläutert.

8.5.1 Divisionskalkulation

Die Divisionskalkulation ist die einfachste Verrechnungsmethode in der Kostenträgerrechnung. Die Gesamtkosten der Abrechnungsperiode werden durch die in dieser Zeit erzeugte Menge an Produkten bzw. Leistungen (Kostenträger) dividiert.

$$\text{Kosten pro Kostenträger} = \frac{\text{Gesamtkosten der Abrechnungsperiode}}{\text{Anzahl erzeugter Kostenträger}}$$

Die Divisionskalkulation ist für Kostenstellen geeignet, die jeweils nur ein Produkt herstellen oder die ihre Produkte nicht weiter unterscheiden. Zum Beispiel werden die Kosten pro Essen berechnet, wobei keine Unterscheidung nach Menülinien (z. B. Voll- oder Diätkost) erfolgt. Abbildung 8.24 zeigt die Kostenträgerrechnung mittels Divisionskalkulation für einen Beispielbetrieb mit zwei Kostenstellen.

	Kostenstelle Kantine	Kostenstelle Pizza-Eck
Gesamtkosten je Monat	113.205,78 €	32.736,47 €
gefertigte Essen je Monat	34.000 Stück	12.000 Stück
Kosten pro Essen	3,33 €/Stück	2,73 €/Stück

Abb. 8.24 Kostenträgerrechnung mittels Divisionskalkulation für einen Beispielbetrieb

Kostenstellen / Kostenarten	Summe	Vorkostenstellen		
		Gebäude	Verwaltung	Topf- und Geschirr-reinigung
Löhne und Gehälter	27.922,34 €	1.230,00 €	2.154,00 €	2.156,00 €
Sonst. Personalkosten	24.536,00 €	1.080,83 €	1.892,77 €	1.894,53 €
Lebensmittel	31.248,22 €	0,00 €	0,00 €	0,00 €
Wasser	502,89 €	13,82 €	0,00 €	230,26 €
Strom	2.635,00 €	72,95 €	0,00 €	265,54 €
Heizöl	1.876,00 €	1.876,00 €	0,00 €	0,00 €
Reinigungsmittel	1.902,00 €	560,00 €	0,00 €	562,00 €
Fremdreparaturen	1.100,00 €	1.100,00 €	0,00 €	0,00 €
Fremdleistungen Wäschereinigung	1.589,00 €	88,28 €	147,13 €	235,41 €
Fremdleistungen Fensterreinigung	213,80 €	213,80 €	0,00 €	0,00 €
Büromaterial	98,00 €	0,00 €	98,00 €	0,00 €
Beiträge zu Verbänden	670,00 €	0,00 €	670,00 €	0,00 €
Fremdleistungen Beratung	2.589,00 €	0,00 €	2.589,00 €	0,00 €
Versicherungen	2.800,00 €	1.664,26 €	67,47 €	157,43 €
kalk. Zinsen (Eigen- und Fremdkapital)	7.893,00 €	4.691,42 €	190,19 €	443,77 €
kalk. Abschreibungen	38.367,00 €	15.639,00 €	0,00 €	2.560,00 €
Summe Primärkostenrechnung	**145.942,25 €**	**28.230,35 €**	**7.808,56 €**	**8.504,93 €**
Verrechnung der Gebäudekosten			441,10 €	1.146,86 €
Zwischensumme			8.249,66 €	9.651,79 €
Verrechnung der Verwaltungskosten				117,85 €
Zwischensumme				9.769,64 €
Verrechnung der Kosten für Topf- und Geschirrreinigung				
Zwischensumme				
Verrechnung der Kosten für Lebensmittellager				
Summe Sekundärkostenrechnung				

8.5.2 Äquivalenzziffernrechnung

Die Äquivalenzziffernrechnung ist für die Kostenstellen geeignet, die verschiedene Kostenträger (hergestellte Produkte und Leistungen des Verpflegungsbetriebs) erstellen. Es wird davon ausgegangen, dass die verschiedenen Kostenträger einer Kostenstelle zwar keine identische, aber doch eine sehr ähnliche Kostenstruktur aufweisen. Das heißt, die Kostenträger sind sich sehr ähnlich (Beispiel: 400 g-Pizza und 600 g-Pizza im

Lebensmittel-lager	Endkostenstellen		Summe Kontrolle
	Kantine	Pizza-Eck	
0,00 €	17.698,00 €	4.684,34 €	27.922,34 €
0,00 €	15.551,64 €	4.116,24 €	24.536,00 €
0,00 €	23.658,99 €	7.589,23 €	31.248,22 €
0,92 €	184,21 €	73,68 €	502,89 €
882,71 €	943,99 €	469,81 €	2.635,00 €
0,00 €	0,00 €	0,00 €	1.876,00 €
0,00 €	630,00 €	150,00 €	1.902,00 €
0,00 €	0,00 €	0,00 €	1.100,00 €
0,00 €	941,63 €	176,56 €	1.589,00 €
0,00 €	0,00 €	0,00 €	213,80 €
0,00 €	0,00 €	0,00 €	98,00 €
0,00 €	0,00 €	0,00 €	670,00 €
0,00 €	0,00 €	0,00 €	2.589,00 €
191,17 €	629,72 €	89,96 €	2.800,00 €
538,89 €	1.775,13 €	253,59 €	7.893,00 €
1.603,00 €	15.003,00 €	3.562,00 €	38.367,00 €
3.216,68 €	**77.016,31 €**	**21.165,41 €**	**145.942,25 €**
6.175,39 €	14.468,06 €	5.998,95 €	28.230,35 €
9.392,07 €	91.484,37 €	27.164,36 €	145.942,25 €
4.949,80 €	2.474,90 €	707,11 €	8.249,66 €
14.341,87 €	93.959,27 €	27.871,47 €	145.942,25 €
0,00 €	8.387,84 €	1.381,80 €	9.769,64 €
14.341,87 €	102.347,10 €	29.253,28 €	145.942,25 €
	10.858,67 €	3.483,20 €	14.341,87 €
	113.205,78 €	**32.736,47 €**	**145.942,25 €**

Abb. 8.23
Betriebsabrechnungs-bogen mit vollständiger Kostenstellenrechnung für eine Betriebskantine

Pizza-Eck einer Betriebskantine). Bei der Äquivalenzziffern-rechnung werden die Kostenrelationen mit Hilfe der Äquiva-lenzziffern berechnet. Diese Äquivalenzziffern geben an, in welchem Verhältnis die Kosten der Produktarten zueinander stehen (z. B. liegen die Kosten für eine 600 g-Pizza 1,5-mal so hoch wie für eine 400 g-Pizza). Dadurch werden die herge-stellten Kostenträger eines Verpflegungsbetriebs künstlich *ho - mogenisiert.*

Bestimmung der Äquivalenzziffern

Der erste Schritt in der Äquivalenzziffernrechnung besteht in der Bestimmung der Äquivalenzziffern. Hier gibt es mehrere Möglichkeiten:

a) Speiseneigenschaften

Die Äquivalenzziffern können aus den Eigenschaften der Kostenträger, in der Regel aus Größe und Gewicht, bestimmt werden.

Beispiel:
- Gewicht von Pizzen der gleichen Art (400 g und 600 g),
- Volumen von Flüssigkeiten (300 ml-Suppe und 600 ml-Suppe),
- Energiegehalt von Menüs (300 kcal und 500 kcal).

b) Arbeitszeitbedarf

Die Äquivalenzziffern können aus dem Zeitaufwand bei der Herstellung der Kostenträger bestimmt werden.

Beispiel: In der Küche werden täglich sechs Arbeitskraftstunden für das Frühstück, 18 Arbeitskraftstunden für das Mittagessen und 15 Arbeitskraftstunden für das Abend - essen aufgewendet.

c) Erfahrungswerte

Teilweise verfügen die Verpflegungsbetriebe über Äquivalenzziffern, die schon seit vielen Jahren verwendet werden.

Beispiel (vgl. Abb. 8.25): In der Kostenrechnung von Krankenhausküchen ist es üblich, die Kosten über Beköstigungstage zu verrechnen. Ein Beköstigungstag Vollkost splittet sich auf in 0,2 BKT[10] Frühstück, 0,5 BKT Mittagessen und 0,3 BKT Abendessen (vgl. Wibera Wirtschaftsberatungsgesellschaft AG 1980). Die Herstellung von Diätkost ist im Vergleich zur Vollkost 1,3-mal aufwändiger (vgl. Bayerischer Kommunaler Prüfungsverband 1998, S. 146).

Für die Berechnung der Äquivalenzziffern muss zunächst eine Bezugsgröße bestimmt werden. Dabei handelt es sich um einen Kostenträger, der im Verpflegungsbetrieb hergestellt wird und an dem sich die Kosten für die anderen Produkte messen werden, z. B. eine 400 g-Pizza oder ein Verpflegungs-

---

10 BKT=Beköstigungstage.

	Vollkost	Diätkost
Frühstück	0,20 BKT	0,26 BKT
Mittagessen	0,50 BKT	0,65 BKT
Abendessen	0,30 BKT	0,39 BKT
Verpflegungstag gesamt	1,00 BKT	1,30 BKT

Abb. 8.25
Bildung von Äquivalenz-
ziffern über die Verwen-
dung von Beköstigungs-
tagen in der Kranken-
hausverpflegung

tag Vollkost. Die Bezugsgröße erhält die Äquivalenzziffer (ÄZ) 1,0. Nun bestimmt man die Äquivalenzziffern der anderen Kostenträger, indem man den Herstellungsaufwand oder die Produktabmessungen ins Verhältnis zum Bezugsprodukt setzt.

Beispiel: Die 600 g-Pizza ist 1,5-mal so schwer wie die 400 g-Pizza. Es wird deshalb davon ausgegangen, dass die Herstellung einer 600 g-Pizza 1,5-mal so hohe Kosten verursacht wie die Herstellung einer 400 g-Pizza. Daraus ergeben sich folgende Äquivalenzziffern:

Äquivalenzziffer für die 400 g-Pizza: 1,0
Äquivalenzziffer für die 600 g-Pizza: 1,5.

Berechnung der Kosten pro Kostenträger mit einer Äquivalenzziffernreihe

Abbildung 8.26 zeigt ein Rechenbeispiel zur Kostenträgerrechnung mit zwei Kostenträgern: kleine und große Pizza. Im Beispielbetrieb Betriebskantine (Kostenstelle Pizza-Eck) wurden in der Abrechnungsperiode 7.000 kleine Pizzen und 5.000 große Pizzen hergestellt. Die Gesamtkosten auf der Kostenstelle betragen 32.736,47 €. Die Kosten werden mit Hilfe einer Äquivalenzziffernreihe (Vorüberlegung siehe oben: kleine Pizza: ÄZ = 1 und große Pizza: ÄZ = 1,5) verrechnet.

Die Äquivalenzziffernreihe wird in folgender Weise angewendet. Zunächst werden für jeden Kostenträger die Äquivalenzziffern mit der Anzahl der hergestellten Kostenträger multipliziert. Die resultierende Größe wird *Rechnungseinheit* genannt. Die Rechnungseinheiten aller Kostenträger werden dann addiert. Anschließend werden die Gesamtkosten der Kostenstelle durch die Summe der Rechnungseinheiten dividiert. Es ergeben sich dann *Kosten pro Rechnungseinheit*. Danach werden die Kosten pro Kostenträger berechnet, indem man für jeden Kostenträger die Äquivalenzziffer mit den Kosten pro Rechnungseinheit multipliziert. Zum Schluss können die Gesamtkosten für die hergestellten Kostenträger in der Summe berechnet werden, dazu sind die Kosten pro Kostenträger mit der hergestellten Menge an Kostenträgern zu multiplizieren.

*Abb. 8.26
Rechenbeispiel einer
Kostenträgerrechnung
mittels Äquivalenzziffern-
rechnung (mit einer
Äquivalenzziffernreihe)*

	kleine Pizza	große Pizza
Vorüberlegungen		
Gewicht pro Stück	400 g	600 g
Äquivalenzziffer	1	1,5
Kostenträgerrechnung		
Gesamtkosten der Kostenstelle		32.736,47 €
Anzahl der hergestellten Kostenträger	7.000	5.000
Rechnungseinheiten	7.000	7.500
Summe der Rechnungseinheiten		14.500
Kosten pro Rechnungseinheit		2,26 €
Kosten pro Kostenträger	2,26 €	3,39 €
Gesamtkosten für den Kostenträger	15.803,82 €	16.932,66 €
Gesamtkosten der Kostenstellen (Kontrolle)		32.736,47 €

Die Rechenschritte in der Kostenträgerrechnung lassen sich wie folgt zusammenfassen:

1. Bestimmung der Äquivalenzziffern.
2. Bestimmung der Rechnungseinheiten für die Kostenträger (Äquivalenzziffer mal Produktmenge).
3. Summierung der Rechnungseinheiten.
4. Berechnung der Kosten (für diese Kostenart oder Kostengruppe) pro Rechnungseinheit.
5. Berechnung der Kosten pro Kostenträger (Äquivalenzziffer mal Kosten pro Rechnungseinheit).
6. Berechnung der Gesamtkosten für den Kostenträger (Produktmenge mal Kosten pro Rechnungseinheit).

**Berechnung der Kosten pro Kostenträger
mit mehreren Äquivalenzziffernreihen**
Bei der Anwendung mehrerer Äquivalenzziffernreihen unterscheidet sich die Kostenstruktur des Kostenträgers nicht nur in einem Merkmal, sondern in mehreren Merkmalen.

Beispiel: In einer Betriebskantine werden verschiedene Gerichte in verschiedener Anzahl hergestellt. Die Kosten sollen wie folgt auf die Kostenträger (Gerichte) verteilt werden:

- Die Personalkosten sollen nach dem Zeitaufwand für die Zubereitung der Gerichte verteilt werden.
- Die Lebensmittelkosten sollen nach dem jeweiligen Anteil der Lebensmitteleinzelkosten (Erfasste Lebensmitteleinzelkosten) verteilt werden.
- Die übrigen Kosten sollen zu gleichen Teilen auf die Gerichte verteilt werden.

In der Praxis sieht dieses Verfahren so aus, dass für jede Kostenart (oder Gruppe von Kosten) eine Äquivalenzziffernreihe mit den schon bekannten Rechenschritten durchgeführt wird. Abbildung 8.27 zeigt die Kostenträgerrechnung für dieses Beispiel.

Abb. 8.27
Rechenbeispiel einer
Kostenträgerrechnung
mittels Äquivalenzziffern-
rechnung (mit mehreren
Äquivalenzziffern-
reihen)[11]

Kostenträger	Hauptgericht	Salat	Pastagericht	Summe
Anzahl der hergestellten Kostenträger	14.500	12.000	7.500	
Personalkosten				33.249,64 €
Arbeitskraftstunden pro Tag	16,50 h	5,50 h	2,50 h	
Äquivalenzziffernreihe	6,60	2,20	1,00	
Rechnungseinheiten	95.700,00	26.400,00	7.500,00	129.600,00
Personalkosten pro Rechnungseinheit				0,26 €
Personalkosten pro Kostenträger	1,69 €	0,56 €	0,26 €	
Personalkosten für alle Gerichte	24.552,39 €	6.773,07 €	1.924,17 €	33.249,64 €
Lebensmittelkosten				23.658,99 €
Erfasste Lebensmitteleinzelkosten	0,94 €	0,36 €	0,40 €	
Äquivalenzziffernreihe	2,35	0,90	1,00	
Rechnungseinheiten	34.075,00	10.800,00	7.500,00	52.375,00
Lebensmittelkosten pro Rechnungseinheit				0,45 €
Lebensmittelkosten pro Kostenträger	1,06 €	0,41 €	0,45 €	
Lebensmittelkosten für alle Gerichte	15.392,46 €	4.878,61 €	3.387,92 €	23.658,99 €
Übrige Kosten				56.297,15 €
zu gleichen Teilen	1,00	1,00	1,00	
Äquivalenzziffernreihe	1,00	1,00	1,00	
Rechnungseinheiten	14.500,00	12.000,00	7.500,00	34.000,00
übrige Kosten pro Rechnungseinheit				1,66 €
übrige Kosten pro Kostenträger	1,66 €	1,66 €	1,66 €	
übrige Kosten für alle Gerichte	24.009,08 €	19.869,58 €	12.418,49 €	56.297,15 €
Summe der Kosten für die Kostenträger	**4,41 €**	**2,63 €**	**2,37 €**	

11 Zahlen sind mit zwei Dezimalstellen dargestellt, aber mit mehr Dezimalstellen kalkuliert.

Berechnung der Kosten pro Kostenträger mit kombinierten Äquivalenzziffernreihen

Eine weitere Variante der Kostenträgerrechnung ist die Anwendung kombinierter Äquivalenzziffernreihen. Hier werden zur Bildung von Äquivalenzziffernreihen mehrere Merkmale zusammengekoppelt. Abbildung 8.28 zeigt ein Beispiel für eine Kostenträgerrechnung in einer Krankenhausküche. Zur Bildung der Äquivalenzziffernreihen werden die beiden Merkmale Arbeitszeitaufwand für die einzelnen Mahlzeiten (Frühstück, Mittagessen und Abendessen) und der Arbeitszeitaufwand für die Kostformen Vollkost und Diätkost kombiniert. Nach der Berechnung der Äquivalenzziffernreihen erfolgen zur Berechnung der Kosten pro Kostenträger die bereits bekannten Rechenschritte. Bei der Bildung der Äquivalenzziffernreihen ist zu beachten, dass die Verwendung von Beköstigungstagen nur in Kranken- und Pflegeeinrichtungen sinnvoll ist.

Abb. 8.28
Rechenbeispiel einer Kostenträgerrechnung mittels Äquivalenzziffernrechnung (mit kombinierten Äquivalenzziffernreihen)

Vorüberlegung			
Mahlzeit	Frühstück	Mittagessen	Abendessen
Bewertung der Mahlzeiten	0,20	0,50	0,30
Kostform	Vollkost	Diätkost	
Bewertung der Kostformen	1,00	1,30	
kombinierte Äquivalenzziffernreihen			
Kostform	Frühstück	Mittagessen	Abendessen
Vollkost	0,20	0,50	0,30
Diätkost	0,26	0,65	0,39
Anzahl der Verpflegungsteilnehmer			
Kostform	Frühstück	Mittagessen	Abendessen
Vollkost	16.000	18.000	15.500
Diätkost	3.500	4.100	3.200
Berechnung der Rechnungseinheiten			
Kostform	Frühstück	Mittagessen	Abendessen
Vollkost	3.200	9.000	4.650
Diätkost	910	2.665	1.248
Summe Rechnungseinheiten			21.673
Berechnung der Kosten pro Kostenträger			
Gesamtkosten der Krankenhausküche	150.000,00 €		
Kosten pro Beköstigungstag	6,92 €		

8.6 EDV-gestützte Kostenrechnung

Für die EDV-gestützte Kostenrechnung stehen verschiedene Softwareprodukte zur Verfügung. Es handelt sich meist um Zusatzmodule der Buchführungsprogramme, bei denen die Informationen aus der Buchführung automatisch in die Kostenrechnung übernommen werden. Die Berechnungsmethoden lassen sich in solchen Softwareprodukten nur schwer nachvollziehen oder verändern. Flexibler, aber auch zeitaufwändiger ist es hingegen, ein eigenes Kostenrechnungssystem mit einem Tabellenkalkulationsprogramm (z. B. Microsoft Excel®) zu erstellen. Dieser Weg erfordert umfangreiche Kenntnisse im Umgang mit dem Tabellenkalkulationsprogramm, hat aber dafür den Vorteil, dass alle Rechenwege selbst nachvollziehbar und veränderbar sind. Bei der Erstellung eines Kostenrechnungssystems mit einem Tabellenkalkulationsprogramm werden folgende Regeln empfohlen:

- Jede Zahl ist prinzipiell nur einmal in einer Zelle in das Rechensystem einzutragen. Sollte die selbe Zahl an anderer Stelle noch einmal benötigt werden, ist mit Formel auf die entsprechende Zelle zu verweisen. Dadurch muss nur an einer Stelle korrigiert werden, wenn sich diese Zahl ändert.
- In den Formeln sollten keine Zahlen enthalten sein. Dadurch wird das Rechensystem flexibler, wenn sich der entsprechende Multiplikator (z. B. Mehrwertsteuersatz) ändert.
- Jede Formel ist nur einmal einzugeben und dann sinnvoll zu kopieren. Dadurch werden Fehler beim Eingeben von Formeln vermieden.

Dadurch entsteht ein dynamisches Kalkulationsschema, bei dem sich die Änderung einer einzelnen Zahl auf das gesamte Kalkulationsschema (Kostenartenrechnung, Kostenstellenrechnung, Kostenträgerrechnung) auswirkt.

9 Qualitätsmanagement

Autorin:
Annegret Reiprich

Begriffe werden in der Fachliteratur zum Qualitätsmanagement nicht immer eindeutig gebraucht. Aus diesem Grund werden die Begriffe, die in diesem Kapitel eine Rolle spielen, zunächst kurz beschrieben und deren Beziehung zueinander in Abbildung 9.1 dargestellt.
In der Qualitätsphilosophie (vgl. Kapitel 9.2) beschreibt ein Betrieb das angestrebte (definierte) Qualitätsniveau unter Berücksichtigung der Qualitätsdimensionen Struktur-, Prozess- und Ergebnisqualität (vgl. Kapitel 9.1) und das Qualitätsmanagementsystem (vgl. Kapitel 9.3), das dazu dient, dieses definierte Qualitätsniveau zu erreichen. Qualitätsmanagementsysteme können sein:

- Qualitätskontrolle (vgl. Kapitel 9.3.1),
- Qualitätssicherung (vgl. Kapitel 9.3.2),
- Qualitätsmanagement mit Vorgaben nach Modellen (vgl. Kapitel 9.3.3.1), mit Vorgaben nach Methoden (vgl. Kapitel 9.3.3.2) oder ohne Vorgaben (vgl. Kapitel 9.3.3.3).

Um die Qualitätsmanagementsysteme in der Praxis umzusetzen und damit die Qualitätsphilosophie zu erfüllen, sollte

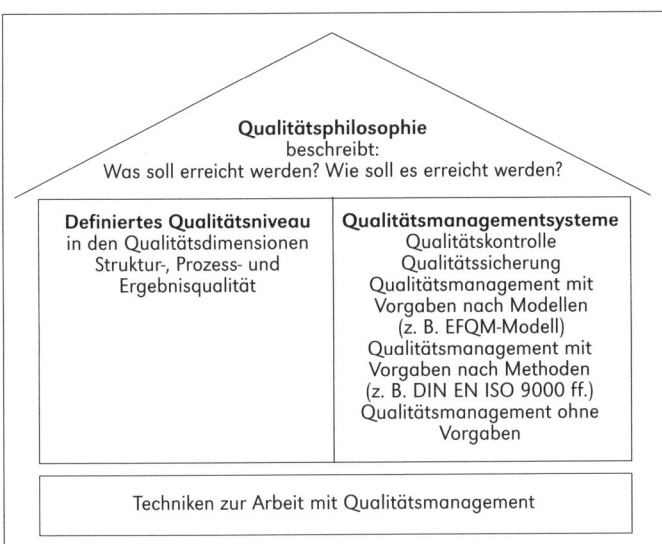

Abb. 9.1
Begriffe des Qualitäts-managements im Überblick

Qualitätsphilosophie
beschreibt:
Was soll erreicht werden? Wie soll es erreicht werden?

| Definiertes Qualitätsniveau in den Qualitätsdimensionen Struktur-, Prozess- und Ergebnisqualität | Qualitätsmanagementsysteme Qualitätskontrolle Qualitätssicherung Qualitätsmanagement mit Vorgaben nach Modellen (z. B. EFQM-Modell) Qualitätsmanagement mit Vorgaben nach Methoden (z. B. DIN EN ISO 9000 ff.) Qualitätsmanagement ohne Vorgaben |

Techniken zur Arbeit mit Qualitätsmanagement

ein Betrieb entsprechende Techniken kennen und anwenden (vgl. Kapitel 9.4).

9.1 Qualität und Qualitätsdimensionen

In der Alltagssprache spricht man von Qualität, wenn eine Leistung gut oder sehr gut ist. Qualität ist in der Regel positiv besetzt und deutet darauf hin, dass die Kundinnen und Kunden zufrieden sind, sich motivierte Mitarbeiterinnen und Mitarbeiter engagieren, ein Unternehmen nicht an Investitionen spart, um Kundinnen und Kunden zufriedenzustellen und das Management und die Organisation einwandfrei funktionieren. Dennoch kann Qualität subjektiv empfunden werden, denn was für die eine Person *Qualität* ist, kann für eine andere Person Anlass zur Beschwerde sein, ohne dass sich das Produkt oder die Leistung voneinander unterscheidet.

Qualität wird nach DIN ISO 9000 definiert als *Grad, in dem ein Satz inhärenter Merkmale Anforderungen erfüllt* (vgl. DIN EN ISO 9000:2000, S. 18).

Qualität misst demnach, in welchem Umfang die Merkmale eines Produkts oder einer Leistung den Anforderungen entsprechen, die an das jeweilige Produkt bzw. die jeweilige Leistung gestellt werden (vgl. Abb. 9.2) (vgl. Leicht-Eckardt et al. 2004, S. 84).

Abb. 9.2
Definition der Qualität

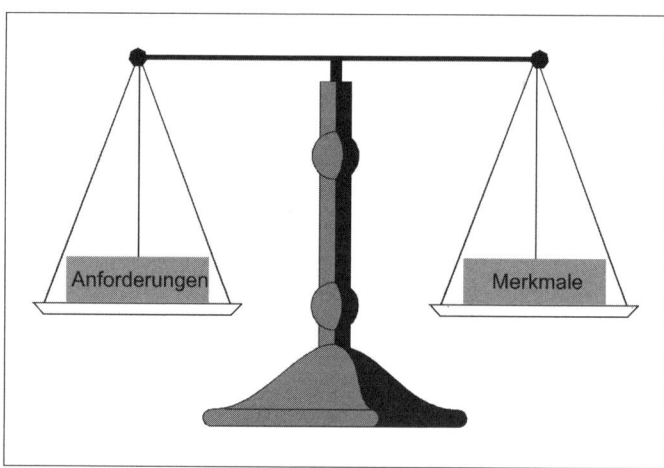

Wenn ein Produkt oder eine Leistung in allen Merkmalen den gestellten Anforderungen entspricht, kann man von hoher Qualität sprechen.

Qualität kann für einen Verpflegungsbetrieb eine große Rolle spielen. Qualität und Preis sind für die Kundinnen und Kunden zwei wichtige Entscheidungskriterien, eine Leistung in Anspruch zu nehmen. Letztlich entscheidet das Preis-Leistungsverhältnis, ob das Mittagessen im Betriebsrestaurant oder beim Imbiss um die Ecke eingenommen wird.

Die täglichen Abläufe eines Betriebs können auf drei Ebenen betrachtet werden:

- Input bzw. Struktur (Was fließt in den Leistungserstellungsprozess ein?),
- Prozess (Wie läuft der Leistungserstellungsprozess ab?),
- Output bzw. Ergebnis (Was sind die Ergebnisse des Leistungserstellungsprozesses?).

Für die Kundinnen und Kunden ist meist nur die Qualität der Endleistung (Ergebnisse) sichtbar. Diese Qualität wird jedoch maßgeblich durch die Qualität der Prozesse und Strukturen (Input) bestimmt. Deshalb ist Qualität in allen drei Dimensionen, Struktur, Prozess und Ergebnis, wichtig. Die Qualitätsdimensionen und deren Beziehung zueinander werden in Abbildung 9.3 dargestellt (vgl. Donabedian 1966, S. 166 ff.).

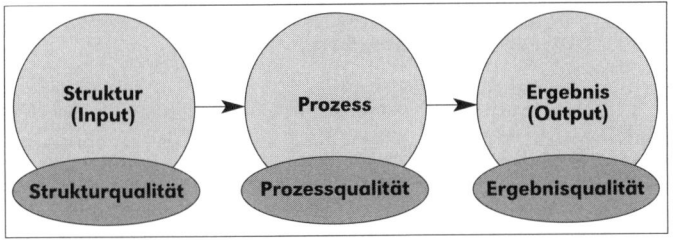

Abb. 9.3
Darstellung der Qualitätsebenen (vgl. Donabedian 1966, S. 166)

Die **Strukturqualität** bezieht sich auf den strukturellen Rahmen und umfasst die personelle und sachliche Ausstattung sowie organisatorische und gesetzliche Rahmenbedingungen.

Die personelle Ausstattung beinhaltet die Anzahl und Qualifikation der Mitarbeiterinnen und Mitarbeiter (vgl. Kapitel 5).

Qualifikation bezieht sich sowohl auf Aus- und Weiterbildung als auch auf die Berufserfahrung der Mitarbeiterinnen und Mitarbeiter.

Unter sachlicher Ausstattung werden die räumlichen Voraussetzungen und Sachmittel verstanden.

Zum organisatorischen Rahmen gehören die Dienstplanung, das Organigramm, die Zeitplanung, die Leistungsstruktur, der Anteil der Fremdleistungen und das Vorhandensein eines Qualitätsmanagementsystems.

Die gesetzlichen Rahmenbedingungen müssen eingehalten werden.

Beispiel zur Strukturqualität

An einem Montag gibt es in einer Betriebskantine Eierpfannkuchen, Kartoffelsalat mit Wiener Würstchen und einen großen Salatteller. Für den Kochprozess ist laut Dienstplan mindestens eine ausgebildete Köchin eingeteilt. Für die *Stoßzeiten* an der Ausgabe ist eine zweite Kassiererin eingeplant. Den Mitarbeiterinnen stehen Rezepturen, Verfahrensanweisungen und Arbeitsanweisungen zur Verfügung.

In der Küche sind die baulichen Voraussetzungen für die Zubereitung der genannten Speisen gegeben. Die Geräte (Gargerät, Pfanne, Schneidwerkzeuge usw.) sind ebenfalls geeignet und in einem einwandfreien sauberen Zustand. Für die Ausgabe stehen ausreichend Teller, Besteckteile und Servietten zur Verfügung. Die Mitarbeiterinnen und Mitarbeiter sind alle im Besitz eines gültigen Gesundheitszeugnisses, denn dies wird vom Gesetzgeber gefordert.

Die **Prozessqualität** umfasst alle Tätigkeiten während des Leistungserstellungsprozesses. Sie betrachtet die personenbezogene und sachbezogene Qualität.

Zur personenbezogenen Qualität gehört das Verhalten der Mitarbeiterinnen und Mitarbeiter während des Prozesses.

Die sachbezogene Qualität setzt sich aus Produktionsmitteln (z. B. Lebensmittel) und Produktionshilfsmitteln (z. B. Schüsseln, Mixer, Pfannen usw.) zusammen.

Beispiel zur Prozessqualität

Die eingeteilten Mitarbeiterinnen erscheinen pünktlich zum Dienst. Die Arbeitsschritte erfolgen in der in den Verfahrens-

und Arbeitsanweisungen festgelegten Reihenfolge. Die Mitarbeiterinnen beginnen zügig mit der Arbeit, halten Zeitvorgaben ein, waschen und desinfizieren sich vor Dienstbeginn und nach Benutzung der Toilette die Hände.

Die Zubereitung des Eierpfannkuchenteigs findet nach Rezeptur unter Einsatz der notwendigen Zutaten und Küchengeräte statt. Zum Abbacken der Eierpfannkuchen werden die dafür vorgesehenen Geräte verwendet.

Die **Ergebnisqualität** beschreibt das Resultat, in dem sich die anderen Qualitätsdimensionen widerspiegeln.

Beispiel zur Ergebnissqualität
Die Eierpfannkuchen sind schmackhaft und angenehm duftend, nicht zu fettig, angenehm warm, aber nicht zu heiß und in ausreichender Menge um 12:00 Uhr verzehrfertig. Der Salat ist knackig frisch und schmackhaft angerichtet. Die Würstchen sind warm und können zusammen mit dem Kartoffelsalat ausgegeben werden.

Die einzelnen Qualitätsdimensionen sind voneinander abhängig. Es können beispielsweise die Eierpfannkuchen verbrannt sein (Ergebnisqualität), weil eine Aushilfskraft spontan und ohne die erforderliche Anweisung einspringen musste (Strukturqualität) und die falsche Pfanne benutzt hat (Prozessqualität) (vgl. Reiprich/Steinel 2003, S. 5).

9.2 Qualitätsphilosophie

In der Qualitätsphilosophie beschreibt der Betrieb einerseits, was erreicht werden soll. Damit wird ein Qualitätsniveau festgelegt. Andererseits werden in der Qualitätsphilosophie die Wege aufgezeigt, also das Qualitätsmanagementsystem benannt oder beschrieben, um dieses definierte Qualitätsniveau zu erreichen.

Die Qualitätsphilosophie ist das oberste Ziel bezüglich Qualität und sollte im Leitbild (vgl. Kapitel 2) der Einrichtung verankert sein. Den Zusammenhang zwischen dem Leitbild und der Qualitätsphilosophie zeigt Abbildung 9.4.

Abb. 9.4
Zusammenhang zwischen Leitbild und Qualitätsphilosophie

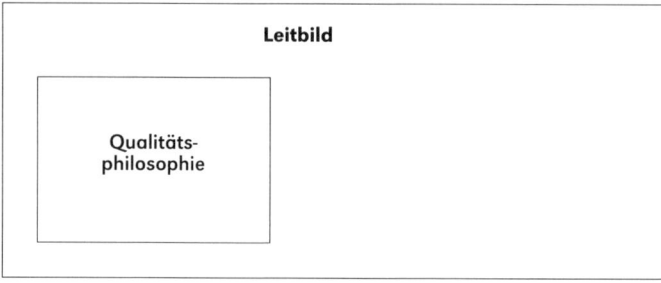

Abbildung 9.5 zeigt ein Beispiel der Qualitätsphilosophie eines Verpflegungsbetriebs.

Abb. 9.5
Beispiel einer Qualitätsphilosophie

„Wir bieten qualitativ hochwertige Leistungen an. Qualität ist bei uns kein Zufallsprodukt, denn um die Qualität sicherzustellen, arbeiten wir nach einem individuellen, genau auf unsere Bedürfnisse abgestimmten Qualitätsmanagementsystem. Externe Fachleute stehen uns dabei zur Seite. Unser Verständnis von Qualität beginnt schon dabei, gute Voraussetzungen und Strukturen zu schaffen, damit die Prozesse gezielt und reibungslos verlaufen können, denn nur auf diesem Wege können unsere Leistungen gezielt und dauerhaft den Anforderungen unserer Kundinnen und Kunden entsprechen."

Für Betriebe, die künftig stärker auf Qualität achten und ein entsprechendes Managementsystem einführen wollen, ist es sinnvoll, zunächst mit der Qualitätsphilosophie zu beginnen. Betriebe, die schon dabei sind, ein Qualitätsmanagementsystem aufzubauen, sollten innehalten und ebenfalls eine Qualitätsphilosophie formulieren. Die Qualitätsphilosophie ist richtungsweisend für die weitere Arbeit und kann unter Umständen verhindern, dass die Bemühungen in eine falsche Richtung gehen.

9.3 Qualitätsmanagementsysteme

Qualitätsmanagementsysteme stellen Wege und Möglichkeiten dar, wie ein bestimmtes Qualitätsniveau erreicht werden soll.

9.3.1 Qualitätskontrolle
Bei einer Qualitätskontrolle wird das Produkt oder die Leistung nach bestimmten Parametern überprüft, ob es/sie den Anforderungen entspricht.

Qualitätskontrollen sind der erste Schritt zum heutigen Qualitätsmanagement.

Qualitätskontrollen können in allen drei Qualitätsdimensionen erfolgen. Die Ergebnisqualität kann kontrolliert werden, indem die verzehrfertige Speise verkostet wird. Die Kontrolle der Prozessqualität kann die Kerntemperaturmessung beim Zubereiten eines Schweinebratens sein. Die Kontrolle der Strukturqualität kann die Überprüfung sein, ob alle Mitarbeiter einen *Gesundheitspass* vorweisen können.

9.3.2 Qualitätssicherung
Qualitätssicherung geht über die Qualitätskontrolle hinaus und schließt die Qualitätskontrolle mit ein (vgl. Abb. 9.6).

Abb. 9.6
Qualitätssicherung und
Qualitätskontrolle

Neben der Überprüfung definierter Parameter (Qualitätskontrolle), werden bei der Qualitätssicherung Maßnahmen eingeführt, die dazu beitragen, dass das Produkt bzw. die Leistung die entsprechend geforderten Eigenschaften aufweist und somit den Anforderungen entspricht.

Derartige Maßnahmen können die Dokumentation wichtiger Abläufe (z. B. Verfahrensanweisungen, Arbeitsanweisungen oder Rezepturen), Veränderungen des Produktionsablaufs oder die Einführung eines neuen Menüplans sein. Die Qualitätssicherung setzt den Schwerpunkt auf die Prozessqualität.

9.3.3 Qualitätsmanagement

Qualitätsmanagement beinhaltet sowohl die Qualitätskontrolle als auch die Qualitätssicherung (vgl. Abb. 9.7).

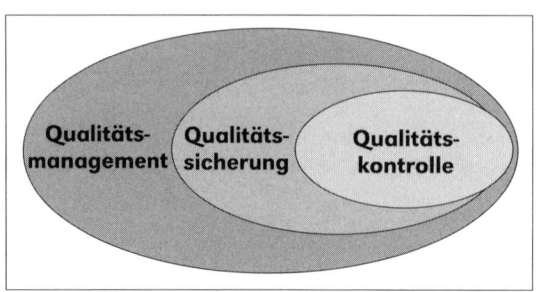

Aufbauend auf Qualitätskontrolle und Qualitätssicherung installiert ein Betrieb, der Qualitätsmanagement einführt, ein sich selbst überprüfendes System, das in jedem Fall gewährleistet, dass ein Produkt oder eine Leistung die Merkmale aufweist, die den Anforderungen entsprechen. Beim Qualitätsmanagement werden für alle Maßnahmen der Qualitätssicherung in regelmäßigen Abständen überprüft, ob diese noch den gesetzlichen Bestimmungen, den Anforderungen der Kundinnen und Kunden bzw. dem aktuellen Produktionsprozess entsprechen.

Hier ein Beispiel: Aufgrund mangelnder Teilnahme an der Verpflegung in einem Betriebsrestaurant wurde eine Befragung der Kundinnen und Kunden durchgeführt. Die Ergebnisse der Befragung zeigen, dass die Kundinnen und Kunden mit dem Angebot nicht zufrieden sind. Das Angebot wird umgestellt. Neue Gerichte werden eingeführt. Dies erfordert, dass die Abläufe in der Küche verändert werden. Verfahrensanweisungen sowie der Rezeptkatalog müssen entsprechend angepasst werden. Qualitätsmanagement heißt letztlich *Managen der Qualität*. Management umfasst Gestalten, Lenken und Entwickeln. Es kommt schließlich darauf an, die Veränderungen der externen und internen Bedingungen wahrzunehmen und Tendenzen zu erkennen und zeitnah die Produktion oder Leistungserstellung anzupassen und zu verändern.

Ein Betrieb sollte sich zunächst entscheiden, ob das definierte Qualitätsniveau mit Qualitätskontrolle, Qualitätssicherung (einschließlich Qualitätskontrolle) oder Qualitätsmanagement (einschließlich Qualitätssicherung und Qualitätskontrolle) erreichbar ist (vgl. Abb. 9.8).

Entscheidet sich ein Betrieb für Qualitätsmanagement, sind weitere Entscheidungen zu treffen: Das Qualitätsmanagement kann sich an einem Modell oder einer Methode orientieren

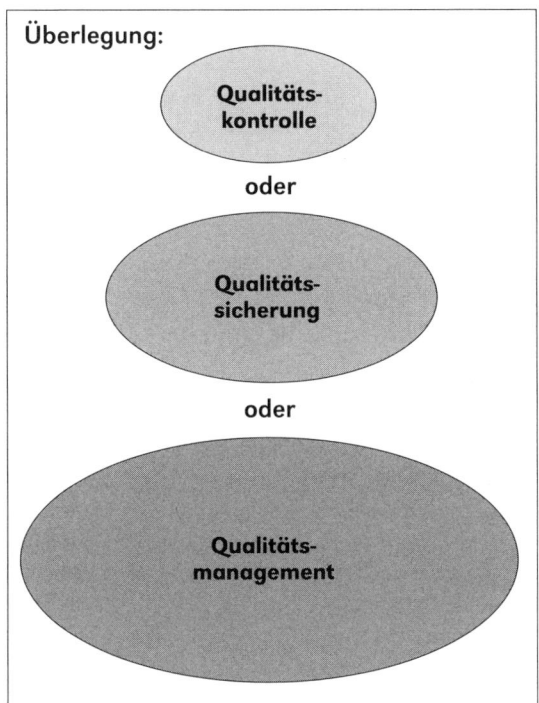

Überlegung:

Qualitäts-
kontrolle

oder

Qualitäts-
sicherung

oder

Qualitäts-
management

Abb. 9.8
Überlegung eines
Betriebs zum Qualitäts-
managementsystem

oder es kann frei von jeden Vorgaben und damit ganz individuell sein.

9.3.3.1 Qualitätsmanagement mit Vorgaben nach Modell

Ein Managementmodell dient dazu, ein Qualitätsmanagementsystem zu entwickeln und bildet das jeweilige Managementsystem ab, das in einem Betrieb installiert werden
soll oder bereits eingeführt ist und umgesetzt wird. Ein
Managementmodell trifft aber keine Aussagen über die
schrittweise Umsetzung und Einführung.

Beispiel für ein Qualitätsmanagementmodell ist das **EFQM-
Modell (European Foundation of Quality Management-Mo-
dell).**

Die European Foundation for Quality Management (EFQM)
ist 1988 mit dem Ziel gegründet worden, ein Programm zur
Erhöhung der Wettbewerbsfähigkeit zu entwickeln. Die EFQM
vergibt anhand von festgelegten Kriterien jährlich an Betriebe
einen Qualitätspreis – den European Quality Award (EQA)
(Kamiske/Brauer 1999, S. 172; Mayländer 2000, S. 20 ff.).

Das EFQM-Modell gliedert sich in neun Kriterien, die im Wesentlichen drei Säulen bilden:

- Einbindung aller beteiligten Personen,
- kontinuierliche Verbesserung,
- Erzielung besserer Ergebnisse (Kämmer et al. 2001, S. 65).

Die Kriterien sind unterteilt in Befähigerkriterien und Ergebniskriterien. Man kann statt Befähiger auch von *Mitteln und Wegen* sprechen. Verglichen mit den Qualitätsdimensionen bedeutet dies nichts anderes als Struktur- und Prozessqualität. Die Ergebniskriterien des EFQM beziehen sich dann auf die Ergebnisqualität. Befähiger- und Ergebniskriterien sind in der Bewertung jeweils mit 50 % gewichtet. Das EFQM-Modell ist in Abbildung 9.9 dargestellt.

Abb. 9.9
Aufbau des EFQM-
Modells für Excellence
(Mayländer 2000, S. 27)

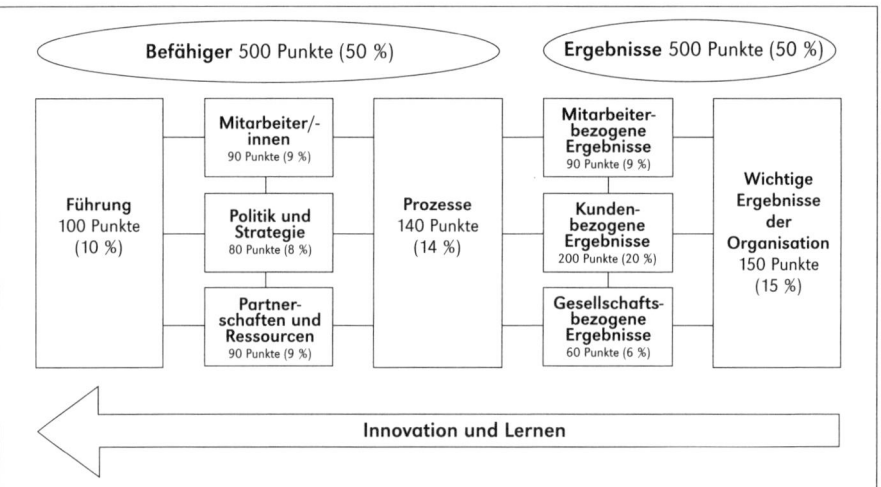

Der Pfeil *Innovation und Lernen* in Abbildung 9.9 bezieht sich auf alle Kriterien. Ausgehend von den Ergebnissen kann durch die ständige Bereitschaft zum Lernen, d. h. neue Erkenntnisse zu erzielen und anzuwenden, eine ständige Verbesserung gewährleistet werden.

Um zu verstehen, was sich hinter den genannten neun Kriterien verbirgt, ist eine weitere Spezifizierung der Kriterien in Unterkriterien erforderlich. In Abbildung 9.10 werden nur eini-

Kriterien		Beispiele
Befähiger	Führung (Verhalten der Führung im Sinne der Philosophie)	• Unter der Verantwortung des Leitungsteams ist ein Leitbild erarbeitet worden, in dem die Philosophie niedergeschrieben ist. • Das Leitungsteam besucht Seminare, um den Führungsaufgaben bestmöglich nachzukommen. • Die Geschäftsleitung sendet jedes Jahr an die Kunden eine persönliche Weihnachtskarte.
	Mitarbeiterinnen und Mitarbeiter (Umgang mit den Mitarbeiterinnen und Mitarbeitern)	• Durch gezielte Personaleinsatzplanung ist gewährleistet, dass die Mitarbeiterinnen und Mitarbeiter ihre Arbeit in der Regel pünktlich beenden können. • Jede Mitarbeiterin/jeder Mitarbeiter wird mindestens einmal jährlich geschult. • In regelmäßigen Personalgesprächen werden Ziele vereinbart und die Zielerreichung überprüft. • Die Führungskraft ist offen für neue Ideen der Mitarbeiterinnen und Mitarbeiter. • Die Führungskraft bittet ihre Mitarbeiterinnen und Mitarbeiter, nach Hause zu gehen, wenn sie merkt, dass diese sich gesundheitlich nicht wohl fühlen.
	Politik und Strategie (Werte, Leitlinien und Zweck des Unternehmens und deren Verwirklichung)	• Aus den Ergebnissen der Kundenbefragung werden neue Ziele formuliert. • Das Leitungsteam stellt den Mitarbeiterinnen und Mitarbeitern die Leitlinien vor. Die Leitlinien hängen an der Pinnwand aus. • Der bzw. die Qualitätsbeauftragte ist dafür zuständig, dass die Ziele ständig aktualisiert werden.
	Partnerschaften und Ressourcen (Einsatz der Partnerschaften und Ressourcen für die Umsetzung der Philosophie)	• Dem Lieferanten wird ein Ansprechpartner im Betrieb genannt. • Entscheidungskompetenzen zur Vergabe von Mitteln für Investitionen werden festgelegt. • Zuständigkeiten und Zeitintervalle für die Wartung von Anlagen werden festgelegt, eingehalten und geprüft. • Firmengeheimnisse werden nicht an externe Personen preisgegeben. Jede Mitarbeiterin und jeder Mitarbeiter bestätigt die Einhaltung dieser Regel mit seiner Unterschrift.
	Prozesse (ständige Verbesserung der Prozesse)	• Verfahrensanweisungen und Flussdiagramme stellen sicher, dass die einzelnen Prozessschritte in einer logischen und rationellen Reihenfolge ablaufen. • Zur Überprüfung der Prozesse finden in regelmäßigen Abständen Audits statt. • Anhand der Ergebnisse der Überprüfung der Prozesse erfolgt eine stetige Verbesserung.
Ergebnisse	Mitarbeiterbezogene Ergebnisse (Erfüllung der Anforderungen der Mitarbeiterinnen und Mitarbeiter)	• Es werden kontinuierlich Mitarbeiterbefragungen durchgeführt und Krankenstand sowie Fluktuation erfasst.
	Kundenbezogene Ergebnisse (Erfüllung der Anforderungen der Kundinnen und Kunden)	• Es werden kontinuierlich Kundenbefragungen durchgeführt und ein Buch bereitgelegt, in das Kundinnen und Kunden Wünsche, Beschwerden und Anerkennung einschreiben können.
	Gesellschaftsbezogene Ergebnisse (Erfüllung der Anforderungen der Gesellschaft)	• Mit Umweltverbänden, Interessenverbänden, Kommunen oder anderen professionellen Partnern werden Gespräche geführt.
	Wichtige Ergebnisse der Organisation (Erreichung der Geschäftsziele)	• Der Zielerreichungsgrad wird aus ökonomischer und ideeller Sicht bestimmt.

Abb. 9.10 Spezifizierung der Kriterien des EFQM-Modells (eigene Darstellung in Anlehnung an Mayländer 2000, S. 23 ff.; Kamiske/Brauer 1999, S. 175 f.)

ge Beispiele zu den Kriterien erläutert, um das System zu veranschaulichen. Betriebe, die nach EFQM arbeiten wollen, sollten weiterführende Literatur zu Rate ziehen oder mit einer externen Beratung zusammenarbeiten.

Die Bewertung der Kriterien und Unterkriterien erfolgt nach dem sogenannten RADAR-Prinzip, dargestellt in Abbildung 9.11. RADAR steht für die Begriffe Result (Ergebnis), Approach (Annäherung), Development (Entwicklung), Asses (Bewertung) und Review (Überprüfung).

Abb. 9.11
Darstellung des RADAR-
Prinzips (eigene Darstel-
lung in Anlehnung an
Kamiske/Brauer 1999,
S. 177)

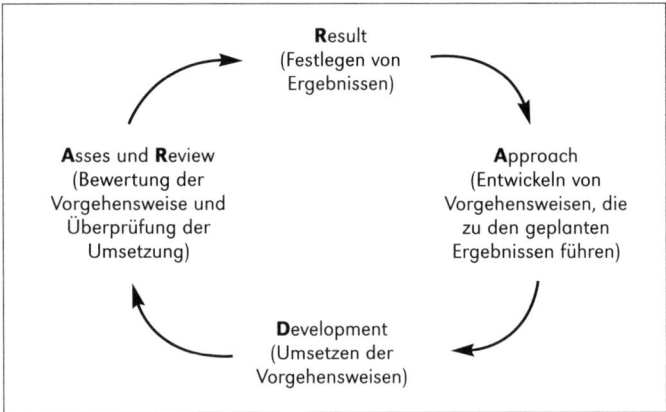

Das RADAR-Prinzip wird in Abbildung 9.12 an einem einfachen Beispiel, dem Umgang mit Gebäuden, Anlagen, Gebrauchs- und Verbrauchsgütern erläutert.

Das Bewertungsschema des RADAR-Prinzips ist eine Skala von Null bis Hundert, wobei eine Bewertung von Null bedeutet, dass keine Ergebnisse, keine Vorgehensweise, keine Durchführung bzw. keine Bewertung und Überprüfung erfolgte. Eine Bewertung von Hundert hingegen sagt aus, dass für alle Ergebnisse umfangreiche Vorgehensweisen, eine umfangreiche Durchführung und eine umfangreiche Bewertung und Überprüfung erfolgte (Kamiske/Brauer 1999, S. 177).

9.3.3.2 Qualitätsmanagement mit Vorgaben nach Methoden

Managementmethoden dienen genau wie Managementmodelle dazu, ein Qualitätsmanagementsystem zu entwickeln und bilden ebenfalls Managementsysteme ab. Der Unter-

Schritte des RADAR-Kreislaufs	Beispiel
Festlegen des Ergebnisses (Result):	Die Anlagen werden regelmäßig gewartet.
Entwickeln von Vorgehensweisen, die zu den geplanten Ergebnissen führen (Approach):	Um sicherzustellen, dass die Anlagen regelmäßig gewartet werden, muss ein Wartungsplan entwickelt werden.
Umsetzen der Vorgehensweisen (Development):	Der Wartungsplan wird von der technischen Leitung entwickelt, von der Geschäftsleitung freigegeben und von dem technischen Personal befolgt.
Bewertung der Vorgehensweisen und Überprüfung der Umsetzung (Asses and Review):	Die Vorgehensweise und Durchführung führen zu dem angestrebten Ergebnis, denn Kontrollen ergaben, dass die Wartung jetzt regelmäßig erfolgt.

Abb. 9.12
Beispielhafte Umsetzung des RADAR-Prinzips

schied besteht jedoch darin, dass Managementmethoden eine schrittweise Aussage dazu treffen, wie das Managementsystem eingeführt werden soll bzw. wie mit und nach dem Managementsystem gearbeitet werden soll. Dies ist bei Managementmodellen nicht der Fall.

Ein Beispiel für eine Qualitätsmanagementmethode ist die DIN EN ISO 9000 ff.

Die DIN EN ISO 9001 schreibt die Anforderungen an ein Qualitätsmanagementsystem fest. Im Mittelpunkt der Norm stehen Prozessorientierung und Kundenorientierung. Nach dieser Norm kann sich ein Betrieb zertifizieren lassen.

Die DIN EN ISO 9004 verfolgt weiterhin das Ziel der ständigen Verbesserung und der Orientierung an den Wünschen weiterer Personengruppen (z. B. Mitarbeiterinnen und Mitarbeiter, Gesellschaft, Träger usw.). Dabei schließt die DIN EN ISO 9004 die DIN EN ISO 9001 mit ein. Nach DIN EN ISO 9004 erfolgt keine Zertifizierung. Die Norm ist als Leitfaden zur Selbstanalyse zu verstehen (vgl. Abb. 9.13).

DIN EN ISO 9001

In der DIN wird jegliches Geschehen in einem Betrieb als Prozess betrachtet. Input sind dabei Materialien, Dienstleistungen, Informationen, Energien oder Kombinationen daraus, Output des Prozesses sind ebenfalls Materialien, Dienstleistungen, Informationen oder Kombinationen daraus. Das ge-

Abb. 9.13
Zusammenhang von
DIN EN ISO 9001, DIN
EN ISO 9004 (eigene
Darstellung nach Bund
für Lebensmittelrecht
und Lebensmittelkunde
e. V. 2000, S. 13)

samte Betriebsgeschehen kann als *ein* Prozess betrachtet werden oder als *ein Netzwerk von vielen Prozessen*, die miteinander verbunden und damit voneinander abhängig sind. Das Gesamtergebnis in einer Organisation ist abhängig von der Qualität jedes einzelnen Prozesses.

Dabei betrachtet die DIN EN ISO 9001 folgende vier Prozesskategorien:

- Managementprozesse,
- Ressourcenmanagementprozesse,
- Leistungserstellungsprozesse,
- Prozesse zur Messung, Analyse und Verbesserung.

Abbildung 9.14 stellt den Grundgedanken der DIN EN ISO 9001 dar. Jede der vier Prozesskategorien läuft nach dem Deming-Kreis (genannt nach dem Amerikaner W. E. Deming) ab. Eine andere Bezeichnung für diesen Kreis ist PDCA-Kreis. PDCA steht für *Plan – Do – Check – Act*. Dieser Kreis führt sämtliches zielorientiertes Handeln auf folgende vier Schritte zurück:

- **Plan**: Festlegen der Ziele und der Prozesse zur Erzielung der Ergebnisse,
- **Do**: Verwirklichen der Prozesse,
- **Check**: Überwachen und Messen der erzielten Ergebnisse und Berichten über die Prüfergebnisse,
- **Act**: Einleiten von Maßnahmen zur Verbesserung des Prozesses.

(vgl. Deutsches Institut für Normung e. V. 2001, S. 13 ff.)

Die Vorgehensweise nach dem PDCA-Kreis ist auch dann sinnvoll, wenn ein Betrieb nicht nach DIN EN ISO 9001 arbeitet.

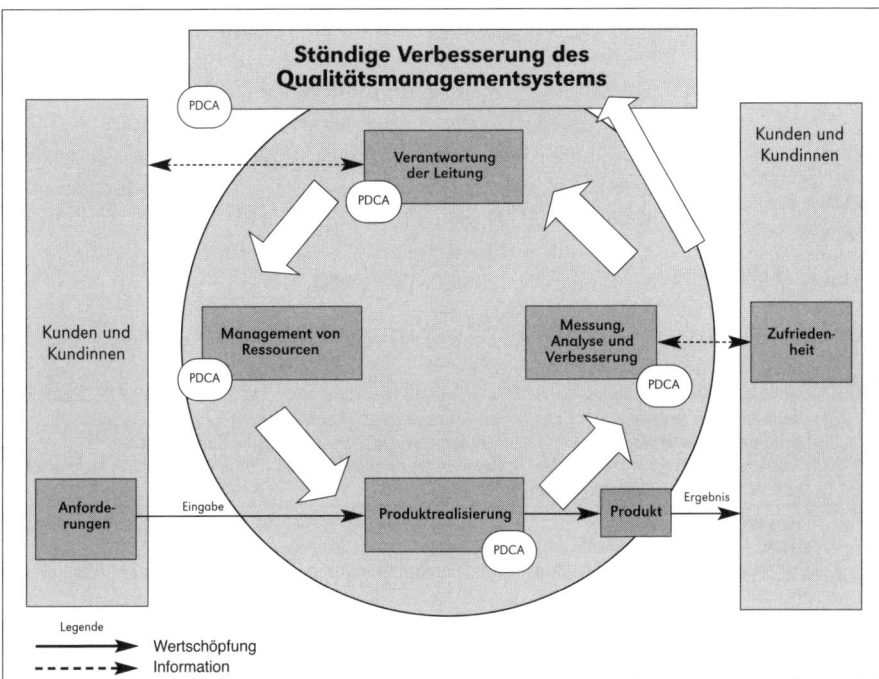

Abb. 9.14
Qualitätsmanagement-system nach DIN EN ISO 9001 (Deutsches Institut für Normung e. V. 2001, S. 15)

Die Norm kann dem Betrieb nicht vorschreiben, wie sein Qualitätsmanagementsystem auszusehen hat. Die Norm legt aber fest, welche Elemente in einem vollständigen Qualitätsmanagementsystem eines Betriebs vorkommen müssen.

Abweichungen von der Norm sind in begrenztem Maße möglich, ohne dass die Zertifizierung gefährdet ist. Ein Betrieb kann nämlich ein Element der Norm für sein Qualitätsmanagementsystem ausschließen, wenn er nachweisen kann, dass dieses Element für seinen Betrieb nicht relevant ist (z. B. *Entwicklung* in Betrieben, die keine eigene Entwicklungsabteilung haben). Zusätzlich kann der Betrieb betriebsspezifische Elemente hinzufügen, die ihm wichtig erscheinen.

Abweichungen von der Norm sind in jedem Fall möglich, wenn sich ein Betrieb nicht zertifizieren lassen möchte.

DIN EN ISO 9004

Die DIN EN ISO 9004 stellt einen Leitfaden zur Selbstanalyse des Qualitätsmanagementsystems dar. Dabei bietet die Norm 27 Fragenkomplexe, die sich auf den Inhalt der Norm 9001, d. h. auf das Qualitätsmanagementsystem, Verantwortung der Leitung, Management der Ressourcen, Produktrealisierung sowie Messung, Analyse und Verbesserung beziehen. Jeder dieser Fragenkomplexe enthält eine oder mehrere Fragen. Das Leistungsniveau für die Fragenkomplexe wird jeweils mit einem Reifegrad von 1 – 5 bewertet (Deutsches Institut für Normung e. V. 2001, S. 73 ff.).

Abbildung 9.15 erläutert die **Reifegrade** bei der Selbstbewertung nach DIN EN ISO 9004.

Abb. 9.15
Reifegrade bei der Selbstbewertung (eigene Darstellung nach Deutsches Institut für Normung e. V. 2001, S. 151)

Reife-grad	Leistungsniveau	Beispiel
1	**kein formaler Ansatz** (kein systematischer Ansatz erkennbar, keine Ergebnisse, schlechte oder nicht vorhersagbare Ergebnisse)	Jede diensthabende Mitarbeiterin bereitet das Frühstück nach eigenem Ermessen zu. Dabei werden die Bedürfnisse der Bewohnerinnen und Bewohner nicht immer in vollem Maße erfüllt.
2	**reaktiver Ansatz** (problem- und korrekturorientierter systematischer Ansatz, Mindestdaten zu Verbesserungsergebnissen vorhanden)	Im Küchenbereich hängt ein Leitfaden für die Frühstücksversorgung aus. Neue Mitarbeiterinnen und Mitarbeiter richten sich anfangs häufig danach. Das Stammpersonal kennt diesen Leitfaden kaum.
3	**stabiler formaler systematischer Ansatz** (systematischer prozessgestützter Ansatz, systematische Verbesserungen im Frühstadium, Daten über die Einhaltung von Qualitätszielen vorhanden, Verbesserungstrends vorhanden)	Im Küchenbereich hängt ein Leitfaden zur Frühstücksversorgung aus. In Dienstberatungen wird gelegentlich an diesen Leitfaden erinnert. Der Leitfaden wird sporadisch an die Bedürfnisse der Bewohnerinnen und Bewohner angepasst.
4	**Schwerpunkt auf ständiger Verbesserung** (Verbesserungsprozesse eingeführt; gute Ergebnisse und nachhaltige Verbesserungstrends)	Im Küchenbereich hängt ein Leitfaden zur Frühstücksversorgung aus. Der Leitfaden wird kontinuierlich an die Bedürfnisse der Bewohnerinnen und Bewohner angepasst. Dafür ist ein Qualitätszirkel zuständig. Rückmeldungen der Mitarbeiterinnen und Mitarbeiter zeigen, ob durch die Anpassung des Leitfadens die Bedürfnisse der Bewohnerinnen und Bewohner besser erfüllt werden als zuvor. Sollte dies nicht der Fall sein, erfolgt eine weitere Anpassung. Über eine Änderung im Leitfaden wird in Dienstberatungen informiert.
5	**Bestleistung** (fest integrierter Verbesserungsprozess, Nachweis der Bestleistung durch Benchmark-Ergebnisse)	Die Ergebnisse im trägerinternen Benchmarking zeigen, dass diese Altenpflegeeinrichtung die besten Ergebnisse beim Management der Frühstücksversorgung erzielt.

Neben den oben genannten Qualitätsmanagementmodellen und Qualitätsmanagementmethoden gibt es ebenso trägerspezifische Methoden oder Modelle, z. B. das Diakoniesiegel Pflege und andere. Dies soll aber nicht Gegenstand dieses Buches sein, da sich die betreffenden Einrichtungen speziell mit dem jeweiligen System auseinandersetzen und entsprechend Schulungen und Handlungsrichtlinien vom Träger gegeben werden. Sofern es trägerspezifische Methoden oder Modelle gibt, ist es sinnvoll, danach zu arbeiten, denn sie sind dann in der Regel genau auf die Branche (z. B. soziale Einrichtungen) ausgerichtet.

9.3.3.3 Qualitätsmanagement ohne Vorgaben

Ein Qualitätsmanagementsystem kann ebenso gut frei von jeglichen Vorgaben installiert werden. Der Vorteil dabei ist, dass dieses System individuell an die betriebsspezifischen Gegebenheiten angepasst werden kann. Ohne Vorgabe kann es aber leicht passieren, dass sich ein Betrieb nur auf bestimmte Aspekte konzentriert, andere ebenso wichtige Aspekte aber unbeabsichtigt außer Acht lässt. Eine Zertifizierung nach einem System ohne Vorgaben ist nicht möglich.

9.3.4 Qualitätsmanagementsysteme im Vergleich

Abbildung 9.16 zeigt die Vor- und Nachteile der beschriebenen Qualitätsmanagementsysteme.

9.4 Techniken zur Arbeit mit Qualitätsmanagementsystemen

Im Folgenden werden einfache und komplexe Techniken zur Arbeit mit Qualitätsmanagementsystemen beschrieben. Diese Techniken können je nach Bedarf bei der Erstellung, Einführung oder Umsetzung des Qualitätsmanagements im Alltag eingesetzt werden. Dabei ist nicht immer jede Technik für jedes Qualitätsmanagementsystem geeignet. Jede Betriebsleiterin und jeder Betriebsleiter sollte einige dieser Techniken kennen und je nach Bedarf anwenden.

Qualitätsmana-gementsysteme	Vorteile	Nachteile	Geeignet für ...
Qualitäts-kontrolle	• Sehr einfach zu handhaben • Geringer zeitlicher und personeller Aufwand	• Genügt den heutigen Anforderungen nicht	Betriebe, die bisher noch keine Aktivitäten in Bezug auf Qualität unternommen haben, können zunächst mit Qualitätskontrolle beginnen.
Qualitäts-sicherung	• Einfach zu handhaben • Relativ geringer zeitlicher und personeller Aufwand	• Genügt den heutigen Anforderungen nur zum Teil	Kleine überschaubare Betriebe
Qualitäts-management nach EFQM	• Umfassend • Starke Tendenz zur ständigen Verbesserung	• Keine vorgegebene Schrittfolge zur Einführung und Umsetzung • Legt fest, welche Elemente enthalten sein müssen (eher starres System)	Für große Betriebe
Qualitätsmana-gement nach DIN EN ISO 9001	• Umfassend • Gibt Schritte zur Einführung und Umsetzung vor	• Legt fest, welche Elemente enthalten sein müssen (eher starres System)	Für mittlere und große Betriebe, deren Ziel eine Zertifizierung ist
Qualitätsmana-gement nach DIN EN ISO 9004	• Umfassend • Tendenz zur ständigen Verbesserung • Gibt Schritte zur Einführung und Umsetzung vor	• Legt fest, welche Elemente enthalten sein müssen (eher starres System)	Für mittlere und große Betriebe, deren vordergründiges Ziel nicht die Zertifizierung ist, bzw. aufbauend auf ISO 9001
Qualitätsmana-gement ohne Vorgaben	• Individuell an die Gegebenheiten des Betriebs angepasst	• Gefahr, dass wichtige Aspekte vergessen werden	Für mittlere und große Betriebe, deren vordergründiges Ziel nicht die Zertifizierung ist und die schon ein *gewachsenes* Qualitätsmanagement - system haben, an dem es sich lohnt weiterzuarbeiten.

Abb. 9.16
Qualitätsmanagement - systeme im Vergleich

9.4.1 Brainstorming

Brainstorming ist eine Technik, die der Sammlung von möglichst vielen Ideen dient. Spontane Einfälle zu einem Problem oder Thema werden auf Kärtchen, Flipchart, Tafel oder ähnlichen Medien gesammelt. Dabei werden auch scheinbar unmögliche Ideen notiert.

Die Ideen werden in einem zweiten Schritt nach selbst ausgewählten Kriterien geordnet. In einem dritten Schritt wird darüber diskutiert, welche der Ideen weiterverfolgt werden und welche nicht.

9.4.2 6-3-5-Methode

Die 6-3-5-Methode ist ebenfalls eine Technik, die der Sammlung von möglichst vielen Ideen dient. Bei dieser Technik erarbeiten sechs Personen drei Lösungsvorschläge in fünf Minuten, daher der Name 6-3-5-Methode. Jede teilnehmende Person trägt drei Lösungsvorschläge zu einem vorgegebenen Problem in die erste Spalte einer Tabelle ein und gibt das Blatt
nach ca. fünf Minuten an die nächste Person weiter. Diese füllt
die zweite Spalte aus. Dabei greift sie die vorangegangenen
Vorschläge auf oder bringt neue Ideen ein. Dieser Vorgang
wird so lange wiederholt, bis die Tabelle ausgefüllt ist. Zur
Auswertung werden die Lösungsvorschläge systematisch in
der Gruppe besprochen. Es wird darüber entschieden, welche
der Vorschläge weiter verfolgt und ggf. umgesetzt werden.

Voraussetzung für diese Methode ist, dass die Teilnehmerinnen und Teilnehmer offen genug sind, um spontane Ge-
danken in Schriftform zu formulieren (vgl. Malorny et al. 1997,
S. 89 f.).

Abbildung 9.17 zeigt ein Beispiel für eine 6-3-5-Methode.

Was muss getan werden, um die Mitarbeiterzufriedenheit des Küchenpersonals zu verbessern?						
Teilnehmerin/ Teilnehmer	1	2	3	4	5	6
Vorschlag 1	mehr Anerkennung	Blumenstrauß zum Geburts-tag	bessere Be-dingungen am Arbeitsplatz	Lob von der Küchenleiterin	*Dankeschön für zusätzli-ches Engage-ment*	Anschaffung neuer Technik
Vorschlag 2	weniger Stress	mehr Personal einstellen	Stundenum-fang der Teil-zeitstellen vergrößern	Kurs für Rückenschule	Arbeitszeit-regelung familien-freundlicher gestalten	mehr Weiterbildung
Vorschlag 3	bessere Absprachen	Stellenbe-schreibung	bessere Zu-sammenarbeit mit der Ver-waltung	klare Zustän-digkeiten fest-legen	langfristige Planung – nicht alles auf die letzte Minute	offener Umgang mit Problemen

Abb. 9.17
Beispiel zur 6-3-5-
Methode (vgl. Reiprich/
Steinel 2003, S. 12)

9.4.3 Mind Mapping

Beim Mind Mapping geht es darum, die Zusammenhänge einzelner Aspekte eines Themas grafisch darzustellen (vgl. Abb.
9.18). Dazu wird ein Thema oder eine Frage in die Mitte des

Blatts oder der Tafel geschrieben. Um dieses Thema oder diese Frage werden in Astform Lösungsansätze nach dem Grundsatz *vom Allgemeinen zum Speziellen Denken* formuliert. Um die Übersicht zu behalten, werden vorwiegend einzelne Wörter oder kurze Wortgruppen verwendet (Malorny et al. 1997, S. 69 ff.).

Abb. 9.18
Beispiel zum Mind-
Mapping (vgl. Reiprich/
Steinel 2003, S. 12)

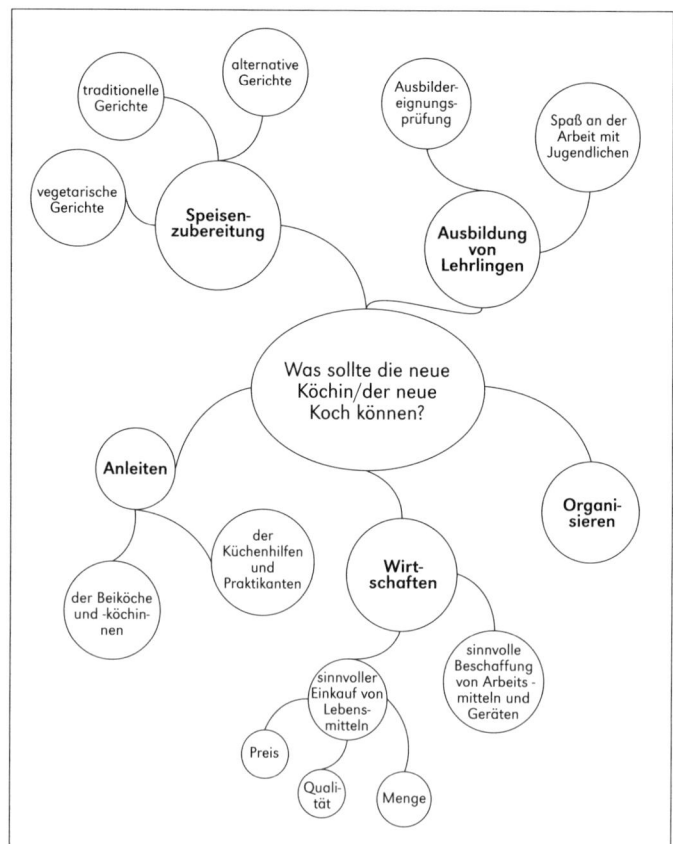

9.4.4 Sensorische Prüfung

Bei einer sensorischen Prüfung wird die Übereinstimmung der sensorischen Anforderungen (vgl. Kapitel 2.2.3.2) und der Merkmale des Produkts geprüft.

Nicht selten kommt es in der Praxis vor, dass die Köchin oder der Koch eine Mitarbeiterin oder einen Mitarbeiter mit den Worten „Kosten Sie mal, die Suppe schmeckt aber heute gut" zur Verkostung einlädt. Das Ergebnis der Verkostung steht schon in diesem Augenblick fest. Die Mitarbeiterin oder der Mitarbeiter kann eigentlich nur zustimmen. Um dies zu verhindern, ist es ratsam, einer sensorischen Prüfung ein bestimmtes Schema zugrunde und einen bestimmten Personenkreis für die Prüfung festzulegen. Dabei müssen es nicht immer die gleichen Personen sein, die die Prüfung durchführen. Die Prüfung kann z. B. immer von der diensthabenden Wohnbereichsleitung, der Hauswirtschaftsleitung und einer diensthabenden Mitarbeiterin bzw. einem diensthabenden Mitarbeiter der Küche erfolgen.

Geprüft werden sollten die Eigenschaften, die für die zu prüfende Speise wichtig und kennzeichnend sind. So sollte eine Erdbeerbowle beispielsweise nach Erdbeeren schmecken und nicht in erster Linie nach Zucker. Ein Betrieb kann sich eine Liste mit den Eigenschaften selbst erarbeiten oder sich an bereits bestehenden Schemen orientieren. Ein bekanntes Schema für die sensorische Prüfung ist das DLG-Prüfschema. Die DLG (Deutsche Landwirtschafts-Gesellschaft) prüft und prämiert die Qualität von Lebensmitteln (z. B. Kartoffeln), nicht aber von Speisen (z. B. Wiener Schnitzel mit Kartoffeln und Mischgemüse). Prämiert werden die Produkte mit den DLG-Preisen in Gold, Silber oder Bronze. Die Prüfungen werden von Experten durchgeführt, die für sensorische Prüfungen des entsprechenden Lebensmitteltyps spezialisiert sind. Die Verleihung eines DLG-Preises anzustreben, ist für Betriebe der Gemeinschaftsverpflegung sicher nicht das Ziel. Das Prüfschema der DLG-Prüfung kann aber Grundlage für eine betriebsinterne Sensorikprüfung sein. Hierzu ist die Checkliste in Abbildung 9.19 auf Grundlage des DLG-Prüfschemas erstellt worden. Diese Checkliste erfüllt nicht ganz die Anforderung, allgemeingültig zu sein; dazu ist die Speisenvielfalt zu groß. Die Liste kann und sollte beliebig an die Anforderungen der Kundinnen und Kunden bzw. an die Speise angepasst werden, indem sie erweitert oder gekürzt wird. In der Spalte *Bewertung* werden die betreffenden Merkmale/Fehler angekreuzt. In der Spalte *Bemerkung* kann und soll der Mangel näher erläutert werden.

Wenn Kundinnen und Kunden gebeten werden, eine Speise zu verkosten oder deren sensorische Qualität nach Einnahme der Speise zu bewerten, ist es sinnvoll, typische Merkmale und

Merkmale/Fehler	Bewertung	Bemerkung
I Aussehen, Farbe, Zusammensetzung		
zu hell		
zu dunkel		
fleckig/unregelmäßig		
zu stark zerkleinert		
zu wenig zerkleinert		
ungleichmäßig zerkleinert		
Anteile der Komponenten nicht ausgewogen		
Gesamtbild nicht ansprechend		
sonstiges		
II a Konsistenz (Beschaffenheit) für feste Komponente		
zu weich		
zu hart		
zu trocken		
zu wässrig		
pappig/kleistrig/lehmig		
zäh		
atypisch		
inhomogen		
sonstiges		
II b Konsistenz (Beschaffenheit) für flüssige Komponente		
zu dick		
zu dünn		
zu breiig		
zu schleimig		
klumpig		
entmischt		
geliert		
grießig		
atypisch		
inhomogen		
sonstiges		
III Geruch und Geschmack		
zu salzig		
zu sauer		
zu bitter		
zu süß		
Würze nicht abgestimmt		
überwürzt		
aromaarm/fade		
alt		
Kochgeschmack		
wässrig		
fremdartig		
sonstiges		

Abb. 9.19
Beispiel für eine
Checkliste zur sensori-
schen Prüfung einer
tischfertigen Speise
(nach Deutsche Land -
wirtschafts-Gesellschaft
e.V. 1999)

Merkmalsfehler im Vorfeld genau für diese Speise zu definieren. Deshalb sollten für jede Speise die typischen Merkmale und Merkmalsfehler erarbeitet werden. Die in Abbildung 9.20 dargestellte Checkliste kann dazu Grundlage sein.

Auf diese Weise könnten auch Laien die sensorische Qualität der Speisen beurteilen.

Hauptgericht: Jägerschnitzel mit Tortellini und Tomatensoße

➤ Gesamteindruck
o appetitlich   o nicht appetitlich   o geht so
o sonstiges _____

➤ Zusammensetzung des Hauptgerichtes
o zu wenig   o zu wenig Tortellini   o zu wenig Tomatensoße
Jägerschnitzel
o zu viel   o zu viel Tortellini   o zu viel Tomatensoße
Jägerschnitzel
o genau richtig   o sonstiges _____

Jägerschnitzel

➤ Verzehrstemperatur
o zu kalt   o zu heiß   o genau richtig
o sonstiges _____

➤ Aussehen
o appetitlich   o nicht appetitlich   o geht so
o sonstiges _____

➤ Konsistenz
o zu fest   o zu weich   o genau richtig
o sonstiges _____

➤ Geruch/Geschmack
o überwürzt   o zu salzig   o verbrannt
o aromaarm/fade   o zu wenig salzig   o genau richtig
o sonstiges _____

Tortellini

➤ Verzehrstemperatur
o zu kalt   o zu heiß   o genau richtig
o sonstiges _____

➤ Aussehen
o appetitlich   o nicht appetitlich   o geht so
o sonstiges _____

➤ Konsistenz
o zu fest   o zu weich   o genau richtig
o sonstiges _____

➤ Geruch/Geschmack
o überwürzt   o zu salzig   o genau richtig
o aromaarm/fade   o zu wenig salzig
o sonstiges _____

Tomatensoße

➤ Verzehrstemperatur
o zu kalt   o zu heiß   o genau richtig
o sonstiges _____

➤ Aussehen
o appetitlich   o nicht appetitlich   o geht so
o sonstiges _____

➤ Konsistenz
o zu dick   o zu dünn   o klumpig   o genau richtig
o sonstiges _____

➤ Geruch/Geschmack
o überwürzt   o zu salzig   o zu wenig nach Tomate
o aromaarm/fade   o zu wenig salzig   o genau richtig
o sonstiges _____

Abb. 9.20
Sensorische Prüfung durch Kundinnen und Kunden am Beispiel Jägerschnitzel mit Tortellini und Tomaten - soße (vgl. Timm 2002, S. 25)

9.4.5 Speisenplanauszählung

Mit der Technik der Speisenplanauszählung werden die Verzehrgewohnheiten der Gäste ermittelt.

Zunächst werden täglich über einen längeren Zeitraum die Anzahl der ausgegebenen Portionen pro Menü bzw. pro Speise notiert. Wird z. B. in einem Betriebsrestaurant als Menü 1 Gemüsesuppe, Fischfilet mit Kartoffelsalat und Birnenkompott und als Menü 2 ein kleiner Salatteller, Kartoffelsuppe und Wiener Würstchen angeboten, dann wird erfasst, wie viele Gäste Menü 1 und wie viele Gäste Menü 2 gewählt haben. Es ist davon auszugehen, dass ein Menü, wenn es gut geschmeckt hat, wieder verzehrt wird. Wird also die Kartoffelsuppe häufig gewählt, sollte sie häufiger angeboten werden. Dabei ist jedoch der Speisenwiederholrhythmus zu beachten. Bei ständig wechselnden Gästen (z. B. Tagungshaus) kann eine Speise oder ein Menü häufiger angeboten werden als in Einrichtungen, in denen die Gäste häufig die gleichen sind (z. B. Betriebsrestaurant).

9.4.6 Ursache-Wirkungs-Diagramm

Mit dem Ursache-Wirkungs-Diagramm (synonym auch Fischgräten-Diagramm oder Ishikawa-Diagramm) lassen sich die Ursachen eines Problems darstellen.

In einem ersten Schritt werden zu einem Problemfall beispielsweise durch Brainstorming Ursachen gesammelt. Die Ursachen werden systematisiert und es werden Einflussgrößen gebildet. Die Einflussgrößen können Mensch, Methode, Mitwelt, Maschine und Material (*5M*) sein oder frei gewählt werden. Anschließend wird das Diagramm geordnet und bewertet. Bei der Bewertung gilt es, die Hauptursachen für das Problem herauszufinden (vgl. Masing 1999, S. 393). Abbildung 9.21 zeigt ein Beispiel für ein Ursache-Wirkungs-Diagramm.

9.4.7 5-W-Fragen

Die 5-W-Fragen-Technik wird eingesetzt, um die ursprüngliche Ursache für einen Fehler zu finden. *WARUM* ist ein Fehler passiert? Oft wird diese Frage nicht bis zu Ende gedacht. Aber es lohnt sich, die Frage nach dem *WARUM* so oft zu stellen, bis die Ursache für den Fehler gefunden ist. Dabei steht nicht im Vordergrund, wem der Fehler passiert ist und das Fragen nach

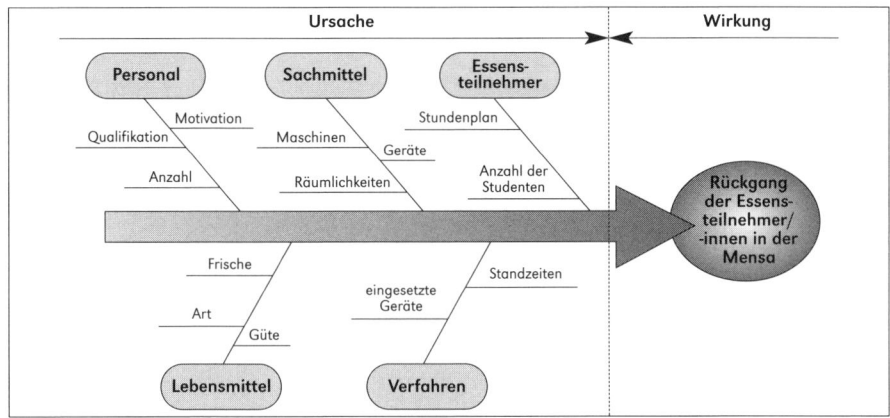

*Abb. 9.21
Beispiel zum Ursache-
Wirkungs-Diagramm
(vgl. Reiprich/Steinel
2003, S. 12)*

dem WARUM sollte auch dann nicht abgebrochen werden, wenn sich herausstellt, dass *das schon immer so war* oder *dies und jenes nicht zu ändern geht.* In der Regel werden nach ca. fünf Fragen die tatsächlichen Ursachen deutlich. Die Abbildung 9.22 zeigt ein Beispiel für diese Technik (vgl. Reiprich/ Steinel 2003, S. 12).

*Abb. 9.22
5-W-Fragen-Technik,
dargestellt an einem
Beispiel (vgl. Reiprich/
Steinel 2003, S. 12)*

Fehler/Problem:
Salate und aufgeschnittenes Obst sehen nicht mehr frisch aus, wenn sie an die Bewohnerinnen und Bewohnern in den Wohnbereichen eines Altenpflegeheims ausgegeben werden.

Warum sehen Salate und aufgeschnittenes Obst nicht mehr frisch aus?
Das verzehrfertige Essen steht zu lange, bis es ausgegeben wird.
Warum steht das verzehrfertige Essen so lange?
Weil es von dem Küchenpersonal zu früh bereitgestellt wird.
Warum wird das Essen zu früh bereitgestellt?
Weil das Essen spätestens bis 10.30 Uhr fertig sein muss.
Warum muss die Speisenproduktion so früh abgeschlossen sein, wenn es doch erst um 12.00 Uhr Mittagessen gibt?
Bis 13.00 Uhr muss die Küche aufgeräumt und gereinigt sein.
Warum muss dies bis 13.00 Uhr geschehen?
Der Dienst des gesamten Küchenpersonals endet 13.00 Uhr.
Fazit: Der Dienstplan muss verändert werden.

9.4.8 Soll-Ist-Vergleich

Ausgangspunkt für den Soll-Ist-Vergleich kann beispielsweise das Ergebnis eines Brainstormings, Mind Mappings, der 6-3-5-Methode oder ein Ziel, das in der Zielhierarchie (vgl. Kapitel 2.3.1) definiert ist, sein. Damit wird zunächst der **Soll-Zustand** beschrieben. Wichtig dabei ist, dass der definierte Soll-Zustand realistisch ist und von allen beteiligten Bereichen sowie der Leitung getragen wird. Ist ein Ziel Grundlage für den Soll-Zustand, so ist dies in der Regel gewährleistet. Definiert aber beispielsweise der Qualitätszirkel einen Soll-Zustand, sollte dieser unbedingt mit der Leitung und den beteiligten Bereichen abgesprochen werden. Für den Soll-Zustand sind weiterhin Kriterien festzulegen, die nach Abschluss der Arbeit überprüfbar sind. Werden dabei die Qualitätsdimensionen (Struktur-, Prozess- und Ergebnisqualität) betrachtet, so kann sichergestellt werden, dass keine wichtigen Aspekte vergessen werden.

Ist der Soll-Zustand definiert, werden die Daten für den **Ist-Zustand** erhoben.

Dies kann je nach Themenstellung durch Beobachtung, Bericht aus Erfahrungen im Arbeitsalltag oder aus der Auswertung von Statistiken oder Berichten (z. B. Kundenbefragung) erfolgen.

Ob zuerst der Soll-Zustand und dann der Ist-Zustand ermittelt wird oder ob dies in umgekehrter Reihenfolge erfolgt, hängt von der Themenstellung ab. Ausgangspunkt kann ebenso gut der Ist-Zustand sein, wenn beispielsweise die Bedürfnisse der Kundinnen und Kunden nicht mehr erfüllt werden. Mit dem Vorsatz, dass sich *etwas* ändern muss, kann ausgehend von dem Ist-Zustand der Soll-Zustand beschrieben werden.

Sind Ist- und Sollzustand beschrieben, erfolgt die **Beurteilung**. Abweichungen zwischen Ist- und Soll-Zustand werden ermittelt.

Danach wird ein **Maßnahmenplan** erarbeitet. Der Maßnahmenplan stellt dar, wie der Ist-Zustand in den Soll-Zustand überführt werden kann. Maßnahmen, Verantwortlichkeiten und der Zeitrahmen werden festgelegt, d. h. wer hat bis wann was zu tun.

Anschließend erfolgt die **Ausführung des Maßnahmenplans**. Empfohlen wird ein Probelauf mit allen Veränderungen.

Ist die Änderung nicht praktikabel, so ist eine Korrektur der Maßnahmenpläne vorzunehmen. Im Folgenden wird diese Methode an einem Beispiel erläutert.

In einem Altenheim kommen z. B. oft Enkel oder Urenkel zu Besuch. Für die Bewohner ist das oft ein Erlebnis, von dem sie noch lange erzählen. Sitzen Bewohner und Angehörige gemeinsam in dem hausinternen Cafe, so ist es für die Kinder schnell langweilig, denn es gibt keine Möglichkeit für Kinder, etwas zu entdecken oder zu spielen (**Ist-Zustand**). Daraus ergibt sich die Frage: *Wie kann das Cafe kinderfreundlicher werden?* Die Ideen dazu reichen von: *zwei Kindergerichte anbieten*, *eine Malecke und/oder Spielecke einrichten*, bis hin zu *einen Spielplatz bauen*. Die **Ideen werden gemeinsam beurteilt** und damit auf ihre Umsetzbarkeit geprüft. Ein Spielplatz würde allerdings den Kostenrahmen weit übersteigen. Diese Idee ist zwar schön, aber nicht durchsetzbar. Aber alle anderen genannten Ideen werden festgehalten und als **Soll-Zustand** definiert. Letztlich entsteht ein **Maßnahmenplan**. So erhält die Köchin den Auftrag, bis zur nächsten Sitzung zwei Kindergerichte vorzustellen, die Hauswirtschaftleitung stellt ebenfalls bis zur nächsten Sitzung einen Entwurf für eine Mal- und Spielecke vor. Diese **Vorschläge werden diskutiert, ggf. verändert und anschließend umgesetzt**. Abschließend berichten die Mitarbeiter des Cafes, dass sich die Kinder jetzt wohler fühlen.

9.4.9 Befragungen

Befragungen können je nach Themenstellung sehr verschieden sein. Aus diesem Gund ist es wichtig, zuerst genau zu definieren, mit welcher Zielsetzung die Befragung stattfinden soll. Unter Beachtung der Zielstellung ist u. a. folgendes festzulegen:

Zielgruppe für die Befragung
(Probandinnen und Probanden)

Es ist zu bedenken, dass die Menschen, je nach Gesundheitszustand, Alter und Bildungsstand mehr oder weniger gut in der Lage sind, Fragen zu beantworten. Eine Befragung der Kundinnen und Kunden in einem Betriebsrestaurant wird aus diesem Grund ganz anders sein als eine Befragung der Bewohnerinnen und Bewohner in einer Altenhilfeeinrichtung.

Methode der Befragung

Methoden zur Durchführung einer Befragung sind z. B. mündliche Befragungen (Interviews), schriftliche bzw. elektronische Befragungen, Story Telling oder die sequenzielle Ereignismethode. Diese Methoden werden in den folgenden Abschnitten beschrieben.

Anzahl der Probandinnen und Probanden

Je mehr Probandinnen und Probanden an der Befragung teilnehmen, desto größer wird (bei richtiger Stichprobenziehung) die Wahrscheinlichkeit, dass damit ein repräsentatives Ergebnis erreicht wird. Desto größer ist aber auch der zeitliche Aufwand für Werbung der Probandinnen und Probanden sowie für Durchführung und Auswertung der Befragung.

Art der Fragen

Befragungen bestehen in der Regel aus geschlossenen und offenen Fragen. Die klassische geschlossene Frage, deren Antwort entweder *Ja* oder *Nein* ist, lässt dem Befragten wenig Spielraum. Vorteil einer solchen Frage ist die leichte Auswertbarkeit. Je mehr Antwortmöglichkeiten (Multiple choice) vorgegeben werden, desto besser kann man von einer *Schwarz-Weiß-Sicht* die *Grautöne* unterscheiden.

Mit geschlossenen Fragen legt meist das Unternehmen die Qualitätsmerkmale (z. B. Temperatur der Speise) und deren Ausprägung (z. B. zu heiß, genau richtig, zu kalt) sehr genau fest, die die Kundin oder der Kunde bewerten soll.

Offene Fragen lassen den Befragten noch mehr Spielraum. Beispiel für eine offene Frage ist: *Wie hat es Ihnen geschmeckt?* Die Kundin oder der Kunde kann darauf nur mit einem kurzen *danke – sehr gut* oder mit einem ausschweifenden Satz antworten. Hier gibt der Betrieb das Qualitätsmerkmal (den Geschmack) vor, über die Ausprägung (ob der Geschmack gut, die Soße zu würzig, das Fleisch zu fest usw. ist), entscheidet die Kundin oder der Kunde. Dabei kann sich die Frage auf eine ganz bestimmte Sache konzentrieren. Die Frage, ob es geschmeckt hat, bezieht sich in der Regel auf die betreffende Speise an dem betreffenden Tag. Die Frage: *Was erleben Sie, wenn Sie jeden Tag im Betriebsrestaurant Ihre Mittagspause verbringen?* ist noch viel offener. Die Antworten können sehr unterschiedlich ausfallen. Die Auswertung kann dadurch problematisch werden. (vgl. Bruhn 1997, S. 65; Schätzing 1987, S. 127 ff.). Eine geschlossene Frage, die wenig Spielraum bietet, lässt sich besser beantworten als eine offene Frage. In der Praxis kommt es darauf an, die Fragen unter Berücksichtigung der Zielgruppe der Probanden und der Zielstellung der Befragung zu stellen.

Es ist ratsam, sich nicht auf eine Frageart zu beschränken. So wird die Befragung nicht eintönig und die Befragten werden nicht unterfordert.

Auswahl der Antwortmöglichkeiten für geschlossenen Fragen

Die Vorgabe von zwei Antwortmöglichkeiten ist dann geeignet, wenn es nur eine Antwort geben kann, z. B. auf die Frage, ob der oder die Befragte heute eine Vorsuppe verzehrt hat, kann nur mit *Ja* oder *Nein* geantwortet werden.

Die Vorgabe von drei und mehr Antwortmöglichkeiten erhöht die Aussagekraft. Zu beachten ist, dass bei einer ungeraden Anzahl von Antwortmöglichkeiten der oder die Befragte gern die mittlere Antwort wählt. Diese Antwort lautet oft *teils teils* oder *teilweise* oder *weder noch*. Hier ist bei der Auswertung Vorsicht geboten, denn Befragte, die diese Antwort wählen, können ausweichend geantwortet haben. Sie haben keinen Mut zu einer schlechten Bewertung. Das Ausweichen kann je nach Zielstellung gewollt oder ungewollt sein. Eine Orientierung am Schulnotensystem (1 – 5 oder 1 – 6) bei der Wahl der Antwortmöglichkeiten hat sich in der Praxis als geeignet erwiesen. Mehr als sieben Antwortmöglichkeiten sollten nicht vorgegeben werden.

Anzahl der einzelnen Fragen

Es ist zu bedenken, dass zu viele Fragen die Befragten überfordern. Eine zu umfangreiche Befragung erfordert zu viel Zeit und stößt daher oft auf Ablehnung. Werden zu wenig Fragen gestellt, kann die Aussagekraft der Befragung negativ beeinflusst werden.

Schwerpunkte der einzelnen Fragen

Es ist weiterhin zu beachten, dass die Fragen und Antwort-möglichkeiten inhaltlich logisch aufgebaut und gut nachvollziehbar formuliert sind.

Art und Weise der Fragestellung
Eine Frage kann formuliert sein als

- Frage (z. B. *Hat das Personal Sie heute freundlich bedient?* Als Antwort könnte dann vorgegeben sein: *ja, nein, zum Teil*),
- Feststellung (z. B. *Das Personal hat mich heute freundlich bedient.* Die Antwortmöglichkeiten wären dann: *stimmt genau, stimmt teilweise, stimmt nicht*),
- oder Wortgruppe aus Adjektiv und Substantiv formuliert sein (z. B. *freundliches Personal*; die Antwortmöglichkeiten wären dann analog der Feststellung zu wählen).

Diese zuletzt genannte Art der Fragestellung verzichtet auf überflüssige sprachliche Ausschmückung. Die Eignung dieser Fragen hängt von der Zielgruppe ab. Für ältere Menschen ist dieser *Telegrammstil* eher unangenehm (vgl. Mummenday 1987, S. 54; Hüttner 1997, S. 122).

Die Abbildung 9.23 zeigt einen Beispielfragebogen.

Bevor jedoch die Erhebung erfolgt, sollten der Fragebogen und die Auswertung getestet werden. Dabei findet die Befragung unter möglichst realistischen Studienbedingungen statt. Erst nach dieser Überprüfung findet die eigentliche Befragung statt (vgl. Statistisches Bundesamt 1996, S. 11).

9.4.9.1 Story Telling

Bei der Methode des Story Telling (engl. Geschichtenerzählen) erzählen die Kundinnen und Kunden über besonders gute oder besonders schlechte Erlebnisse, die sie bei der Nutzung der Dienstleistung hatten. Das ist eine unstrukturierte Befragung, d. h. bei dem Gespräch zwischen der interviewenden Person und der Kundin oder dem Kunden, gibt es keinen Ablaufplan für das Interview. Die Kundin oder der Kunde entscheidet selbst, über welche Ereignisse mit dem Dienstleistungsbetrieb sie oder er berichten möchte. Die interviewende Person und der Betrieb erhalten auf diese Weise Einsicht in besondere Ereignisse der Dienstleistung (vgl. Bruhn 1997, S. 82 ff.).

Story Telling eignet sich, um für weiteres Vorgehen Schwerpunkte zu setzen. Berichten beispielsweise viele Teilnehmerinnen und Teilnehmer beim Story Telling häufig über die ange-

Fragebogen

Sehr geehrter Gast!
Im Rahmen einer Kundenzufriedenheitsmessung bitten wir Sie, folgenden Fragebogen auszufüllen. SAGEN SIE UNS IHRE MEINUNG! Wir versichern Ihnen, dass alle Daten vertraulich behandelt werden.

Datum   Uhrzeit:
Ort: ❏ Bahnhof   ❏ Flughafen   Restaurant:

Freundlichkeit der MitarbeiterInnen
1. Wie fanden Sie heute die Freundlichkeit der MitarbeiterInnen?
   ❏ Die MitarbeiterInnen begrüßten mich sehr freundlich, mit Blickkontakt und einem Lächeln. Während der gesamten Begegnung spürte ich eine sehr angenehme, natürliche Freundlichkeit.
   ❏ Die MitarbeiterInnen begrüßten mich freundlich, mit Blickkontakt. Während des gesamten Kundenkontakts herrschte eine freundliche Atmosphäre.
   ❏ Die MitarbeiterInnen begrüßten mich unfreundlich. Man versuchte aber trotzdem noch höflich zu sein.
   ❏ Die MitarbeiterInnen begrüßten mich nicht. Die gesamte Bedienung war recht lieblos.
2. Entsprach die Freundlichkeit Ihren Erwartungen?
   ❏ Übertrifft sie
   ❏ Stimmt überein
   ❏ Ist schlechter

Qualität des Services
3. Wie empfanden Sie heute die Qualität des Services?
   ❏ Ich musste überhaupt nicht warten. Der gesamte Bestellvorgang ging sehr zügig und ohne Fehler vonstatten.
   ❏ Ich musste kurz warten. Ansonsten wurde meine Bestellung schnell und zügig aufgenommen und bearbeitet.
   ❏ Ich brauchte ein wenig Geduld, ehe ich meine Bestellung aufgeben konnte. Die gesamte Bestellung wurde schleppend abgewickelt.
   ❏ Ich wartete sehr lange bis ich meine Bestellung aufgeben konnte. Die gesamte Bestellung wurde schleppend abgewickelt. Ich konnte nicht erkennen, dass versucht wurde, die Wartezeit zu minimieren.
4. Entsprach der Service Ihren Erwartungen?
   ❏ Übertrifft sie
   ❏ Stimmt überein
   ❏ Ist schlechter

Qualität der Getränke
5. Wie beurteilen Sie heute die Qualität der Getränke?
   ❏ Die Getränke waren hervorragend. Geschmack und Temperatur waren einwandfrei. Es gibt nichts zu verbessern.
   ❏ Die Getränke waren im Wesentlichen schmackhaft. Geschmack und Temperatur waren gut.
   ❏ Die Getränke waren akzeptabel. Es gab geringfügige Abstriche beim Geschmack und der Temperatur.
   ❏ Die Getränke waren nicht schmackhaft. Es gab große Mängel beim Geschmack und der Temperatur.
   ❏ Ich habe nichts getrunken. (Weiter mit Frage 7.)
6. Entsprach die Qualität der Getränke Ihren Erwartungen?
   ❏ Übertrifft sie
   ❏ Stimmt überein
   ❏ Ist schlechter

Qualität der Speisen
7. Wie beurteilen Sie heute die Qualität der Speisen?
   ❏ Die Speisen waren ausgezeichnet. Geschmack und Temperatur der Speisen waren hervorragend und tadellos. Es gibt nichts zu verbessern.
   ❏ Die Speisen waren im Wesentlichen schmackhaft. Geschmack und Temperatur waren gut.
   ❏ Die Speisen waren zufriedenstellend. Es gab geringfügige Abstriche beim Geschmack und der Temperatur.
   ❏ Die Speisen waren nicht schmackhaft. Es gab große Mängel beim Geschmack und der Temperatur.
   ❏ Ich habe nichts verzehrt. (Weiter mit Frage 9.)
8. Entsprach die Qualität der Speisen Ihren Erwartungen?
   ❏ Übertrifft sie
   ❏ Stimmt überein
   ❏ Ist schlechter

Sauberkeit und Atmosphäre
9. Welchen Eindruck hatten Sie heute vom Umfeld des Restaurants?
   ❏ Das gesamte Umfeld wirkte äußerst gepflegt und lud zum Verweilen ein.
   ❏ Das Umfeld wirkte gepflegt. Ich hielt mich gern auf.
   ❏ Das Umfeld wirkte ungepflegt.
   ❏ Das gesamte Umfeld wirkte sehr ungepflegt und schmutzig.
10. Wie fanden Sie heute die Sauberkeit und die Atmosphäre im Restaurant selbst?
   ❏ Der Raum lud zum Verweilen ein. Alles war äußerst sauber. Es roch sehr angenehm. Ich habe mich sehr wohl gefühlt.
   ❏ Der Raum war im Wesentlichen sauber. Es roch angenehm. Ich habe mich wohl gefühlt.
   ❏ Sauberkeit war akzeptabel. Ein leichter unangenehmer (Küchen-, Zigaretten-) Geruch lag in der Nase. Ich habe mich nicht sehr wohl gefühlt.
   ❏ Es ist stark verschmutzt. Grobe Verunreinigungen sind noch vorhanden. Es roch unangenehm (nach Küche, Zigarette). Ich habe mich unwohl gefühlt.
11. Entsprach die Atmosphäre im Restaurant Ihren Erwartungen?
   ❏ Übertrifft sie
   ❏ Stimmt überein
   ❏ Ist schlechter

Sonstiges
12. Würden Sie das Restaurant weiterempfehlen?
   ❏ Ja
   ❏ Vielleicht
   ❏ Nein
13. Haben Sie weitere Wünsche/Anregungen/Kritik?

Vielen Dank für Ihre Mühe! Wir würden uns freuen, Sie bald wieder bei uns begrüßen zu dürfen.

Abb. 9.23 Beispiel eines Fragebogens (Kelm 2002, S. 60)

nehme und freundliche Bedienung eines Tagungshauses, so ist das sicher ein Lob wert. Wird aber im Story Telling verstärkt das Preis-Leistungs-Verhältnis bemängelt, könnten in einem nächsten Schritt die Kundinnen und Kunden eines Betriebs - restaurants genauer zum Preis-Leistungs-Verhältnis befragt werden. Nicht nur der quantitative Aspekt beim Story Telling ist wichtig, sondern die Stärke liegt darin, das Erlebnis der Kundinnen und Kunden überhaupt in der Tiefe zu erfahren.

Story Telling kostet viel Zeit und kann aus diesem Grund nur bei wenigen Kundinnen und Kunden durchgeführt werden. Die einzelnen Ergebnisse sind sehr realitätsnah, denn die Teilnehmerinnen und Teilnehmer berichten, was sie tatsächlich bewegt. Durch die Offenheit der Frage ist die statistische Auswertung schwer.

9.4.9.2 Sequenzielle Ereignismethode

Sequenzielle Ereignismethode bedeutet, dass die Schritte der Dienstleistung nacheinander beurteilt werden. Diese Methode ist eine Weiterentwicklung des Story Telling.

Der Dienstleistungsprozess wird dazu in Teilschritte zerlegt und in einem Ablaufdiagramm dargestellt. Es dient der Kundin und dem Kunden als Gedächtnisstütze beim Nacherleben der Dienstleistungssituation (vgl. Bruhn 1997, S. 82 f.).

Hierzu ein Beispiel:

Eine Betriebskantine will von ihren Kundinnen und Kunden wissen, wie diese die Gesamtleistung beurteilen. Es wurde entschieden, dass die Methode der sequenziellen Ereignismethode Anwendung finden soll. Die Dienstleistung wird in mehrere Teilschritte zerlegt. Dabei gibt es drei verschiedene Arten von Teilschritten:

- Teilschritte, die sich dem Blickfeld des Kunden entziehen (z. B. Essenszubereitung),
- Teilschritte, bei denen die Kundin/der Kunde allein ist (z. B. Ankunft in der Kantine),
- Teilschritte, bei denen es zu Interaktionen zwischen dem Dienstleister und der Kundin/dem Kunden kommt (z. B. Essensbestellung und Ausgabe).

Die Teilschritte, die für die Kundinnen und Kunden sichtbar sind, werden mit der Sichtbarkeitslinie markiert. Nur diese

Teilschritte können von den Kundinnen und Kunden beurteilt werden. Die Abbildung 9.24 zeigt das Ablaufdiagramm für eine Betriebskantine.

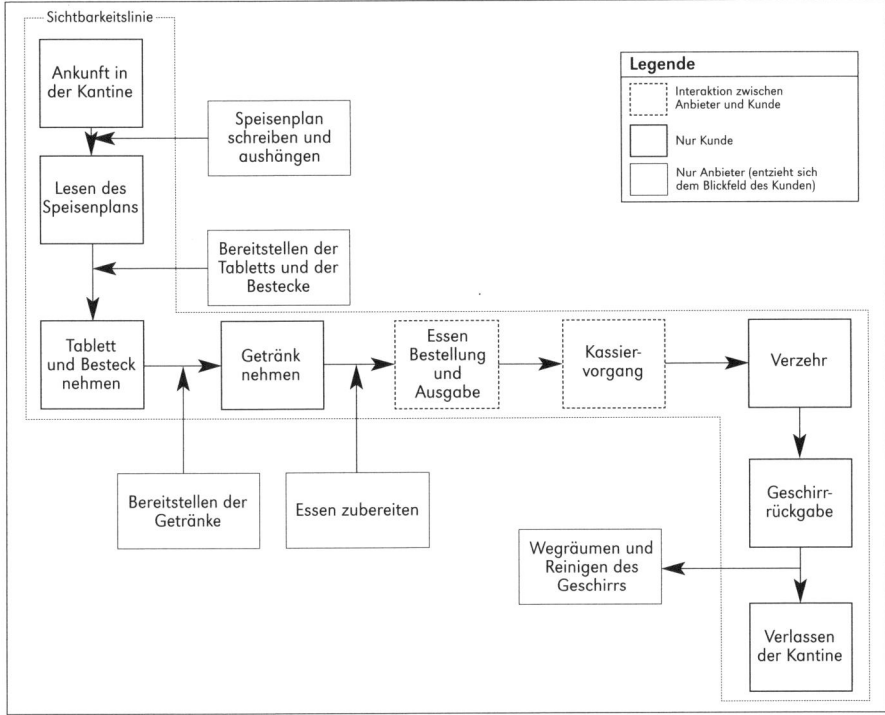

Abb. 9.24
Ablaufdiagramm am Beispiel einer Betriebs-kantine

Beim Interview im Rahmen einer sequenziellen Ereignisme - thode wird der Kundin oder dem Kunden dieses Ablaufdia - gramm vorgelegt. Es wird gefragt, welche Erlebnisse sie oder er bei der Ankunft in der Kantine hatte. Danach werden die Erlebnisse beim Lesen der Speisenkarte erfasst. So werden die Geschehnisse an jedem Teilschritt nach und nach abge- fragt.

Bei dieser Methode werden neben wichtigen positiven oder negativen Erlebnissen der Kundinnen und Kunden auch Selbstverständlichkeiten erfasst, die problemlos laufen. Die quantitative Erfassung solcher reibungslosen Abläufe ist eben- falls interessant.

9.4.9.3 Fragebogen

Während die bisher genannten Befragungen wenig strukturiert sind, ist das Vorgehen einer Befragung durch einen Fragebogen von einer mehr oder weniger starken Struktur geprägt. Fragebögen können bei mündlichen, schriftlichen oder elektronischen Befragungen eingesetzt werden.

Bei **mündlichen Interviews** liest die interviewende Person der befragten Person die Fragen auf dem Bogen vor oder stellt die Fragen frei. Die Fragen werden durch die befragte Person beantwortet. Die interviewende Person kann die Antworten aufzeichnen oder mitschreiben. Dabei sollte sie auf die Kundinnen und Kunden zugehen können und diese aktiv zur Teilnahme am Interview motivieren. Die interviewende Person sollte neutral sein und damit die Antworten nicht beeinflussen. Wird eine Person von zwei verschiedenen interviewenden Personen unter sonst gleichen Bedingungen nach dem gleichen Fragebogen interviewt, dann sollten die Ergebnisse identisch sein. Fatal wäre es, wenn die interviewende Person beim Lesen der Fragen Nuancen setzt oder gar richtungsweisende Worte hinzufügt.

Auch für eine **schriftliche Befragung** können interviewende Personen eingesetzt werden. Diese haben dann die Aufgabe der Akquise der Befragungsteilnehmer/-innen. Die befragte Person füllt selbstständig den Fragebogen aus. Auch hier ist der Einfluss der interviewenden Person nicht unerheblich. Ein *über die Schulter schauen* irritiert die befragte Person und kann zu einer realitätsfernen Antwort führen. Eine schriftliche Befragung ohne interviewende Person ist ebenfalls möglich. Das kann ein Formular sein, das Teilnehmerinnen und Teilnehmer einer Tagung am Ende der Veranstaltung in ihren Unterlagen finden, um damit die Qualität der Verpflegung im Tagungshaus zu beurteilen. Ein anders Beispiel sind Fragebögen, die auf den Tischen im Gastraum ausliegen und die Gäste zur Meinungsabgabe einladen.

Eine Variante der schriftlichen Befragung stellt die **elektronische Befragung** dar. Die Fragen erscheinen auf einem Bildschirm. Durch das Klicken einer bestimmten Taste oder der Berührung des Bildschirms können die Antworten der Kundinnen und Kunden erfasst werden. Internetbefragungen werden immer beliebter, weil damit sehr viele Probandinnen und Probanden in kurzer Zeit befragt werden können und die Eingabe der Daten durch das Forschungsteam entfällt.

9.4.10 FMEA-Analyse

Die FMEA-Analyse (Failure Mode and Effects Analysis) ist eine Vorgehensweise, bei der systematisch die wichtigsten Fehler in einem Betrieb erkannt und bewertet werden können. Die Bewertung der Fehler erfolgt nach ihrer Auftrittswahrscheinlichkeit, nach ihrer Entdeckbarkeit sowie nach der Bedeutung der Fehlerfolgen für die Kundinnen und Kunden. Diese Faktoren fließen in der sogenannten Risikoprioritätskennzahl zusammen.

Die FMEA-Analyse wird in fünf Schritten durchgeführt.

1. Strukturanalyse

In der Strukturanalyse wird ein ausgewählter Leistungserstellungsprozess in die Teilprozesse untergliedert. Zum besseren Verständnis aller beteiligten Personen ist ein Flussdiagramm geeignet.

Beispiel:
Servicequalität bei der Ausgabe und beim Kassieren des Mittagsmenüs in einem Betriebsrestaurant (vgl. Abb. 9.25).

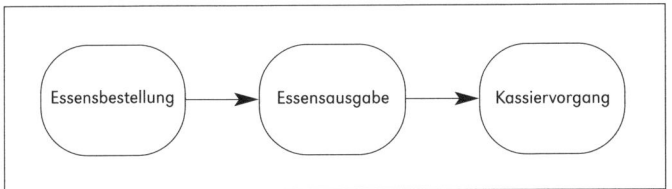

Abb. 9.25
Flussdiagramm für die Strukturanalyse der FMEA-Analyse an einem Beispiel

2. Funktionsanalyse

Im Rahmen der Funktionsanalyse werden für die einzelnen im vorangegangenen Schritt gebildeten Teilprozesse Merkmale und Merkmalsausprägung festgelegt. Es wird sozusagen der *Soll-Zustand* bestimmt (vgl. Abb. 9.26).

3. Fehleranalyse

In der Fehleranalyse werden Abweichungen von den festgelegten Merkmalsausprägungen benannt (siehe Abb. 9.27). Dabei ist diese Vorgehensweise die gleiche wie beim Soll-Ist-Vergleich (vgl. Kapitel 9.4.8).

*Abb. 9.26
Merkmale und Merk-
malsausprägungen für
die Teilprozesse der
Funktionsanalyse der
FMEA-Analyse an einem
Beispiel*

Teilprozesse	Merkmale	Merkmalausprägung
Essens-bestellung	zügige Bedienung	Wenn ein Gast kommt, steht sofort eine Mitarbeiterin oder ein Mitarbeiter zur Verfügung. Bei Bedarf werden zwei Mitarbeiter eingesetzt.
Essens-ausgabe	Wünsche der Gäste werden berücksichtigt	Die Mitarbeiterin/der Mitarbeiter fragt nach, z. B.: *Ist es Ihnen recht so?* Alle Gäste werden gleich behandelt.
Kassiervorgang	zügiges Kassieren	Die Kassiererin/der Kassierer kennt die Preisliste gut. Die Kassiererin/der Kassierer kann die Kasse problemlos bedienen.

*Abb. 9.27
Merkmalsausprägungen
und Abweichungen der
Fehleranalyse der FMEA-
Analyse an einem Bei-
spiel*

Merkmalausprägung	Abweichungen
Wenn ein Gast kommt, steht sofort eine Mitarbeiterin oder ein Mitarbeiter zur Verfügung.	Gäste müssen oft klingeln und einige Minuten warten, bis eine zuständige Mitarbeiterin oder ein Mitarbeiter kommt.
Bei Bedarf werden zwei Mitarbeiter eingesetzt.	Zwei Mitarbeiter stehen nicht zur Verfügung.
Die Mitarbeiterin/der Mitarbeiter fragt nach, z. B.: *Ist es Ihnen recht so?*	Dies erfolgt in der Regel. - keine Abweichung -
Alle Gäste werden gleich behandelt.	Eine Gleichbehandlung ist nicht immer gegeben. Befreundete Gäste und Gäste in Leitungspositionen werden bevorzugt.
Die Kassiererin/der Kassierer kennt die Preisliste gut.	Die Preisliste ist nicht allen Kassiererinnen und Kassierern geläufig, oft muss lange nachgeschaut werden.
Die Kassiererin/der Kassierer kann die Kasse problemlos bedienen.	Dies erfolgt in der Regel. - keine Abweichung -

4. Risikobewertung

Bei der Risikobewertung werden

- die Auftrittswahrscheinlichkeit,
- die Bedeutung der Fehlerfolgen und
- die Entdeckbarkeit des Fehlers durch die Kundinnen und Kunden

bestimmt. Anhand einer 10-Punkte-Skala erfolgt dann die Bewertung. Eine hohe Punktzahl wird dann vergeben, wenn jeweils ein hohes Risiko besteht, d. h. der Fehler wahrscheinlich oft auftritt, die Fehlerfolgen sehr bedeutend für den Gast sind bzw. der Gast den Fehler leicht entdecken kann. Eine niedrige Punktzahl wird dann vergeben, wenn jeweils ein niedriges Risiko besteht.

Zur Ermittlung des Gesamtrisikos, wird die Risikoprioritätskennzahl (RPZ) gebildet. Sie ist das Produkt aus der Auftritts - wahrscheinlichkeit, der Bedeutung der Fehlerfolgen und der Entdeckbarkeit des Fehlers (vgl. Abb. 9.28).

Abweichungen	Auftrittswahr-scheinlichkeit	Bedeutung der Fehlerfolgen	Entdeck-barkeit	RPZ
Gäste müssen oft klingeln und einige Minuten warten, bis eine zuständige Mitarbeiterin/Mitarbeiter kommt.	2	6	10	120
Zwei Mitarbeiter stehen nicht zur Verfügung.	10	4	4	160
Eine Gleichbehandlung ist nicht immer gegeben. Befreundete Gäste und Gäste in Leitungspositionen werden bevorzugt.	9	10	3	270
Die Preisliste ist nicht allen Kassiererinnen und Kassierern geläufig, oft muss lange nachgeschaut werden.	2	3	7	42

Abb. 9.28
Bildung der Risiko-prioritätskennzahl (RPZ) der Risikoanalyse der FMEA-Analyse an einem Beispiel

Risikominimierung

Bei der Risikominimierung wird der Prozess so verändert, dass die Fehler minimiert werden. Dabei sollten zuerst die Fehler betrachtet werden, die mit einer hohen RPZ bewertet worden sind. Es ist empfehlenswert, einen Maßnahmenplan aufzustellen, aus dem ersichtlich wird, wer welche Aufgaben bis wann zu erledigen hat. Abschließend werden die Ergebnisse überprüft (vgl. Masing 1999, S. 358 ff., 440 ff. 1033 ff.; Kamiske/Brauer 1999, S. 69 ff.).

9.4.11 HACCP

Die Abkürzung HACCP steht für **H**azard **A**nalysis and **C**ritical **C**ontrol **P**oints. Übersetzt versteht man unter HACCP die *Gefahrenanalyse an kritischen Lenkungspunkten.*

Ursprünglich wurde HACCP für die Lebensmittelversorgung von Astronauten entwickelt. Heutzutage ist HACCP für alle in der Nahrungskette beteiligten Betriebe verpflichtend. Geschichtlich hat sich HACCP auf Grundlage der FMEA-Analyse entwickelt. Vergleicht man beide Techniken miteinander, können Gemeinsamkeiten festgestellt werden.

Gesetzlich ist HACCP in der seit Januar 2006 gültigen EU-Hygieneverordnung verankert. Dort werden die Grundsätze von HACCP beschrieben. Diese wurden im Vergleich zur LMHV (Lebensmittelhygieneverordnung), die bis 2005 gültig war, geringfügig umformuliert.

1. Grundsatz:
Ermittlung von Gefahren, die vermieden, ausgeschaltet oder auf ein akzeptables Maß reduziert werden müssen.

2. Grundsatz:
Bestimmung der kritischen Kontrollpunkte (CCPs) auf der Prozessstufe, auf der eine Kontrolle notwendig ist, um eine Gefahr zu vermeiden, auszuschalten oder auf ein akzeptables Maß zu reduzieren.

3. Grundsatz:
Festlegung von Grenzwerten für diese kritischen Kontrollpunkte, anhand derer im Hinblick auf die Vermeidung, Ausschaltung oder Reduzierung ermittelter Gefahren zwischen akzeptablen Werten und nicht akzeptablen Werten unterschieden wird.

4. Grundsatz:
Festlegung und Durchführung effizienter Verfahren zur Überwachung der CCPs.

5. Grundsatz:
Festlegung von Korrekturmaßnahmen für den Fall, dass die Überwachung zeigt, dass ein kritischer Kontrollpunkt nicht mehr unter Kontrolle ist.

6. Grundsatz:
Festlegung von regelmäßig durchgeführten Verifizierungs - maßnahmen, um festzustellen, ob das HACCP-System ein - wandfrei funktioniert.

7. Grundsatz:
Erstellung von Dokumenten und Aufzeichnungen, die der Art und Größe des Lebensmittelunternehmens angemessen sind, um nachzuweisen, dass den Vorschriften gemäß Punkten 1 bis 6 entsprochen wird (vgl. Höß 2006, S. 10 f.).

Die Einführung von HACCP erfolgt zunächst in vier Schrit - ten:

1. Vorbereitung.
2. Entwicklung des HACCP-Systems (Erfüllung der Grundsätze 1 bis 5 und 7).
3. Einführung des HACCP-Systems in die Praxis.
4. Sicherstellung der Funktionsweise des HACCP-Systems (Erfüllung des Grundsatzes 6).

9.4.11.1 Vorbereitung

Zu Beginn müssen die Personen benannt werden, die sich im Rahmen einer Arbeitsgruppe an der Entwicklung von HACCP beteiligen. Das kann auch der Qualitätszirkel sein.

Im Rahmen der Vorbereitung ist es weiterhin ratsam, alle Produkte (Speisen) kurz zu beschreiben. So wird sichergestellt, dass keine Speise vergessen wird. Dabei können Speisen mit ähnlichen Gefahrenklassen (z. B. Hackfleischprodukte, Cremespeisen oder Obst- und Gemüsesalate ohne Mayonnaise) zusammengefasst werden. Grundlage für diese Produktbeschreibung kann in den Betrieben die Rezeptkartei sein.

Produktbeschreibungen (vgl. Abb. 9.29) können folgende Daten enthalten:

Speisengruppe: **(4) Mayonnaisehaltige Salate**

Speisen der Speisengruppe:	Kartoffelsalat Reissalat Nudelsalat Spargelsalat
Zutaten:	siehe Rezeptkartei
Verwendung:	Abgabe an interne und externe Verpflegungsteilnehmer
Haltbarkeit:	sofortiger Verzehr
Besonderheiten:	keine

Abb. 9.29
Produktbeschreibung für mayonnaisehaltige Speisen (eigene Darstellung in Anlehnung an Kopp 1998, S. 42)

• Speisengruppe (Produktgruppe),
• Bezeichnung der Speise/Speisen,
• Zutaten,
• Verwendung,
• Haltbarkeit,
• Besonderheiten (vgl. Kopp 1998, S. 41 f.).

Es wird empfohlen, den Herstellungsprozess einer Speise oder einer Speisengruppe als Flussdiagramm (synonym Fließschema oder Ablaufdiagramm) darzustellen, damit alle Mitarbeiter der Arbeitsgruppe über den gleichen Sachverhalt sprechen (vgl. Abbildung 9.30). Das Diagramm muss unbedingt den tatsächlichen Herstellungsprozess abbilden (vgl. Kopp 1998, S. 42 f.).

Abb. 9.30
Flussdiagramm für die
Zubereitung von mayon-
naisehaltigen Speisen

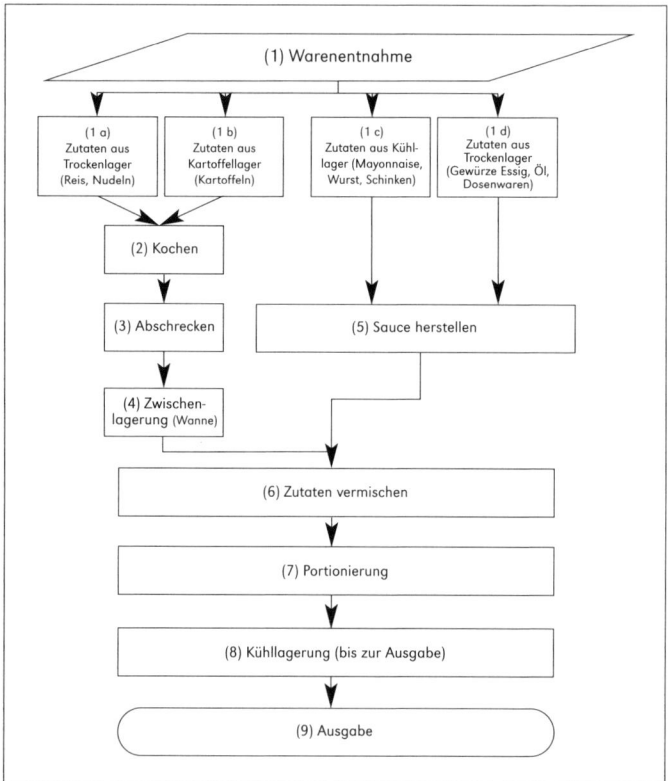

9.4.11.2 Entwicklung des HACCP-Systems
Ermittlung von Gefahren (HACCP-Grundsatz 1)
Eine Gefahr besteht dann, wenn der Verzehr der Speise zu einer Gesundheitsschädigung führen kann.

Es werden Gefahren aufgelistet, die den Mitarbeitern der Arbeitsgruppe einfallen. Dies kann im Rahmen eines Brainstormings oder einer anderen Technik erfolgen.

Für das Beispiel mayonnaisehaltige Salate können folgende Risiken benannt werden:

- Entnahme verdorbener Zutaten (Prozessstufen 1a bis 1d),
- Verunreinigung durch Arbeitsgeräte (Prozessstufen 5 bis 7),
- Beeinträchtigung durch unzureichende Kühlung (Prozessstufe 8),
- Beeinträchtigung durch zu lange Standzeiten (Prozessstufe 8),
- Mängel in der Personalhygiene (Prozessstufen 1 bis 9).

Bestimmung der kritischen Kontrollpunkte (CCPs) (HACCP-Grundsatz 2)
Die Schwierigkeit besteht nun darin, eine tatsächliche Gefahr zu erkennen. Es sind nicht zu viele und nicht zu wenig Gefahren festzuschreiben. Es kommt darauf an, eine bedeutende Gefahr von einer unbedeutenden Gefahr zu unterscheiden.

Dazu gibt es zwei verschiedene Wege:

1. mittels der FMEA-Analyse,
2. mittels HACCP-Entscheidungsbaum.

Eine Gefahr ist dann bedeutend, wenn

1. es sehr wahrscheinlich ist, dass eine gesundheitsgefährdende Speise verzehrt wird,
2. mit schweren gesundheitlichen Folgen zu rechnen ist, wenn die gesundheitsgefährdende Speise verzehrt wird,
3. die gesundheitsschädigende Wirkung bei einer großen Zahl der Gäste zum Tragen kommt. Zum Beispiel können bereits geringe Verunreinigungen für Menschen in einem Krankenhaus oder Altenheim zu fatalen Folgen führen, jüngere und gesunde Menschen reagieren auf die gleiche Speise nur mit leichter Übelkeit (vgl. Mortimore/Wallace 2000, S. 161 f.).

Bestimmung der CCPs mittels FMEA-Analyse
Vergleicht man diese Risikobewertung mit der der FMEA-Analyse (Auftrittswahrscheinlichkeit, Bedeutung der Fehlerfolgen, Entdeckbarkeit des Fehlers) (vgl. Kapitel 9.4.10), wird der ge-

meinsame Denkansatz deutlich. Diese Gemeinsamkeiten sollten Betriebe kennen und nutzen, denn Betriebe, die mit der Risikoanalyse nach HACCP vertraut sind, haben gute methodische Voraussetzungen, eine FMEA-Analyse durchzuführen und
umgekehrt (vgl. Abb. 9.31).

Mögliche Abweichungen (Gefahren)	A (Auftrittswahr-scheinlichkeit)	B (Bedeutung der Fehlerfolgen)	E (Entdeck-barkeit des Fehlers)	RPZ (Risikoprioritäts-kennzahlen)
Entnahme verdorbener Zutaten (Prozessstufen 1a bis 1d)	2	10	7	140
Verunreinigung durch Arbeitsgeräte (Prozessstufen 5 bis 7)	1	10	7	70
Beeinträchtigung durch unzureichende Kühlung (Prozessstufe 8)	5	10	7	350
Beeinträchtigung durch zu lange Standzeiten (Prozessstufe 8)	3	10	7	210
Mängel in der Personalhygiene (Prozessstufen 1 bis 9)	4	10	7	280

Abb. 9.31
Bestimmung der CCPs
mittels FMEA-Analyse an
einem Beispiel

Nach diesem Beispiel sind die drei zuletzt genannten Gefahren (Risiken) von Bedeutung, wenn man davon ausgeht,
dass Risiken unter einer Prioritätskennzahl von 200 eher zu
vernachlässigen sind. Wo diese Grenze liegt, entscheidet der
Betrieb. An den betreffenden Prozessstufen werden CCPs
festgeschrieben.

Bestimmung der CCPs mittels HACCP-Entscheidungsbaum

CCPs können bestimmt werden, indem die Fragen des in Abbildung 9.32 dargestellten Entscheidungsbaums in entspre-
chender Reihenfolge beantwortet werden.

Für das Beispiel mayonnaisehaltiger Speisen können die kritischen Kontrollpunkte mit Hilfe des Entscheidungsbaums wie
in Abbildung 9.33 festgelegt werden.

Festlegung von Grenzwerten (HACCP-Grundsatz 3)

Zu jedem CCP muss ein Grenzwert festgelegt werden.

Ein Grenzwert ist definiert als Toleranzgrenze, die eingehalten werden muss, um sicherzustellen, dass eine Gefahr durch
einen kritischen Kontrollpunkt effektiv kontrolliert wird.

Grenzwerte sollten transparent und leicht messbar sein, sodass im laufenden Prozess schnell überprüft werden kann, ob
es sich um eine Abweichung vom Grenzwert handelt.

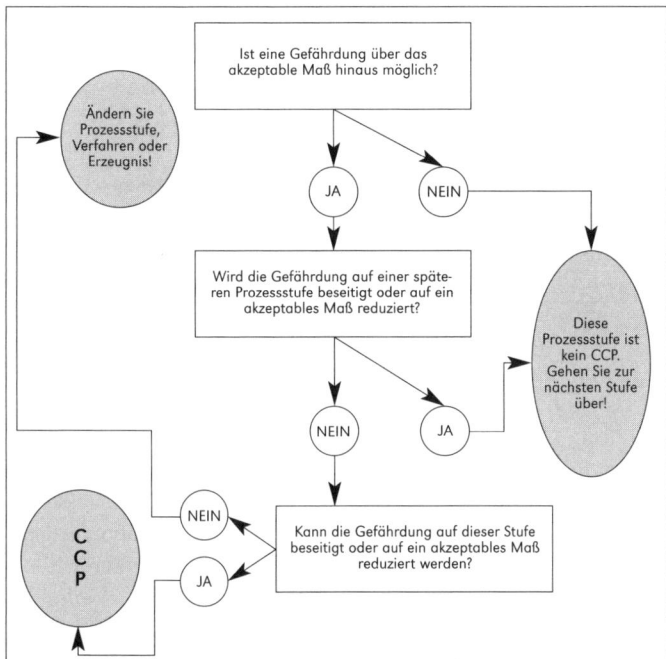

Abb. 9.32
Entscheidungsbaum zum
Festlegen von CCPs
(eigene Darstellung in
Anlehnung an Codex
Alimentarius, nach Mor -
timore/Wallace 2000,
S. 178)

Prozess-stufe	Risiko	Ist eine Gefährdung über ein akzeptables Maß hinaus möglich?	Wird die Gefährdung auf einer späteren Prozessstufe beseitigt oder auf ein akzeptables Maß reduziert?	Kann die Gefährdung auf dieser Stufe beseitigt oder auf ein akzeptables Maß reduziert werden?	Schluss-folgerung
1a bis 1d	Entnahme verdorbener Zutaten	NEIN	-	-	KEIN CCP
5 bis 7	Verunreinigung durch Arbeitsgeräte	NEIN	-	-	KEIN CCP
8	Beeinträchtigung durch unzurei-chende Kühlung	JA	NEIN	JA	CCP
8	Beeinträchtigung durch zu lange Standzeiten	JA	NEIN	JA	CCP
1 bis 9	Mängel in der Personalhygiene	JA	NEIN	JA	CCP

Wird der Grenzwert über- oder unterschritten, dann ist der Prozess an dem kritischen Kontrollpunkt außer Kontrolle und es besteht ein Risiko.

Grenzwerte können gesetzlich festgesetzte Anforderungen, wissenschaftlich erprobte oder betriebsinterne Maßgaben oder Empfehlungen sein (Mortimore/Wallace 2000, S. 188 ff.).

Abb. 9.33
Festlegung kritischer
Kontrollpunkte für die
Zubereitung von mayon-
naisehaltigen Speisen
(eigene Darstellung in
Anlehnung an Morti-
more/Wallace 2000,
S. 182)

Die Grenzwerte an den einzelnen Prozessstufen, an denen kritische Kontrollpunkte festgelegt worden sind, sind für das Beispiel *Zubereitung von mayonnaisehaltigen Speisen* in Abbildung 9.34 dargestellt.

Risiko (Prozessstufe)	Kritischer Grenzwert
Beeinträchtigung durch unzureichende Kühlung (Prozessstufe 8)	Temperatur höchstens + 10 °C
Beeinträchtigung durch zu lange Standzeiten (Prozessstufe 8)	Standzeit höchstens drei Stunden
Mängel in der Personalhygiene (Prozessstufe 1 bis 9)	Einhaltung des Hygieneplans

Abb. 9.34
Festlegung kritischer Grenzwerte für die Zubereitung von mayonnaisehaltigen Speisen

Abb. 9.35
Überwachung der Grenzwerte für die Zubereitung von mayonnaisehaltigen Speisen (eigene Darstellung in Anlehnung an Mortimore/Wallace 2000, S. 189)

Überwachung der Grenzwerte (HACCP-Grundsatz 4)

Um sicherzustellen, dass die Grenzwerte an den kritischen Kontrollpunkten tatsächlich eingehalten werden, ist eine Überwachung der entsprechenden Parameter notwendig. Das Ergebnis der Überwachung muss registriert und ausgewertet werden, damit bei Bedarf nachgewiesen werden kann, dass an den kritischen Kontrollpunkten kein Fehler aufgetreten ist.

Für die Überwachung sollten die Art und Weise, Häufigkeit und Zuständigkeit definiert werden (vgl. Abb. 9.35) (vgl. Mortimore/Wallace 2000, S. 197 ff.).

Risiko (Prozessstufe)	Überwachungsvorgang	Überwachungshäufigkeit	Zuständigkeit für die Überwachung
Beeinträchtigung durch unzureichende Kühlung (Prozessstufe 8)	Kontrolle der Kühlhaustemperatur, Eintragung in das Protokoll	täglich	Küchenleitung
Beeinträchtigung durch zu lange Standzeiten (Prozessstufe 8)	Ablesen der Lagerzeit im Protokoll	bei jeder Entnahme aus dem Zwischenlager	alle Mitarbeiterinnen und Mitarbeiter
Mängel in der Personalhygiene (Prozessstufe 1 bis 9)	Kontrolle der Kenntnis der Regel, optischen Sauberkeit der Hände, Nägel, Haare etc. der Mitarbeiterinnen und Mitarbeiter	täglich	Hygienebeauftragte
	Kontrolle der Einhaltung der Regeln des Hygieneplanes (z. B. Händedesinfektion)	monatlich	Hygienebeauftragte

Festlegung von Korrekturmaßnahmen (HACCP-Grundsatz 5)

Wenn eine Überprüfung der kritischen Kontrollpunkte ergibt, dass das Messergebnis von den Grenzwerten abweicht, müssen Korrekturmaßnahmen ergriffen werden.

Korrekturmaßnahmen sollten im Vorfeld definiert werden. Nur so kann sichergestellt werden, dass im Bedarfsfall schnell und richtig gehandelt werden kann.

Korrekturmaßnahmen reichen von Erhöhung der Temperatur, wenn beispielsweise die Kerntemperatur noch nicht erreicht ist, über Verständigung des technischen Dienstes, wenn die Kühltheke ausgefallen ist, bis hin zum Verwerfen der Speise, wenn diese durch Nichteinhaltung der Grenzwerte die Gesundheit der Gäste gefährdet. In all diesen Fällen müssen Mitarbeiter entscheiden und handeln, auch an Wochenenden oder im Spätdienst, wenn die Küchenleitung nicht im Haus ist. Aus diesem Grund empfiehlt es sich, für die Korrekturverfahren Entscheidungs- und Handlungskompetenzen festzulegen, wie in Abbildung 9.36 dargestellt (Mortimore/Wallace 2000, S. 199).

Risiko (Prozessstufe)	Korrekturverfahren	Entscheidungs-kompetenz	Handlungskompetenz
Beeinträchtigung durch unzureichende Kühlung (Prozessstufe 8)	nochmals kühlen (ggf. in einen anderen Kühlraum ausweichen) oder Produkt verwerfen	Schichtleitung	Köchin/Koch
Beeinträchtigung durch zu lange Standzeiten (Prozessstufe 8)	Produkt verwerfen	Schichtleitung	Köchin/Koch
Mängel in der Personalhygiene (Prozessstufe 1 bis 9)	Ansprechen der betreffenden Person, Beseitigung des Mangels (Nägel schneiden, Haare zusammenbinden usw.)	Schichtleitung	alle Mitarbeiterinnen und Mitarbeiter

Abb. 9.36 Korrekturmaßnahmen bei Grenzwertüberschreitung am Beispiel von mayonnaisehaltigen Speisen (eigene Darstellung in Anlehnung an Mortimore/Wallace 2000, S. 189)

Dokumentation (HACCP-Grundsatz 7)

Dokumentation ist notwendig. Das besagt der HACCP-Grundsatz 7. Die Art und Weise der Dokumentation und deren Umfang bleibt jedoch dem Betrieb überlassen. Die Schwierigkeit besteht einerseits darin, nicht zu viel und nicht zu wenig zu dokumentieren und andererseits eine einfache und übersichtliche Form für die Dokumentation zu finden.

Was sollte dokumentiert werden?
Zunächst sollte sich jeder HACCP-Grundsatz in der Dokumentation wiederfinden. Im Einzelnen werden folgende Inhalte zur Dokumentation empfohlen: Leistungserstellungsprozesse

(Flussdiagramme), CCPs, Grenzwerte, Kontrollschemata, Kontrollmaßnahmen, ggf. Verfahrensanweisungen für Prüfungen sowie für das Durchführen von Korrekturmaßnahmen, Hygienepläne, Schulungspläne usw. Dabei sollten die Aufzeichnungen so umfangreich sein, dass ein Betrieb im Schadensfall, z. B. bei gehäuften Magen-Darm-Erkrankungen in einer Schule nach einem Fischgericht, nachweisen kann, dass die Ursache nicht in der Küche zu suchen ist, denn alle wichtigen CCPs sind definiert, alle Grenzwerte wurden eingehalten usw.

Wie sollte die Dokumentation aufgebaut sein?
Die Dokumentation kann sich an der Systematik der HACCP-Grundsätze orientieren. Das ist besonders für Betriebe empfehlenswert, die bei der Einführung von HACCP fast alle Unterlagen neu erstellen. HACCP kann aber auch in betriebsinterne, bereits vorhandene Dokumentationssysteme integriert werden, sollte aber bei entsprechenden Kontrollen als HACCP erkennbar sein und somit entsprechend vorgelegt werden können. Das ist sinnvoll für Betriebe, die bereits ein bestehendes und gut funktionierendes Dokumentationssystem haben. Es ist wichtig, auf bestehende Dokumente zurückzugreifen um nicht Dokumente doppelt zu erstellen.

9.4.11.3 Einführung des HACCP-Systems in die Praxis
Damit HACCP *lebt* und *gelebt wird*, darf es nicht nur auf dem Papier bestehen. Schon während der konzeptionellen Arbeit sollten die Mitarbeiterinnen und Mitarbeiter in der Praxis in - formiert und ggf. mit einbezogen werden.

In Schulungen, Besprechungen und Dienstberatungen werden zunächst Grundlagen zum HACCP vermittelt und die Do - kumentation erklärt.

Anschließend werden die Mitarbeiter mit ihren neuen Pflichten in Bezug auf das HACCP-System vertraut gemacht. Günstig und praxisnah ist eine Anweisung einzelner oder mehrerer Personen am Arbeitsplatz. Auf jeden Fall muss sichergestellt werden, dass alle Mitarbeiterinnen und Mitarbeiter das HACCP-System kennen und umsetzen können. Dazu gehört es, die CCPs, deren Grenzwerte, Überwachungsverfahren, Überwachungshäufigkeit und Korrekturmaßnahmen zu kennen und über Zuständigkeiten Bescheid zu wissen (vgl. Mor - timore/Wallace 2000, S. 221 ff.).

9.4.11.4 Sicherstellung der Funktionsweise des HACCP-Systems

Bei der Sicherstellung der Funktionsweise des HACCP-Systems wird der HACCP-Grundsatz 6 erfüllt.

Im Alltag kann es leicht passieren, dass Mitarbeiter die im Zusammenhang mit HACCP stehenden Aufgaben vergessen oder dass sich Abläufe ändern und das HACCP-System nicht angepasst worden ist. Um dies zu verhindern, muss die einwandfreie und dauerhafte Funktion des HACCP-Systems von Zeit zu Zeit überprüft werden. Es wird geprüft, ob die Dokumentation noch aktuell ist und in der Praxis umgesetzt und eingehalten wird.

Derartige Prüfungen sind durchzuführen, wenn Probleme auftreten, neue Risiken bekannt werden oder sich betriebliche Abläufe ändern. Routinemäßig ist eine Überprüfung des HACCP-Systems jährlich oder alle zwei Jahre zu empfehlen (vgl. Mortimore/Wallace 2000, S. 244 ff.).

9.4.11.5 HACCP im Nicht-Hygiene-Bereich

HACCP ist eine Technik zum Qualitätsmanagement und beschränkt sich nicht nur auf die Lebensmittelhygiene. Es stellt sich die Frage, welche Risiken es in der Gemeinschaftsverpflegung noch gibt.

Die in Kapitel 2.2.3 beschriebenen Teilanforderungen können, sofern diese nicht erfüllt werden, für den Betrieb ebenfalls ein Risiko darstellen. Dies wird in Abbildung 9.37 dargestellt.

Da die neben den hygienischen Risiken genannten Risiken größtenteils nicht zu einer gesundheitlichen Gefährdung führen, spricht man dann nicht mehr von kritischen Kontrollpunkten (CCP), sondern von Kontrollpunkten (CP) oder von qualitätsrelevanten Lenkungspunkten (QCP) (vgl. Hanslik/Kitzmüller/Woidich 2000, S. 202 ff.).

Wendet ein Betrieb HACCP auch im Nicht-Hygiene-Bereich an, so kann nach den gleichen Schritten wie im Hygienebereich vorgegangen werden. Je nach Anwendungsbereich kann die Schrittfolge entsprechend vereinfacht werden. Grenzwerte sind nicht immer als absolute Grenzen definierbar. Deshalb können anstelle von Grenzwerten Richtwerte festgelegt werden.

Im Folgenden wird HACCP am Beispiel der ökonomischen Risiken bei der Schulverpflegung erläutert. Abbildung 9.38 zeigt den allgemeinen Ablauf.

Risiko	Beispiel
Ernährungsphysiologisches Risiko	Eine Patientin mit einer Kuhmilchallergie bekommt eine Tasse Kuhmilch zum Frühstück.
Sensorisches Risiko	Die Soße ist zu scharf.
Risiko bezüglich nutzerbezogene Handhabbarkeit	Portionierte Kaffeesahne ist für Senioren ungeeignet, denn die Döschen können von Senioren zum Teil nicht mehr geöffnet werden.
Ökologische Risiken	Die Mitarbeiterinnen und Mitarbeiter verwenden ständig mehr Geschirrspülmittel als notwendig.
Sozio-kulturelle Risiken	Chinesische Wochen in einem Altenpflegeheim finden bei den Bewohnerinnen und Bewohnern wenig Freude.
Politisch-rechtliche Risiken	Die Mitarbeiterin verstößt gegen den Arbeitsschutz, wenn sie offenes Schuhwerk trägt.
Ökonomische Risiken	Zu hohe Lagerbestände gefährden die Liquidität.
Risiken des Umfelds	Fleckige Tischdecken und verwelkte Blumensträuße auf den Tischen sorgen dafür, dass die Gäste wieder gehen.
Risiken bezüglich der Verlässlichkeit	Selten gibt es die Menüs, die auf dem Speiseplan stehen.
Risiken bezüglich der Abwechslung	Die Eintöpfe sind immer die gleichen.
Risiken bezüglich der Flexibilität	Ein anderes Gemüse oder eine andere Beilage kann nicht bestellt werden.
Risiken bezüglich der Leistungskompetenz	Die Mitarbeiterin weiß nicht, ob die Brötchen Vollkornbrötchen sind.
Risiken bezüglich des Einfühlungsvermögens	Die Mitarbeiterin reagiert gereizt, wenn eine demente Bewohnerin mehrmals die gleiche Frage stellt.

(Zeilenbeschriftung links: **Risiken in der Gemeinschaftsverpflegung**)

Abb. 9.37
Risiken in der Gemeinschaftsverpflegung, bezogen auf die Teilanforderungen (vgl. Bottler/Rho 2001, S. 58 ff.)

Der Qualitätszirkel definiert folgende ökonomische Risiken, Kontrollpunkte, Grenzwerte und Korrekturmaßnahmen:

Beschaffung, Lagerung und Entnahme von Lebensmitteln und Chemikalien (Kontrollpunkte an den Prozessstufen 2, 3, 6 und 7)

Risiko: Die Beschaffung erfolgt nicht bedarfsgerecht, einerseits werden zu viele Produkte bestellt und damit unnötige Geldmittel gebunden, andererseits muss oft teuer nachgekauft werden, weil Produkte fehlen.

Umsetzung von HACCP: Es werden Mindestmengen definiert, die im Lager am Tag der Bestellung vorrätig sein müssen. Ist die Mindestmenge (der Grenzwert) unterschritten, muss dieses Produkt bestellt werden (Korrekturmaßnahme). Gleichzeitig werden Bestellmengen definiert. Damit wird verhindert, dass zu viel oder zu wenig bestellt wird. Die Bestellung kann durch alle Mitarbeiterinnen und Mitarbeiter, die mit dem Sys-tem vertraut sind, in gleicher Zuverlässigkeit erfolgen. Die La -

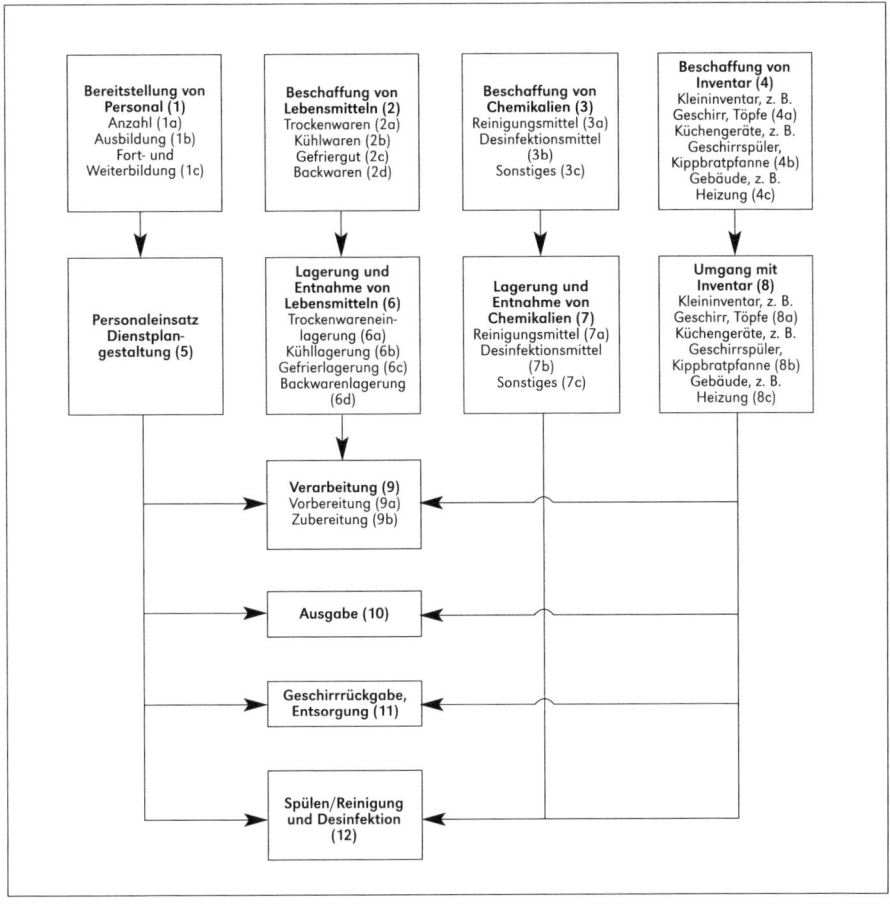

Abb. 9.38
Ablauf in einer Schul-
küche als Arbeitsgrund-
lage zur Festlegung der
ökonomischen Risiken

gerbestände werden regelmäßig kontrolliert und definierte Mindestbestände und Bestellmengen bei Bedarf geändert (Verifizierung).

Entnahme von Lebensmitteln (Kontrollpunkt an der Prozessstufe 6)

Risiko: Es werden zu viele Lebensmittel entnommen, um sicherzugehen, dass die verzehrfertige Speise für alle Verpflegungsteilnehmer ausreicht.

Umsetzung von HACCP: Allen Mitarbeiterinnen und Mitarbeitern wird in einer Dienstberatung die vorhandene Rezeptdatei vorgestellt. Es ist die Pflicht aller Mitarbeiterinnen und

Mitarbeiter, die Arten und Mengen der Zutaten entsprechend der Rezeptdatei (Grenzwert/Richtwert) auszuwählen. Mengen per Augenmaß oder nach Gefühl zu verwenden, ist untersagt.

Umgang mit Kleininventar, Geschirrrückgabe und Entsorgung (Kontrollpunkte an den Prozessstufen 8a und 11)
Risiko: Mit Geschirr wird nicht sorgsam umgegangen, insbesondere bei Kaffeelöffeln ist die Verlustrate sehr hoch.

Umsetzung von HACCP: Es werden Inventurlisten (Grenzwerte/Richtwerte) erstellt. Einmal pro Quartal wird anhand der Listen der Bestand geprüft. Weiterhin werden Bruchlisten erstellt. Mitarbeiter, denen etwas kaputt gegangen ist, tragen dort die Geschirrteile, Datum und ihren Namen ein. Verlustquellen werden aufgedeckt. Die Anwesenheit einer Mitarbeiterin bei der Geschirrrückgabe verhindert, dass Besteckteile in den Abfall geworfen werden.

Ausgabe und Entsorgung (Kontrollpunkte an den Prozessstufen 10 und 11)
Risiko: Je nach Mitarbeiterin oder Mitarbeiter an der Ausgabe variieren die Portionsgrößen. Wird zu viel ausgegeben, verbleiben große Reste auf den Tellern. Wird zu wenig ausgegeben, verbleiben ebenfalls große Restmengen, die nicht ausgegeben wurden.

Umsetzung von HACCP: Es werden eindeutige Portions-größen (Grenzwerte/Richtwerte) definiert. Suppen werden immer mit Kellen einer bestimmten Größe ausgegeben. Es wird vor der Ausgabe ein Musterteller (Grenzwert/Richtwert) vorbereitet, der als Orientierungshilfe für die Mitarbeiterinnen und Mitarbeiter der Ausgabe dient. Dabei sollte aber die Flexibilität nicht gefährdet sein. Wenn eine Schülerin um mehr Gemüse und weniger Kartoffeln bittet, so sollte dies möglich sein. Stellt sich jedoch heraus, dass bei vorgegebener Portionsgröße beispielsweise viele Schüler den Gemüseeintopf nicht aufessen, ist die Portionsgröße zu ändern (Verifizierung).

Aus den Beispielen wird deutlich, dass sich das Konzept von HACCP auf andere Risiken übertragen lässt. Betriebe, die mit der HACCP-Technik im Hygienebereich vertraut sind (und das sollten Betriebe der Gemeinschaftsverpflegung sein, denn der

Gesetzgeber verankert HACCP in der EU-Hygieneverord-nung), können diese Technik übertragen, ohne sich neues *QM-Handwerkszeug* aneignen zu müssen. Diese Ressource sollten Betriebe nicht ungenutzt lassen.

9.4.12 Benchmarking

Unter Benchmarking versteht man einen wechselseitigen Vergleich mit anderen Betrieben oder Abteilungen.

Benchmarking im klassischen Sinne heißt, die eigenen Leis-tungen mit denen der *Besten* auf dem Markt zu vergleichen. Der Vergleich basiert auf zuvor und im beiderseitigen Einverständnis festgelegten Kenndaten. Benchmarking ist geeignet, um einerseits die eigenen Stärken und Schwächen aufzude-cken und andererseits Ideen zur eigenen Leistungsverbesse-rung zu finden und umzusetzen (vgl. Abb. 9.39).

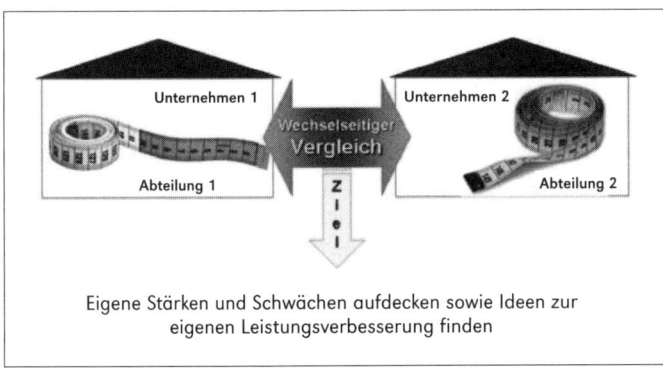

Abb. 9.39
Was ist Benchmarking?

Für das klassische Benchmarking, ein externes Benchmar-king mit Klassenbesten, sind Betriebe allerdings nur schwer zu motivieren. Denn der Klassenbeste hätte ja keinen Vorteil von diesem Benchmarking, es sei denn, der eigene Betrieb ist in einem anderen Bereich Klassenbester. Über die Klassenbes-ten kann man indirekt Vergleichsdaten sammeln. Diese wer-den teilweise in Zeitschriftenartikeln, in Jahresberichten oder PR-Broschüren veröffentlicht, sind aber sehr allgemein gehal-tene Kennzahlen (z. B. Investitionssumme, Anzahl der Mitar-beiterinnen und Mitarbeiter usw.) und sind aus diesem Grund wenig aussagekräftig.

Eine weitere Möglichkeit für das externe Benchmarking ist ein Vergleich in unterschiedlichen Problembereichen. Bei dieser Form ist jeder der Benchmarkingpartner Spezialist auf einem anderen Gebiet. Das Benchmarking konzentriert sich dann jeweils auf die besonderen Stärken des Partners, um von ihm zu lernen, ohne dass beide Partner Klassenbeste sind. Benchmarking ist nicht nur etwas für Klassenbeste, sondern auch für jene Betriebe, die es werden wollen und damit sich einem Vergleich mit anderen Betrieben stellen, oder um über den *Tellerrand* zu schauen.

Beispiel:

- Betrieb 1 ist Spezialist in Personalführung (z. B. sehr niedrige Fluktuationsquote), hat aber Probleme mit der Einführung eines Bio-Menüs.
- Betrieb 2 ist spezialisiert auf Bio-Menüs, hat aber Probleme mit der Fluktuationsquote.

Benchmarking im Verpflegungssektor von kleinen und mittleren Betrieben ist häufig internes Benchmarking. Darunter versteht man Benchmarking innerhalb der Einrichtung oder innerhalb des Trägers.

Beispiel für internes Benchmarking innerhalb der Einrichtung:

- Die Pflegeabteilung in einem Altenpflegeheim hat gegenüber der Küche den Vorteil, dass sie mehr Erfahrung in systematischer bedarfsorientierter Personalplanung hat (Pflegeabteilung ist *Spezialist* in Personalplanung). In diesem Bereich kann die Küche von der Pflegeabteilung lernen.
- Die Küche hat gegenüber der Pflegeabteilung den Vorteil, dass sie mehr Erfahrungen in einer systematischen Bestellmengenplanung hat (Küche ist *Spezialist* in Beschaffung). In diesem Bereich kann die Pflegeabteilung von der Küche lernen.

Beispiel für ein internes Benchmarking innerhalb des Träg - ers:

Stationäre Altenhilfeeinrichtungen eines Trägers vergleichen zuvor festgelegte Kenndaten der Einrichtungen in einem Bun - desland. Unter anderem werden dabei Kennzahlen des Ver - pflegungsbereichs verglichen. Die Auswertung der Daten kann

dabei auch anonymisiert werden. Abbildung 9.40 beschreibt
die Formen des internen und externen Benchmarkings.

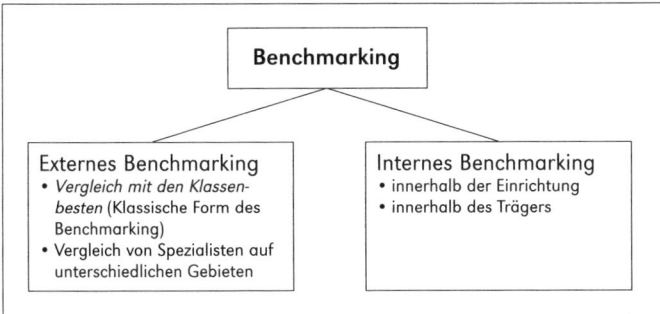

*Abb. 9.40
Internes und externes
Benchmarking*

Wenn man sich mit anderen Betrieben vergleichen möchte,
muss zunächst überlegt werden, welche Kennzahlen oder
Leistungsmerkmale Gegenstand des Benchmarkings werden
sollen. Schließlich möchte man nicht *Äpfel mit Birnen vergleichen*. So wäre es beispielsweise wenig sinnvoll, den Personalbestand (in Vollzeitarbeitskräften) einer Verteilerküche mit
dem Personalbestand (in Vollzeitarbeitskräften) einer Frischküche zu vergleichen. Die Kennzahl muss so ausgewählt werden, dass die Unterschiede in der Kennzahl möglichst ausschließlich auf die Effizienz des Betriebsgeschehens zurückzuführen sind und nicht auf externe Faktoren. Eine übliche Kennzahl zum Vergleich des Personalbestands ist beispielsweise
der Personalbestand (in Vollzeitarbeitskräften) pro Beköstl-
gungstag (BKT) (vgl. Kapitel 5).

Gegenstand des Benchmarkings können prinzipiell sowohl
Kostenkennzahlen als auch Qualitätsmerkmale sein. Die Qua -
litätsmerkmale können dabei die Strukturqualität (z. B. der Anteil der Fachkräfte am Personal), die Prozessqualität (z. B. die
Warmhaltezeit der zubereiteten Speisen) und die Ergebnisqualität (z. B. durchschnittliche Zufriedenheit der Verpflegungsteilnehmer) betreffen.

Ein solcher Vergleich kann helfen, Ideen zu sammeln, wie
die Qualität im eigenen Betrieb verbessert werden kann.

Für Benchmarking sollte man sich einen Partner (sogenann -
ter Benchmarkingpartner) suchen, von dem man möglichst
viel lernen kann. Bereits bestehende Kontakte (über Berufs-
verbände, Netzwerke, gemeinsame Aus- und Fortbildungen)
können da hilfreich sein. Völlig branchenfremde Benchmar-

kingpartner oder Klassenbeste können nur durch Unternehmensberater vermittelt werden.

Für alle Formen des Benchmarkings gilt: für beide Partner muss der Vorteil des Lernens vom anderen Partner den Nachteil des Offenlegens von Betriebsgeheimnissen überwiegen.

Bei Betrieben, die keine Konkurrenten sind, ist dies leichter zu realisieren als bei solchen, die untereinander in Konkurrenz stehen.

Wenn der Benchmarkingpartner gefunden und seine Vertrauenswürdigkeit überprüft ist, schließen die beiden Partner einen Kooperationsvertrag. In diesem Vertrag wird festgelegt, welche betriebsinternen Daten (z. B. welche Kostenkennzahlen und welche Qualitätsmerkmale) gegenseitig offen gelegt werden, also welchen Umfang das *gegenseitige Geben und Nehmen* ausmachen soll.

Anschließend findet im eigenen Betrieb eine Eigenanalyse der zu vergleichenden Daten statt (z. B. Bestimmung der Fluktuationsquote oder des Ablaufs bei der Bestellmengenplanung). Diese Eigenanalyse kann bereits Stärken und Schwächen im eigenen Betriebsablauf aufzeigen.

Danach treten die beiden Benchmarkingpartner in Austausch über die Daten und darüber, wie sie die jeweiligen Ergebnisse erreichen. Dieser Austausch von Erfahrungen gibt neue Impulse zur Verbesserung der eigenen Betriebsabläufe und somit der Qualität der eigenen Leistungen (Kamiske/ Brauer 1999, S. 10 ff.; Masing 1999, S. 93 ff.).

9.4.13 Beschwerdemanagement

Das Beschwerdemanagement ist eine Methode, mit der die Probleme der Ergebnisqualität erfasst werden können. Mit Beschwerden muss sich ein Unternehmen regelmäßig auseinandersetzen. Das Beschwerdemanagement regelt nicht nur die reine Erfassung der Beschwerden, sondern auch den standardisierten Umgang mit ihnen. Ziel des Beschwerdemanagements ist es, dass sich die Anlässe der Beschwerden minimieren und damit die Zufriedenheit mit den Leistungen steigt.

Zunächst sollte ein Unternehmen seine Einstellung zu Beschwerden positionieren.

Zwar wird überall gesagt, dass jede Beschwerde willkommen ist und als Anlass genommen wird, die Leistung bzw. das Produkt zu prüfen, zu verändern und damit zu verbessern. Ist dies aber auch allen Mitarbeiterinnen und Mitarbeitern im Unternehmen klar? Welche Chefin oder welcher Chef ist schon stolz, wenn es über ihre oder seine Abteilung die meisten Beschwerden gibt? Welche Mitarbeiterin oder welcher Mitarbeiter freut sich ernsthaft, wenn ihre oder seine Arbeit kritisiert wird? Dass Beschwerden aber tatsächlich etwas Positives sind, sollten sich Führungskräfte vor Augen halten. Ist es nicht besser, die Küchenleitung erfährt direkt vom Gast, dass das Essen nicht schmeckt, als über die Presse? Aus diesem Grund sollte jedes Unternehmen die Einstellung zu Beschwerden prüfen.

Beschwerden können in versteckte und offene Beschwerden unterteilt werden. Versteckte Beschwerden sind problematisch für das Unternehmen. Die ganze Umgebung spricht beispielsweise über die schlechte Schulküche und die Küchenleitung weiß nichts davon. Offene Beschwerden werden in direkte und indirekte Beschwerden unterteilt. Bei der direkten Beschwerde erfährt das Unternehmen von der Beschwerde, bei der indirekten Beschwerde jedoch über Dritte. Dies kann ebenfalls für das Unternehmen zu unangenehmen Folgen führen, wenn sich zum Beispiel die Tochter beim Medizinischen Dienst der Krankenkassen (MDK) beschwert, dass ihre Mutter im Altenpflegeheim nicht ausreichend ernährt wird. Der MDK geht der Beschwerde nach und prüft daraufhin die Einrichtung (Helm/ Pasch 2000, S. 166 f.).

Wenn die Küchenleitung also will, dass sich die Kundinnen und Kunden offen an Ort und Stelle beschweren, dann sollten dies auch die Mitarbeiter wissen. Schulungen im Umgang mit Beschwerden sind dazu ein wichtiges Mittel, den Mitarbeitern die jeweiligen Standpunkte der Leitung zu verdeutlichen und entsprechende Anweisung im Umgang mit Beschwerden zu geben. Schulungen allein genügen aber nicht. Ebenso wichtig ist es, dass Führungskräfte mit Sensibilität und Durchsetzungskraft gleichzeitig an das Lösen einer Beschwerde herangehen. Die Abteilung oder Mitarbeiterin, die Anlass zur Be - schwerde gegeben hat, sollte nicht verurteilt werden, dennoch sollten gewisse Veränderungen erfolgen, sodass nachfolgende Gäste keinen Anlass mehr zur Beschwerde haben.

Bei der Entgegennahme der Beschwerde treffen zwei Per - sonen mit möglicherweise starken Emotionen aufeinander. Wer sich beschwert, ist verärgert. Das äußert sich mitunter

darin, dass die Beschwerde möglicherweise in einem un-
freundlichen Ton erfolgt. Für Mitarbeiter, die im Stress sind
oder sich möglicherweise durch die Beschwerde persönlich
angegriffen fühlen, ist es nicht immer leicht, freundlich auf eine
unhöflich vorgebrachte Beschwerde zu reagieren. Dennoch ist
es wichtig, Ruhe zu bewahren und zunächst erst einmal zuzu-
hören. Dabei kann es helfen, wenn sich die oder der Mitarbeiter gedanklich in die Rolle der Kundin bzw. des Kunden ver-
setzt. Von Vorteil ist es, wenn der Mitarbeiter das Gesagte
noch einmal mit eigenen Worten zusammenfasst oder an un-
klaren Stellen nachfragt. Zum Beispiel mit den Worten: *Habe
ich Sie richtig verstanden, dass ...* oder *Sie sind also der Vater
von Franz aus der 3. Klasse und sind mit der Schulverpflegung
nicht einverstanden, was genau stört Sie?*

Ist das Problem benannt, so sollte die mitarbeitende Person,
die die Beschwerde entgegennimmt, Verständnis zeigen und
um Entschuldigung bitten. Worte wie: *Ich kann Sie verstehen,
Ich an Ihrer Stelle würde mich auch ärgern* oder *Es tut mir leid,
dass Ihnen das passiert ist*, tragen dazu bei, dass der sich
Beschwerende angenommen und verstanden fühlt.

Im nächsten Schritt sollten gemeinsam Lösungsmöglichkei-
ten gesucht werden. Findet ein Gast ein Haar in der Suppe,
kann die Suppe ausgetauscht und ggf. noch ein Dessert gratis
serviert werden. Handelt es sich aber um ein komplexes Problem nach Inanspruchnahme einer Leistung, ist es ratsam, mit
der sich beschwerenden Person gemeinsam nach Lösungsvor-
schlägen zu suchen. Das ist z. B. der Fall, wenn sich die Tochter beschwert, dass ihre Mutter im Altenpflegeheim das Essen
nicht mag und aus diesem Grund stetig an Gewicht verliert,
sich ein Vater über die hohen Essenspreise der Schulspeisung
beschwert, oder sich ein Gast im Betriebsrestaurant über die
unfreundliche Bedienung und den schlechten Service ärgert.
Es könnte dann zum Beispiel heißen: *Wie können wir Ihrer
Meinung nach den Fehler wieder gut machen?* oder *Wir haben
einen Fehler gemacht, was erwarten Sie diesbezüglich jetzt
von uns?* oder *Wären Sie einverstanden, wenn ...?* Bei der
Suche nach einer Lösung sollte möglichst kein neuer Ärger
entsteht. Zusagen sollten jedoch nur dann gegeben werden,
wenn sie in den Kompetenzbereich der Mitarbeiterin oder des
Mitarbeiters fallen.

Am Ende dieser Gesprächsphase stehen entweder eine Lösung, auf die sich beide Personen geeinigt haben oder ein oder
mehrere Lösungsvorschläge, die die Mitarbeiterin/der Mitarbeiter im Nachgang prüft und mit Kollegen oder Vorgesetzten
bespricht. Im letzteren Fall kann die Beschwerde noch nicht
gleich gelöst werden. Dies ist der sich beschwerenden Person
mitzuteilen, z. B.: *Ich bespreche den Lösungsvorschlag im
Team und Sie hören in der nächsten Woche von mir.* oder *Ich
leite die Angelegenheit an die Küchenleitung weiter, die Leitung wird sich dann spätestens bis Dienstag mit Ihnen in Verbindung setzten.* Wenn möglich sollte schon der Zeitpunkt genannt werden, wann es zur endgültigen Lösung kommt.

Wichtig ist, dass die Gesprächspartner beide mit einem guten Gefühl das Gespräch beenden. Abbildung 9.41 zeigt eine
schematische Darstellung zur Entgegennahme von Beschwerden.

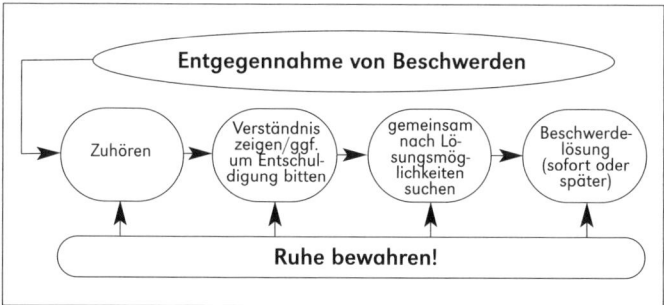

Abb. 9.41
Schritte für die
Entgegennahme einer
Beschwerde

Ist das Gespräch beendet und das Problem noch nicht gelöst, muss es bearbeitet werden. Hier entscheidet die Person,
die die Beschwerde angenommen hat, über weitere Schritte.
Dabei sind Wichtigkeit und Tragweite des Problems und die
Kompetenzen der Mitarbeiterin oder des Mitarbeiters zu berücksichtigen. Ratsam ist es, dass die Person, die die Beschwerde annimmt, *sich* auch der Beschwerde annimmt, d. h.
sich das Problem zu eigen macht. Man spricht dann vom Pro-
blem-Owner-Konzept, vom Konzept des *Problemeigentümers*.
In der Praxis könnte das beispielsweise bedeuten, dass die
Servicemitarbeiterin, die die Beschwerde angenommen hat,
auch das abschließende Gespräch mit der Kundin bzw. dem
Kunden führt oder falls dies die oder der Vorgesetzte selbst
tut, dann über den Verlauf der Problemlösung und über die
Problemlösung selbst informiert ist.

Wer nimmt die Beschwerde an?
    Name, Vorname Mitarbeiter (Arbeitsbereich): .... Datum/Uhrzeit: ....
    Beschwerdeweg:
    ❏ Persönlicher Kontakt
    ❏ Telefon
    ❏ Brief
    ❏ Sonstiges, bitte erläutern: ....
Wer beschwert sich?
    Anrede, Name, Vorname: ....
    Anschrift: ....
    Tel.-Nr.: tagsüber: .... abends: ....

    ❏ Bewohner/-in
    ❏ Angehörige/-r (Bitte erläutern): ....
    ❏ Betreuer/-in
    ❏ Ehrenamtliche/-r Helfer/-in
    ❏ Arzt/Ärztin
    ❏ Lieferfirma
    ❏ Andere Externe (Bitte erläutern): ....
Inhalt der Beschwerde
    Kurze Beschreibung des Beschwerdeinhalts: ....
    ....
    ....
    Erst-/Folgebeschwerde
    ❏ Erstbeschwerde   ❏ Folgebeschwerde
    Welche Problemlösung wünscht der/die Beschwerdeführer/-in? ....
    ....
    An wen soll die Beschwerde weitergeleitet werden? ....
Zwischenbescheid
    Dem/der Beschwerdeführer/-in gegebene Zusagen: ....

    Terminzusagen/Kontrollen
    ❏ Sofort gelöst
    ❏ Zwischenbescheid bis zum: ....
    ❏ Problemlösung bis zum: ....
    ❏ Bearbeitung abgeben an: .... Datum: ....
Beschwerdelösung/Abschließender Bescheid
    Kontrolltermin: ....
    Realisierte Problemlösung: ....
    ....
    Abschluss Beschwerdebearbeiter/-in (Datum/Unterschrift): ....

Kein Abschluss. Kurze Begründung: ....
    ....
    Weitergabe an: ....
    Unterschrift/Datum: ....

Zur Auswertung: betroffener Bereich

❏ **SeniorenHaus**	❏ **Sozialstation**	❏ **Betreutes Wohnen**	❏ **Sonstige**
❏ Pflege		❏ Leitung	
❏ Sozialtherapie		❏ Verwaltung	
❏ Küche, Cafeteria, Service		❏ Sozialer Dienst	
❏ Hausreinigung		❏ Ärztliche Versorgung	
❏ Wäscherei		❏ Sonstige:	
❏ Haustechnik		❏ Adressat unklar	

Verteiler: Leitung - SeniorenHaus

Abb. 9.42 Beschwerdeformular (Diakonie Riesa-Großenhain gGmbH SeniorenHaus „Albert Schweitzer" 2007)

Der Umgang mit Beschwerden kann für Mitarbeiter erleichtert werden, indem ein Beschwerdeformular entwickelt wird. Mitarbeitern werden dadurch bestimmte Vorgehensweisen aufgezeigt. Außerdem werden alle Beschwerden somit gleich behandelt. Das trägt zur Transparenz bei. In Abbildung 9.42 wird ein Beschwerdeformular am Beispiel eines Altenpflegeheims dargestellt. Am Ende des Formulars befindet sich ein Punkt zur statistischen Auswertung. Eine Auswertung der Beschwerden nach Häufigkeit, bereichsbezogen, themenbezogen über einen längeren Zeitraum zeigt auf lange Sicht, an welchen Stellen Handlungsbedarf besteht, weil sich Beschwerden häufen oder an welchen Stellen die Beschwerden zurückgehen, weil sich viel verbessert hat.

Nicht immer ist es sinnvoll, dieses Beschwerdeformular im Beisein des Gastes oder Kunden auszufüllen. Manch ein Gast ist schüchtern und wagt es kaum, sich zu beschweren. In diesem Fall kann es passieren, dass der Gast die Beschwerde zurückzieht, weil er sich vor dem offiziellen schriftlichen Weg fürchtet. Anderen Gästen wiederum ist es angenehm, wenn das Anliegen schriftlich formuliert ist. Emotionsgeladene Beschwerden können beim Ausfüllen des Beschwerdeformulars auf die Sachebene überführt werden.

9.4.14 Audit

Das Audit ist eine systematische, unabhängige Untersuchung, um festzustellen, ob die qualitätsbezogenen Tätigkeiten und deren Ergebnisse den geplanten Anforderungen entsprechen (vgl. Deutsches Institut für Normung e. V. 2001, S. 251).

Ein Audit ist also eine Überprüfung oder, anders gesagt, ein Soll-Ist-Vergleich. Man erhält bei dem Audit Informationen über die Wirksamkeit der entsprechenden Aktivitäten.

Ein Audit kann durch externe oder interne Auditoren durchgeführt werden. Interne Auditoren sind Mitarbeiter des Betriebs, die aber nicht der zu auditierenden Abteilung angehören. Findet also ein Audit in der Mensa statt, kann dies durch eine Mitarbeiterin oder einen Mitarbeiter der dazugehörigen Hochschule erfolgen oder ein Projekt für Studierende sein. Führen Mitarbeiter der Mensa die Überprüfung selbst durch, spricht man nicht von Audit, sondern von Selbstevaluation (vgl. Abb. 9.43).

Abb. 9.43
Gegenüberstellung von
Audit und Selbst-
evaluation.

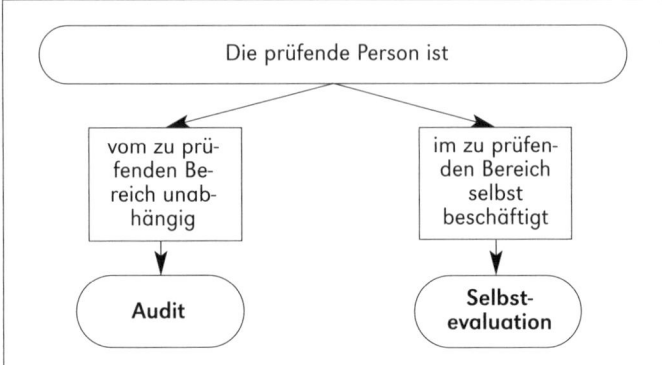

Eine weitere Einteilung von Audits kann nach dem Bezug des Audits erfolgen. Bei einem **Produktaudit** wird das Produkt oder die Leistung auditiert. Es wird geprüft, ob die Merkmale des Produkts oder der Leistung den Anforderungen entsprechen, also ob Qualität produziert oder erstellt wird. Für den Verpflegungsbereich kann das beispielsweise die verzehrfertige Speise oder der Service sein. Ein Produktaudit bezieht sich in der Regel auf die Ergebnisqualität.

Ebenso wie das Produkt kann auch das Verfahren auditiert werden. Man spricht dann von einem **Verfahrensaudit**. Hier ist das Produktionsverfahren, sprich der eigentliche Kochprozess, gemeint. Es wird geprüft, ob der Prozess so abläuft, wie dies laut Verfahrens- oder Arbeitsanweisung vorgeschrieben ist. Dabei werden mögliche Schwachstellen im Prozess oder Fehlerquellen entdeckt.

Bei einem sogenannten **Systemaudit** werden die Aufbau- und die Ablauforganisation des Qualitätsmanagementsystems geprüft. Das Audit des HACCP-Systems ist beispielsweise im HACCP-Grundsatz 6 festgeschrieben (vgl. Kapitel 9.4.11.4). Dort geht es um die Verifizierung des HACCP-Systems. Es soll bei einem Systemaudit sichtbar werden, ob die Bestandteile des Qualitätsmanagementsystems praktisch wirksam sind und welche Veränderungen im System notwendig werden. Geprüft werden die QM-Dokumentation mit dem QM-Handbuch, den Verfahrensanweisungen, den Arbeitsanweisungen und den weiteren mitgeltenden Unterlagen. Das Qualitätsmanagementsystem wird optimiert. Unternehmen haben die Möglich-keit, sich die Wirksamkeit und die Funktionsfähigkeit ihres

Qualitätsmanagementsystems bescheinigen (zertifizieren) zu lassen. Ein Produkt- und Verfahrensaudit sollte mehrmals im Jahr erfolgen, ein Systemaudit ist höchstens einmal jährlich erforderlich (vgl. Ebel 2001, S. 149).

Weiterhin kann ein Audit von einem Mitarbeiter des Betriebs, nicht aber der Abteilung durchgeführt werden. Dann spricht man von einem internen Audit. Wird das Audit von einer betriebsfremden Person durchgeführt, spricht man von einem externen Audit. Einen Überblick über die verschiedenen Auditarten zeigt Abbildung 9.44.

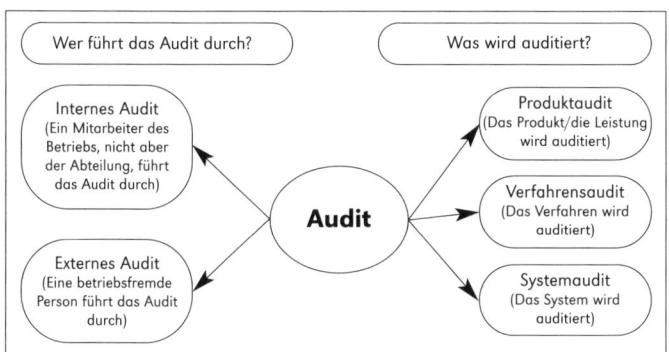

Abb. 9.44
Auditarten

Audits können aus verschiedenen Anlässen durchgeführt werden.

Es gibt vier verschiedene Anlässe für das **selbstdurchgeführte Audit** (vgl. Abb. 9.45). Das Audit sollte regelmäßig durchgeführt werden, um das Qualitätsmanagementsystem zu überwachen. Nach der Einführung neuer Produkte und Verfahren sollte ebenfalls ein Audit veranlasst werden. Wurde beispielsweise ein neues Garverfahren eingeführt, dann empfiehlt sich nach einer gewissen Anlaufphase ein selbstdurchgeführt-

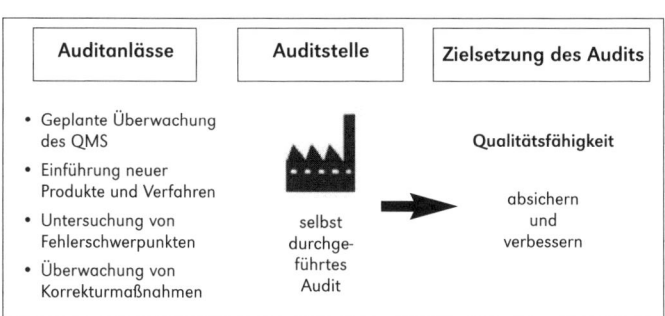

Abb. 9.45
Auditanlässe für selbst-
durchgeführte Audits
(vgl. Ebel 2001,
S. 150)

tes Audit. Die Auditoren schauen darauf, ob das Verfahren so abläuft, wie es vorher festgelegt wurde.

Tritt häufig ein bestimmter Fehler auf, z. B. wenn das Fleisch oft zäh ist und schon einige Beschwerden diesbezüglich vorliegen, muss die Fehlerursache bestimmt werden. Das kann mit einem Verfahrensaudit erfolgen. Dabei werden alle Verfahren geprüft, die mit Fleisch zu tun haben, beginnend bei der Bestellung über Lieferantenauswahl bis hin zum Garprozess.

Ein internes Audit kann ebenfalls durchgeführt werden, um die Korrekturmaßnahmen, die durch das vorangegangene Audit eingeleitet wurden, zu prüfen. Man spricht dann von einem Folgeaudit.

Beim **Zertifizierungsaudit** (vgl. Abb. 9.46) kommen Experten in den Betrieb. Ziel ist es, das Zertifikat zu erlangen, mit dem die Qualitätsfähigkeit für den Markt dargestellt wird.

Abb. 9.46
Auditanlässe für ein
Zertifizierungsaudit (vgl.
Ebel 2001, S. 150)

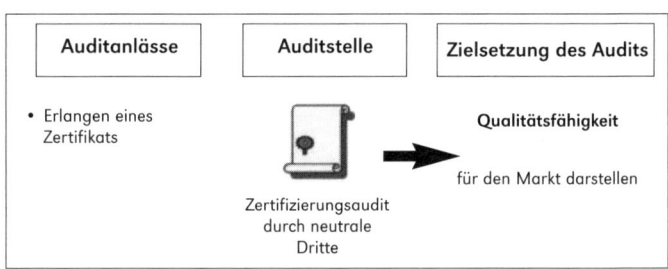

Interne Audits werden regelmäßig im Unternehmen durchgeführt und von der obersten Leitung veranlasst. Zur Vorbereitung dieser Audits müssen die Auditoren ausgewählt und vorbereitet sowie ein Verantwortlicher benannt werden. Die Leitung des zu auditierenden Bereichs wird über den Auditplan (Ziele, Umfang, Zeitplan) informiert. Man muss bei der Planung des internen Audits beachten, dass der Zeitaufwand möglichst gering gehalten wird. Dafür werden Fragen in Form von Frage- und Checklisten vorbereitet. Bei der Durchführung des Audits werden nur diese Fragen gestellt und die Checkliste abgearbeitet. Die Auditoren erfassen protokollarisch alle Abweichungen, Unterlassungen und Fehler. Die Auditierung wird mit einer Bewertung verbunden. Diese bildet die Grundlage für das Folgeaudit. Die aufgedeckten Mängel werden im Unternehmensbereich besprochen und Vorschläge zur Lösung unterbreitet. Nach dem Audit erstellen die Auditoren einen

Auditbericht, der an die oberste Leitung und den Verantwortlichen des auditierten Bereichs geht. Gegebenenfalls müssen Termine für Verbesserungsmaßnahmen vereinbart werden, um ihre Umsetzung zu kontrollieren (vgl. Ebel 2001, S. 154 ff.).

9.4.15 Techniken im Überblick

Die im vorangegangenen Kapitel dargestellten einfachen und komplexen Techniken können miteinander kombiniert werden. Abbildung 9.47 zeigt die Vielfalt an Kombinationsmöglichkeiten.

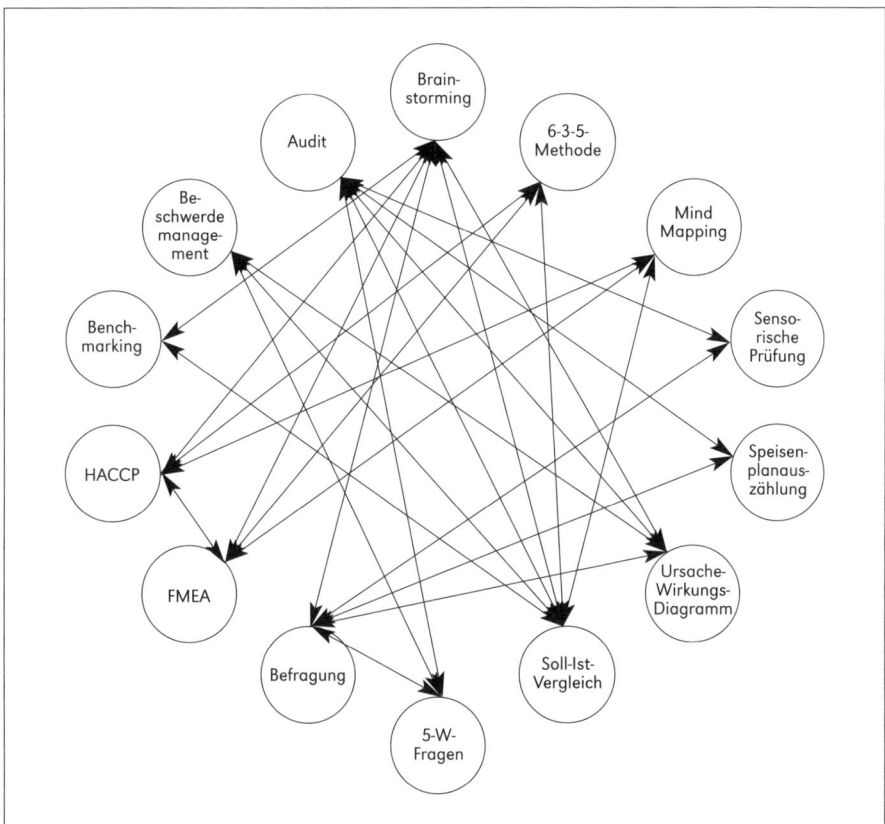

Im Folgenden wird kurz beschrieben, wie die Techniken miteinander kombiniert werden können. Dabei besteht kein Anspruch auf Vollständigkeit, denn es gibt weit mehr Techniken, als hier beschrieben und aufgeführt sind und der Fantasie sind

Abb. 9.47
Kombinationsmöglichkeiten der beschriebenen Techniken

bei der Anwendung der Techniken keine Grenzen gesetzt, sofern dies den gewünschten Zweck erfüllt. Bei der Kombination der Techniken werden in der Regel einfache Techniken für die Durchführung komplexer Techniken eingesetzt. Brainstorming ist eine sehr simple Technik und kann eingesetzt werden

- beim Ursache-Wirkungs-Diagramm, um die Ideen für mögliche Ursachen zu sammeln,
- beim Soll-Ist-Vergleich, um Ideen für den Soll-Zustand zu sammeln,
- bei der Befragung, um Ideen für den Fragebogen zu sammeln,
- bei der FMEA-Analyse, um Ideen für mögliche Fehler zu sammeln,
- bei HACCP, um Ideen für mögliche Risiken zu sammeln,
- beim Benchmarking, um mögliche Vergleichspunkte zu sammeln.

Die 6-3-5-Methode und Mind Mapping sind, ähnlich wie Brainstorming, geeignet für Ideenfindung. Diese Techniken können:

- beim Soll-Ist-Vergleich,
- bei der FMEA-Analyse,
- beim HACCP

eingesetzt werden, um analog, wie beim Brainstorming, diverse Ideen zu sammeln.

Die sensorische Prüfung betrachtet das Endergebnis, also die verzehrfertige Speise. Sie kann Bestandteil einer Befragung sein oder im Rahmen eines Produktaudits stattfinden. Gleiche Kombinationsmöglichkeiten gelten für die Speisenplanauszählung. Bei einer Befragung kann nach der Wahl der heutigen Speise gefragt werden. Im Rahmen eines Audits kann gezählt werden, wie oft diese oder jene Speise gewählt wurde.

Das Ursache-Wirkungs-Diagramm oder die 5-W-Fragen können im Nachgang einer Befragung, einer Beschwerde oder eines Audits eingesetzt werden, wenn es darum geht, die Ursachen für entsprechende Befragungsergebnisse, Beschwerden oder Ergebnisse des Audits zu ermitteln.

Der Soll-Ist-Vergleich ist Bestandteil von

- Benchmarking (hier sind die Daten des Benchmarking-partners vergleichbar mit dem *Soll-Zustand*),
- Beschwerde (hier ist der Beschwerdeanlass, z. B. das zu harte Fleisch, vergleichbar mit dem *Ist-Zustand*),
- Audit (hier wird geprüft, ob die geplanten Aktivitäten (Soll-Zustand) tatsächlich durchgeführt werden (Ist-Zu - stand) und wirksam sind).

Durch die Ähnlichkeit von HACCP und FMEA wird die Anwendung einer der beiden Methoden erleichtert, wenn ein Betrieb die andere Methode bereits umsetzt. Es ergeben sich ebenfalls Kombinationsmöglichkeiten. So ist in Kapitel 9.4.11.2 die Bestimmung der CCPs mittels der FMEA-Analyse beschrieben.

Aus den genannten Beispielen wird deutlich, dass es viele Parallelen zwischen den Techniken gibt. Für Betriebsleiterin - nen und -leiter hat das den Vorteil, dass das Kennen, Einsetzen und Beherrschen einer Technik bei anderen Techniken genutzt werden kann.

Abbildung 9.48 stellt die verschiedenen Techniken gegenüber. Es wird kurz beschrieben, welche der Techniken für die jeweilige Qualitätsdimension bzw. für das jeweilige Qualitätsmanagementsystem geeignet sind.

Techniken	Voraussetzung	Kurzbeschreibung	Geeignet für	Technik für die Qualitätsdimensionen: Strukturqualität, Prozessqualität und Ergebnisqualität	Technik für die Umsetzung der Qualitätsmanagementsysteme: Qualitätskontrolle, Qualitätssicherung sowie Qualitätsmanagement
Brainstorming	Offenheit für Ideen	spontane Ideen werden gesammelt	Ideenfindung aller Fragen oder Probleme	Brainstorming kann sich je nach Fragestellung auf jede, dabei auf eine oder mehrere Qualitätsdimensionen beziehen.	Die Technik ist für jedes Qualitätsmanagementsystem geeignet.
6-3-5-Methode	Offenheit für Ideen, Bereitschaft zur schriftlichen Äußerung der Teilnehmer	6 Teilnehmer entwickeln je 3 Lösungsvorschläge in 5 Minuten		Die 6-3-5-Methode kann sich je nach Fragestellung auf jede, dabei auf eine oder mehrere Qualitätsdimensionen beziehen.	Die Technik ist für jedes Qualitätsmanagementsystem geeignet.
Mind Mapping	Offenheit für Ideen, strukturiertes Denken des Moderators	strukturierte Visualisierung von Antworten oder Lösungsansätzen		Mind Mapping kann sich je nach Fragestellung auf jede, dabei auf eine oder mehrere Qualitätsdimensionen beziehen.	Es werden gezielt Lösungen gesucht, um die vorhandene Qualität sicherzustellen. Es werden gezielt Leistungen dahingehend verändert, dass sie die Anforderungen erfüllen, somit wird die Qualität gemanagt.
Sensorische Prüfung	je nach Professionalität der Prüfung sensorische Ausbildung oder Erfahrungen	Verkostung einer Speise/eines Menüs	Endkontrolle	Die sensorische Prüfung ist eine Endkontrolle und prüft die Ergebnisqualität. Prozess- und Strukturqualität werden indirekt bewertet, da sich diese Qualitätsdimensionen in der Ergebnisqualität widerspiegeln.	Sensorische Prüfungen sind vorrangig ein Instrument der Qualitätskontrolle. Da die Qualitätskontrolle Bestandteil der Qualitätssicherung und des Qualitätsmanagements sind, ist die sensorische Prüfung ebenfalls ein Instrument dieser beiden Systeme.
Speisenplanauszählung	i.d.R. keine besonderen Voraussetzungen	Zählung, welche Speise wie oft gewählt wird	Speisenplangestaltung	Die Speisenplanauszählung bezieht sich auf alle drei Qualitätsdimensionen. Ergibt beispielsweise die Speisenplanauszählung, dass Kartoffelsuppe und Wiener Würstchen sehr gern gewählt wird, wird dies in der Speisenplanung berücksichtigt (Strukturqualität), in der Speisenproduktion zubereitet (Prozessqualität) und kann an der Essensausgabe von den Gästen bestellt werden (Ergebnisqualität).	Es werden die Speisen gezielt wieder eingesetzt, die gut angenommen werden, somit wird die Qualität gesichert. Es werden gezielt Leistungen dahingehend verändert, dass sie die Anforderungen erfüllen, somit wird die Qualität gemanagt.

Abb. 9.48 Techniken im Überblick – Voraussetzung, Kurzbeschreibung, generelle Eignung, Eignung für Qualitätsdimensionen, Eignung für Qualitätsmanagementsysteme.

Techniken	Voraussetzung	Kurzbeschreibung	Geeignet für	Technik für die Qualitätsdimensionen: Strukturqualität, Prozessqualität und Ergebnisqualität	Technik für die Umsetzung der Qualitätsmanagementsysteme: Qualitätskontrolle, Qualitätssicherung sowie Qualitätsmanagement
Ursache-Wirkungs-Dia-gramm	Offenheit für Ideen, Bereitschaft zur schriftlichen Äußerung der Teilnehmer	strukturiertes Suchen nach Ursachen eines Problems	Lösen eines Problems vom Ansatz her	Das Ursache-Wirkungs-Diagramm kann sich je nach Fragestellung auf jede, dabei auf eine oder mehrere Qualitätsdimensionen beziehen.	Es werden gezielt Ursachen erforscht, wenn die Qualität sich *verschlechtert*, somit wird die Qualität gesichert. Es werden gezielt Leistungen dahingehend verändert, dass sie die Anforderung erfüllen, somit wird die Qualität gemanagt.
5-W Fragen	keine besonderen Voraussetzungen	suchen nach der Ursache durch *WARUM?*-Fragen		Die 5-W-Fragen können sich je nach Fragestellung auf jede, dabei auf eine oder mehrere Qualitätsdimensionen beziehen.	
Soll-Ist-Vergleich	Bereitschaft zur Veränderung	Vergleich zwischen SOLL- und IST-Zustand bietet Möglichkeiten zur Verbesserung	Veränderung im Sinne von Verbesserung	Der Soll-Ist-Vergleich kann sich je nach Fragestellung auf jede, dabei auf eine oder mehrere Qualitätsdimensionen beziehen.	
Befragungen	theoretische Kenntnisse und praktische Erfahrungen von Vorteil, eventuell statistische Kenntnisse erforderlich	Kundinnen und Kunden geben Auskunft über ihre Meinung zur Qualität der Leistung	Ermittlung der Kundenzufriedenheit	Die Befragung ist eine Endkontrolle und prüft die Ergebnisqualität. Prozess- und Strukturqualität werden indirekt beeinflusst, da sich diese Qualitätsdimensionen in der Ergebnisqualität widerspiegeln.	Befragungen sind vorrangig ein Instrument der Qualitätskontrolle. Da die Qualitätskontrolle Bestandteil der Qualitätssicherung und des Qualitätsmanagements ist, ist die Befragung ebenfalls ein Instrument dieser beiden Systeme.
FMEA	theoretische Kenntnisse	Erkennen und Bewerten von Fehlern	systematische Fehlersuche, dabei Einteilung der Fehler in bedeutende und unbedeutende Fehler	Die FMEA-Analyse tangiert in der Regel alle drei Qualitätsdimensionen.	FMEA ist ein Instrument der Qualitätssicherung und des Qualitätsmanagements, denn es werden gezielt Fehler gesucht, bewertet und behoben und damit die Qualität der Leistungen sichergestellt und die Leistungen an die Anforderungen angepasst (gemanagt).

Abb. 9.48 Techniken im Überblick – Voraussetzung, Kurzbeschreibung, generelle Eignung, Eignung für Qualitätsdimensionen, Eignung für Qualitätsmanagementsysteme.

Tech- niken	Voraus- setzung	Kurzbe- schreibung	Geeig- net für	Technik für die Qualitätsdimensionen: Strukturqualität, Prozessqualität und Ergebnisqualität	Technik für die Umsetzung der Qualitätsmanagement- systeme: Qualitätskontrolle, Qualitätssicherung sowie Qualitätsmanagement
HACCP	theoretische Kenntnisse	Analyse kritischer Kontrollpunkte (CCPs) und Um- gang mit diesen Punkten	systema- tische Suche nach Fehler- quellen sowie Umgang mit die- sen Feh- lern	HACCP tangiert die Struk- turqualität teilweise, bezieht sich stark auf die Prozess - qualität und wirkt sich auf die Ergebnisqualität aus.	HACCP sucht nach Fehlern und sichert somit ein vorhandenes Qualitätsniveau (Qualitätssiche- rung) und HACCP wird immer an neue Gegebenheiten (Pro- dukte, Gesetze usw.) angepasst und *managt* somit die Qualität.
Bench - marking	theoretische Kenntnisse, geeigneter Benchmar- kingpartner	Vergleich mit den *Besten*	Verbes- serun- gen aller Art	In der Regel tangiert Benchmarking alle drei Qualitätsdimensionen. Je nach Schwerpunkt des Benchmarkings (Strukturen, Prozesse oder Ergebnisse) wird die jeweilige Qualitäts- dimension besonders stark betrachtet.	Benchmarking ist eine Technik zum Qualitätsmanagement. Strukturen, Prozesse und Ergebnisse werden hinterfragt und verbessert.
Be- schwer- dema- nage- ment	Fähigkeit zur kon- struktiven Kritik	Beschwerden als Anlass für Ver- besserungen nehmen	Verbes- serun- gen aller Art	Beschwerden beziehen sich in der Regel auf die Ergeb- nisqualität, tangieren aber meist die Struktur- und Prozessqualität.	Beschwerdemanagement sichert die Qualität, denn Fehler wer- den im Sinne des Erhalts der Qualität behoben. Beschwerdemanagement ist eine Technik des Qualitäts- managements, Leistungen wer- den verändert und an Kunden- wünsche angepasst.
Audit	theoretische Kentnisse, Auditor (ex- tern oder intern), Au- ditplan	Überprüfungen von Wirksam- keiten entspre- chender Aktivi- täten	Hinter- fragen, Vorbeu- gen von Be- triebs- blindheit	Je nach Wahl des Audits (Produkt-, Verfahrens- bzw. Systemaudit) wird die ent- sprechende Qualitätsdimen- sion betrachtet.	Audit ist eine Technik des Qualitätsmanagements, denn es wird geprüft, hinterfragt und verbessert. Strukturen, Prozesse und Ergebnisse werden an neue Bedingungen angepasst.

Abb. 9.48 Techniken im Überblick – Voraussetzung, Kurzbeschreibung, generelle Eignung, Eignung für Qualitätsdimensionen, Eignung für Qualitätsmanagementsysteme.

9.5 Dokumentation

9.5.1 Vielfalt der Dokumente

Dokumente gibt es in großer Zahl in allen Betrieben der Gemeinschaftsverpflegung. Auch Betriebe, die nicht zielstrebig und konsequent nach einem bestimmten Qualitätsmanagementsystem arbeiten, dokumentieren Sachverhalte, führen Listen, arbeiten mit Checklisten oder nach individuellen Notizzetteln.

Nicht selten entsteht im Umgang mit Dokumenten Chaos. Da beschwert sich beispielsweise eine Kundin über den Service und das Beschwerdeformular ist nicht zur Hand, wird dann später noch gefunden, wird ausgefüllt, aber die Mitarbeiterin weiß nicht, wem sie es geben soll. Oder die Liste mit der eingetragenen Temperatur der Kühlhäuser ist voll; weil keine neue Liste am vorgesehenen Platz liegt, wird der letzte Wert auf den untersten Rand geschrieben. In einem anderen Beispiel erarbeitet eine Mitarbeiterin einen Stichpunktzettel für den kommenden Tag, an dem sie eine neue Mitarbeiterin begrüßen und einarbeiten soll. Weil die Einarbeitung gut geklappt hat, legt die Mitarbeiterin den Stichpunktzettel der Küchenleitung vor. Dieser kann genutzt werden, wenn künftig neue Mitarbeiter einzuarbeiten sind. Die Küchenleitung weist darauf hin, dass es doch schon längst ein Einarbeitungskonzept gibt.

Um solche oder ähnliche Probleme zu vermeiden, ist es wichtig, die Dokumente so zu ordnen,

- dass Mitarbeiterinnen und Mitarbeiter die Dokumente, die sie brauchen, zur Verfügung haben,
- dass Mitarbeiterinnen und Mitarbeiter mit den Dokumenten, die sie nicht brauchen, nicht unnötig belastet werden,
- dass Mitarbeiterinnen und Mitarbeiter die Ablage- und Speicherorte der erforderlichen Dokumente kennen,
- dass Mitarbeiterinnen und Mitarbeiter den Zugang zu den Ablage- und Speicherorten der erforderlichen Dokumente haben (z. B. Berechtigungen im PC),
- dass Mitarbeiterinnen und Mitarbeiter wissen, wohin entsprechende Dokumente abgelegt werden (z. B. was mit einer vollen Liste passiert),

- dass Mitarbeiterinnen und Mitarbeiter wissen, wie sie mit den Dokumenten umzugehen haben, bzw. wann die entsprechenden Dokumente zum Einsatz kommen
- und dass Dokumente nicht doppelt erstellt werden.

Dabei gibt es kein Patentrezept für die Systematik der Dokumente, denn die Gegebenheiten in jedem Betrieb sind andere. Aber es lohnt sich, bestehende Strukturen zu hinterfragen und zu verändern, um die Bürokratie zu vereinfachen.

Dokumente, die ähnlich aufgebaut sind, werden in der Regel in einer Gruppe zusammengefasst. So gibt es

- Verfahrensanweisungen (VA) (in einer VA werden komplexe Prozesse beschrieben, z. B. die Einarbeitung einer neuen Mitarbeiterin) (vgl. Kapitel 9.5.3 Verfahrensanweisung),
- Arbeitsanweisungen (AA) (in einer AA werden einfache Schrittfolgen beschrieben, z. B. das Bedienen eines Gargeräts),
- Checklisten (Checklisten geben schrittweise wieder, was in bestimmten Situationen getan werden muss, dabei können erledigte Aufgaben abgezeichnet werden, z. B. was bei der Planung einer Familienfeier im Betriebs - restaurant zu beachten ist),
- Standards (Standards sind allgemeingültige Handlungs - weisen),
- Formulare (Formulare sind Dokumente, in denen etwas eingetragen werden muss, z. B. eine Unterschriftenliste über die täglich durchgeführte Reinigung der Küche),
- Listen (Listen sind ausgefüllte Formulare, z. B. Liste für die Wareneingangskontrolle, deren Felder vollständig ausgefüllt sind),
- ein Leitbild und Ziele (vgl. Kapitel 2 Ziele des Verpflegungsbetriebs),
- Stellenbeschreibungen (Stellenbeschreibungen enthalten die Aufgaben, die den Mitarbeiterinnen und Mitarbeitern der jeweiligen Stelle übertragen werden),
- Organigramme (Organigramme bilden das Stellen- und Leitungsgefüge ab),
- ein Qualitätsmanagementhandbuch (vgl. nachfolgendes Kapitel)

- und zu guter Letzt handgeschriebene personengebundene Notizzettel.

Generell spielt es keine Rolle, ob die Regelungen in Verfahrensanweisungen, Standards oder Checklisten niedergeschrieben werden, es sei denn, der Betrieb arbeit nach einem Qualitätsmanagementsystem, das eine bestimmte Dokumentation vorschreibt. Wichtig ist, dass nicht zu viele Dokumentengruppen, wie beispielsweise Verfahrensanweisungen, Standards, Formulare, Checklisten usw. nebeneinander existieren.

Es erscheint sinnvoll, die Dokumente zunächst in allgemeine Dokumente, Vorgabedokumente und Nachweisdokumente zu gliedern.

Unter **allgemeinen Dokumenten** werden die Dokumente zusammengefasst, die sich in ihrer Gesamtheit auf alle Bereiche und Abteilungen beziehen und nicht Vorgabe- oder Nachweisdokumente sind. Das sind z. B. Stellenbeschreibungen, ein Leitbild, Zielvereinbarungen, Organigramme oder Listen (z. B. eine Telefonliste aller Beschäftigten).

Vorgabedokumente beschreiben Abläufe und/oder geben Schritte für ein bestimmtes Vorgehen an. Dazu gehören z. B. Verfahrensanweisungen, Arbeitsanweisungen oder Standards sowie Checklisten, wenn diese einen bestimmten Ablauf beschreiben.

Nachweisdokumente sind solche Dokumente, die von Mitarbeitern, Gästen oder anderen Personen ausgefüllt werden müssen, z. B. ein Fragebogen zur Kundenbefragung, die Liste für die Kühltemperatur oder das Speisenbestellformular.

Welche Prozesse zu regeln sind, entscheidet der Betrieb selbst. Eine Ausnahme bilden die Betriebe, die ein Qualitätsmanagementsystem nach einer Vorgabe aufbauen, welches die Prozesse vorschreibt, die schriftlich zu regeln sind. Zu regeln sind auf jeden Fall die Prozesse, deren Regelung der Gesetzgeber vorschreibt, z. B. jene Prozesse, die Gesundheitsrisiken für die Kundinnen und Kunden beinhalten, also kritische Kontrollpunkte (vgl. Kapitel 9.4.11 HACCP). Weiterhin sind Prozesse, bei denen es im Betrieb Probleme gibt, zu regeln. Am besten ist es, alle Kernprozesse und alle qualitätsrelevanten Prozesse zu regeln.

9.5.2 Handbuch

Die wichtigste Dokumentation im Qualitätsmanagement ist das Qualitätsmanagementhandbuch oder auch Qualitätshand - buch bzw. Handbuch genannt. Dabei sind das Verständnis und der dazugehörige Inhalt des Handbuchs, Qualitätshandbuchs oder Qualitätsmanagementhandbuchs in Literatur und Praxis sehr unterschiedlich. Zunächst zu dem Begriff *Handbuch*: Ein Handbuch eines PCs beispielsweise ist die Bedienungsanleitung für den Computer. Bei der Bezeichnung Qualitätsmanagementhandbuch handelt es sich demnach um eine Bedienungsanleitung zum Qualitätsmanagement, bei der Bezeichnung *Qualitätshandbuch* um die Bedienungsanleitung zur *Qualität* und die Bezeichnung *Handbuch* lässt offen, wofür dieses Handbuch ist.

Sinnvoll erscheint es, die neutrale Bezeichnung *Handbuch* zu wählen. Wie Abbildung 9.49 zeigt, kann dann unproblematisch das Handbuch in die Rubrik Qualitätsmanagementsystem und in eine zweite Rubrik Leistungserstellung unterteilt werden. In gesonderten Ordnern finden sich dann jeweils weitere Dokumente zum Qualitätsmanagementsystem (z. B. Auditplan, Auditbericht) bzw. zur Leistungserstellung (z. B. Prüfprotokolle, Wareneingangskontrollbögen, Unterweisungslisten usw.). Im Handbuch muss aber auf die jeweiligen Unterordner verwiesen werden.

Abb. 9.49
Dokumentationssystem
Handbuch

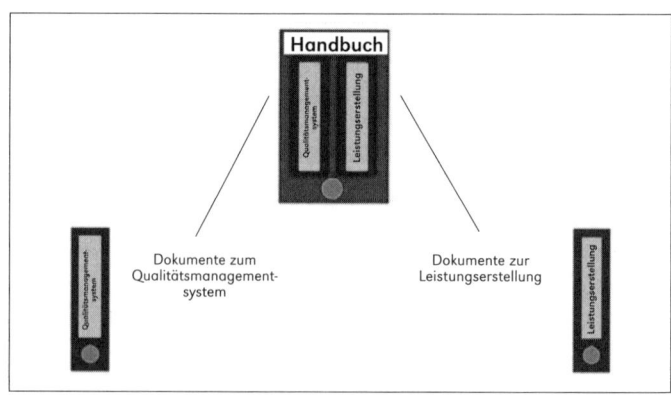

Dieses System lässt sich beliebig erweitern, wenn sich der Betrieb beispielsweise für ein Umweltmanagement, Gesundheitsmanagement oder/und Arbeitsschutzmanagement entscheidet. Damit wird verhindert, dass jedes Managementsystem sein eigenes Handbuch erfordert.

Zunächst sollte festgelegt werden, ob mit dem Handbuch ausschließlich interne, ausschließlich externe oder interne und externe Zwecke verfolgt werden. Diese Entscheidung ist von der obersten Leitung zu treffen.

Interne Zwecke werden dann verfolgt, wenn die Dokumente an die Mitarbeiterinnen und Mitarbeiter gerichtet sind.

Externe Zwecke werden dann verfolgt, wenn die Dokumente der Werbung dienen oder extern gefordert werden, z. B. durch die Kundinnen und Kunden oder den Gesetzgeber.

Verfolgt ein Betrieb mit dem Handbuch **sowohl externe als auch interne Zwecke**, ist zu beachten, dass die Informationen, die nur für den internen Gebrauch bestimmt sind, nicht an externe Personen weitergegeben werden. Das kann realisiert werden, indem Teile des Handbuchs für den externen Gebrauch dupliziert oder unterschiedliche Papierfarben für den externen und internen Gebrauch verwendet werden (vgl. Kamiske/Brauer 1999, S. 197 ff.).

Je nachdem, ob interne und/oder externe Zwecke verfolgt werden, entscheidet sich, welche Dokumente im Handbuch und welche Dokumente in die jeweiligen Unterordner (z. B. Ordner *Dokumente der Leistungserstellung* bzw. Ordner *Dokumente zum Qualitätsmanagementsystem* usw., vgl. Abb. 9.49) abgeheftet werden. Wird das Handbuch beispielsweise für Werbezwecke genutzt (externe Zwecke), sind detaillierte Verfahrensanweisungen, z. B. über das Bestellsystem für die Speisen etc., gesondert abzuheften.

Das Handbuch sollte eine Loseblattsammlung sein, damit es jederzeit beliebig ergänzt werden kann. Die Seiten im Handbuch sollten in ihrem grundlegenden Aufbau und Layout gleich sein. Anhand der Kopf- und Fußzeile sollte jede Seite identifizierbar sein. Dazu sind u. a. folgende Angaben erforderlich:

1. **Name und Logo des Betriebs**
2. **Laufende Nummer**
   Es ist empfehlenswert, dass jedes Dokument mit einer laufenden Nummer gekennzeichnet ist, in der die Kapitelnummer des betreffenden Dokuments enthalten ist. Anhand dieser Nummer ist das Dokument dann eindeutig zuzuordnen.

3. **Datum, an dem das Dokument erstellt wurde**
4. **Datum, an dem das Dokument wieder auf seine Aktualität überprüft werden muss**
5. **Titel des Dokuments**
6. **Verantwortliche Person für die Freigabe**
   Das Handbuch sollte immer von der obersten Leitung freigegeben werden. Die Freigabe sollte nicht mündlich, sondern durch eine Unterschrift erfolgen.
7. **Verantwortliche Person für die Bearbeitung**
   In der Regel ist das der/die Qualitätsbeauftragte.
8. **Verteiler**
   Hier werden die verschiedenen Handbücher genannt, in denen das Dokument zu finden ist.
9. **ggf. Seitenzahl**
   Um eine ständige Aktualisierung des Handbuchs zu ermöglichen, sollte man auf laufende Seitenzahlen verzichten. Sollte aber ein Dokument mehrere Seiten beinhalten, können innerhalb des Dokuments Seitenzahlen vergeben werden, um damit zu kennzeichnen, wie viele Seiten das Dokument insgesamt hat (Seiten X von Y) (vgl. Reiprich/Steinel 2003, S. 34 f.).

Die Gliederung muss unbedingt betriebsspezifisch sein. Aus diesem Grund kann der inhaltliche Aufbau nur beispielhaft dargestellt werden (vgl. Abb. 9.50 und 9.51).

Auch wenn das Handbuch nicht ausschließlich von der obersten Leitung zu erstellen ist, so sollte die oberste Leitung dennoch richtungsweisend bei der Erstellung mitwirken. Es ist sinnvoll, einen bestimmten Personenkreis mit der Erstellung des Handbuchs zu beauftragen. Dieser Personenkreis kann auch im Rahmen eines Qualitätszirkels zusammenarbeiten und das QM-Handbuch erstellen.

In jedem Fall sollten an dem Handbuch auch die Mitarbeiterinnen und Mitarbeiter mitwirken. So wird sichergestellt, dass es sich am Ende um ein Handbuch handelt, das der Praxis entspricht und umsetzbar ist. Allerdings müssen nicht alle Dokumente mit allen Mitarbeiterinnen und Mitarbeitern erarbeitet werden. Es können beispielsweise mit allen Mitarbeiterinnen und Mitarbeitern Ziele zusammengetragen werden, die dann anschließend von ausgewählten Personen zusammengefasst und ausformuliert werden (vgl. Reiprich/ Steinel 2003, S. 34).

In diesem Beispiel wird das Handbuch in einen allgemeinen Teil für vorrangig externe Zwecke und in einen speziellen Teil für ausschließlich interne Zwecke gegliedert. Die Gliederung orientiert sich am Qualitätsmanagementprozess.

A	**Allgemeiner Teil**
A1	**Inhaltsverzeichnis**
A2	**Einführung** (In der Einführung können kurz Historie des Betriebs, Gründe und Weg zum Qualitätsmanagementsystem beschrieben werden.)
A3	**Unternehmensphilosophie** (Im Rahmen der Unternehmensphilosophie können sowohl die Ziele des Betriebs als auch die Ziele des Qualitätsmanagements genannt werden.)
A4	**Geltungsbereich** (Hier ist darzustellen, ob das Handbuch für den gesamten Betrieb oder nur für Teile des Betriebs gilt.)
A5	**Definitionen und Abkürzungen**
A6	**Organisationsstrukturen** (Um der Leserin/dem Leser einen Einblick in die Struktur der Einrichtung zu ermöglichen, empfiehlt es sich, diese in Form eines Organigramms darzustellen.)
A7	**Verantwortlichkeiten und Befugnisse** (Unter diesem Punkt sind Verantwortlichkeiten und Befugnisse zum Qualitätsmanagement darzustellen.)
A8	**Gemeinsame Grundlagen** (Allgemein geltende *Spielregeln* für das Unternehmen können hier niedergeschrieben werden.)
A9	**Kontrolle von Abweichungen und deren Korrektur** (Gemeinsame Richtlinien zur Behandlung von Abweichungen und Schwachstellen können unter diesem Punkt niedergeschrieben werden.)
A10	**Qualitätsdokumente** (Grundsätze der Dokumentation, Gründe der Dokumentation und allgemeine Regelungen der Dokumentation, z. B. Aufbewahrungsort und -zeit der Dokumente, Logik der Nummerierung sind hier zu nennen.)
A11	**Schulung und Training** (Grundregeln für Bedarfsermittlung an Schulungen und spätere Teilnahme an Schulungen können festgehalten werden.)
A12	**Interne Qualitätsaudits** (Allgemeine Regelungen für Audits werden hier niedergeschrieben, z. B. Zeiträume und Umfang der Prüfungen.)
B	**Spezieller Teil**
B1	**Inhaltsverzeichnis**
B2	**Einführung** (Ziel, Umfang, Geltungsbereich, Verantwortlichkeiten für die Erstellung der Leistung sind hier darzustellen.)
B3	**Definitionen und Abkürzungen**
B4	**Verfahrensanweisungen** (Ausgewählte Prozesse der Leistungserstellung (entsprechend dem Geltungsbereich dieses speziellen Teils) werden beschrieben.)
B5	**Arbeitsanweisungen** (Ausgewählte Tätigkeiten der Leistungserstellung (entsprechend dem Geltungsbereich dieses speziellen Teils) werden beschrieben.)
B6	**Prüfanweisungen** (Ausgewählte Prüfprozesse (entsprechend dem Geltungsbereich dieses speziellen Teils) werden beschrieben.)
B7	**Schulung und Training** (Hier werden u. a. die Art und Weise der Schulung und der Schulungsplan festgeschrieben.)
B8	**Vorlagen für Nachweisdokumente**

Abb. 9.50 Qualitätsmanagementbezogener Gliederungsvorschlag für den allgemeinen und speziellen Teil eines Handbuchs (eigene Darstellung in Anlehnung an Glaap 1993, S. 83 ff.)

Abb. 9.51
Leistungserstellungs-
bezogener Gliederungs-
vorschlag für ein
Handbuch (vgl. Reiprich/
Steinel 2003, S. 37)

In diesem Beispiel wird das Handbuch nach den Qualitätsdimensionen Struktur-, Prozess- und Ergebnisqualität gegliedert. Die Gliederung orientiert sich am Leistungserstellungsprozess.

0	**Inhaltsverzeichnis**
A	**Strukturelle Voraussetzungen**
A1	**Unternehmensphilosophie/Leitbild** (Hier werden die grundsätzlichen Ziele der Leistungserstellung und des Qualitätsmanagements dargestellt.)
A2	**Ziele** (In diesem Abschnitt werden Ziele formuliert, die sich aus der Unternehmensphilosophie ergeben.)
A3	**Personal** (Hier können alle wichtigen Vorgänge, die das Personal betreffen, beschrieben werden. Das kann beispielsweise Personalbedarfsplanung, Personalwerbung, Personalauswahl, Personalein- bzw. -ausstellung, Personalmotivation und Personalentwicklung sein.)
A4	**Sachmittel** (Hier können alle wichtigen Vorgänge beschrieben werden, die Anlagen (z. B. technische Anlagen) und Ausstattung (z. B. Geschirr) betreffen. Das kann beispielsweise Bedarfsermittlung, Angebotsauswahl und Bestellung sein. Die Beschaffung von Lebensmitteln kann an dieser Stelle oder im Rahmen der Leistungserstellung dargestellt werden.)
A5	**Gesetzliche Rahmenbedingungen** (An dieser Stelle können geltende Rechtsvorschriften eingefügt oder genannt werden.)
B	**Prozesse der Leistungserstellung** (Dazu können für die einzelnen Prozesse Verfahrensanweisungen, Arbeitsanweisungen und/oder Prüfanweisungen erstellt werden.)
B1	**Beschaffung** (Sofern noch nicht erfolgt, wird an dieser Stelle der Prozess der Beschaffung von Verbrauchsmitteln (Lebensmittel und Reinigungsmittel) in Form einer Verfahrensanweisung, ggf. Arbeitsanweisung beschrieben.)
B2	**Lagerung** (An dieser Stelle werden alle wichtigen Vorgänge bezüglich der Lagerung der Verbrauchsmittel beschrieben. Dazu gehören z. B. Wareneingangskontrolle, Kontrolle der Temperaturen in den Lagerräumen, Warenentnahme.)
B3	**Speisenplanung** (Der Prozess der Speisenplanung ist an dieser Stelle zu beschreiben.)
B4	**Speisenherstellung** (Ausgewählte Speisenherstellungsprozesse sind an dieser Stelle zu beschreiben.)
B5	**Speisenverteilung/Speisenausgabe** (Die Speisenverteilung und Speisenausgabe oder Kombinationen daraus sind an dieser Stelle zu beschreiben.)
B6	**Reinigung** (Der Reinigungsprozess ist an dieser Stelle zu beschreiben. Arbeitsanweisungen am Arbeitsplatz bieten sich hier an.)
B7	**Entsorgung** (Die Entsorgung von Lebensmittelresten und Verpackungsmaterialen unter dem Hygiene- und Umweltaspekt wird hier beschrieben.)
B8	**Schnittstellen** (Problembehaftete Schnittstellen zwischen den Bereichen, z. B. Bereich Küche und Verwaltung, sind zu definieren. Es muss festgelegt werden, wer, was, wann, wo, in welcher Qualität zu tun hat.)
C	**Produkte/Leistungen** (An dieser Stelle kann eine Beschreibung der Produkte oder Leistungen erfolgen. Es bietet sich hier auch die Möglichkeit an, Bilder einzufügen, z. B. von einer gedeckten Tafel oder einer garnierten Käseplatte.)

9.5.3 Verfahrensanweisung

Neben dem Handbuch ist die Verfahrensanweisung ein be-
deutendes Dokument. Dabei können Verfahrensanweisungen
Bestandteil des Handbuchs sein oder neben dem Handbuch in
Unterordnern abgeheftet sein. Im Handbuch wird dann auf
den jeweiligen Ordner verwiesen.

Verfahrensanweisungen beinhalten Beschreibungen der einzelnen Schritte und Tätigkeiten eines Prozesses. Die Verantwortlichkeiten für die einzelnen Prozessschritte sind hierin
festgelegt und notiert. Daneben enthält jede Verfahrensanweisung organisatorische Informationen über Gültigkeit, Verteilung und Pflege. Verfahrensanweisungen sollten von den damit
arbeitenden Personen erstellt werden. Aufgabe der/des Qua-
litätsmanagementbeauftragten ist es, die Mitarbeiterinnen und
Mitarbeiter bei der Erstellung zu unterstützen und anzuleiten.
Die notwendigen Inhalte einer Verfahrensanweisung sind:

1. Titel
2. Zielsetzung
3. Anwendungsbereich
4. ggf. Begriffe/Abkürzungen
5. Verantwortlichkeiten
6. Ablauf
7. Dokumentation
8. Änderungs- und Versionsmanagement
9. Verteiler
10. Mitgeltende Unterlagen

Diese werden im Folgenden vorgestellt (vgl. Eversheim
2000, S. 57 ff.).

1. Titel

Der Titel benennt eindeutig das zu beschreibende Verfahren.
Beispiel:
Eine Verfahrensanweisung mit dem Titel *Speisenplanung*
beinhaltet alle Informationen zum Ablauf der Speisenplanung (vgl. Reiprich/Steinel 2003, S. 38).

2. Zielsetzung

Unter dem Punkt Zielsetzung wird erklärt, warum es das Verfahren gibt. Jedes Verfahren wird für eine bestimmte Zielsetzung eingesetzt. Dies muss so beschrieben sein, dass es für alle betroffenen Mitarbeiterinnen und Mitarbeiter verständlich ist.

Beispiel für Speisenplanung:

Die Verpflegung von Heimbewohnern ist eine wichtige Aufgabe eines Altenheims. Dabei muss die Verpflegung die ernährungsphysiologischen und sensorischen Anforderungen der Heimbewohner erfüllen und sie muss für die Küche machbar sein. Diese Anforderungen müssen bei der Aufstellung der Speisenpläne berücksichtigt werden. (vgl. Reiprich/Steinel 2003, S. 38)

3. Anwendungsbereich

In dem Punkt Anwendungsbereich wird vermerkt, für welche Unternehmensbereiche, für welche Prozesse/ Produkte und für welchen Arbeitsplatz sie relevant ist.

Beispiel für Speisenplanung:

Die Anweisung gilt für die routinemäßige Speisenplanung folgender Mahlzeiten: Frühstück, erste Zwischenmahlzeit, Mittagsmahlzeit, zweite Zwischenmahlzeit sowie Abendbrot. Diese Anweisung gilt nicht für die Menüplanung bei Feierlichkeiten (z. B. Weihnachtsfeier, Geburtstagsfeier etc.) und außerordentlichen Veranstaltungen (z. B. Tanzabend). (vgl. Reiprich/Steinel 2003, S. 38)

4. Begriffe/Abkürzungen

Werden in der Verfahrensanweisung Begriffe und Abkürzungen verwendet, die nicht allgemeinverständlich sind, müssen diese erklärt werden. Typische Abkürzungen sind beispielsweise:

KL   – Küchenleitung
PDL   – Pflegedienstleitung
HWL   – Hauswirtschaftsleitung
TK   – Tiefkühl
EaR   – Essen auf Rädern
MA HR   – Mitarbeiterin der Hausreinigung
etc.

5. Verantwortlichkeiten

Für alle Tätigkeiten des Verfahrens werden die Verantwortlichkeiten festgelegt.
Beispielsweise müssen bei der Speisenplanung für folgende Teilschritte Verantwortlichkeiten festgelegt werden:

- Entwurf des Plans,
- Beschluss des Plans,
- Genehmigung des Plans,
- Dokumentation des Plans

(vgl. Reiprich/Steinel 2003, S. 38).

6. Ablauf

Der Ablauf des Verfahrens, also der logische und zeitliche Zusammenhang der Tätigkeiten, muss nachvollziehbar sein. Alle Tätigkeiten des Verfahrens müssen eindeutig beschrieben werden. Neue Mitarbeiterinnen und Mitarbeiter müssen anhand der Beschreibung das Verfahren ausführen können. Bei vielen Tätigkeiten ist es hilfreich, ein Flussdiagramm zu erarbeiten.

Bei der Erstellung eines Flussdiagramms helfen die in Abbildung 9.52 abgebildeten Symbole.

In das Start-Kästchen wird die Ausgangssituation eingetragen und in das Ende-Kästchen das Ergebnis des Prozesses. Dazwischen werden die einzelnen Tätigkeiten dem Ablauf entsprechend aneinandergereiht. Während des Ablaufs kann es Stellen geben, an denen sich der Prozess in mehrere Richtungen teilt. Teile eines Prozesses können in einen anderen Prozess einmünden bzw. von einem anderen Prozess kommen. Dies wird mit dem Kästchen *vordefinierter Prozess* deutlich gemacht.

Manchmal werden Daten (also Informationen) für den Prozess benötigt. Dies wird mit dem entsprechenden Symbol gekennzeichnet (siehe Abb. 9.52).

Dokumente, die zur Leistungserstellung benötigt werden, sind Vorgabedokumente (z. B. Rezepte). Dokumente, die zum Nachweis des Prozesses entstehen, sind Nachweisdokumente (z. B. Protokolle zur Kühlraumtemperatur). Wann diese für den Prozess gebraucht werden bzw. wann sie entstehen, geht ebenfalls aus einem Flussdiagramm hervor.

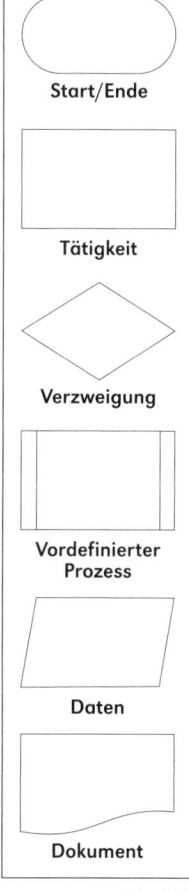

Start/Ende

Tätigkeit

Verzweigung

Vordefinierter Prozess

Daten

Dokument

Abb. 9.52
Symbole eines
Flussdiagramms

Abbildung 9.53 ist das Beispiel eines Ablaufdiagramms für die Speisenplanung, das die Verwendung der genannten Symbole zeigt.

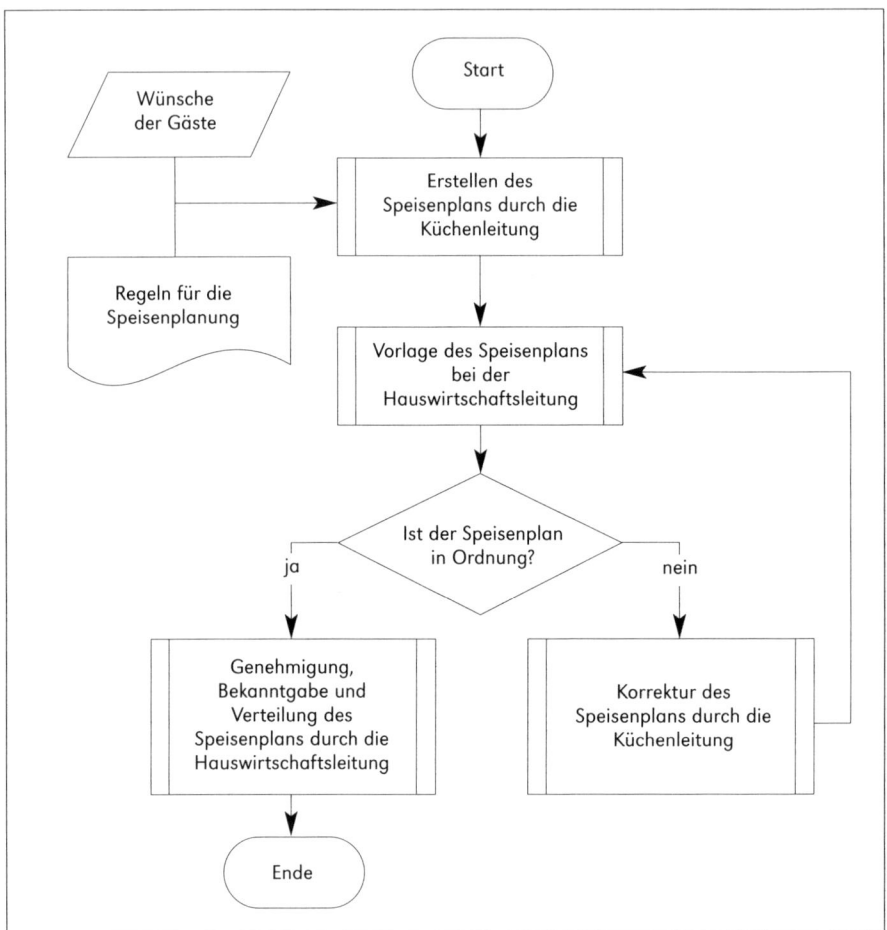

Abb. 9.53
Beispiel eines Ablauf-
diagramms für die
Speisenplanung

7. Dokumentation

Die Dokumentation spielt beim Qualitätsmanagement eine bedeutende Rolle. Aus der Verfahrensanweisung muss deswegen hervorgehen, welche Unterlagen (Bestimmungen, Formulare, Checklisten usw.) im Zusammenhang mit der Verfahrensanweisung gültig sind. Eine Archivierung der Verfahrensanweisung nach Ablauf der

Gültigkeit wird empfohlen. Am besten ist dabei eine elektronische Archivierung geeignet. Alle weiteren im Umlauf befindlichen Versionen der Verfahrensanweisung müssen nach Ablauf vernichtet werden, damit sie nicht wieder aus Versehen in den Umlauf geraten.

Beispiel für Speisenplanung:
Die Wünsche, Anregungen und Kritiken der Bewohner/ -innen werden entsprechend der zeitlichen Abfolge im Ordner *Qualitätsbeurteilungen in der Verpflegung* abgeheftet und ein Jahr aufbewahrt.

Jeweils eine Kopie der Speisenpläne wird in dem Ordner *Speisenpläne* abgeheftet und für ein halbes Jahr aufbewahrt (vgl. Reiprich/Steinel 2003, S. 38).

8. **Änderungs- und Versionsmanagement**
   In einer Verfahrensanweisung muss vermerkt werden, wer diese erstellt hat, wer die Verfahrensanweisung freigegeben hat, um die wievielte Version es sich handelt sowie das letzte Änderungsdatum.

9. **Verteiler**
   Im Verteiler stehen alle Orte, an der die Verfahrensanweisung zu finden ist. Wird eine Verfahrensanweisung geändert, muss sie an all diesen Orten ersetzt werden.
   Beispiele für Speisenplanung:
   Die Verfahrensanweisung zur Speisenplanung befindet sich im Ordner für Verfahrensanweisungen der Küchenleitung und der Küche (vgl. Reiprich/Steinel 2003, S. 38).

10. **Mitgeltende Unterlagen**
    Sind Hilfsmittel zur korrekten Ausführung nötig, wie z. B. Diagramme, Formulare, Checklisten, dann werden diese unter dem Punkt *Mitgeltende Unterlagen* vermerkt.

Arbeitet ein Betrieb mit Dokumenten, die in Aufbau und Inhalt der in diesem Abschnitt beschriebenen Verfahrensanweisung gleich kommen, die aber nicht mit Verfahrensanweisung, sondern einem anderen Begriff überschrieben sind, so ist dies in der Regel unproblematisch.

Die Sammlung der Verfahrensanweisungen sollte ebenso wie das Handbuch eine Loseblattsammlung sein, bei der jedes

Blatt anhand der Kopf- und Fußzeilen eindeutig zuzuordnen ist.

9.6 Schritte zum Qualitätsmanagement

Qualitätsmanagement ist keine neue Erfindung, sondern jeder Betrieb produziert Qualität und jeder Betrieb managt diese Qualität bereits in einem bestimmten Umfang – auch wenn der Betrieb dies nicht Qualitätsmanagement nennt.

Um ein Qualitätsmanagementsystem (QMS) einzuführen, muss der Betrieb Grundvoraussetzungen erfüllen. Sind diese Bedingungen gegeben, findet zunächst eine Analyse der bereits vorhandenen Materialien des QMS statt. Danach wird die Qualitätsphilosophie entwickelt und zum Schluss wird das QMS entworfen (vgl. Abb. 9.54).

Abb. 9.54
Schritte zum
Qualitätsmanagement.

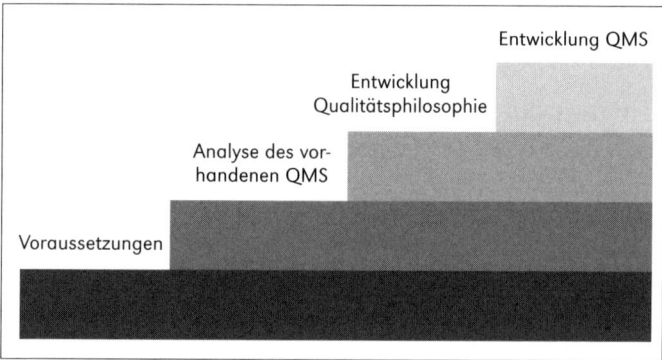

Voraussetzung für die systematische Einführung eines Qualitätsmanagements ist, dass die oberste Leitung das Projekt unterstützt. Die Mitarbeiterinnen und Mitarbeiter, die bei der Einführung eines Qualitätsmanagements beteiligt sind, sollten von ihrer täglichen Arbeit entlastet werden, denn ein Qualitätsmanagement kann nicht *nebenbei* entstehen. Den beteiligten Mitarbeiterinnen und Mitarbeitern werden Handlungs- und Weisungsbefugnisse zugeteilt und öffentlich bekanntgegeben. Auf diese Weise erhalten die Mitarbeiterinnen und Mitarbeiter die Legitimation zur Einführung des Qualitätsmanagements.

Um die Arbeit der Qualitätsbeauftragten zu unterstützen, sollten Gelder, z. B. für zusätzliches Büromaterial, Fachliteratur und Fortbildungen, bereitgestellt werden. Computerarbeitsplätze sollten den Mitarbeiterinnen und Mitarbeitern zur Verfügung stehen.

Neben den organisatorischen Voraussetzungen müssen auch methodische Rahmenbedingungen erfüllt sein. Die Mitarbeiterinnen und Mitarbeiter, die für die Einführung verantwortlich sind, sollten über methodische Kenntnisse zum Qualitätsmanagement verfügen. Dies kann durch externe Weiterbildung einer oder mehrerer Mitarbeiterinnen und Mitarbeiter durch die Teilnahme an Seminaren geschehen oder durch interne Weiterbildung in internen Schulungen bzw. im Selbststudium durch Lesen von Fachliteratur. Ohne diese Kenntnisse kann kein Qualitätsmanagementsystem eingeführt werden.

Beginnt ein Betrieb, sich mit Qualitätsmanagement auseinanderzusetzen, sollte zunächst das bereits vorhandene Qualitätsmanagementsystem beleuchtet werden. Die Dokumente, die eventuell schon vorhanden sind, werden analysiert. Solche Dokumente sind beispielsweise

- das Leitbild des Betriebs,
- niedergeschriebene Ziele,
- Sammlung rechtlicher Unterlagen,
- Darstellung des Stellen- und Leitungsgefüges (Organigramm),
- Stellenbeschreibungen,
- HACCP-Plan,
- Dienstpläne,
- Schulungspläne,
- Reinigungspläne,
- Prüfpläne,
- Prüfprotokolle,
- Schnittstellenkatalog,
- Anweisungen zur Handhabung bestimmter Geräte,
- Rezepturen,
- Materialien zu Kundenbefragungen,
- Mitarbeiterbefragungen,
- Auswertungen von Beschwerden,
- Mitarbeiterschulungen usw.

Diese Unterlagen können zur Entwicklung des QMS genutzt werden. Sie müssen eventuell an der einen oder anderen Stelle noch einmal überdacht und überarbeitet werden.

Nach der Analyse der bereits vorhandenen Materialien wird im nächsten Schritt die Qualitätsphilosophie entwickelt. Dies geschieht durch das Leitungsteam unter Verantwortung der obersten Leitung. Dabei werden alle externen und internen Anforderungen an das Qualitätsmanagement und die personellen und finanziellen Bedingungen berücksichtigt.

Unter Berücksichtigung der Qualitätsphilosophie wird das QMS entwickelt. Die Qualitätsphilosophie fließt in das Leitbild ein. Gegebenenfalls findet dies unter Einhaltung der Vorgaben der Qualitätsmodelle (z. B. DIN EN ISO 9001) statt. Die Mitarbeiter nutzen hierbei die Techniken des Qualitätsmanagements (vgl. Kapitel 9.4) (vgl. Reiprich/Steinel 2003, S. 9 f.).

10 Literaturverzeichnis

Abteilung Presse und Information des Europäischen Gerichtshofs (1997): Urteil des Gerichtshofes in der Rechtssache C-13/95 Ayse Süzen gegen Zehnacker Gebäudereinigung GmbH Krankenhausservice Streithelferin: Lefarth GmbH: Pressemitteilung Nr. 8/97 vom 11. März 1997 http://www.curia.europa.eu/de/actu/communiques/cp97/cp9 708de.htm (gesehen am 11. August 2006)

Auswertungs- und Informationsdienst für Ernährung, Landwirtschaft und Forsten (AID) (Hrsg.) (1993a): Gemeinschaftsverpflegung: Verpflegung mit gekühlten, pasteurisiert gekühlten und warmgehaltenen Speisen. Heft 3247/ 1993. AID: Bonn

Auswertungs- und Informationsdienst für Ernährung, Landwirtschaft und Forsten (AID) (Hrsg.) (1993b): Gemeinschaftsverpflegung: Verpflegung mit tiefgefrorenen und sterilisierten Speisen. Heft 3247/1993. AID: Bonn

Auswertungs- und Informationsdienst für Ernährung, Landwirtschaft und Forsten (AID) (Hrsg.) (1993c): Gemeinschaftsverpflegung: Verpflegung mit Speisen aus eigener und industrieller Herstellung – Mischküche Stufe 1 und 2. Heft 3247/1993 AID: Bonn

Auswertungs- und Informationsdienst für Ernährung, Landwirtschaft und Forsten (AID) (Hrsg.) (1993d): Gemeinschaftsverpflegung: Speisenverteilung. Heft 3251/1993 AID: Bonn

Bayerischer Kommunaler Prüfungsverband (1998): Personaleinsatz und Personalkosten im Krankenhaus. München: Bayerischer Kommunaler Prüfungsverband

Bergmann, M. (2005): Betriebsübergang neuerdings bereits durch Auftragsvergabe? Das jüngste EuGH-Urteil ruft Entrüstung und Überraschung hervor. In: f&w führen und wirtschaften im Krankenhaus 22 (2005) 2, S. 184 – 187

Binder, Ina (2000): Ernährungsverhalten außer Haus in der Bundesrepublik Deutschland. Dissertation. Technische Universität München-Weihenstephan, Fakultät für Landwirtschaft und Gartenbau

Bober, Siegfried (1986): Beschaffungs- und Lagerwirtschaft in der Gemeinschaftsverpflegung. Martienss: Hamburg

Bober, Siegfried (1995): Gemeinschaftsverpflegung. Betriebswirtschaftliche Grundlagen. Bewirtschaftung in der Gemeinschaftsgastronomie. Formen, Auswahlkriterien, Auswahlverfahren. Hrsg.: AID Verbraucherdienst, Heft 3344/1995 Bonn

Bober, Siegfried (2001): Marketing-Management in der Gemeinschaftsgastronomie. Konzepte – Methoden – Erfahrungen. 3. erweiterte und aktualisierte Auflage. Deutscher Fachverlag: Frankfurt a. M.

Bolten, Herbert; Geiger, Ralf (1993): Cash oder Karte. Das richtige Abrechnungssystem für ihre GV. In: Bethge; Bolten; Dörsam (Hrsg.): Modernes Küchenmanagement: Handbuch für Führungskräfte in der Gemeinschaftsverpflegung. Losebl.-Ausgabe D. 4.2. Raabe Verlag: Stuttgart

Bottler, Jörg (1982): Wirtschaftslehre des Großhaushalts. Band 1: Großhaushaltsführung. Kohlhammer: Stuttgart

Bottler, Jörg; Rho, Jeong Ok (2001): Messung der Qualität im GV-Betrieb anhand des Qualitätsbewertungsprozesses – entwickelt aus den qualitätsbezogenen Begriffen der DIN EN ISO 9000:2000. In: Hauswirtschaft und Wissenschaft 49 (2001) 2, S. 58 ff.

Bräunig, Dietmar (2006): Doppik-Einführung. Zahlenfriedhöfe vermeiden. In: Kommune 21 (2006) 11, S. 18 f.

Bredow, U.; Fischer, D.; Hoiker, H.; Rosstauscher, G.; Safian, K. (1994): Qualitätsentwicklung in ambulanten Diensten. Anleitungen Praxisberichte Ideen. Vincentz Verlag: Hannover

Bruhn, Manfred (1997): Qualitätsmanagement für Dienstleister – Grundlagen, Konzepte, Methoden. 2. überarbeitete und erweiterte Auflage. Springer Verlag: Berlin, Heidelberg, New York

Bürgerliches Gesetzbuch in der Fassung der Bekanntmachung vom 2. Januar 2002 (BGBl. I S. 42, 2909; 2003 I S. 738), zuletzt geändert durch Artikel 2 Abs. 16 des Gesetzes vom 19. Februar 2007 (BGBl. I S. 122)

Büse, F. (1995): Teil 1 Leitbilder. In: Büse, F. et al. (Hrsg.): Heim aktuell. Leitungshandbuch für Altenhilfeeinrichtungen. Losebl.-Ausgabe. Vincentz Verlag: Hannover

Bundesarbeitsgemeinschaft der Freien Wohlfahrtspflege (Hrsg.) (2006): Einrichtungen und Dienste der Freien Wohlfahrtspflege Gesamtstatistik 2004. BAGFW

Bundesministerium der Finanzen (Hrsg.) (1999): Umsatzsteuer; Bereithalten besonderer Vorrichtungen für den Verzehr an Ort und Stelle nach § 3 Abs. 9 Satz 5 UStG. Schreiben an die obersten Finanzbehörden vom 24. November 1999

Bundesministerium der Finanzen (Hrsg.) (2007): AfA-Tabellen. http://www.bundesfinanzministerium.de/cln_03/ nn_3792/DE/Steuern/Veroeffentlichungen zu Steuerarten/ Betriebspruefung/005.html (gesehen am 26. Juli 2007)

Bundesministerium des Innern (Hrsg.) (2007): Übersicht über die gesetzlichen Feiertage in der Bundesrepublik Deutschland. http://www.bmi.bund.de/Internet/Content/ Common/Anlagen/Lexikon/feiertage_de,templateId=raw,prop erty=publicationFile.jpg/feiertage_de.jpg (gesehen am 30. Juli 2007)

Bundesministerium für Ernährung, Landwirtschaft und Forsten und Bundesforschungsanstalt für Ernährung (Hrsg.) (1974): Schulverpflegung mit industriell hergestellten Gefriermenüs. Bonn

Bundesministerium für Ernährung, Landwirtschaft und Forsten und Bundesforschungsanstalt für Ernährung (Hrsg.) (1976): Schulverpflegung mit warmgehaltenen Speisen aus Zentralküchen. Bonn

Bundesministerium für Ernährung, Landwirtschaft und Forsten und Bundesforschungsanstalt für Ernährung (Hrsg.) (1977): Schulverpflegung mit industriell hergestellten sterilisierten Speisen. Stuttgart

Bundesministerium für Ernährung, Landwirtschaft und Forsten und Bundesforschungsanstalt für Ernährung (Hrsg.) (1979): Schulverpflegung mit gekühlten Speisen. Stuttgart

Bundesministerium für Ernährung, Landwirtschaft und Forsten und Bundesforschungsanstalt für Ernährung (Hrsg.) (1982): Schulverpflegung mit Speisen aus eigener Zubereitung und industrieller Herstellung – Mischküche Stufe I. Stuttgart

Bundesministerium für Ernährung, Landwirtschaft und Forsten und Bundesforschungsanstalt für Ernährung (Hrsg.) (1986): Schulverpflegung mit Speisen aus eigener Zubereitung und industrieller Herstellung – Mischküche Stufe II. Stuttgart

Bundesministerium für Gesundheit (Hrsg.) (2007a): Das Glossar zur Gesundheitsreform. Beitragssatz. http://www.die-gesundheitsreform.de/glossar/beitragssatz.html (gesehen am 21. März 2007)

Bundesministerium für Gesundheit (Hrsg.) (2007b): Gesetzliche Krankenversicherung. Krankenstand 1970 – 2006 und Januar bis April 2007 (Ergebnisse der GKV-Statistik KM1) Stand: 11. Mai 2007. http://www.bmg.bund.de/nn_600110/SharedDocs/Download/DE/Datenbanken-Statistiken/Statistiken-Gesundheit/Gesetzliche-Krankenversicherung/Geschaeftsergebnisse/Krankenstand1, templateId=raw, property=publicationFile.pdf/Krankenstand1.pdf (gesehen am 20. Juni 2007)

Bundesrepublik Deutschland Finanzagentur GmbH (Hrsg.) (2007): Aktuelle Konditionen der Bundeswertpapiere. http://www.deutsche-finanzagentur.de/cln_051/nn_417628/DE/privateAnleger/pdf/Konditionen_buscha_fischa_bobl,templateId=raw,property=publicationFile.pdf/Konditionen_buscha_fischa_bobl.pdf (gesehen am 1. August 2007)

Bund für Lebensmittelrecht und Lebensmittelkunde e. V. (Hrsg.) (2000): Leitfaden Qualitätsmanagement. Weiterentwicklung des Qualitätsmanagements in Lebensmittelunternehmen auf Basis der *neuen* ISO 9000 ff. Vertrieb Institut für Lebensmittelwissenschaft und -information GmbH. Bonn

Conrad, Marcel (2005): Entwicklung eines Instruments zur Eignung von Verpflegungsdienstleistungen für Nutzer verschiedener Religionszugehörigkeiten. Diplomarbeit. Hochschule Anhalt (FH), Bernburg

Deutsche Bundesbank (Hrsg.) (2007): Aktuelle Zinssätze. Basiszinssatz nach § 247 BGB. http://www.bundesbank.de/presse/presse_zinssaetze.php (gesehen am 1. August 2007)

Deutsche Gesellschaft für Ernährung (2000a): Referenzwerte für die Nährstoffzufuhr. Umschau Braus: Frankfurt

Deutsche Gesellschaft für Ernährung (2000b): Umsetzung der Referenzwerte für die Gemeinschaftsverpflegung. Erläuterungen und Tabellen. Bonn

Deutsche Gesellschaft für Hauswirtschaft (Hrsg.) (1992): Lebensmittelverarbeitung im Haushalt. 5. überarbeitete Auflage. Ulmer: Stuttgart

Deutsche Landwirtschafts-Gesellschaft e. V. (Hrsg.) (1999): DLG-Qualitätswettbewerb. Prüfbestimmungen für Fleischerzeugnisse, Fertiggerichte, Tiefkühlkost und Feinkost. 42. Auflage. DLG: Frankfurt a. M.

Deutsches Institut für Normung e.V. (Hrsg.) (2000): DIN EN ISO 9000:2000: Qualitätsmanagementsysteme Grundlagen und Begriffe, Berlin

Deutsches Institut für Normung e.V. (Hrsg.) (2001): Qualitätsmanagement: Normen. 3. Auflage. Beuth Verlag: Berlin (DIN Taschenbuch 226)

Deutsches Jugendherbergswerk (o.J.): Jahresbericht 2006, Detmold

Deutsches Studentenwerk (Hrsg.) (2006): Studentenwerke im Zahlenspiegel 2005/2006. Berlin

Diakonie Riesa-Großenhain gGmbH SeniorenHaus „Albert Schweitzer" (2006): Unser Leitbild

Diakonie Riesa-Großenhain gGmbH SeniorenHaus „Albert Schweitzer" (2007): Beschwerdeformular

Diakonie Riesa-Großenhain gGmbH SeniorenHaus „Albert Schweitzer" (o.J.): Trägerleitbild

Dirschauer, Claudia (2006): Speisenplanung in der Gemeinschaftsverpflegung. Hrsg.: aid Infodienst Verbraucherschutz, Ernährung, Landwirtschaft e.V., aid-special Heft 3903/2006 Bonn

Donabedian, Avedis (1966): Evaluation the Quality of Medical Care. In: The Milbank Memorial Fund Quarterly 44 (1966) 3

Ebel, B. (2001): Qualitätsmanagement: Konzepte des Qualitätsmanagements, Organisation und Führung, Ressourcenmanagement und Wertschöpfung. Verlag Neue Wissenschaftsbriefe: Berlin

Edwards, John S. A. (2000): Food Service/Catering Restaurant and Institutional Perspectives of the Meal. In: Meiselmann, Herbert L. (Hrsg.): Dimensions of the Meal. The Science, Culture, Business, and Art of Eating. Aspen Publishers: Gaithersburg, Maryland

EG-Öko-Verordnung; Verordnung (EWG) Nr. 2092/91 des Rates über den ökologischen Landbau und die entsprechende Kennzeichnung der landwirtschaftlichen Erzeugnisse und Lebensmittel. Ausfertigungsdatum: 24. Juni 1991

Einbeck, Sebastian: Vergabe öffentlicher Aufträge. http://www.juraforum.de/lexikon/Vergabe%20%C3%B6ffentlicher%20Auftr%C3%A4ge (gesehen am 5. Juli 2007)

Einkommensteuergesetz (EStG) in der Fassung der Bekanntmachung vom 19. Oktober 2002 (BGBl. I S. 4210; 2003 I S. 179), zuletzt geändert durch Artikel 2 des Gesetzes vom 28. Mai 2007 (BGBl. I S. 914)

Entgeltfortzahlungsgesetz vom 26. Mai 1994 (BGBl. I S. 1014, 1065), zuletzt geändert durch Artikel 80 des Gesetzes vom 23. Dezember 2003 (BGBl. I S. 2848)

Eversheim, Walter (Hrsg.) (2000): Qualitätsmanagement für Dienstleister. Grundlagen – Selbstanalyse – Umsetzungshilfen. 2. Auflage. Springer Verlag: Berlin, Heidelberg, New York

Forschungsverbund DJI/Universität Dortmund (Hrsg.) (2005): Zahlenspiegel 2005. Kindertagesbetreuung im Spiegel der Statistik. Deutsches Jugendinstitut München

Gesetz gegen Wettbewerbsbeschränkungen in der Fassung der Bekanntmachung vom 15.07.2005 (BGBl. I S. 2114), zuletzt geändert durch Artikel 7 Abs. 11 des Gesetzes vom 26. März 2007 (BGBl. I S. 258)

Glaap, W. (1993): ISO 9000 leichtgemacht. Praktische Hinweise und Hilfen zur Entwicklung und Einführung von QS-Systemen. Carl Hanser Verlag: München

Hanslik, N.; Kitzmüller, C.; Woidich, A. (2000): Hygienemanagement. Behr's Verlag: Hamburg

Haumeier, Maria (1999): Die Qualität der Gemeinschaftsverpflegung in den neuen Bundesländern. Eine empirische Untersuchung in ausgewählten Betrieben. Dissertation. Technische Universität München

Heinrichsdobler, Annemarie (2003): Rezession als Chance. In: GVManager (2003) 3, S. 3

Helm, Roland; Pasch, Helmut (2000): Kundenorientierung durch Qualitätsmanagement – Perspektive, Konzepte, Praxisbeispiele. Dt. Fachbuchverlag: Frankfurt a. M.

Höß, Alexandra (2006): Das neue EU-Hygienepaket. In: rhw praxis (2006) 1, S. 10 – 12

Hummel, Siegfried; Männel, Wolfgang (1990): Kostenrechnung 1. Grundlagen, Aufbau und Anwendung. 4. Auflage. Betriebswirtschaftlicher Verlag Gabler: Wiesbaden

Hüttner, M. (1997): Grundzüge der Marktforschung. 5. überarbeitete und erweiterte Auflage. R. Oldenbourg Verlag: München, Wien

Informationsdienste für Wirtschaft, Recht, Steuern (2007): AfA-Tabelle. Gastgewerbe. http://www.steuernetz.de/afa 2001/20.html (gesehen am 26. Juli 2007)

Kabel, Sandra; Schmid, Burkardt (2007): Gebremstes Wachstum. In: gv-praxis 35 (2007) 5, S. 16 – 41

Kamiske, G. F.; Brauer, J.-P. (1999): Qualitätsmanagement von A bis Z. Erläuterungen moderner Begriffe des Qualitätsmanagements. 3. überarbeitete und erweiterte Auflage. Hanser Verlag: München, Wien

Kämmer, K.; Henneck, M.; Trapp, F.; Bruns-Waigand, W. (2001): Qualitätsverfahren im Überblick. Der Weg zum besten System. Vincentz Verlag: Hannover

Karg, Georg (1985): Ist der Regelsatz ausreichend für eine bedarfsgerechte Ernährung? In: Auswertungs- und Informationsdienst für Ernährung, Landwirtschaft und Forsten e.V. (AID) (Hrsg.): Ernährungsverhalten bei sinkendem Realeinkommen. Bonn : (Schriftenreihe AID-Verbraucherdienst), S. 19 – 29

Kelm, Dagmar (2002): Entwicklung von Messinstrumenten zur Messung der Kundenzufriedenheit in der Verkehrsgastronomie an Hochfrequenzstandorten. Diplomarbeit. Hochschule Anhalt (FH), Bernburg

Kopp, H. - J. (1998): Qualitätssicherung und HACCP bei Lebensmitteln. Forderungen erfüllen mit vertretbarem Aufwand. (Kontakt und Studium Band 578). expert-Verlag: Renningen-Malmsheim

Lebensmittel-, Bedarfsgegenstände- und Futtermittelgesetzbuch vom 1. September 2005 (BGBl 2005, 2618, (3007))

Lebensmittel-Kennzeichnungsverordnung; Verordnung über die Kennzeichnung von Lebensmitteln. Ausfertigungsdatum: 22. Dezember 1981, zuletzt geändert 9. Oktober 2006

Lehmann, M.; Karg, G. (1985): Ein Programmsystem zur Optimierung des Ablaufs der Menüproduktion in der Gemeinschaftsverpflegung. Teil I: Erläuterung des Programmsystems. Hauswirtschaft und Wissenschaft 33 (1985) 2, S. 90 – 98

Leicht-Eckardt, E.; Reiprich, A.; Sobotka, M.; Steinel, M. (2004): Querschnittsmanagement. In: Fachausschuss Großhaushalt der Deutschen Gesellschaft für Hauswirtschaft (Hrsg.): Management des hauswirtschaftlichen Dienstleistungsbetriebes. 1. Auflage. Verlag Neuer Merkur: München, S. 82 – 103

Lickteig, Matthias (2005): Determinanten des Außer-Haus-Verzehrs in der Bundesrepublik Deutschland – eine ökonometrische Analyse der Daten der EVA-Studie von 1998. Dissertation. Technische Universität München, Fakultät Wissenschaftszentrum Weihenstephan für Ernährung, Landnutzung und Umwelt

Löbbert, R.; Hanrieder, D.; Berges, U.; Beck, J. (2000): Lebensmittel. Waren – Qualität – Trends. Europa Lehrmittel: Haan-Gruiten

Loscher, Casten (2006): Christel-Schmidt-Entscheidung http://www.lexexakt.de/glossar/christelschmidt.php (Aktualisiert am 30. Januar 2006; gesehen am 11. August 2006)

Masing, W. (Hrsg.) (1999): Handbuch Qualitätsmanagement. 4. überarbeitete und erweiterte Auflage. Hanser Verlag: München, Wien

Malorny, C.; Schwarz, W.; Backerra, H.; Kamiske, G. F. (Hrsg.) (1997): Die sieben Kreativitätswerkzeuge K7. Kreative Prozesse anstoßen Innovation fördern. Hanser Verlag: München, Wien

Mayländer, Franziska (2000): Qualitätsmanagement in der Altenhilfe. Bewertung häufig angewandter, insbesondere am EFQM-System angelehnter Verfahren in der stationären Altenhilfe. Hartung-Gorre Verlag: Konstanz (Konstanzer Schriften zur Krankenhauswissenschaft, Bd. 4, Hrsg: Swertz, Paul)

Mortimore, S.; Wallace, C. (2000): HACCP. Die praktische Umsetzung. Behr´s Verlag: Hamburg

Mummenday, Hans Dieter (1987): Die Fragebogenmethode – Grundlagen und Anwendung in Persönlichkeits-, Entscheidungs- und Selbstkonzeptforschung. Verlag für Psychologie Dr. C. J. Hogrefe: Göttingen

Mutterschutzgesetz in der Fassung der Bekanntmachung vom 20. Juni 2002 (BGBl. I S. 2318), geändert durch Artikel 2 Abs. 10 des Gesetzes vom 5. Dezember 2006 (BGBl. I S. 2748)

N.N. (1997): Kühlkost als Alternative. In: gv-praxis (1997) 4, S. 36 ff.

N.N. (2003): „Manche Dinge machen die Deutschen lieber selbst". In: gv-praxis 31 (2003), S. 12 (Zitat aus: Die Welt, 20. Mai 2003)

Nährwertkennzeichnungsverordnung; Verordnung über nährwertbezogene Angaben bei Lebensmitteln und die Nähr -

wertkennzeichnung von Lebensmitteln (Artikel 1 der Verordnung zur Neuordnung der Nährwertkennzeichnungsvorschriften für Lebensmittel). Ausfertigungsdatum: 15. November 1994, zuletzt geändert 22. Februar 2006

Paulus, K. (1988): Außer-Haus-Verpflegung. In: Deutsche Gesellschaft für Ernährung (Hrsg.): Ernährungsbericht 1988. Druckerei Henrich: Frankfurt/Main, S. 229 – 257

Peinelt, Volker (2001): Ernährungswissenschaftliche Kriterien für die Bewertung des Speisenangebots in der Gemeinschaftsverpflegung. In: Hauswirtschaft und Wissenschaft 49 (2001) 1, S. 24 – 36

Pfau, Cornelie (2004): Der hauswirtschaftliche Dienstleistungsbetrieb im Spiegel der Statistik. In: Fachausschuss Großhaushalt der Deutschen Gesellschaft für Hauswirtschaft (Hrsg.): Management des hauswirtschaftlichen Dienstleistungsbetriebs. Verlag Neuer Merkur: München, S. 33 ff.

Reiprich, Annegret; Steinel, Margot (2003): Qualitätsmanagement in Gastronomie und Gemeinschaftsverpflegung. Hrsg.: aid Infodienst Verbraucherschutz, Ernährung, Landwirtschaft e.V., aid-special Heft 3758/2003 Bonn

Rho, Jeong Ok; Bottler, Jörg (2002): Stakeholder-Management in Betrieben der Gemeinschaftsverpflegung. In: Ernährungs-Umschau 49 (2002) 5, S. 189 – 193

Sattler, Simone (2007): Den richtigen Kurs halten. In: gv-praxis 35 (2007) 5, S. 12

Schätzing, Edgar E. (1987): Qualitätssicherung in Hotellerie und Gastronomie – Ein Leitfaden für Qualitätsverbesserungen, Qualitätsüberprüfungen und Qualitätssicherung im Gastgewerbe. Hugo Matthaes Druckerei und Verlag: Stuttgart

Schmid, Burkardt (1999a): Wo stehen wir heute? Strukturen und Konzepte der Gemeinschaftsverpflegung in den neuen Bundesländern. Grundsatzreferat bei der Fachtagung Gemein - schaftsverpflegung am 15. November 1999 in Leipzig anlässlich der „Gäste 99"

Schmid, Burkardt (1999b): Steuerreform '99 Zitterpartie. In: gv-praxis 27 (1999) 1, S. 12

Schmid, Burkardt; Petry, Carola (2006): Hohe Preissensibilität im Businessmarkt. In: gv-praxis 35 (2006) 12, S. 17 – 21

Schwebel, Willi (1981a): Richtwerte für den Personalbedarf in Krankenhausküchen. In: gv-praxis 9 (1981) 5

Schwebel, Willi (1981b): Richtwerte für den Personalbedarf in Heimküchen. In: gv-praxis 9 (1981) 6

Schwebel, Willi (1981c): Richtwerte für den Personalbedarf in Werks- und Kasinoküchen. In: gv-praxis 9 (1981) 7

Schwebel, Willi (1981d): Richtwerte für den Personalbedarf in Zentralspülen. In: gv-praxis 9 (1981) 10

Schwebel, Willi (1982): Anlieferungsgrad der Lebensmittel. Arbeitsblatt Großverpflegung GV 1.9. In: gv-praxis 10 (1982) 9

Sekretariat der Ständigen Konferenz der Kultusminister der Länder in der Bundesrepublik Deutschland (2007): Be - richt über die allgemein bildenden Schulen in Ganztagsform in den Ländern der Bundesrepublik Deutschland 2002 bis 2005, Bonn

Sozialgesetzbuch (SGB) Neuntes Buch (IX) – Rehabilitation und Teilhabe behinderter Menschen – (Artikel 1 des Gesetzes vom 19. Juni 2001, BGBl. I S. 1046) vom 19. Juni 2001 (BGBl. I S. 1046, 1047), zuletzt geändert durch Artikel 7 des Gesetzes vom 26. März 2007 (BGBl. I S. 378)

Sozialversicherungsentgeltverordnung; Verordnung über die sozialversicherungsrechtliche Beurteilung von Zuwendungen des Arbeitgebers als Arbeitsentgelt. Ausfertigungsdatum: 21. Dezember 2006 (BGBl. I S. 3385), geändert durch Artikel 2 der Verordnung vom 21. Dezember 2006

Statistisches Bundesamt (Hrsg.) (1996): Pre-Test und Weiterentwicklung von Fragebögen. (Schriftenreihe Spektrum Bundesstatistik, Bd. 9), Metzler-Poeschel Verlag: Stuttgart

Statistisches Bundesamt (2003): Löhne und Gehälter. Arbeitskostenerhebung. Ergebnisse der Arbeitskostenerhebung 2000 für Deutschland. Fachserie 16, Heft 1. Statistisches Bundesamt: Wiesbaden

Statistisches Bundesamt (2004): Statistiken der Kinder- und Jugendhilfe. Einrichtungen und tätige Personen in der Kinder- und Jugendhilfe am 31. Dezember 2002, Revidierte Ergebnis - se. Statistisches Bundesamt: Wiesbaden

Statistisches Bundesamt (2006): Statistisches Jahrbuch für die Bundesrepublik Deutschland. Statistisches Bundesamt: Wiesbaden

Statistisches Bundesamt (2007a): Gesundheitswesen. Diagnosedaten der Patientinnen und Patienten in Krankenhäusern (einschl. Sterbe- und Stundenfälle) 2005. Fachserie 12, Reihe 6.2.1. Statistisches Bundesamt: Wiesbaden

Statistisches Bundesamt (2007b): 2006: Höhere Auslastung der Krankenhausbetten. Pressemitteilung Nr. 350 vom 3. September 2007

Statistisches Bundesamt (2007c): Genesis-Online, Statistik 23112 Grunddaten der Vorsorge- oder Rehabilitationseinrichtungen http://www.destatis.de/genesis (gesehen am 3. Juli 2007)

Statistisches Bundesamt (2007d): Genesis-Online. Statistik 24321 Strafvollzugs- und Maßregelvollzugsstatistik http://www.destatis.de/genesis (gesehen am 3. Juli 2007)

Statistisches Bundesamt (Hrsg.) (2007e): Preise. Index der Erzeugerpreise gewerblicher Produkte (Inlandsabsatz) nach dem Güterverzeichnis für Produktionsstatistiken, Ausgabe 2002 (GP 2002). Lange Reihen von Januar 1995 bis Juni 2007. Wiesbaden

Steinel, Margot (1993): Modelle zur Bestimmung einer optimalen Ernährung in privaten Haushalten. In: Zeitschrift für Ernährungswissenschaft 32 (1993) 2, S. 79 – 92

Steinel, Margot; Knappe, Anita; Schade, Annegret (2000): Outsourcing/Insourcing – Sind Fremde immer besser? Ergebnisse des Pilotprojektes „Leonardo da Vinci" im Auftrag der Europäischen Kommission. (Qualitätsmanagement in Großhaushalten, Band 8). Bernburg

Steinel, Margot; Schade, Annegret; Knappe, Anita (2000): Management – Wie ist zu erreichen, was erreicht werden soll? Ergebnisse des Pilotprojekts „Leonardo da Vinci" im Auftrag der Europäischen Kommission. (Qualitätsmanagement in Großhaushalten, Band 2). Bernburg

Steinel, Margot; Müller, Anja (2006): Personalbestand und Personalbedarf. Bericht über das Forschungsprojekt „Entwicklung und Anwendung eines multivarianten Modells zur Bestimmung des Personalbedarfs – dargestellt am Beispiel von Gemeinschaftsverpflegungseinrichtungen". Bernburg

Studentenwerk Halle (2007): mündliche Auskunft durch die Personalabteilung des Studentenwerks Halle vom 20. Juni 2007

Tarifvertrag für den öffentlichen Dienst (TVöD) vom 13. September 2005

Theuvsen, Ludwig (2001): Stakeholder-Management – Möglichkeiten des Umgangs mit Anspruchsgruppen. Münsteraner Diskussionspapiere zum Nonprofit-Sektor – Nr. 16, 2001 http://www.aktive-buergerschaft.de/vab/resourcen/diskussionspapiere/wp-band16.pdf (gesehen am 26. Juli 2006)

Timm, Nora (2002): Erstellung eines Leitfadens zur Qualitäts- und Kostenanalyse im Verpflegungsbereich von Tagungshäusern und praktische Anwendung des erstellten Leitfadens in einem Tagungshaus. Diplomarbeit. Hochschule Anhalt (FH), Bernburg (Materialen im Internet: http://hauswirtschaft. loel.hs-anhalt.de/benchmarking/verpflegung/timm/)

Umsatzsteuergesetz (UStG) in der Fassung der Bekanntmachung vom 21. Februar 2005 (BGBl. I S. 386), zuletzt geändert durch den Artikel 7 des Gesetzes vom 13. Dezember 2006 (BGBl. I, S. 2878)

Universität zu Köln, Rechtswissenschaftliche Fakultät (2003): Datenbank/Rechtsprechung. Outsourcing EuGH, Ur - teil vom 20. November 2003 – C-340-01 http://www.lexrex. de/rechtsprechung/innovativ/ctg1086615662926/2269.html (gesehen am 11. August 2006)

Vasilescu, Radu (2005): Licht im Steuer-Dschungel http://www.cafe-future.net/background/gesetzesrichtlinien/ pages/8755.html (aktualisiert am 18. Oktober 2005, gesehen am 14. August 2006)

Vazari, Daniela (2004): Cateringscope 2004: Neue Studie zum Markt der Betriebsverpflegung. In: gv-praxis 32 (2004) 9, S. 24

Verdingungsordnung für Leistungen (VOL) vom 6. April 2006, Bundesanzeiger 58 (2006) 100a vom 30. Mai 2006

Vergabeverordnung – VgV; Verordnung über die Vergabe öffentlicher Aufträge in der Fassung der Bekanntmachung vom 11. Februar 2003 (BGBl. I S. 169), zuletzt geändert durch Artikel 1 u. 2 der Verordnung vom 23. Oktober 2006 (BGBl. I S. 2334)

Verordnung (EG) Nr. 178/2002 des Europäischen Parlamentes und des Rates zur Festlegung der allgemeinen Grund - sätze und Anforderungen des Lebensmittelrechts, zur Errich - tung der Europäischen Behörde für Lebensmittelsicherheit und zur Festlegung von Verfahren zur Lebensmittelsicherheit, Artikel 2. Ausfertigungsdatum: 28. Januar 2002

Verordnung (EG) Nr. 258/97 des Europäischen Parla - mentes und des Rates über neuartige Lebensmittel und neuartige Lebensmittelzutaten. Ausfertigungsdatum: 27. Januar 1997

Verordnung (EG) Nr. 2195/2002 des Europäischen Parlamentes und des Rates über das Gemeinsame Vokabular für öffentliche Aufträge (CPV). Ausfertigungsdatum: 5. November 2002

Ward, Alan; Martens, Lydia (2000): Eating out. Social Differentiation, Consumption and Pleasure. Cambridge University Press: Cambridge

Wibera Wirtschaftsberatungsgesellschaft AG (Hrsg.) (1980): Wirtschaftliches Krankenhaus. Management, Planung, Rechnungswesen, Prüfung. 2. Auflage. Stuttgart, Berlin, Köln, Mainz (Wibera Fachzeitschriften Neue Folge Band 9)

Wirtschafts- und Sozialwissenschaftliches Institut in der Hans Böckler Stiftung (2007): Tarifarchiv. Wer verdient was? Berufe A bis Z http://www.boeckler.de/cps/rde/xchg/SID-3D0AB75D-DF8A4182/hbs/hs.xsl/32207.html oder www.tarifarchiv.de (gesehen am 4. Juli 2007)

Wolfram, G.; Wöll, C. (1988): Nährstoffbedarf und Empfehlungen – Definition, Bestimmung, Bedeutung, Verwendung. In: Deutsche Gesellschaft für Ernährung (Hrsg.): Ernährungsbericht 1988. Druckerei Henrich: Frankfurt a. M., S. 259 – 269

Zusatzstoff-Zulassungsverordnung; Verordnung über die Zulassung von Zusatzstoffen zu Lebensmitteln zu technologischen Zwecken. Ausfertigungsdatum: 28. Januar 1998, zuletzt geändert 10. Juli 2007

Autorinnen

Prof. Dr. oec. troph. Margot Steinel
Jahrgang 1964, 1983 – 1988 Studium der Ökotrophologie an der Technischen Universität (TU) München Weihenstephan, 1992 Promotion zum Dr. oec.troph. an der TU München Weihenstephan, 1988 – 1994 Stipendiatin, wissenschaftliche Mitarbeiterin und wissenschaftliche Angestellte am Lehrstuhl für Wirtschaftlehre des Haushalts der TU München unter Prof. Dr. Georg Karg. Seit 1994 Professorin für Wirtschaftslehre des Haushalts an der Hochschule Anhalt (FH), Standort Bernburg. Forschungsschwerpunkt: Qualität und Kosten hauswirtschaftlicher Dienstleistungen.

Dipl. oec. troph. (FH) Dagmar Kelm
Jahrgang 1978, 1997 – 2002 Studium der Ökotrophologie an der Hochschule Anhalt (FH) Bernburg, 2002 – 2005 wissenschaftlich-technische Mitarbeiterin an der Hochschule Anhalt (FH) zum Thema internetbasierte Weiterbildung zum Qualitäts- und Kostenmanagement für hauswirtschaftliche Fach- und Führungskräfte unter Prof. Dr. Margot Steinel. Seit 2006 Lehrkraft an einer Berufsfachschule für Hauswirtschaft in Leipzig.

Dipl. oec. troph. (FH) Anja Müller
Jahrgang 1979, 1999 – 2004 Studium der Ökotrophologie an der Hochschule Anhalt (FH) Bernburg, 2005 – 2006 wissenschaftlich-technische Angestellte in der Forschungsgruppe unter Prof. Dr. Margot Steinel im Fachgebiet Wirtschaftslehre des Haushalts der Hochschule Anhalt (FH) Bernburg. Forschungsprojekt: Personalbedarf in Gemeinschaftsverpflegungseinrichtungen. 2006 – 2007 Angestellte im Qualitätsmanagement und seit 2007 im Produktionscontrolling in einem Tiefkühlbackunternehmen.

Dipl. oec. troph. (FH) Annegret Reiprich
Jahrgang 1973, 1992 – 1996 Studium der Ökotrophologie an der Hochschule Anhalt (FH) in Bernburg, 1997 Ausbilderin in der Hauswirtschaft im Kolping Bildungszentrum Oschatz, 1998 – 2002 Mitarbeiterin an der Hochschule Anhalt (FH) in Forschung und Lehre, Schwerpunkt Qualitätsmanagement,

seit 2002 Hauswirtschaftsleitung und Qualitätsmanagement-beauftragte im SeniorenHaus *Albert Schweitzer* in Riesa.

Dipl. oec. troph. (FH) Nora Timm

Jahrgang 1979, 1997 – 2002 Studium der Ökotrophologie an der Hochschule Anhalt (FH) Bernburg, 2002 – 2005 Mitarbeiterin in Forschungsprojekten an der Hochschule Anhalt (FH) unter Prof. Dr. Margot Steinel, seit 2002 Fachpraktische Mitarbeiterin an der Hochschule Anhalt (FH) im Studiengang Ökotrophologie.

Stichwortverzeichnis

Verlag Neuer Merkur GmbH
Fachbuchprogramm

978-3-929360-91-2	Betriebswirtschaft in der Hauswirtschaft	19,90 €
978-3-937346-27-4	Bewohnerorientierte Hauswirtschaft	19,90 €
978-3-937346-23-6	CD-ROM rhw Fragen & Antworten	22,80 €*
978-3-937357-02-7	Control Book der Altenpflege	35,00 €
978-3-9808108-0-7	EDV Programme für die professionelle Kongressorganisation	40,00 €
978-3-937346-32-8	Erfolg ist planbar	24,90 €
978-3-929360-19-6	Erfolgreiche Strategien für starke Teams	10,00 €
978-3-937346-45-8	Erfolgreiches Verpflegungsmanagement	24,90 €
978-3-929360-46-2	Ernährung in der Hauswirtschaft	25,00 €
978-3-929360-73-8	Gesundheit und Hygiene in der Hauswirtschaft	22,90 €
978-3-937346-28-1	Hauswirtschaft in der Altenhilfe	23,90 €
978-3-929360-12-7	Kritisieren aber richtig	25,00 €
978-3-929360-58-5	Kundenorientierung und Beschwerdemanagement in der ambulanten und stationären Altenpflege	27,90 €
978-3-9808109-5-1	Die Macht der Mitarbeiter	35,00 €
978-3-937346-38-0	Management des hauswirtschaftlichen Dienstleistungsbetriebs	24,90 €
978-3-929360-87-5	Management in der Hauswirtschaft	24,90 €
978-3-9808109-3-7	Mitarbeiter in der Altenhilfe	45,00 €
978-3-929360-27-1	Ökotrophologie	22,90 €
978-3-937346-03-8	Ökotrophologie 2	25,00 €
978-3-937346-43-4	Praxisorientiertes Qualitätsmanagement für Non-Profit-Organisationen	24,90 €
978-3-929360-74-5	Qualitätsmanagement in der Hauswirtschaft	22,90 €
978-3-9808109-4-4	Rechtliche Grundlagen für die hauswirtschaftliche Leitung	45,00 €
978-3-937346-39-7	Rechtsvorschriften im Fokus der hauswirtschaftlichen Praxis	22,90 €
978-3-929360-05-9	Trainings-Erfolgs-Kontrolle	10,00 €

Bestellungen richten Sie bitte an:
InTime Services GmbH • Postfach 1363 • 82034 Deisenhofen
Fax: 089 8 58 53-62-833
Telefon: 089 8 58 53-833
Email: neuermerkur@intime-services.de
Internet: www.fachbuch-direkt.de

Lieferung inkl. MwSt. und zzgl. Versandkosten
Preisänderungen müssen wir uns vorbehalten